NZZ **Libro**

MAX D. AMSTUTZ

Macht und Ohnmacht des Aktionärs

Möglichkeiten und Grenzen der Corporate Governance
bei der Wahrung der Aktionärsinteressen

Meiner lieben Birgit in herzlicher Freundschaft gewidmet.

Max A.

Vernissage
29 - 03 - 07

Verlag Neue Zürcher Zeitung

Bibliografische Information der Deutschen Nationalbibliothek

Die Deutsche Nationalbibliothek verzeichnet diese Publikation
in der Deutschen Nationalbibliografie; detaillierte bibliografische Daten
sind im Internet über http://dnb.d-nb.de abrufbar.

Umschlagabbildung: ImagePoint, Matthias Frei

ISBN 978-3-03823-319-0

www.nzz-libro.ch
NZZ Libro ist ein Imprint der Neuen Zürcher Zeitung

Für Ursula

Inhaltsverzeichnis

Vorwort 11

1. Einleitung 13

2. Das moderne gesellschaftliche und wirtschaftliche Umfeld
   im Wandel 21
   2.1 Globalisierung als Treiber des Wandels 21
   2.2 Die «regulatorische Lücke» als nationalstaatliches
       Rechtsphänomen der Globalisierung 36
   2.3 Nachhaltigkeit als modernes gesellschaftliches
       Verhaltensmodell 39
   2.4 Haben «Nachhaltigkeitsaktien» eine Zukunft? 44
   2.5 Auswirkungen des Wandels auf Führung und Governance
       der Unternehmungen 47

3. Managementmodelle und Corporate Governance 51
   3.1 Ordnungspolitische Einflüsse auf die Modellwahl 51
   3.2 Das Shareholder-Value-Modell 53
   3.3 Das Stakeholder-Value-Modell 56
   3.4 Wettbewerb der Modelle: Konvergenz oder Dominanz? 60

4. Unternehmungsführung im Spannungsfeld der Globalisierung
   und der Nachhaltigkeit 63
   4.1 Der UN Global Compact als ethisches Grundgerüst
       der Wirtschaft 63
   4.2 «Triple Bottom Line» – eine Illusion 67
   4.3 Corporate Social Responsibility und ihre Grenzen 71

5. Der Siegeszug der Corporate-Governance-Idee 77
   5.1 Die Treiber der Corporate Governance 77
   5.2 Corporate Governance in der Schweiz 80

6. Corporate Governance ersetzt Vertrauen nicht 85

7. Die Wahrung der Mitwirkungsrechte der Aktionäre 91
7.1 Die Aktionäre als «Primärberechtigte und
Letztentscheidungsträger» 91
7.2 Indolenz der Aktionäre als systemische Knacknuss 93
7.3 Das Prinzip «One Share – One Vote» 94
7.4 Die Inhaberaktie – ein Auslaufmodell 96
7.5 Stimmrechtsbeschränkungen: Instrumente der
Machterhaltung 98
7.6 Dispo-Aktien: ein gravierendes Problem 100
7.7 Weisungslose Stimmrechtsvollmachten: eine
Beeinträchtigung des Aktionärswillens 102
7.8 Die Modernisierung der Generalversammlung 105
7.9 Machtzuwachs für die Aktionäre:
der Aufstieg der institutionellen Investoren 108
7.10 Stärkung der Aktionärsrechte an der Generalversammlung . . . 113
7.11 Schlussfolgerungen 114

8. Paradigmenwechsel in der Verwaltungsratsarbeit 117
8.1 Professionalisierung der Arbeit des Verwaltungsrates 117
8.2 Das moderne Führungsmodell 122
8.3 Klassische Schwachstellen in der Verwaltungsratsarbeit 126
8.4 Die «ideale» Grösse des Verwaltungsrates 132
8.5 Die optimale Amtsdauer eines Verwaltungsratsmitgliedes 134
8.6 Die Frage der Begrenzung der Mandatszahl 138

9. Eigenständigkeit der Willensbildung im Verwaltungsrat 143
9.1 Das Prinzip 143
9.2 Die Wissenslücke 143
9.3 Einsitznahme von Geschäftsleitungsmitgliedern
in den Verwaltungsrat 146
9.4 Voraussetzungen der Unabhängigkeit des Gremiums 148
9.5 Mangelnde Führungskompetenz
des Verwaltungsratspräsidenten 153
9.6 Die «programmierte» Konsenskultur 154

**10. Struktur und Gestaltung der obersten Führung:
«Checks and Balances»** 157
10.1 Die zwei Seiten des «monistischen» Systems 157
10.2 Überzeugende Argumente für die Doppelspitze 159

10.3 Schwache Argumente für eine Personalunion 161
10.4 Die Doppelspitze im Vormarsch 163

11. Sicherung von Führungsexzellenz und Führungskontinuität 167
11.1 Zuständigkeit für die Auswahl der Führungspersonen 167
11.2 Wandel in den Aufgaben des Nominierungsausschusses 168
11.3 Die Kernaufgabe: Erkennen von Persönlichkeitsprofil
       und Führungskompetenz 170
11.4 Hürden bei der Suche nach Kandidaten 174
11.5 Internationalisierung der Kandidatensuche 175
11.6 Optimaler Altersmix des Verwaltungsrates 176
11.7 Vermehrte Frauenpräsenz in den obersten
       Führungsgremien 180
11.8 Machtansprüche als Einflussfaktor bei der Kandidatenwahl . 182
11.9 Evaluation der Arbeit der Führungsorgane
       und Führungspersonen 183
11.10 «Permanent Learning» – eine Notwendigkeit
       auch für den Verwaltungsrat 185

12. Angemessene Entschädigung der Führungsorgane:
eine Quadratur des Zirkels? 187
12.1 Die Eskalation der Spitzenentschädigungen 187
12.2 Der Vormarsch der variablen Entlöhnungssysteme
       für Manager 193
12.3 Die Motivation des Managers im Fokus 195
12.4 Das Referenzgruppen-Syndrom 198
12.5 Managerentschädigungen sind keine Marktlöhne 202
12.6 Managementleistung versus Managemententschädigung 207
12.7 Die Schlüsselrolle des Entschädigungsausschusses 212
12.8 Das variable Entschädigungsmodell auf dem Prüfstand 215
12.9 Rückkehr zu fixen Managergehältern?
       Chancen einer Trendumkehr 220
12.10 Kriterien individueller Entschädigung 222
12.11 Verhältnismässigkeit als Massstab für Spitzengehälter 226
12.12 Stärkung der institutionellen Kontrolle der Spitzengehälter:
       eine zwingende Massnahme 229
12.13 Schlussfolgerungen 241

**13. Sicherung der Qualität der finanziellen Berichterstattung
und Risikoüberwachung** 245

13.1 Der Prüfungsausschuss als unentbehrliches Fachgremium ... 245

13.2 Eskalierende Aufgaben 247

13.3 Sarbanes-Oxley Act: eine neue Ära in der Finanz-
und Risikoüberwachung 249

13.4 Die Schweiz zieht nach: neue Pflichten im Bereich
der Revision und Rechnungslegung 251

13.5 Weitreichende Konsequenzen der Neuerungen 253

13.6 Das Netzwerk des Prüfungsausschusses:
der Dialog als Arbeitsmethode 257

13.7 Die externe Revision als unabhängiger Partner des
Prüfungsausschusses 261

14. Transparenz als Voraussetzung handlungsfähiger Aktionäre 265

14.1 Information – ein Grundrecht der Aktionäre 265

14.2 Die Kontroverse um die Quartalsberichterstattung 268

14.3 Ein permanentes Auskunftsrecht für die Aktionäre? 272

Anhang

1 Literaturverzeichnis 275

2 Doppelspitze oder Personalunion?
Liste der SMI-Gesellschaften 2005/06 281

3 Biografie Max D. Amstutz 282

Vorwort

Das vorliegende Buch fusst auf langjähriger Erfahrung und ist für die Praxis geschrieben worden. Die darin geäusserten Überlegungen und Folgerungen entsprechen meinen Überzeugungen, wie ich sie mir im Verlauf meiner langen Karriere in der Wirtschaft angeeignet habe. Der Leser mag sie teilen oder nicht, sie bleiben wichtige Aspekte in der Kunst der Führung einer Unternehmung und sollen zum eigenen Nachdenken Anlass geben. Wenn dies zutrifft, so hat sich meine Arbeit gelohnt.

Corporate Governance im Interesse der Aktionäre ist Voraussetzung und Ziel guter Unternehmungsführung. Allein zum Erfolg genügt sie nicht. Zahlreiche weitere Voraussetzungen sind dazu notwendig. Über das Schicksal einer Unternehmung entscheiden letztlich Menschen, deren Fähigkeiten, deren Integrität und deren Verhalten. Gute Unternehmungsführung ist deshalb in nicht geringem Ausmass eine Charakterfrage. Viele Publikumsgesellschaften im Streubesitz, auch in der Schweiz, erfüllen formell die Bedingungen einer guten Corporate Governance. Doch erst wenn diese auch wirklich gelebt wird, erfüllt sich ihr Sinn. Ein Irrtum ist es auch zu glauben, dass in einer Publikumsgesellschaft die Geschicke allein in den Händen der Führungsorgane liegen. Die Aktionäre tragen eine ebenso grosse Verantwortung. Vielfach ist ihre Ohnmacht in der Machtausübung durch Inaktivität selbstverschuldet.

Der Fokus des Buches richtet sich auf ökonomische, organisatorische und ethische Belange guter Unternehmungsführung im weitesten Sinn. Die enge Verzahnung dieser Belange mit dem Aktienrecht lässt es aber nicht vermeiden, dass rechtliche Aspekte mit einbezogen werden mussten. Sie erhalten Priorität, sofern sie führungsmässig oder betriebswirtschaftlich relevant sind.

Corporate Governance existiert nicht im Glashaus der Theorie als idealtypisches Regelwerk guter Unternehmungsführung. Sie ist vielmehr ein lebendiger Organismus, der sich als Reflex der gesellschaftlichen und wirtschaftlichen Veränderungen ständig weiterentwickelt. Diese Veränderungen, die getrieben werden von der Globalisierung der Märkte, der Dynamik der Unternehmungen und dem sich wandelnden Zeitgeist, werden deshalb hier ebenfalls dargestellt.

Dieses Buch hätte nicht geschrieben werden können ohne den reichen und vielseitigen Input, oft auch kritischer Art, den mir im Verlauf meiner Karriere meine jeweiligen Mitstreiterinnen und Mitstreiter, meine Freunde und Bekannten in einem weit gezogenen Beziehungskreis haben zukommen lassen.

11

Sie haben mich in manchen schwierigen Situationen unterstützt, mir oft auch den Weg gewiesen. Während ich diese Zeilen schreibe, ziehen die Gesichter dieser Freunde nicht ohne Emotion in meinem Geist an mir vorbei. Ihnen allen sei hier herzlich gedankt. Holcim, Alusuisse, Von Roll, SGS und RPM Inc. sind durch sie unvergesslicher Inhalt meines Lebens geworden. Und dieses Buch hätte buchstäblich nicht geschrieben werden können ohne meine kompetente und langjährige Assistentin, Frau Verena Imholz. Auch ihr sei hier herzlich für ihre nie nachlassende Unterstützung gedankt.

Begnins, im Februar 2007
Max D. Amstutz

1. Einleitung

Das Phänomen der Globalisierung in seiner seit der digitalen Revolution und dem Zusammenbruch des realen Sozialismus intensivierten Erscheinungsform hat unsere Welt und unsere Wertvorstellungen grundlegend verändert und den Wandel in allen Bereichen des menschlichen Lebens permanent werden lassen. Die Auswirkungen sind am stärksten und unmittelbarsten sichtbar und spürbar in der Wirtschaft. Die Globalisierung zwingt heute die international tätigen Unternehmungen[1] unausweichlich zum Wachstum. Nur durch ständige Rationalisierung, durch Kostendegression (Economies of Scale) sowie durch Expansion ihrer Märkte können sie ihre Wettbewerbsfähigkeit halten und verbessern und damit ihr langfristiges Überleben sichern. Dieser Zwang zum Wachstum erhöht die Nachfrage nach Risikokapital in einer Dimension, welche die Unternehmer-Eigner und privaten Aktionärsgruppen allein nicht mehr zu decken vermögen. Damit werden Unternehmer, bei denen Eigentum an der Unternehmung sowie Führung und Kontrolle noch in einer Hand vereinigt sind, im Bereich der global tätigen Firmen – und deren Zahl nimmt unablässig zu – immer seltener; sie werden mit der Zeit zunächst zur Öffnung ihres Aktienkapitals veranlasst und dann zunehmend durch Publikumsaktionäre verdrängt und abgelöst. Zusätzlich werden durch Mergers & Acquisitions immer mehr kleine bis mittlere Gesellschaften, die sich in Unternehmerhand oder Familienbesitz befinden, von den grossen Publikumsgesellschaften übernommen; dieser Prozess geht unvermindert weiter und hat seine Reifephase noch lange nicht erreicht. Der Typus der börsenkotierten Gesellschaft im Streubesitz wird dadurch in der globalisierten Wirtschaft immer mehr zur Regel, und die Zahl der direkt und indirekt über Aktien verfügenden Investoren wird stets grösser. Die Frage, wie und wie weit die legitimen Interessen dieser Eigner, die nicht mehr direkt in der Unternehmungsführung involviert sind, gewahrt werden können, ist eigentlicher Gegenstand unserer Überlegungen in diesem Werk. Wie weit reicht heute die Macht der Aktionäre? Wie weit sollte sie reichen?

Das Auseinanderfallen von Eigentum und Führung, das echte Publikumsgesellschaften kennzeichnet, gab Anlass zum Entstehen der sogenannten Agency-Theorie. Diese besagt, dass zwischen den Eigentümern einer Unter-

---

1   Die Bezeichnungen «Unternehmung», «Gesellschaft» und «Firma» werden als Synonyme verwendet. Gemeint ist jeweils eine börsenkotierte Unternehmung im Streubesitz als Konzern. «Unternehmung» betont die betriebswirtschaftlichen Eigenschaften, «Gesellschaft» die juristischen Eigenschaften und «Firma» die marktorientierten Eigenschaften.

nehmung (Principals) und den mit der Geschäftsführung beauftragten Organen (Agents) Interessenkonflikte auftreten können; insbesondere bestehe die Gefahr, dass sich die Verwaltungsräte und Manager beispielsweise auf Kosten der Eigner mit hohen Entschädigungen, die sie praktisch autonom beschliessen können, bereichern.[2] Zahlreiche Fälle von Machtmissbrauch – wir erinnern an Enron und WorldCom in den USA als klassische Beispiele – scheinen die Agency-Theorie zu bestätigen. Das Auseinanderfallen von Eigentum und Kontrolle und die damit verbundenen Gefahren von Missmanagement zum Schaden der Aktionäre – und im weiteren Sinne auch der übrigen Stakeholder – hat Anlass zum Entstehen der Corporate-Governance-Bewegung gegeben, die sich dafür einsetzt, klare Regeln für das Verhalten der Unternehmungsspitze und für eine Führungsstruktur mit «Checks and Balances» festzulegen und volle Transparenz der Geschäftstätigkeit nach aussen zu gewährleisten. Die Interessen der Aktionäre stehen dabei im Mittelpunkt. Corporate Governance ist heute zu einer Art Religion geworden. Ihre Regeln sollen «Best Practice» in der Führung sichern sowie die den Eignern entzogene Kontrolle wiederherstellen. Oberstes Ziel ist die Maximierung des Shareholder Value. Wir werden im Verlauf unserer Ausführungen zeigen, dass zwar der Grundgehalt der Agency-Theorie zutrifft, aber die daraus ableitbare Ohnmacht der Principals bezüglich ihres Einflusses auf die Geschäftsführung aus verschiedenen Gründen nicht so weit reichen müsste, wie man aufgrund der praktischen Erfahrung zu glauben meint.

Mit der zunehmenden Verbreitung der grossen Publikumsgesellschaften im Streubesitz in den entwickelten Volkswirtschaften ist zudem eine markante Veränderung im Charakter der Aktienmärkte eingetreten. Immer weniger sind es Privatpersonen, die Aktien halten; es sind die institutionellen Investoren, die zunehmend an ihre Stelle treten. Es handelt sich bei diesen Investoren um Pensionskassen, Versicherungen, Vermögensverwaltungsinstitutionen wie Banken und Beteiligungsgesellschaften sowie Aktien- und Hedgefonds. Man schätzt, dass der Grad der Institutionalisierung in den wichtigsten Aktienmärkten heute bereits die Schwelle von 70 Prozent überschritten hat. Der Typus des

---

2   Das sogenannte «Agency Problem», d. h. der potenzielle Interessenkonflikt zwischen den Aktionären (Principals) und Managern (Agents), wurde erstmals dargestellt durch Berle A.A. und Means G. C., The modern corporation and private property, New York, Macmillan 1932. Aber eigentlich ist es Adam Smith, der als Erster das Problem erkannt und beschrieben hat: «The directors of such companies (public companies) however being the managers rather of other people's money than of their own, it cannot well be expected that they should watch over it with the same anxious vigilance which the partners in private copartnery frequently watch over their own […] Negligence and profusion, therefore, must always prevail, more or less, in the management of the affairs of such a company.» in: The Wealth of Nations, London 1838, S. 586.

institutionellen Anlegers zeichnet sich in der Regel dadurch aus, dass er im Gegensatz zum Individualaktionär seine Investition über längere Zeitperioden hält, weil ein Exit in der Regel aufwendig ist sowie Kurs und Erlös negativ beeinflussen kann. Bei ungenügender Performance oder für die Aktionäre als nachteilig erachteten Entwicklungen versucht er deshalb, die Strategie der Zielgesellschaft und das Verhalten ihrer Führung positiv zu beeinflussen, indem er mit den Spitzenorganen in einen Dialog eintritt und an der Generalversammlung das Gewicht seines Aktienpaketes aktiv ausspielt. Die Exit-Strategie wird damit zunehmend durch die «Voice»-Strategie abgelöst. Gute Corporate Governance hat damit enorm an Stellenwert gewonnen und ist für die Aktionäre zum Gradmesser der Qualität der Führung geworden.

Dieser Paradigmenwechsel im Verhalten der Aktionäre war noch vor einigen Jahren in der Schweiz kaum vorstellbar. Bis in die achtziger Jahre des letzten Jahrhunderts war Governance kein Thema: Das Wohlverhalten der Firmen wurde vorausgesetzt; Mobilität, Vernetzung, Veränderung und Komplexität der wirtschaftlichen Vorgänge erreichten bei Weitem nicht die heute übliche Intensität. Die Unternehmungsleitungen hielten sich an die gesetzlichen und gesellschaftlich allgemein anerkannten ethischen Normen. Managementlöhne waren damals kein Thema, variable erfolgsabhängige Bonuszahlungen und Aktienoptionen in der Schweiz waren weitgehend unbekannt. Damals galt für viele Entscheidungen das «Augenmass», ein typisch schweizerischer Begriff, der Übertreibungen vermeidet und Rücksichtnahme auf gesellschaftliche Werte signalisiert. Die Führung von Unternehmungen war, auch bei börsenkotierten Gesellschaften, recht eigentlich Privatsache, den Leuten an der Spitze anvertraut. Nichts illustriert diese Auffassung besser als die damals nur halbwegs ironisch gemeinte «Weisheit», dass Aktionäre «dumm und frech» seien, weil sie erstens ihr Geld überhaupt investierten und zweitens erst noch eine Dividende verlangten. Mit andern Worten: Sie hätten sich nicht einzumischen. Unternehmungsleitungen genossen damals das fast unbeschränkte Vertrauen der Aktionäre, der Öffentlichkeit und der Medien, vor allem dann auch, wenn ein bekannter Grossaktionär, eine Einzelpersönlichkeit oder eine Familie, die Führung repräsentierte. Namen wie Boveri, Schmidheiny, Schindler, Sulzer waren Garanten für Integrität und Wohlverhalten der Führung. In den Bilanzen nicht sichtbar ausgewiesene Eigenkapitalsubstanz – stille Reserven – waren legitim und akzeptiert; Gewinne wurden im Interesse eines «vorsichtigen und vorausschauenden Geschäftsgebarens»[3] vom Verwaltungs-

---

3 Das OR 1936 sprach bereits von «… allgemein anerkannten kaufmännischen Grundsätzen» als Richtlinie für die Geschäftsführung.

rat manipuliert, mit entsprechenden Konsequenzen in der Festsetzung der meist ohne Murren von den Aktionären akzeptierten oft mageren Dividenden. F. Vischer sagt dazu, sich auf das Gesellschaftsrecht vor der Revision von 1991 beziehend: «(Das Aktienrecht) war geprägt vom Bild eines gesellschaftstreuen Aktionärs, welcher der Verwaltung fast blindes Vertrauen schenkt und bereit ist, das Unternehmungswohl über das eigene Interesse zu stellen.»[4] Im Rückblick auf jene fernen Jahre, als der Verfasser als blutjunges Juniormitglied in der Geschäftsleitung einer schweizerischen multinationalen Gesellschaft tätig war, soll festgehalten werden, dass dieses Vertrauen in die damaligen grossen Unternehmerpersönlichkeiten – manche waren Pioniere der Schweizer Wirtschaft – nur selten missbraucht wurde; er kannte viele von ihnen: Es waren Leute mit Charakter, sozialem Verständnis, korrektem und glaubwürdigem Verhalten. Ihr Stil und ihre Tradition waren zwar von Paternalismus geprägt, der aber damals von der Öffentlichkeit als solcher akzeptiert wurde.

Parallel zum geschilderten Wandel in der Struktur der Aktienmärkte und im Verhalten der Aktionäre hat sich auch die Haltung der Öffentlichkeit gegenüber der Führung der Unternehmungen verändert und der Corporate Governance zusätzlichen Auftrieb verliehen. Mit der stillschweigenden und fast automatischen Akzeptanz der Führungsentscheide grosser Unternehmungen ist es vorbei; diese sind heute nicht mehr «Privatsache». Im Rahmen der Globalisierung und eines gewandelten Zeitgeistes, dessen Schlüsselwort «Nachhaltigkeit» ist, hat auch hier ein Paradigmenwechsel stattgefunden. Eingesetzt hat dieser Wandel mit der veränderten Wahrnehmung der Rolle der Industrie, die nicht mehr allein als gutartige Generatorin von technologischem und wirtschaftlichem Fortschritt und Wohlstand gesehen wird. Als Quelle von Umweltverschmutzung, von Entlassungen aus Rationalisierungsgründen und als vermeintlicher Machtfaktor mit Einflussmöglichkeiten auf Politik, Wirtschaft und Gesellschaft gerät sie zunehmend in die Kritik der Öffentlichkeit. Das Entstehen aktivistischer Gruppen der Zivilgesellschaft[5] – sogenannter NGOs (Non-Governmental Organizations) – hat entscheidend zu dieser veränderten Situation beigetragen. Zunächst wurden die multinationalen Unternehmungen zur Zielscheibe solcher Gruppen. Es waren vor allem Drittweltorganisationen, die den Firmen vorwarfen, durch niedrige Löhne und zu

---

4   F. Vischer, Schweizer Treuhänder Nr. 11/1991.
5   Als Zivilgesellschaft (oder auch Bürgergesellschaft) bezeichnen wir das dritte Strukturelement der modernen Welt, neben dem Staat und der Wirtschaft. Sie umfasst freiwillige Interessenverbände und gesellschaftliche Gruppierungen des Typus NGO (Nicht-Regierungs-Organisationen) in loser oder organisierter Form.

billige Preise für Bodenschätze und Landwirtschaftsprodukte die Entwicklungsländer auszubeuten und die Armut dort noch zu vergrössern. Stellvertretend für solche Organisationen, die oft Wahrheit, Fiktion und Ideologie in ihrer Kritik vermischen, kann die im Jahre 1968 gegründete «Erklärung von Bern» gelten. Durch medial unterstützte Aufdeckung wirklicher und vermeintlicher Fälle führungsmässigen Fehlverhaltens auf finanziellem, sozialem und ökologischem Gebiet und durch das Aufkommen des Nachhaltigkeitsgedankens wurde das lange Zeit geltende Vertrauen in die Wirtschaft unterhöhlt. Dazu beigetragen hat das Bekanntwerden exorbitant hoher Managementlöhne, die im Publikum auf Unverständnis und Kritik stiessen. Unternehmungsführung wurde so gewissermassen zum öffentlichen Gut und zu einem Problem, mit dem sich die Anleger, die Medien und die Firmen selbst täglich intensiv beschäftigen.

Drei Entwicklungen haben die Bedeutung der Corporate Governance weiter verstärkt: erstens die zunehmende Globalisierung mit der ihr inhärenten Erweiterung des Handlungsfreiraums der multinationalen Gesellschaften zur langfristigen Sicherung ihrer Wettbewerbsfähigkeit über die Grenzen des Nationalstaates hinaus; erwähnt seien hier die Stichworte Outsourcing und Offshoring. Zweitens das Entstehen eines auf Nachhaltigkeit und Befolgung sozio-ökologischer Verhaltensnormen ausgerichteten Zeitgeistes. Und drittens die rasche globale Entwicklung der Finanzmärkte, des Aktien- und Obligationenbesitzes und des Risikobewusstseins der Anleger – Entwicklungen, die eine Plethora von Gesetzen, Kodizes und Standards sowie von staatlichen und privaten Aufsichtsorganen und beratenden Institutionen – Hochschulinstitute, Thinktanks, Consultingfirmen, Analyseteams im Investmentgeschäft – entstehen liessen. Mit diesen Erscheinungen werden wir uns im ersten Teil dieser Studie zunächst beschäftigen. Sie sind wichtig für das Verständnis der heutigen Erscheinungsformen und Entwicklungstendenzen in der Führung von Unternehmungen. Das menschliche Bedürfnis nach Sicherheit und Schutz – Maslow lässt grüssen – führt zu einem immer dichteren Netzwerk von Gesetzen und Regulierungen – eine Entwicklung, die begrenzende Elemente enthält, die für innovatives Unternehmertum, die liberale offene Wirtschaft und die Schaffung von Wohlstand bedrohlich werden können. Die immer wieder aufflammende Kritik am Kapitalismus hat ideologische Wurzeln und wird meist unter dem Vorwand, er sei ausbeuterisch, ungerecht und habe keine «Seele», für politische Zwecke missbraucht. Theorie, Praxis und die Geschichte zeigen, dass keine dieser Eigenschaften zutrifft. Im Gegenteil: Ohne Kapitalismus, dessen Funktionieren offene Märkte und freien Wettbewerb voraussetzt, kann kein dauerhafter Wohlstand geschaffen werden. Der Kapitalismus als wirt-

schaftliches Modell ist auch deshalb so stark, weil er Kritik an seinen Aus-
wüchsen akzeptiert und sich so immer wieder selber läutert und neu erfindet.

Es ist kein Wunder, dass Corporate Governance als Regelwerk für das Verhalten der Unternehmungsführung unter dem Einfluss der geschilderten konzentrischen Entwicklungen in Wirtschaft und Gesellschaft ein Gewicht erlangt
hat, das sie geradezu als Zaubermittel für unternehmerischen Erfolg erscheinen lässt. Dieser hochgeschraubte Stellenwert soll im Licht der Praxis der letzten Jahre auf seinen wirklichen Gehalt geprüft werden. Wieweit ist Corporate
Governance als Regelwerk guter Unternehmungsführung im Sinne von «Best
Practice» dazu geeignet, die durch die Trennung von Eigentum und Führung
in den modernen Publikumsgesellschaften verloren gegangene Kontrolle der
Eigner über ihre Unternehmung zu ersetzen, die weitreichenden Machtbefugnisse von Verwaltungsrat und Management angemessen zu begrenzen und
potenzielles Missmanagement der Agents wirkungsvoll zu verhindern? Wir
werden im Verlaufe unserer Untersuchung feststellen, dass Corporate Governance allein, mag sie noch so sinnvoll und gut gemeint sein, dazu nicht
genügt. Ihre Wirkung prallt an zwei Erfordernissen ab, die zusätzlich erfüllt
sein müssen, um die Wahrung der Aktionärsinteressen zu gewährleisten und
gute Führung sicherzustellen.

Das erste Erfordernis besteht in einer Unternehmungsführung, die sich
nicht nur durch professionelle Exzellenz, sondern auch durch Rücksichtnahme
auf ethisch-moralische Grundsätze auszeichnet. Dies ist angesichts der heutigen Komplexität der Geschäftsführung, der immer noch zunehmenden Verschärfung des Wettbewerbes und der oft sichtbaren Sachzwänge leichter gesagt
als getan. Die Versuchung, bei der Problemlösung ohne Skrupel zu handeln, ist
gross. Fehlverhalten und Missbräuche können durch die Existenz eines Kodex
der Corporate Governance allein nicht verhindert werden. Sie bleiben Papier,
wenn sie nicht wahrhaftig gelebt werden. Ohne ethische Grundhaltung, die
sich an menschlichen Werten misst, ist eine Unternehmungsführung nicht in
der Lage, ihre Aufgabe glaubwürdig und mit Unterstützung der Zivilgesellschaft zu lösen. Auch unser liberales Wirtschaftssystem kann ohne sie nicht
überleben. Charakter, Augenmass, Verantwortungsbewusstsein sind dazu
nötig. Mehr als bisher muss deshalb bei der Auswahl von Verwaltungsrat und
Management neben den Komponenten Ausbildung, Erfahrung und Fachkompetenz auf die charakterlichen Eigenschaften geschaut werden. Moralische
Werte wie Integrität, Ehrlichkeit, Unbestechlichkeit, Unabhängigkeit und
Toleranz sind neben Intelligenz, Einsatzwillen, Entscheidungskraft und Unter-
nehmergeist wesentliche Elemente der Führungsexzellenz. Nur im Verein mit
solcher auch moralisch abgesicherter Führungsfähigkeit ist Corporate Gover-

nance wirklich wirksam. Diese Frage wird uns weiter beschäftigen, wenn wir die soziale und ökologische Verantwortung der Unternehmungsführer im Kontext mit ihrer primären Verantwortung für eine finanziell gesunde und wettbewerbsfähige Unternehmung behandeln werden.

Das zweite Erfordernis besteht in einer stärkeren Interessenvertretung durch die Aktionäre selbst, die es vielfach unterlassen, die vorhandenen Einflussmöglichkeiten voll auszunutzen. Die «Ohnmacht» der Aktionäre ist oft selbstverschuldet und selbstgemacht. Hier ist ein grundsätzlicher Mentalitätswandel gefordert. Wenn Rechte wirksam sein sollen, so müssen sie auch ausgeübt werden. Solange sich die Aktionäre nur um ihre Vermögensrechte und nicht auch um ihre Stimmrechte kümmern, müssen sie sich nicht wundern, wenn Verwaltungsrat und Management den für ihre Machtausübung als Führungsorgane zur Verfügung stehenden Freiraum voll und ganz ausnützen, wobei die legitimen Interessen der Investoren oft an zweiter Stelle stehen. Viele Probleme der Corporate Governance, so beispielsweise die Bestellung kompetenter Verwaltungsräte oder die Begrenzung exzessiver Spitzengehälter, sind nur dann wirklich lösbar, wenn die Aktionäre aktiv an den Generalversammlungen teilnehmen und ihre geballte Stimmkraft einbringen. Das unter den Bezeichnungen «Indolenz» und «rationale Apathie» der Aktionäre bekannte Phänomen muss mit allen Mitteln wirksam zurückgedämmt werden. Handlungsbedarf besteht allerdings auch aufseiten der Wirtschaftsführung – Vereinigungen und Organisationen wie Economiesuisse –, die sich vermehrt um die Anliegen der Aktionäre kümmern muss, und aufseiten des Gesetzgebers, der durch Ergänzungen und Korrekturen im Aktienrecht dafür sorgen muss, dass der Wille der Aktionäre sich in den Generalversammlungen ungehindert entfalten kann. Vieles ist schon geschehen – denken wir doch an die gesetzliche oder durch die Börse verordnete Verbesserung der Transparenz –, aber vieles bleibt noch zu tun. Im vorliegenden Werk werden Gedanken und Ideen entwickelt, die aufgrund einer kritischen Betrachtung der heute vorliegenden Grundsätze und Regeln der Corporate Governance im Licht der Erfahrungen der Praxis dazu beitragen können, die Corporate Leadership – als Kunst, eine globale Unternehmung erfolgreich zu führen – und die Wahrung der Interessen der Aktionäre – als Voraussetzung für eine ausgewogene Machtverteilung zwischen Eignern und Führungsorganen – zu verbessern. Es wird auch zu den im Vorentwurf zur Revision des Aktienrechts vorgeschlagenen Massnahmen kritisch Stellung bezogen. Eine unserer Schlussfolgerungen sei hier bereits vorweggenommen: Ohne den vollen Einsatz der «Shareholder Power» ist Corporate Governance allein nicht wirksam.

2. Das moderne gesellschaftliche und wirtschaftliche Umfeld im Wandel

2.1 Globalisierung als Treiber des Wandels

2.1.1 Die Quellen der globalen Dynamik

Das sichtbare und endgültige Versagen des realen Sozialismus, das den Zerfall des kommunistischen Universums auslöste, und der Siegeszug der liberalen Wettbewerbsidee – Kern des kapitalistischen Modells und Quelle des Wohlstandes – führten zu einer immer noch anhaltenden globalen Welle von Deregulierungen der Märkte und Privatisierungen von Staatsunternehmungen. Eine technologische Revolution gewaltigen Ausmasses, die Transaktions- und Informationskosten nachhaltig senkt und die Welt bis in den letzten Winkel digital vernetzt und sichtbar macht, stösst in mannigfacher Weise bis in die Privatsphäre des einzelnen Menschen vor und beeinflusst dadurch sein psychisches, gesellschaftliches, politisches und wirtschaftliches Verhalten. Global zeitgleich und transparent kann sich der Bürger und Konsument von heute über wirtschaftliche, politische und sportliche Ereignisse, über Einzelheiten wie Qualität und Preis von Waren und Diensten im internationalen Vergleich orientieren. Permanente weltweite Kommunikation beeinflusst dadurch auch psychologisch den Menschen, verändert dauerhaft sein Denken und Handeln. Die Gesamtheit dieser Vorgänge kennen wir heute unter dem Begriff der Globalisierung. Sie steht für den Prozess rasch zunehmender, weltweiter Vernetzung von Gesellschaft, Politik, Wirtschaft, Wissenschaft und Recht. Sie erlaubt den blitzschnellen und praktisch kostenlosen Austausch von Fakten, Vorgängen, Meinungen und Spekulationen in unvorstellbarem Ausmass. Nichts illustriert dies besser als das Internet und das mobile Telefon. Sie sind die Ikonen der postindustriellen Gesellschaft, in der Wissen und Kommunikation dominieren.

Die Globalisierung schöpft ihre gewaltige Dynamik und gestaltende Kraft hauptsächlich aus fünf Quellen:

- aus der weltweiten Freihandelsbewegung, die in frühen Jahrhunderten auf bilateralem Weg entstand, 1947 mit der Gründung des General Agreement on Tariffs and Trade (GATT) multilateralen Charakter bekam und seither durch immer neue Initiativen (Rounds) schrittweise die internationale Öffnung der Märkte für Waren vorantrieb. 1995 wurde das GATT durch die World Trade Organization (WTO) ersetzt, welche die zunehmende weltweite Liberalisierung nicht nur der Handelsströme, sondern auch der

Dienstleistungen und letztlich des Wissens und der Technologie zum Ziel hat und begrenzende protektionistische Hindernisse zu überwinden sucht.[6] Die «Doha»-Runde, die seit einigen Jahren nicht von der Stelle kommt, stösst auf harten Widerstand, weil es unter anderem um weitere Liberalisierungsschritte im Agrarbereich geht, denen aus politischen Gründen vorläufig noch protektionistische Bestrebungen westlicher Länder im Weg stehen. Sie wurde kürzlich suspendiert und ihre Wiederaufnahme ist ungewiss. Bilaterale und regionale Abkommen werden dadurch neuen Auftrieb erhalten. Anderseits vermittelt der erfolgte WTO-Beitritt Chinas, das rund 20 % der Weltbevölkerung vertritt, und die seither rasch voranschreitende Integration dieses grossen Landes in den globalen Handel starke Impulse;

- aus den grossen regionalen Zusammenschlüssen von Wirtschaftsräumen, wie sie EU, NAFTA, MERCOSUR und CAFTA darstellen und wie sie sich für weitere Regionen bereits abzeichnen – unter anderem im ASEAN-Raum[7] –, sowie den ausserhalb der WTO bestehenden Freihandelsabkommen wie EFTA und bilateralen Vereinbarungen, wie beispielsweise zwischen Chile und den USA;

- aus der politischen Wende nach 1989 und der Neudefinierung der staatlichen Aufgaben im Rahmen einer grundsätzlich liberalen Weltordnung, die durch Entbürokratisierung, Deregulierung und Privatisierung den Handlungsspielraum der Wirtschaft zu erweitern sucht;

- aus der technologischen Revolution im Digitalbereich und in der Transporttechnik, die nationale Grenzen überwindet, Distanzen schrumpfen lässt und Übermittlungs- und Übersendungskosten sukzessive senkt;

- und schliesslich aus der so entfesselten grenzüberschreitenden neuen Handlungsfreiheit der Unternehmungen, die im Kampf um den besten Standort für ihre Produktion und Dienstleistung durch internationales Outsourcing und Offshoring[8] ihre Wettbewerbsfähigkeit zu verbessern trachten. Multinationale Unternehmungen sind damit selber zu dynamischen Treibern der Globalisierung geworden.

---

6 Nach Berechnungen von Morgan Stanley erreichte das Volumen des Welthandels 2004 27 % des globalen Brutto-Nationalproduktes (Gross Domestic Product), gegenüber 19 % im Jahre 1991.

7 Die Association of South-East Asian Nations (ASEAN) ist eine lose, hauptsächlich wirtschaftlich ausgerichtete Vereinigung von zehn südostasiatischen Staaten. ASEAN Plus THREE umfasst auch Südkorea, Japan und China, die sich periodisch treffen. Diese Staaten beabsichtigen bis 2015 die Bildung einer Wirtschaftsgemeinschaft mit ähnlichen Regeln wie die EU.

8 Für die Begriffe Offshoring und Outsourcing siehe Schema im Abschnitt 2.1.3.

Die nachfolgende Grafik zeigt die dramatische Beschleunigung des Welthandels durch die Globalisierung. Er entwickelt sich seit den 1990er-Jahren schneller als das globale Bruttosozialprodukt. Man rechnet damit, dass bei einem Anhalten der jetzigen Trends Asien (vor allem Japan, China, Indien) sowie Brasilien und Russland im Jahr 2010 48 % des Welthandels auf sich vereinigen werden.[9]

Abbildung 1:

Welthandel und weltweites Bruttoinlandprodukt (BIP)
Indexiert, 1987 = 100

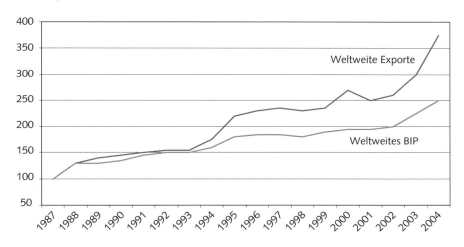

Quelle: Union Bancaire Privée/NZZ

2.1.2 Die wohlstandsfördernden Effekte der Globalisierung

Wirtschaftlich aktiviert die Globalisierung die komparativen Kostenvorteile der einzelnen Volkswirtschaften nach den Erkenntnissen von David Ricardo und begünstigt damit die internationale Arbeitsteilung.[10] Nichts illustriert Natur und Reichweite der Globalisierung besser als der Verkauf der PC-Sparte des amerikanischen IT-Dienstleistungsgiganten IBM an den führenden chinesischen Computerhersteller LENOVO im Dezember 2004: eine interkontinentale Arbeitsteilung und Partnerschaft über nationale Grenzen und

---

9 Die vier bevölkerungsreichen Wachstumsländer Brasilien, Russland, Indien und China werden oft unter der Bezeichnung «BRIC-Länder» zusammengefasst. Sie repräsentieren über 42 % der Weltbevölkerung und über 25 % des Welt-BIP (PPP-Kaufkraftberechnung). Quelle: www.cia.gov.Factsheet.

10 Ricardo David, Principles of Political Economy and Taxation, London, 1817.

inkompatible politische Systeme hinweg mit strategischer Fokussierung auf jene Tätigkeiten, die jeder der beiden Partner am besten beherrscht. China wurde durch diese Transaktion zum drittgrössten PC-Produzenten der Welt. Die Globalisierung intensiviert den Wettbewerb und verbilligt die Produkte, die standortmässig dort hergestellt werden, wo die Kombination der massgebenden Produktionsfaktoren – Kapital, Arbeit und Know-how – dafür am günstigsten ist. Der weltweit freie Austausch von Gütern, Dienstleistungen und Wissen ist ein anerkanntes Mittel zur Wohlstandsförderung. Man kann diese positive Wirkung der Globalisierung wohl kaum besser beschreiben, als es die Volkswirtschaftlerin Beatrice Weder di Mauro getan hat: «Empirische Untersuchungen belegen, dass Volkswirtschaften mit einem höheren Offenheitsgrad stärker wachsen als solche, die weniger in den internationalen Handel eingebunden sind. Wirtschaftliches Wachstum führt zu einem höheren Bildungsstand, zu einer höheren Lebenserwartung und ist negativ mit der Rate der Kindersterblichkeit eines Landes korreliert. Dies bedeutet, dass vermehrtes Wachstum einen positiven Einfluss auf die Verringerung von Armut hat.»[11] Ausserdem fördert die Globalisierung die Vermittlung gemeinsamer Wertvorstellungen, was zur Verhinderung kriegerischer Auseinandersetzungen beitragen kann. Es sei daran erinnert, dass bei der sich aus der Europäischen Gemeinschaft für Kohle und Stahl von 1951 über die Jahrzehnte entwickelten heutigen Europäischen Union dies immer noch das Hauptmotiv für ihre Existenzberechtigung ist, wenn auch heute die wirtschaftlichen Vorteile im Vordergrund stehen. Mit Recht erinnerte Simone Veil, die langjährige Präsidentin des EU-Parlamentes, noch im Jahre 2005 daran, dass der Friede nie irreversibel ist und immer wieder institutionell gesichert werden muss.

Dies alles ist positiv zu werten. Nichts zeigt die generelle wohlstandsfördernde Wirkung der Globalisierung besser als die folgende Grafik über den relativen Rückgang der internationalen Verschuldung der Entwicklungs- und Schwellenländer[12] seit 1980, eine direkte Auswirkung der Zunahme des globalen Handelsverkehrs dank fallender Zollschranken und tiefer Logistikkosten:

11   Weder di Mauro Beatrice (Universität Mainz D), Wirtschaftsmagazin Bilanz, Nr. 14/2005.
12   Zur Typisierung von Volkswirtschaften: Wir unterscheiden Industrieländer (Entwicklungsstand hoch), Schwellenländer inklusive die Untergruppe der früher planwirtschaftlichen Transformationsländer (auf der Schwelle zum Industrieland) und Entwicklungsländer (Entwicklungsstand tief). Als Gradmesser des Entwicklungsstandes dient meist das Bruttosozialprodukt per capita (Weltbank-Methodik). Der Begriff Industrieland ist heute problematisch: Der durch die Globalisierung geförderte Strukturwandel macht die Industrieländer mehr und mehr zu Dienstleistungs- und wissensbasierten Ländern. 70 % der Wertschöpfung entfällt heute bei den OECD-Ländern auf Dienstleistungen und Wissensgenerierung. In den USA sind heute weniger als 10 % der Beschäftigten im industriellen Sektor tätig.

Abbildung 2:

Relativer Rückgang der Verschuldung der Entwicklungs- und Schwellenländer 1979–2003*

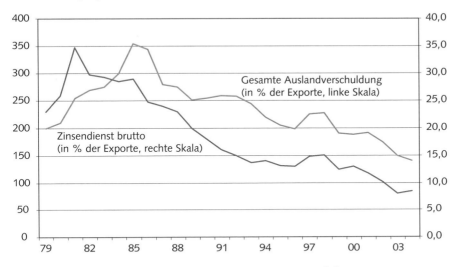

Gesamte Auslandverschuldung
(in % der Exporte, linke Skala)

Zinsendienst brutto
(in % der Exporte, rechte Skala)

* Insgesamt 45 Entwicklungs- und Schwellenländer mit externen Anleihen

Quelle: USB

2.1.3 Der Zwang zur strukturellen Anpassung

Die Triebkräfte der Globalisierung entwickeln ihre positive Wirkung langfristig. In kurz- und mittelfristiger Sicht zeigen sich jedoch negative Erscheinungen. Die Beschleunigung des wirtschaftlichen Wandels durch die Globalisierung verursacht nämlich regionale und sektorale Ungleichgewichte und Konflikte. Dies hängt mit drei Entwicklungen zusammen, die der Globalisierung gewissermassen als «Poison Pills» inhärent sind.

Erstens führt die zunehmende globale Vernetzung der Märkte zu Interdependenzen, die das Risiko bergen, dass sich lokale oder regionale Krisen pandemieartig ausbreiten können. Dies gilt vor allem für die Finanzmärkte. Zweitens treten strukturell bedingte Anpassungsschwierigkeiten in den Volkswirtschaften auf, die vorübergehend zu Wohlstandsverlusten führen; dies gilt vor allem für die hochentwickelten Länder. Am meisten profitieren die Transformations-, Schwellen- und Entwicklungsländer von der Globalisierung; dies jedoch in unterschiedlichem Mass, was zu internationalen Spannungen, vor allem im Nord-Süd-Kontext, führt. So sind die armen Länder Afrikas aus verschiedenen Gründen noch ungenügend in den Welthandel integriert. Und

25

drittens schafft die Globalisierung einen extra-territorialen Raum, den wir die «regulatorische Lücke» nennen wollen und der von globalen Unternehmungen zur Gewinnmaximierung – ein legitimes und auch sozial begründbares Ziel des liberalen Modells – benutzt wird.

Zunächst zum ersten Problem: Eine der wichtigsten Konsequenzen der Globalisierung ist die Interdependenz der Märkte. Diese Interdependenz, deren Ausmass von der grenzunabhängigen Mobilität von Kapital, Arbeit, Gütern und geistigem Eigentum abhängt, ist im Fall der Finanzmärkte heute am ausgeprägtesten. Damit nehmen die globalen Risiken zu: Regionale Wellenbewegungen breiten sich innert kürzester Zeit auf die ganze Welt aus. Dies aktiviert natürlich auch korrektive Kräfte, die wieder für einen Ausgleich sorgen, doch erfolgt dies mit einer mehr oder weniger starken Zeitverschiebung. In der Zwischenzeit entstehen strukturelle und konjunkturelle Schäden unterschiedlicher Grössenordnung. Dies verlangt von den Unternehmungen eine hohe Flexibilität, um durch Anpassungen solche Schäden zu begrenzen.

Das zweite Problem: Unter dem Druck zur Strukturanpassung sehen Regierungen und Gewerkschaften in der Globalisierung oftmals eine Gefahr für ihr Land, gegen die sie sich durch Protektionismus schützen wollen. Das soll näher erklärt werden. Die Globalisierung ist eine enorme Chance für die Transformations- und Entwicklungsländer, die ihre komparativen Wettbewerbsvorteile ausspielen können und dadurch vermehrt Zugang zu den Weltmärkten erhalten. Als Tieflohnländer können sie trotz geringerem Produktivitätsniveau billiger produzieren als die alten Industrieländer, weil die Lohnunterschiede die Produktivitätsdisparitäten oft mehr als ausgleichen. Dies erklärt sich daraus, dass diese Länder dank ihrer Ausbildungsanstrengungen immer mehr auch über qualifizierte, disziplinierte und initiative junge Leute mit hoher Leistungsbereitschaft verfügen. Zunehmend wird so auch technisches Know-how von den Hochlohnländern in die Tieflohnländer verlagert. Letztlich ist deshalb das Arbeitskostengefälle, und nicht das Produktivitätsniveau, zum wichtigsten Kriterium im Wettbewerb der Standorte geworden. Zu den Lohn- und Produktivitätsvorteilen dieser Länder kommen meistens auch noch Steuervorteile. Die Unterschiede in der Lohnhöhe und in der Besteuerung der Unternehmungsgewinne sind tatsächlich beträchtlich, wie die nachfolgenden Tabellen, zu verstehen als typisches Momentbild, deutlich zeigen:

Abbildung 3:

Globaler Lohnkosten-Vergleich
Durchschnittlicher Jahreslohn inkl. Sozialleistungen in EURO
für einen männlichen Mitarbeiter 2005

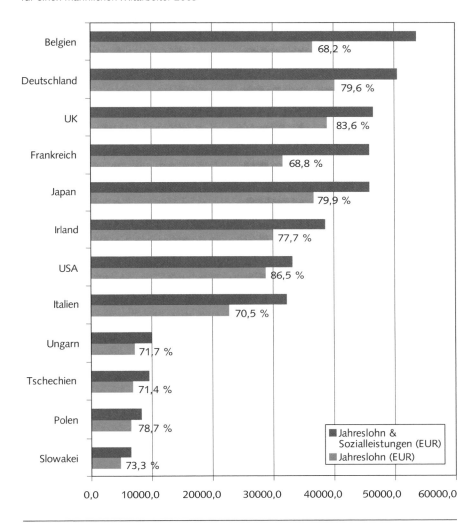

Quelle: Mercer Human Resource Consulting LLC, 2005

27

Abbildung 4:

Globaler Vergleich der Unternehmungsbesteuerung
Besteuerung des Reingewinns von Aktiengesellschaften in %

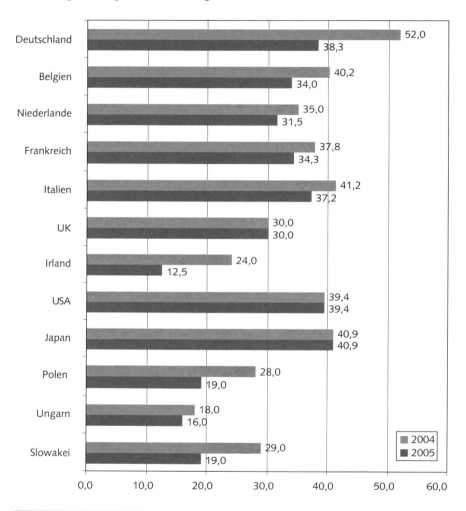

Quelle: KPMG, OECD, EWSJ (18.03.05)

Im Rahmen des natürlichen Standortwettbewerbes zwischen verschieden entwickelten Volkswirtschaften, der zu Unrecht oft als «Lohn- und Steuerdumping» gebrandmarkt wird und protektionistische Reflexe auslöst, bedienen sich die global tätigen Unternehmungen insbesondere zweier Strategien, dem Outsourcing und dem Offshoring. Die folgende Darstellung zeigt diese beiden Methoden, wobei im Zusammenhang mit unseren Ausführungen über die wirtschaftliche Globalisierung die internationalen Erscheinungsformen von Belang sind, also die grenzüberschreitenden Varianten (roter Bereich).

Abbildung 5:

Outsourcing, Offshoring, Direktinvestitionen

Quelle: CreditSuisse Economic Research / Die Volkswirtschaft Nr. 9/2005

Unter dem Druck der stets zunehmenden internationalen Konkurrenz – ein typisches Merkmal der Globalisierung – verlagern die global tätigen Firmen einen Teil ihrer Produktion in die lohn- und steuergünstigen Transformations- und Entwicklungsländer bzw. beziehen von diesen billige Dienstleistungen.[13] Sie tun dies besonders dann in erheblichem Ausmass, wenn starre Arbeitsstrukturen und -gesetze im eigenen Land eine Lohnanpassung – Senkung der mit hohen Sozialkosten belasteten Lohnkosten – nicht oder nur beschränkt erlauben, und wenn die zu hohen Hürden des Kündigungsschutzes sie davon abhalten, neue Arbeitsplätze zu schaffen. Kapitaleinsatz wird dann im Rationalisierungsprozess und beim Bau neuer Betriebsstätten der teuren Arbeit vorgezogen.

In Fachkreisen unterscheidet man das Nearshore-Outsourcing, das grenzüberschreitend über relativ kurze Distanzen stattfindet (z. B. mit Destinatio-

---

13   Die globale Outsourcing-Revolution ist besonders deutlich sichtbar in Indien: «India today earns more than USD 17 billion from corporations worldwide seeking low-cost overseas talent to do everything from writing software to collecting debts to designing semiconductors.» (The Wall Street Journal, No. 38, March 23, 2005).

nen in Osteuropa) und das eigentliche Offshore-Outsourcing über grosse Distanzen (z. B. mit Destinationen in Indien und China). Anlass zu solchen Verlagerungen geben immer die Möglichkeiten, Kosteneinsparungen zu erzielen. Dies ist allerdings nur eine Facette der Überlegungen; darüber hinaus spielen mehr und mehr auch strategische Ziele eine Rolle, indem beispielsweise technologische Vorteile ausgenutzt werden sollen. So bietet Indien mit seiner enormen Kapazität an gut ausgebildeten und innovativ begabten Ingenieuren einen besonders guten Nährboden für die Schaffung von Mehrwert. Indien ist deshalb auch eine beliebte Destination für F&E-Outsourcing. Während der Kostenvorteil sich im Lauf der Zeit mit steigendem Wohlstand der Destinationsländer vermindert oder sogar ganz verschwindet, bleiben strategische Vorteile der genannten Art über sehr lange Zeitperioden erhalten.[14]

Reformbestrebungen in Kontinentaleuropa zur strukturellen Anpassung scheiterten bisher am Widerstand der Politik und der Gewerkschaften, die sich gegen Versuche der Flexibilisierung des Arbeitsmarktes und gegen den drohenden Lohnabbau stemmen. Langfristig kann aber wohl keine andere Remedur wirken. Hier sind Politik und Wirtschaft der Industrieländer gefordert. Deutschland und Frankreich befinden sich bereits seit Jahren in dieser Lohnkosten-Falle, Grossbritannien, das beinahe vollbeschäftigt ist, hat sie vermeiden können, wohl dank der Reform von Frau Margaret Thatcher, die die Macht der Gewerkschaften seinerzeit gebrochen hat. Erste Anzeichen für einen Kurswechsel zeigen sich in Form von Vereinbarungen einiger grosser Unternehmungen – u. a. Siemens und DaimlerChrysler – zur Arbeitszeitverlängerung ohne Lohnabgeltung. In Frankreich kommt die 35-Stundenwoche unter zunehmenden Verlängerungsdruck. Dieser Trend wird weitergehen und auch durch den Widerstand der Gewerkschaften und Streiks nicht wirksam zu bremsen sein. Die Realität wird sich stärker erweisen als jede Ideologie: Die heutigen hohen Lohn- und Sozialstandards der europäischen Industrieländer sind nicht länger haltbar. Der bekannte deutsche Ökonom Hans-Werner Sinn, ein Experte der wirtschaftlichen Globalisierung, ist davon überzeugt, dass die Löhne in Deutschland tendenziell sinken und in Osteuropa tendenziell steigen: «Die Globalisierung schafft einen gemeinsamen Arbeitsmarkt, die Löhne gleichen sich an. Gegen dieses Gesetz ist die Politik machtlos.» Und er ist überzeugt davon, dass je stärker der von der Globalisierung ausgelöste Anpassungsprozess behindert werde, umso höher falle die Arbeitslosigkeit aus. Ver-

---

14 Die sogenannten «Extramuros»-F&E-Aufwendungen, die durch Outsourcing von F&E-Aufträgen an fremde Firmen im Ausland durch Schweizer Firmen entstehen, haben sich in der Zeitspanne 2000–2004 mehr als verdoppelt und betrugen im Jahr 2004 CHF 2,4 Milliarden (Wirtschaftspolitik in der Schweiz 2006, Publikation der Economiesuisse, 2006).

gessen wird oft, dass durch die tendenziell in den Schwellenländern steigenden Löhne neue Kaufkraft entsteht, die schliesslich auf dem Weg der Nachfrage nach Importprodukten auch die alten Industrieländer begünstigt. Und umgekehrt wird in diesen Ländern die Kaufkraft der Bevölkerung dank billiger Importprodukte aus den Entwicklungs- und Schwellenländern, wie z. B. China, gestärkt. Langfristig werden so die durch die Strukturverschiebungen dort eingetretenen Wohlstandsverluste allmählich wieder ausgeglichen.

Zu den von der Globalisierung geschaffenen strukturellen Anpassungsschwierigkeiten gesellt sich in den Industriestaaten Europas eine zunehmende Überalterung der Bevölkerung mit ihren Renten- und Gesundheitsproblemen. Der Anteil der arbeitenden Bevölkerung an der Gesamtbevölkerung und damit die Wertschöpfung nimmt ab; die Deckung der steigenden Altersrenten und Gesundheitskosten ist nicht mehr gewährleistet. Der Wohlfahrtsstaat europäischer Prägung ist deshalb ein Auslaufmodell. Das erfolgreichere angelsächsische Modell, das Selbstverantwortung als tragendes Element miteinbezieht, muss hier noch an Einfluss gewinnen. Das bedeutet auch, dass Flexibilität Besitzstandwahrung ersetzen muss. Der Lebensstandard der Bürger des «alten» Europa wird in Zukunft bestenfalls stagnieren, wahrscheinlich aber sogar abnehmen. Die erwähnte entschädigungslose Verlängerung der Arbeitszeiten in Deutschland und Frankreich ist ein Vorbote dieser Entwicklung. Die Transformations- und Entwicklungsländer hingegen erhalten die Chance, den Wohlstand ihrer Bürger umso rascher zu heben. Selbst die USA, obwohl wirtschaftlich flexibler und demografisch dank ihrer offenen Einwanderungspolitik jünger, werden den strukturverändernden Einflüssen der Globalisierung nicht entgehen. Angesichts der technologischen und wirtschaftlichen Fortschritte von Indien und China mit ihren tiefen Löhnen sagt Paul A. Samuelson (Nobelpreisträger Ökonomie): «Wer glaubt, dass diese Veränderungen das Durchschnittseinkommen in den USA nicht unter Druck setzen werden, glaubt an Wunder.» Die Konsequenz der durch die Globalisierung bewirkten «Desindustrialisierung» ist ein irreversibler Strukturwandel in den entwickelten Volkswirtschaften: Der Anteil der industriellen Tätigkeiten an der Bruttowertschöpfung nimmt ab bzw. konzentriert sich auf zunehmend hochwertige und innovative Nischenprodukte, bei denen hohe Lohnkosten eine untergeordnete Rolle spielen, und derjenige der Dienstleistungen, insbesondere hochtechnologischer Art, und der Wissensgenerierung, nimmt zu (sogenannte Tertiärisierung).[15] Dies ist denn auch die volks- wie betriebswirtschaftliche

---

15 Wie dieser Prozess arbeitsplatzschaffend und -erhaltend gestaltet und beschleunigt werden kann, zeigte Hans-Ulrich Dörig für die Schweiz auf (Lust auf Zukunft statt Vogel-Strauss-Politik, NZZ Nr. 134, 2005).

Strategie, die von den alten Industrieländern zur Vermeidung von Arbeits-
platz- und Wohlstandsverlusten angestrebt werden sollte. Zunächst gehen
dabei in den Industrieländern Arbeitsplätze verloren, bis der Umstellungspro-
zess vollzogen und ein neues Gleichgewicht erreicht ist. Diese Entwicklung ist
äusserst schmerzhaft und langwierig und führt zu gesellschaftlichen Problemen in den betroffenen Ländern (insbesondere in Westeuropa). Dadurch entsteht vorübergehend politischer Druck der Strasse, dem vor allem links orientierte Regierungen wenig gewachsen sind und diese zu interventionistischen
Massnahmen greifen lassen, was sich für den volkswirtschaftlichen Umstel-
lungsprozess und das Wachstum als kontraproduktiv erweist. Langfristig entstehen aber aus der geschilderten Entwicklung Wohlstandsgewinne für alle
dem Freihandel angeschlossenen Länder, wie nicht nur theoretische, sondern
auch empirische Untersuchungen nachweisen. Mit fortschreitender Globalisierung wird dies schliesslich für die meisten Länder unserer Erde gelten.
Dabei muss allerdings in Jahrzehnten gemessen werden.[16]

2.1.4 Indien und China als Wachstumsgiganten

Was uns an harten globalen Veränderungen noch bevorsteht, können wir
aus einer Schätzung der zukünftigen Entwicklung des Bruttosozialproduktes
(GDP) der grossen Länder der Welt erahnen: Ein wahres asiatisches «Shake
up» steht uns bevor, das Globalisierung und Restrukturierung der Volkswirtschaften weiter antreiben und die entwickelten Länder zu permanenten Struk-
turanpassungen zwingen wird (vgl. Grafik nächste Seite).

Die dargestellten Schätzungen machen deutlich, dass die heutigen Wachs-
tumsmärkte in Asien sowie weiterhin in Nord- und Südamerika liegen. Das
durchschnittliche Wachstum des BIP (Bruttoinlandprodukt) für die Jahre
2005 (Schätzung), 2006 und 2007 (Prognose) wird von der OECD für China
auf 9,7 % p. a. und für Indien auf 7,7 % geschätzt, gegenüber 4,8 % für die
USA. China und Indien entwickeln sich über die Jahre zu den modernen
Wachstumsmotoren der Weltwirtschaft. Dort wohnen zwei Fünftel der Weltbevölkerung. Die Öffnung ihrer Märkte und ihre zunehmende Vernetzung
mit der übrigen Welt ist in vollem Gang. Marktwirtschaftliche Mechanismen
setzen sich dort immer mehr durch. Dabei verläuft die wirtschaftliche Entwicklung in den beiden Ländern unterschiedlich. Während sich der Aufschwung Chinas hauptsächlich auf die industrielle Produktion abstützt,

---

16   In ihrer Broschüre «Wirtschaftspolitik in der Schweiz 2006» hat Economiesuisse in Form von
zehn Thesen die Auswirkungen der Globalisierung charakterisiert. Diese Thesen, die eine generell
und unter langfristiger Betrachtung positive Bilanz ziehen, stimmen mit den Feststellungen des
Verfassers nahezu vollständig überein.

Abbildung 6:

Langfristige Schätzung des Bruttosozialproduktes (GDP)
in Mio. USD

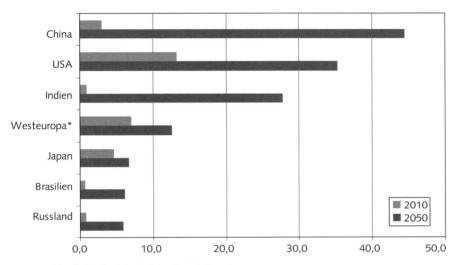

* Deutschland, Frankreich, Italien, Grossbritannien

Quelle: McKinsey&Company Quarterly 2005

basiert der wirtschaftliche Fortschritt Indiens vor allem auf dem Dienstleistungssektor. Dies mag einerseits mit den grundverschiedenen Mentalitäten der beiden Völker sowie mit den unterschiedlichen politischen Systemen der beiden Länder zusammenhängen. Indien ist grundsätzlich demokratisch und dezentral regiert und die Inder sind schon durch die Sprache – Englisch dient zur landesweiten Verständigung – und durch ihr Talent für IT und Kommunikationsfragen mit der übrigen Welt stärker verbunden und offener als China, das durch politischen und wirtschaftlichen Zentralismus, ein Einparteiensystem und eine schwierige Sprache gekennzeichnet ist. Anderseits ist in China die zentral rasch vorangetriebene Infrastruktur – Strassen, Flughäfen, Strom und Telekommunikation – viel weiter entwickelt als in Indien und bietet deshalb für industrielle Tätigkeiten bessere Voraussetzungen. Diese Unterschiede werden jedem Geschäftsmann frappant klar, der die beiden Staaten periodisch bereist. Die hohen Zuwachsraten der Volkswirtschaften der beiden Länder werden angesichts des Wohlstandrückstandes der breiten Bevölkerungsmasse noch viele Jahre anhalten. Zugleich beginnt China seine wachsende wirtschaftliche Macht auszuspielen, um im Weltmarkt strategische Positionen – insbesondere im Energiesektor – aufzubauen. Auseinandersetzungen mit den bisher dominanten Players USA, Europa und Japan werden an Häufigkeit zunehmen und tief greifende Strukturveränderungen erzwingen. Das Monopol des Westens in Forschung und Entwicklung kommt unter Druck. Jürgen Dormann hat diesen Prozess markant in Worte gefasst: «Bisher ging es um einen Wettbewerb der Entwicklungsstandorte. Und es wird nicht lange dauern, bis auch der Wettbewerb der Forschungsstandorte in vollem Gange sein wird. Damit steht die letzte Domäne Westeuropas, unsere einzige Quelle globaler Wettbewerbsvorteile, vielleicht schon in fünf, sicher in zehn Jahren zur Disposition.»[17] Die Verlagerung des Wachstums und des Wissens nach Asien wird den bisher führenden Volkswirtschaften enorme Anpassungen und Umdenkungsprozesse abverlangen.

Das massive Wachstum der bevölkerungsreichen und dynamischen Volkswirtschaften Asiens, das ohne Zweifel noch viele Jahre anhalten wird, ist ein Glücksfall: Es verleiht der Weltwirtschaft mehr Stabilität. Die bisherige Abhängigkeit der globalen Konjunkturentwicklung vom Zustand der Wirtschaft von den USA und Europa wird dadurch gemildert, ja aufgehoben. Dies ist bereits heute fühlbar.

2.1.5 Ist die Globalisierung reversibel?

Es gibt Ökonomen und andere Wissenschaftler, die sich mit der Frage beschäftigen, ob die Globalisierung irreversibel ist. So hat der Historiker Niall Ferguson unter dem Titel «Sinking Globalization» Betrachtungen über dieses Problem angestellt.[18] Er nimmt symbolhaft die Torpedierung des britischen Passagierschiffes «Lusitana» durch ein deutsches U-Boot im Jahre 1915 zum Beispiel, welche schliesslich zum Eintritt der USA in den Ersten Weltkrieg und zur Paralysierung des vordem florierenden Welthandels geführt hat. Er weist auf die heutigen Risikofaktoren hin, die Anlass zu einem Rückschlag oder sogar zu einer Reversion der Globalisierung geben könnten: Ein dritter Weltkrieg; Terrorismus, der aus Sicherheitsgründen zu Abkapselungen und Unterbrüchen im Welthandel, speziell in der Ölversorgung, führen könnte; lokale oder regionale Finanzkrisen, die sich wegen der hohen Interdependenz der weltweiten Märkte rasch zu globalen Katastrophen ausweiten müssten. Zu diesen Risiken fügen wir hinzu: pandemie-verdächtige Krankheiten von Mensch und Tier und nicht zuletzt ökonomischen Protektionismus. Aber er schliesst mit den Worten: «Still we sail» – noch sind wir auf Kurs.

---

17 Jürgen Dormann, Präsident des Verwaltungsrates der ABB Ltd., am Tag der Wirtschaft 2005 der Economiesuisse.
18 Ferguson Niall, Sinking Globalization, Foreign Affairs, March/April 2005.

Rückschläge sind natürlich denkbar. Die von uns geschilderten «Poison Pills» der Globalisierung – Strukturwandel mit vorübergehender Bedrohung von Beschäftigung und ökonomischem Gleichgewicht in den entwickelten Ländern sowie Schrumpfung der ökonomischen Souveränität der National-staaten – wird in Zukunft die Geschwindigkeit der heute rasch fortschreitenden Globalisierung bremsen und könnte vorübergehend sogar Rückschritte bringen. So erlebt der Protektionismus, der angetrieben wird von politischen Kräften – Gewerkschaften, antiliberalen Parteien und ökonomischem «Patrio-tismus» –, heute eine unwillkommene Neubelebung. Im Mittelpunkt der protektionistischen Bestrebungen stehen politischer Widerstand gegen grenz-überschreitende Fusionen und Akquisitionen sowie Bestrebungen zur Eindäm-mung des internationalen Lohn- und Preisdruckes, der Handelsliberalisierung im Agrarsektor und der Mobilität der Arbeitskräfte. Die Schwierigkeiten in den gegenwärtigen Liberalisierungsverhandlungen der WTO (Doha-Runde) erklä-ren sich durch diese Vorgänge. Und schliesslich versuchen globalisierungskriti-sche Non-Government-Organisationen wie ATTAC, mit sozio-ökologischen Argumenten die Ängste der Bevölkerung vor negativen Auswirkungen der Globalisierung anzuheizen.

Diese Abwehrreaktionen bilden eine Gefahr für die globale wirtschaftliche Entwicklung, weil sie das Fortschreiten der internationalen Arbeitsteilung, Motor der Produktivitätszunahme, und das Tempo der notwendigen Struk-turanpassungen in den verschiedenen Volkswirtschaften herabsetzen. Sie sind wohlstandshemmend und werden deshalb nach unserer Auffassung auf die Dauer die Globalisierung nicht aufhalten können – zu stark sind die Kräfte, die sie vorantreiben. Wirtschaftliche Vernunft wird aus Wohlstandsüberlegun-gen schliesslich über die nationalistische Denkweise siegen. Bezüglich Europa, wo der ökonomische «Patriotismus» in Frankreich und Deutschland politisch besonders populär ist, stellt das Wall Street Journal fest: «Most Economists agree that if national protections stave off pan-european competition, there will be a price to pay in terms of growth, employment and consumers' living standards.»[19] Wir sind deshalb davon überzeugt, dass die Globalisierung trotz Risiken und möglichen vorübergehenden Rückschlägen im langfristigen Zeit-verlauf sich weiterentwickeln wird. Sie ist aus vielen Gründen irreversibel, nicht zuletzt, weil sie die ewige Sehnsucht der Menschen nach unbegrenzter Freiheit und Fortschritt zu erfüllen verspricht.

---

19 Wall Street Journal, European Edition, No. 37, 22. März 2006.

2.2 Die «regulatorische Lücke» als nationalstaatliches Rechtsphänomen der Globalisierung

Uns beschäftigt hier noch ein zweiter Konflikt, der in direktem Zusammenhang mit der Forderung der Zivilgesellschaft nach guter Governance in der Wirtschaft steht. Die Dynamik der Globalisierung stellt die Beziehungen zwischen Staat und Wirtschaft vor völlig neue Herausforderungen. Man befürchtet, dass die erhöhte Flexibilität der Unternehmungen in der Gestaltung ihrer weltweiten Tätigkeit dazu führt, dass sich diese Unternehmungen durch Outsourcing und Offshoring immer mehr einer nationalstaatlichen Regulierung und Überwachung entziehen könnten. Es ergibt sich in dieser Hinsicht eine «regulatorische Lücke», die das bisherige Regulierungs- und Gesetzgebungsmonopol des Staates teilweise ausser Kraft setzt bzw. unterwandert. In diesem Phänomen liegt der Keim zum Wandel des Nationalstaates im heutigen Sinn. Langfristig, über viele Jahrzehnte, ist er mit seinem absoluten Souveränitätsanspruch ein Auslaufmodell. Die Globalisierung, auch in ihrer politischen Dimension, wird ihn zur Strecke bringen. Diese Vision einer durch grenzüberschreitende wirtschaftliche Realitäten relativierten Souveränität wird heute allerdings noch von den meisten Politikern verdrängt.

Die «regulatorische Lücke» war auch der Anlass zur Entstehung einer ganzen Reihe neuer Kritiker der Globalisierung: Non-Government-Organisationen (NGOs), welche die Globalisierung bekämpfen oder «domestizieren» wollen. Die wohl aggressivste NGO dieses Typs ist ATTAC. Ihre Anhänger glauben oder vermuten, dass die Wirtschaft – konkret die multinationalen Gesellschaften – durch die Globalisierung in die Lage versetzt wird, soziale, ökologische oder moralisch-ethische Normen und Standards zu umgehen oder zu verletzen. Aus diesem Glauben, der übrigens auch in der breiten Öffentlichkeit einige Resonanz findet, entsteht ein oft auch medial geschürtes Misstrauen gegenüber dem liberalen kapitalistischen System und besonders auch gegenüber seinen Protagonisten, seien es Investoren oder Verwaltungsräte und Manager. Leider wird dieses Misstrauen durch unternehmerische Fehlleistungen – falsche Bilanzen, Korruption, Unterschlagungen, millionenhohe übersetzte Gehaltsbezüge, mangelnde Transparenz im Rechnungswesen – immer wieder genährt und gerechtfertigt. Es handelt sich zwar um Einzelfälle, aber sie strahlen auf die ganze Klasse der Unternehmer und Manager aus, die so in der Öffentlichkeit generell diskreditiert werden. Anthony Burgmans, CEO von Unilever, drückt diesen Tatbestand wie folgt aus: «Ten years ago CEOs used to be heroes, whereas now, if we don't pay attention, we are all bums.»[20]

Die «regulatorische Lücke» ist sichtbarer Ausdruck des Machtverlustes des modernen Nationalstaates in der Wirtschaft. Die frühere umfassende (absolute) Souveränität und das Regulierungsmonopol des Staates werden durch die Globalisierung immer mehr durchlöchert, und der grenzüberschreitende Handlungsspielraum der multinationalen Gesellschaften, deren Zahl und Grösse ständig zunimmt, breitet sich immer mehr aus. Das heisst aber keineswegs, dass diese Gesellschaften sich ausserhalb gesetzlicher Normen bewegen können. An den neuen Standorten ihrer Tätigkeit sind sie wiederum in die dort bestehenden Gesetze und Verordnungen eingebunden, wiewohl die Rechtssicherheit in den meisten Entwicklungsländern noch zu wünschen übrig lässt und der Verdacht besteht, dass die Multinationalen daraus Nutzen ziehen. Es ist das Gefälle in rechtsstaatlicher Hinsicht zwischen reichen, stark regulierten und noch in Entwicklung befindlichen, weniger regulierten Volkswirtschaften, das hier von globalen Unternehmungen strategisch genutzt wird. Dies ist nicht in allen, doch in der überwiegenden Zahl der Fälle auch ethisch legitim. Um den Souveränitätsverlust und das Machtvakuum auszugleichen, müssen die Nationalstaaten in zweifacher Hinsicht tätig werden: erstens durch zwischenstaatliche Kooperation sowohl in multinationaler wie in bilateraler Hinsicht, und zweitens durch aktive Teilnahme an der Schaffung internationaler Rechtsnormen und Standards. Auf diesem Gebiet sind grosse Fortschritte zu verzeichnen, wie sich beispielsweise aus dem international eingeführten Regelwerk zur Bekämpfung der Geldwäscherei ersehen lässt.

Die durch die Globalisierung entstandene «regulatorische Lücke» wird uns allerdings noch viele Jahre beschäftigen. Denn die Schaffung internationalen Rechts ist ein überaus komplexer und langwieriger Prozess, der viele Länder mit unterschiedlicher politischer Interessenlage und unterschiedlichen rechtlichen Auffassungen berührt. So ist die WTO, ein offizielles internationales Regelwerk für den Welthandel, 1947 als GATT begonnen, noch weit entfernt von ihrer Vollendung. Mittlerweile entstehen häufig auf pragmatischer Basis internationale Standards, die zwar rechtlich nicht immer durchsetzbar sind (so genanntes Soft Law), aber im Interesse der Funktionsfähigkeit des internationalen Wirtschaftsverkehrs beachtet und befolgt werden. Sichtbar ist dies vor allem im Bereich der Finanzmärkte, bei denen die Globalisierung am weitesten fortgeschritten ist und das Risiko weltweiter Krisen wegen der starken Vernetzung besonders gross ist. René Weber, Leiter des Bereichs Finanzmärkte der Eidg. Finanzverwaltung, sagt dazu Folgendes: «Im Rahmen der Finanzarchitektur-Diskussion wurde die (Weiter-)Entwicklung international anerkannter Standards und Prinzipien im Finanzbereich und ihre möglichst flächendeckende Umsetzung zur Priorität. Mittlerweile bestehen über 60 finanzmarktrelevante, von privaten Organisationen und internationalen Finanzinstitutionen geschaffene Standards.»[21] Ein anderes Beispiel sind die Rechnungslegungsvorschriften: ab Januar 2005 sind die International Financial Reporting Standards (IFRS) – das Nachfolgesystem der International Accounting Standards (IAS) – in rund 90 Ländern als verbindliche Richtlinien für die Rechnungsabschlüsse börsenkotierter Gesellschaften akzeptiert. Im Rahmen einer beobachtbaren Konvergenz ist damit zu rechnen, dass die in den USA von der Börse heute noch vorgeschriebenen Standards – die US Generally Accepted Accounting Principles (US-GAAP) – schliesslich mit den IFRS zu einem einzigen globalen System verschmelzen werden.[22] Gefordert sind die Nationalstaaten auch in Bezug auf das internationale Steuerrecht. Zum fiskalischen Standortwettbewerb, der sich am Gefälle der Gewinnsteuersätze in den verschiedenen Ländern orientiert, gehört auch die Nutzung der Möglichkeiten des «Transfer Pricing». Mit diesem Begriff sind die von den multinationalen Unternehmungen verwendeten Preise bei grenzüberschreitenden Transaktionen (Güter, Dienstleistungen und Finanzgeschäfte) zwischen Konzerneinheiten gemeint, die in verschiedenen Ländern operieren (Related Party Transactions). Diese internen Verrechnungspreise sollten eigentlich den marktüblichen Preisen entsprechen. Aus Gründen der Steueroptimierung hat nun aber eine multinationale Unternehmung ein Interesse daran, den Gewinn mittels «Transfer Pricing» in jenes Land zu transferieren, das die günstigsten Gewinnsteuersätze ausweist. Eine solche Verlagerung von Gewinnen lässt sich in Abweichung von marktüblichen Preisen durch Unter- oder Überfakturierung erreichen. Dies führt zum Verlust von Steuersubstrat in den Ländern mit höheren Steuersätzen. Einer Studie von Ernst & Young ist zu entnehmen, dass diese als missbräuchlich erachteten Praktiken zunehmend vom Fiskus der betreffenden Länder auf das Korn genommen werden.[23] So wurden seit 2001 65 % der befragten Muttergesellschaften und 59 % der Tochtergesellschaften vom Fiskus bezüglich der Transferpreise untersucht, wobei 40 % der überprüften Unternehmungen ihre Transferpreise korrigieren mussten. Dieses Beispiel zeigt, dass der moderne Staat aufgrund seiner Steuerhoheit auch eigene Mög-

---

21 Weber René, Systemstabilität mit weltweiten Standards? NZZ Nr. 253/04.

22 Ein weiterer Schritt in Richtung Konvergenz sind die gleichlautenden Erklärungen der EU und der USA im April 2005, wonach ihre Börsenbehörden Rechnungsabschlüsse europäischer Gesellschaften nach IFRS bzw. amerikanischer Gesellschaften nach US-GAAP ab 2007 gegenseitig anerkennen werden, ohne eine Konversion zu verlangen.

23 Ernst & Young, 2005–2006 Global Transfer Pricing Survey, 2005.

lichkeiten besitzt und ausnutzen kann, um die bestehende regulatorische Lücke und die sich daraus ergebenden «Schlupflöcher» zu stopfen.

2.3 Nachhaltigkeit als modernes gesellschaftliches Verhaltensmodell

Parallel zur Globalisierung vollzog sich innerhalb der letzten Jahrzehnte eine Veränderung des gesellschaftlichen Bewusstseins in Fragen des Wachstums und der Umwelt, die ebenso tief greifende Folgen für unser tägliches Verhalten zeitigt wie die Globalisierung selbst. Die Wurzeln dieses sozio-ökologischen Paradigmenwechsels lassen sich zurückverfolgen bis ins Jahr 1972, als eine Gruppe bedeutender und angesehener Wissenschafter unter dem Namen Club of Rome das Buch «The Limits to Growth» («Die Grenzen des Wachstums») veröffentlichte.[24] Mithilfe computergestützter Simulationen versuchten diese Spitzenwissenschafter – darunter Jay Forrester des MIT –, die These zu beweisen, dass ein ungehemmtes Wachstum der Weltbevölkerung, die industrielle Expansion und die «verschwenderische» Konsumwirtschaft, begleitet von zunehmender Umweltverschmutzung, zu einem allmählichen Verzehr der nicht erneuerbaren natürlichen Ressourcen und schliesslich zum Kollaps und Untergang unserer Zivilisation führen müssen. Das Buch löste damals eine heftige weltweite Debatte über Sinn und Notwendigkeit wirtschaftlichen Wachstums aus. Diese gipfelte schliesslich in der Forderung, dass angesichts der Knappheit der Ressourcen Wachstum weniger quantitativ, als vielmehr qualitativ zu gestalten sei – eine These, die angesichts der wachsenden Bevölkerung, vor allem in der Dritten Welt, und der Notwendigkeit, deren Lebensstandard zu heben, mit mehr Gütern zu versorgen und die Armut zu beseitigen, konkret nicht realistisch und zielführend sein kann. Auch wurde die Frage, was unter «qualitativem Wachstum» in der Praxis zu verstehen ist, nie gelöst. Als Sinndeutung kann höchstens die These gelten, dass mit einem bestimmten Einsatz an endlichen Ressourcen der höchstmögliche Wohlstandsgewinn bzw. geringstmögliche ökologische Schaden angestrebt werden soll – eine schwierige Zielsetzung. 1976 erschien dann als Antithese das Buch «The Next 200 Years: A Scenario for America and the World», verfasst von Herman Kahn vom Hudson Institute. Der Autor verficht darin die optimistische Theorie einer allmählichen Abschwächung der Zuwachsraten der Weltbevölkerung und der Überwindung der Wachstumsgrenzen durch den technologischen Fortschritt. Diese positive Modellvorstellung der Zukunft basiert

---

24   Meadows Donella et al, The Limits to Growth, Signet Book, 1972.

auf der Erkenntnis, dass quantitatives Wachstum notwendig, aber «nachhaltig» zu gestalten sei. Nachhaltigkeit (Sustainability) heisst in diesem Zusammenhang, dass wirtschaftliches Verhalten und Wachstum verträglich sein müssen mit ökologischen Normen, die dem Umweltschutz und der Minimierung im Einsatz endlicher natürlicher Ressourcen Priorität einräumen. Der Brundtland-Report aus dem Jahr 1987 enthält die wohl wichtigste Definition des Nachhaltigkeitsgedankens und präzisiert: «Sustainable is a development which meets the needs of the present without compromising the ability of future generations to meet their own needs.» Diese Auffassung hat sich heute in Politik, Wirtschaft und Zivilgesellschaft weitgehend durchgesetzt und prägt unseren heutigen Zeitgeist. NGOs wie Greenpeace, WWF und Friends of the Earth – Organisationen, die in den 1960er- und 1970er-Jahren als aktivistische Umweltschutzorganisationen entstanden sind – haben das Ihre dazu beigetragen, die Weltöffentlichkeit in Fragen der nachhaltigen Entwicklung und des Umweltschutzes zu sensibilisieren.

Dem Nachhaltigkeitsgedanken gewaltigen Auftrieb verliehen hat der UN-Umwelt-Gipfel in Rio de Janeiro im Jahre 1992. Im Mittelpunkt dieses Anlasses, der vielfach als das grösste diplomatische Ereignis des 20. Jahrhunderts bezeichnet wird, stand die Frage nach einer Entlastung der weltweiten Ökosysteme durch Einführung des Paradigmas der «nachhaltigen Entwicklung». Im Vorfeld dieses Anlasses hatte der Schweizer Industrielle Stephan Schmidheiny 50 Spitzenvertreter der Wirtschaft aus vielen Ländern und Regionen der Welt eingeladen, dem von ihm initiierten World Business Council for Sustainable Development (WBCSD) beizutreten, der als Sprachrohr der Wirtschaft am Gipfel auftrat und den Gedanken der nachhaltigen Entwicklung wirkungsvoll unterstützte. 1992 publizierte Stephan Schmidheiny das Buch «Kurswechsel», das «Öko-Effizienz» als eine der grossen Herausforderungen für die Unternehmer und Wirtschaftsführer bezeichnete. Sein Credo: «Das grundlegende Ziel unternehmerischen Handelns – das Streben nach stetigem Wachstum – gilt, solange die Weltbevölkerung weiterhin rasch wächst und grosse Teile von ihr noch immer in Armut leben. Das Ziel des Fortschritts und die Massstäbe, die den Fortschritt messen, werden sich jedoch ändern. Qualitative Indikatoren werden die quantitativen Masse ergänzen.»[25]

Eine Fortsetzung der in Rio diskutierten Probleme der nachhaltigen Entwicklung stellt das Kyoto-Protokoll dar. Dieses internationale Vertragswerk ist ein 1997 in Kyoto (Japan) beschlossenes Zusatzprotokoll zur Ausgestaltung

---

25   Schmidheiny Stephan, Kurswechsel – globale unternehmerische Perspektiven für Entwicklung und Umwelt, Artemis & Winkler, München 1992.

der Rahmenkonvention der UNO für den Klimaschutz (United Nations Framework Convention on Climate Change), das in Rio anlässlich des Umwelt-Gipfels 1992 von den meisten Staaten unterschrieben worden ist. Das Kyoto-Protokoll schreibt verbindliche Ziele für die Verringerung des Ausstosses von Treibhausgasen fest und soll die Klimaerwärmung bremsen. Die Mehrheit der Wissenschaftler führt dieses Phänomen, das noch keineswegs genügend erforscht ist, auf den zunehmenden Ausstoss an Treibhausgasen durch menschliche Aktivitäten zurück, insbesondere durch das Verbrennen fossiler Brennstoffe. Das Protokoll setzt sich zum Ziel, bis zum Jahr 2012 den Ausstoss von CO^2 und anderer Schadstoffe um durchschnittlich 5,2 % unter das Niveau von 1990 zu senken. Die einzelnen Länder haben dabei unterschiedliche Vorgaben, die von ihrer wirtschaftlichen Entwicklung abhängen. Das Abkommen wurde bisher von 141 Staaten ratifiziert, die zusammen 85 % der Weltbevölkerung und 62 % des globalen CO_2-Ausstosses abdecken.[26]

Nachhaltigkeit, so diffus und problematisch dieser Begriff in definitorischer Hinsicht und in konkreten Fällen auch sein mag, ist heute im Bewusstsein der westlichen Welt fest verankert. Sie ist ein «Mind Set» des modernen Menschen geworden. Sie enthält drei verschiedene Komponenten, die einzeln oder kombiniert bei der Beurteilung wirtschaftlicher Ziele und Tätigkeiten als Messstab herangezogen werden: erstens ökologisches Verhalten, zweitens Langfristigkeit und Kontinuität und drittens Beständigkeit. Dazu Beispiele: Ökologisches Verhalten gilt als nachhaltig, wenn die natürlichen Ressourcen geschont werden; eine Strategie gilt als nachhaltig, wenn sie langfristig und kontinuierlich ist; ein Aktienkurs gilt als nachhaltig, wenn er keine signifikante Volatilität aufweist. Nachhaltigkeit ist eine Weltanschauung oder auch eine wirtschaftliche Verhaltensweise, je nach Kombination der Komponenten. Wegen seiner Vieldeutigkeit kann der Begriff missbraucht werden. Nachhaltigkeit ist auch ein Kind der Globalisierung und der von ihr ausgelösten Verunsicherung. Wir haben es hier mit dem massenpsychologischen Versuch zu tun, gewissermassen eine neue populäre Lebensphilosophie zu erfinden, welche die weiterum herrschende Zukunftsangst bannen und die früher dominierenden gesellschaftlichen Werte – Familie, Kirche, Patriotismus – teilweise ersetzen soll. Nachhaltigkeit ist zudem das Universalrezept geworden, um die uns in einer nicht mehr so fernen Zukunft drohenden Gefahren, die sich aus der Überalterung der Bevölkerung der westlichen Welt, der Endlichkeit der natürlichen Ressourcen und der drohenden Klimaerwärmung für unsere gesellschaftliche und soziale Sicherheit ergeben, rechtzeitig zu bannen. In der Wirt-

---

26   Vgl. Kyoto-Protokoll, Internet-Enzyklopädie Wikipedia, 10.10.2006.

schaft ist diese Haltung zum Treiber der sogenannten Stakeholder-Theorie geworden, mit der wir uns später noch auseinandersetzen werden. Nachhaltigkeit wird heute oft auch vernetzt mit Ethik in der Wirtschaft. Was als nicht nachhaltig erachtet wird, gilt vielfach auch als unethisch.

Die Nachhaltigkeitsphilosophie und ihre praktische Dimension wird unsere Zukunft stark beeinflussen. Technologische und politische Auseinandersetzungen und Krisen sind dabei vorprogrammiert. Drei Problemkreise dürften in diesem Kontext zu harten gesellschaftlichen Konflikten führen: erstens der Anspruch der Entwicklungsländer auf Wachstum und Wohlstand, dessen Realisierung knappe natürliche Ressourcen in immer höheren Mengen verzehrt und in vielen Bereichen mit der Nachhaltigkeit im Sinn der Zukunftssicherung späterer Generationen konkurriert. Zweitens die Befriedigung der stark steigenden Nachfrage nach Energie, die aus Gründen der Vermeidung von Treibhausgasen durch fossile Brennstoffe und angesichts der Verteuerung dieser Brennstoffe vermutlich zu einer Renaissance der Atomenergie führen wird. Eine neue Technologie reduziert das Restrisiko nahezu ganz, sodass es in Zukunft kaum mehr rationale Argumente geben wird, um die Atomkraft abzulehnen. Der Atomausstieg wird damit endgültig zu einer rein ideologischen Streitfrage.[27] Und drittens die genetisch modifizierten Nahrungsmittel, die die landwirtschaftliche Nutzung der Erde optimieren, die Notwendigkeit des Einsatzes chemischer Sprühmittel reduzieren und zu höheren Erträgen führen, aber kaum erklärbare ethische Bedenken auslösen. Daneben werden die Differenzen in der öffentlichen Diskussion bezüglich der Klimapolitik und der Wahrscheinlichkeit des «Global Warming» weitergehen.

Nachhaltigkeit umfasst nach moderner Auffassung aber nicht nur ökologische Ziele, wie es dem Ursprung des Begriffes entsprechen würde, sondern hat in der heutigen Zivilgesellschaft auch eine soziale und moralisch-ethische Dimension. Dafür gibt es vor allem auch in der Wirtschaft viele Beispiele. So ist Korruption, eine soziale Pandemie, nicht mehr ein das Licht scheuendes, aber innerhalb gewisser Grenzen toleriertes Übel, eine vor wenigen Jahren noch weiterum akzeptierte Auffassung, sondern ein Vergehen krimineller

---

27 Gegenwärtig sind auf der Welt 28 Atomkraftwerke im Bau, zu den 435 schon bestehenden in 31 Ländern. 222 sind geplant und projektiert, davon 92 in Indien und China. Heutige Anlagen decken 16 % des elektrischen Gesamtenergiebedarfs. In Frankreich erreicht Atomstrom 79 % der elektrischen Energieversorgung (Der Spiegel Nr. 3/2007). Greenpeace behauptet immer noch, Sicherheit der Atomkraft sei ein Mythos. Atomkraft gehört zu den nachhaltigsten Energieformen. Abgesehen vom Problem der Entsorgung der Brennstäbe ist der noch immer starke Widerstand gegen die Atomenergie weder ökologisch, ökonomisch noch technologisch begründbar; die Ablehnung beruht auf einer übertriebenen Einschätzung des Restrisikos, auf psychologischen Faktoren (Angst) und auf ideologischen Gründen.

Natur, das aktiv bekämpft werden muss. «Transparency International» publiziert jährlich den «Corruption Perceptions Index», der 160 Länder aller Kontinente umfasst.[28] Unter dem Druck der öffentlichen Meinung gehen immer mehr Staaten dazu über, Antikorruptionsgesetze zu erlassen, die nicht nur Amtsmissbrauch, sondern auch private Bestechungstatbestände unter Strafe stellen. Es gehört heute für Publikumsgesellschaften zur selbstverständlichen Routine, einen «Code of Ethics» zu erlassen und für ihre Mitarbeitenden für verbindlich zu erklären. Nichts zeigt den Wertewandel der Zivilgesellschaft im Rahmen des Nachhaltigkeitsgedankens deutlicher als die Tatsache, dass «Whistleblowing» – d. h. das anonyme Melden von unethischen Vorkommnissen wie Korruption oder Unterschlagung durch Mitarbeiter – heute zum Standard geworden ist. In den USA ist die Einrichtung eines solchen Systems für börsenkotierte Gesellschaften sogar verbindlich vorgeschrieben. Noch vor wenigen Jahren hätte man ein solches Vorgehen als amoralisch verurteilt und als Spitzeltum weit von sich gewiesen.

Ein anderes Beispiel betrifft die rechtliche Normen überschreitende Verantwortung der Verwaltungsräte grosser Publikumsgesellschaften. Sie hat durch die Bedeutung, die der Nachhaltigkeit im sozioökologischen Sinn zugemessen wird, eine neue Dimension erhalten. Öffentlichkeit und Medien legen hier weit strengere Massstäbe an als früher, schliessen auch ethische Kriterien in der Verhaltensbeurteilung ein. Für Mitglieder des Verwaltungsrates und der Geschäftsleitung entsteht daraus das Risiko einer Rufschädigung. Wirtschaftliche Entscheidungsträger haften heute nicht nur juristisch für nachweisbare Mängel in der Sorgfalt der Geschäftsführung, sondern auch moralisch mit ihrem Ruf, selbst dann, wenn im Einzelfall keine Schuld oder Nachlässigkeit nachgewiesen werden kann. Die «Verurteilung» durch die Medien erfolgt rasch und ohne die Möglichkeit einer adäquaten Verteidigung. Die Konsequenzen sind abzusehen: Die Risikofreudigkeit des Verwaltungsrates nimmt tendenziell ab, und bei der Annahme von Verwaltungsratsmandaten wird mehr Zurückhaltung geübt als früher.[29]

---

28 Transparency International (TI) ist eine weltweit operierende NGO, die 1993 in Berlin gegründet worden ist und die Bekämpfung aller Erscheinungsformen von Korruption zum Ziel hat. Sie kann heute bezüglich des politischen Einflusses mit Amnesty International verglichen werden.

29 Vgl. dazu auch: Handschin Lucas, Eine neue «Haftung» des Verwaltungsrates? NZZ Nr. 303/201.

2.4 Haben «Nachhaltigkeitsaktien» eine Zukunft?

Das Nachhaltigkeitsprinzip und die Fokussierung sozioökologischer Belange beeinflussen auch das Geschehen am Kapitalmarkt. So gibt es heute Investoren – vor allem institutionelle Anleger wie Pensionskassen, Versicherungen und Aktienfonds –, die Aktien von Unternehmungen bevorzugen, die sich Nachhaltigkeit auf die Fahne geschrieben haben oder auf die Herstellung von Produkten verzichten, die als «unethisch» empfunden werden – beispielsweise Nuklearstrom, Waffen, alkoholische Getränke, Tabakartikel oder die Betreibung von Spielbanken. Seit 1971 in den USA von Gegnern des Vietnamkrieges der «Pax World Fund» gegründet wurde, der nach diesem Prinzip operiert, sind weltweit über 600 Anlagefonds ähnlicher Art entstanden. Ihre Zahl vergrössert sich ständig. In der Schweiz hat sich die SPG (Sustainable Performance Group), zu der die Vermögensverwaltungsgesellschaft SAM gehört, auf Beteiligungen an sogenannt «nachhaltig orientierten» Unternehmungen spezialisiert. Solche Fonds werden mittlerweile als SRI-Funds (Socially Responsible Investment Funds) bezeichnet. Gemessen an den in Anlagefonds weltweit investierten Mitteln ist ihr Anteil allerdings noch bescheiden; er wurde 2004 in den USA auf 2 % und in Europa auf 0,5 % geschätzt.[30] Gemäss einer Umfrage bei 80 schweizerischen Pensionskassen investierten 2004 rund 41 % in «nachhaltige» Aktien, wobei solche Papiere in den Portefeuilles damals allerdings wertmässig nur etwa 1 % ausmachten.[31] Inzwischen geht der Trend zu SRI-akkreditierten Aktien in raschem Tempo weiter.[32]

Es gibt immer mehr Unternehmungen, die sich nach Nachhaltigkeitskriterien zertifizieren lassen. Bekannt ist beispielsweise der SA 8000 Standard (Social Accountability 8000), der bei einer durch SAI (Social Accountability International, eine NGO) akkreditierten privaten Audit-Firma eingeholt werden kann. In Ausarbeitung begriffen ist zudem eine Richtlinie ISO 26000, welche die ethische Verantwortung zum Gegenstand hat. Bereits gibt es auch Beratungsfirmen, die aufgrund eigener Normen und im Auftrag ihrer Kunden das ethische Verhalten von Unternehmungen untersuchen und mit einem Rating versehen. Sie begründen solche Ratings wie folgt: «We help investors to predict which companies are good investments, and which are not. Poor ethics constitute a major risk for investors.» Es wird hier insbesondere das Reputationsrisiko angesprochen. Aus diesem Grund bemühen sich auch viele Publikums-

---

30   SRI Research International, 2004.
31   Umfrage Prevista – Zürcher Kantonalbank, 2004.
32   Nach Angaben der EUROSIF (European Social Investment Forum) betrug der Markt für nachhaltige Anlagen 2006 in Europa über CHF 1,6 Milliarden.

gesellschaften um Akkreditierung bei den SRI-Fonds. Sie versprechen sich davon eine bessere Akzeptanz auf den Finanzmärkten und bei ihren Kunden. Letztlich ist es für sie ein Mittel zur Verbesserung ihrer Wettbewerbsstellung. Es handelt sich also nicht um eine ethische, sondern vielmehr um eine unternehmungspolitische Massnahme. Eher ethisch motiviert sind die schon erwähnten Stiftungen und Fonds, die auf «Nachhaltigkeitsaktien» spezialisiert sind und damit eine wichtige gesellschaftliche und volkswirtschaftliche Funktion erfüllen: Sie motivieren durch ihre spezifische Investitionspräferenz die börsenkotierten Unternehmungen zur vermehrten Beachtung der auch betriebswirtschaftlich relevanten sozio-ökologischen Belange und heben damit die Qualität der unternehmerischen Tätigkeit. Sie zählen auf eine Honorierung ihrer Anteilscheine durch ein Investorenpublikum, das auf Umweltbewusstsein anspricht. Dazu gehören auch viele Pensionskassen. Parallel mit den SRI-Funds sind spezielle Aktienindizes entstanden, welche die Entwicklung der «Nachhaltigkeitsaktien» verfolgen; dazu gehört der Domini 4000 Social Index (DSI), der seit 1990 besteht, der von der Londoner Börse und der Financial Times 2001 eingeführte FTSE4 Good Index und der Dow Jones Sustainability Index (DJSI), der 1999 eingeführt worden ist. Der Vergleich mit dem gewöhnlichen DJI zeigt streckenweise einen markanten Unterschied der Kursentwicklung zugunsten des DJSI. Ob dies auf den «Nachhaltigkeitsgehalt» der Aktien des DJSI allein zurückzuführen ist, bleibt allerdings fraglich. Die Beachtung spezifisch nachhaltiger Aspekte – sozioökologisch bewusstes Verhalten – ist zwar ein typisches Merkmal guter Unternehmungsführung; deren Erfolg hängt aber von einer Reihe weiterer wichtiger Voraussetzungen ab. Aber die Aufnahme einer Aktie in den Nachhaltigkeitsindex kann als ein Indiz für die Qualität der Unternehmungsführung betrachtet werden, was – kombiniert mit andern Faktoren – für die Berücksichtigung solcher Aktien beim Anlagenentscheid des Investors spricht (vgl. Grafik auf der folgenden Seite).

Ob die spezialisierten SRI-Fonds mit ihrer vornehmlich auf Nachhaltigkeit und ethisches Wohlverhalten fokussierten Strategie langfristig Erfolg haben werden, ist ungewiss. Wir vermuten, dass die zunehmende Popularisierung der «Nachhaltigkeitsaktien» bereits den Keim ihres Niedergangs in sich trägt. Denn die «Nachhaltigkeitsaktie» verliert an Differenzierungspotenzial, je mehr Aktien SRI-zertifiziert werden, wodurch sich die SRI-Indizes wieder mehr an die Normal-Indizes angleichen werden. Es erscheint als wahrscheinlich, dass über die Jahre die meisten Unternehmungen sich eine SA 8000 oder eine ähnliche Zertifizierung zulegen werden, wie dies schon bei den Zertifizierungen ISO 9000 (Qualität) und ISO 14.000 (Umwelt) der Fall ist. Die Abnahme des Differenzierungspotentials hat den vorhersehbaren Effekt, dass

Abbildung 7:

DJSI EURO STOXX – Year-to-date Performance
(01/06–09/06), EUR, Total Return Index

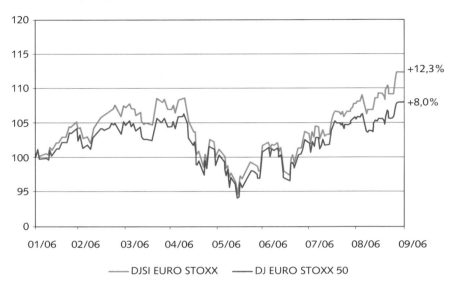

Quelle: SAM Indexes

die klassische finanzielle «Bottom Line» in der Aktienanalyse wiederum ihre überlegene Priorität als Auswahlkriterium für den Investor zurückerhalten wird. Dazu sagt eine erfahrene Anlagespezialistin Folgendes: «Der Anspruch, dass ein Unternehmen den Anforderungen an die Nachhaltigkeit genügen muss, darf nicht den Blick für das Hauptziel eines Investments verschleiern: die Performance. Nach der Definition des Anlagenuniversums gilt es diejenigen Gesellschaften auszuwählen, die am Kapitalmarkt die besten Resultate vorweisen. Die Gewichtung der Positionen im Portefeuille richtet sich also nicht nach ethischen Kriterien, sondern ausschliesslich nach dem inneren Wert des Unternehmens.»[33] Wir dürfen nie vergessen, dass es weder Zertifizierungs- noch Rating-Agenturen noch Anlagefonds sind, die über die Anlagequalität der kotierten Unternehmungen entscheiden, sondern letztlich die Investoren selbst. Und hier ist die finanzielle Performance immer wieder das wichtigste Kriterium.

33   Furrer Nathalie, Nachhaltige Performance, FuW Invest, April 2005.

Aber auch dann noch wird es Unternehmungen geben, bei denen Nachhaltigkeit vom Produkt her für bestimmte Anleger eine besondere Rolle spielt. Als Beispiel kann uns hier die Firma Precious Woods dienen. Dabei handelt es sich um eine an der Zürcher Börse SWX kotierte Gesellschaft, die Wiederaufforstungsprogramme auf tropischem Brachland und nachhaltige Bewirtschaftung tropischer Wälder entwickelt und realisiert. Sie bannt vor allem das Interesse spezieller, meist wohlhabender Investoren, die auf Schutz der Natur und Nachhaltigkeit besonderen Wert legen. Diese Eigenschaften bringen dem Aktionär mehr als nur die finanzielle Rendite, nämlich das angenehme subjektive Gefühl – ein «Glücksgefühl» –, etwas für die Nachhaltigkeit in dieser «materialistischen» Welt getan zu haben. Sie vermittelt ein «gutes ökologisches Gewissen», also einen zusätzlichen ideellen Wert. Allerdings: Ohne angemessenen regelmässigen Wertzuwachs hat auch diese Aktie langfristig keine Chance. Der «Homo oeconomicus» in uns bleibt eine Realität, mag dies dem «nachhaltigen» Menschen auch einen Januskopf verleihen.

2.5 Auswirkungen des Wandels auf Führung und Governance der Unternehmungen

Wirtschaftliche Globalisierung, zunehmende Institutionalisierung der Aktienmärkte und Nachhaltigkeit als gesellschaftliches Verhaltensmuster sind verändernde Kräfte von hoher Intensität und Dynamik. Sie üben einen permanenten Druck auf Führungskultur und Führungsverhalten global tätiger Gesellschaften aus; sie verlangen schnelle Reaktionen und grosse Flexibilität im Sinn innovativer Anpassung an das sich stets in Veränderung befindliche makroökonomische, politische und marktmässige Umfeld. Der Wandel macht sich in dreifacher Hinsicht bemerkbar:

- Globalisierung und Innovation sind die hauptsächlichen Triebfedern des wirtschaftlichen Evolutionsprozesses. Die Volatilität in den Märkten, in den Konsumpräferenzen, in der Innovation der Produkte, im Käuferverhalten gefährdet die von den Unternehmungen angestrebte Marktführerschaft und damit auch ihre Zukunft stets aufs Neue. Dies zwingt sie zu fortlaufenden Erneuerungen und Rationalisierungsanstrengungen, wobei Abbau bestehender Arbeitsplätze und Aufbau neuer Arbeitsplätze in verschiedenen Produktesektoren oder geografischen Märkten oftmals parallel erfolgen. Restrukturierungen sind damit eine permanente Notwendigkeit geworden, und der Gedanke der «schöpferischen Zerstörung» nach Schumpeter wird damit zur Strategie. Vor diesem Hintergrund sind

Restrukturierungen nicht mehr ein von Zeit zu Zeit auftretendes Einmalereignis, wie dies früher der Fall war, sondern eine permanente Aufgabe der Unternehmungsführung. Die Führungsaufgaben werden folglich immer komplexer und anspruchsvoller, womit auch die Fehlerwahrscheinlichkeit im Führungsverhalten zunimmt. Dies alles bleibt nicht ohne Auswirkungen auf die Natur der Governance. Die geschilderten Entwicklungen verlangen eine erhöhte Professionalität, insbesondere auch in der Arbeit des Verwaltungsrates, und bessere interne Kontrollmechanismen (Risikomanagement). Aber auch das Managementmodell wird dadurch beeinflusst: Das Prinzip der Gewinnmaximierung (Shareholder-Ansatz) setzt sich gegenüber dem Prinzip des Interessenausgleiches (Stakeholder-Ansatz) immer stärker durch und beeinflusst so das Konzept der Corporate Governance. Dies wird noch darzustellen sein.

- Wichtige Aufgaben des modernen Nationalstaats wie die Rechtssetzung und die Souveränität im Sinn autonomen staatlichen Handelns verlagern sich, einerseits auf die internationale Ebene und anderseits in die Zivilgesellschaft. Der so entstehende «postnationale Staat» (Michael Zürn)[34] weist in seiner Einfluss- und Handlungsfähigkeit zunehmend Lücken auf. Durch grenzüberschreitendes Outsourcing und Offshoring verlagern international tätige Unternehmungen, wie wir dargelegt haben, zur Sicherung ihrer Wettbewerbsfähigkeit und zur Gewinnmaximierung bestimmte Bereiche der Leistungserstellung ins Ausland, insbesondere in Schwellenländer, und entziehen sich so teilweise der territorialen Souveränität und nationalen Kontrolle ihres eigenen Standortstaates. Aus dieser «regulatorischen Lücke», welche die Rechtssicherheit infrage stellen kann und mit der wir uns noch näher beschäftigen werden, entstehen neue ethische Verpflichtungen der Unternehmung, die in der Corporate Governance ihren Niederschlag finden (so beispielsweise in der Forderung nach einem «Code of Ethics»). Durch Privatisierungen von Bereichen, die bisher dem Staat vorbehalten waren, entsteht ein weiterer Machtverlust des Nationalstaates in wirtschaftlicher Hinsicht zugunsten der Zivilgesellschaft. Die Sorgfaltspflicht und die Rücksichtnahme auf ethische Grundsätze der Unternehmungsorgane im Kontext ihrer grösseren Handlungsfähigkeit steigen damit an.

- Besonders ausgeprägt sind die Wirkungen der Globalisierung im Bereich der Transparenz der Geschäftsführung nach aussen. Die Kapitalmärkte

---

34 Zürn Michael, Regieren jenseits des Nationalstaates. Globalisierung und Denationalisierung als Chance, Suhrkamp, Frankfurt 2005.

sind heute nahezu vollständig globalisiert. Sollen sie funktionieren, erfordert dies eine weitgehende Transparenz des Geschäftsganges, des Status und der Aussichten der Ertragslage, der Darstellung der Leistungsfähigkeit und der Geschäftsprinzipien der kotierten Unternehmungen. Die Aufsichtsbehörden der Börse haben deshalb die Anforderungen an die zu publizierenden Zahlen und Fakten solcher Unternehmungen in den letzten Jahren in einem Masse verschärft, das beispielsweise in der Schweiz noch in den 1990er-Jahren undenkbar erschien. Es zeichnet sich zudem ein Mentalitätswandel bei den Investoren ab; Aktionäre machen ihren Einfluss auf die Entscheide der Führungsverantwortlichen vermehrt geltend. Dies bleibt nicht ohne Einfluss auf die Kultur der Unternehmungsführung. Governance hat auf diese neuen Transparenzerfordernisse Rücksicht zu nehmen. Ursache und Wirkung von unternehmerischen Entscheiden müssen plausibel und überzeugend kommuniziert werden. Mit zunehmender Globalisierung der Wirtschaft einher geht eine internationale Standardisierung der Leitsätze der Governance. Begriff und Inhalt der Corporate Governance, ursprünglich im angelsächsischen Raum entstanden, breitet sich heute weltweit aus. Noch gibt es zwar in dieser Materie kein globales «Level Playing Field», aber der Evolutionsprozess ist unübersehbar und unaufhaltbar, wobei Transparenz, Integrität und Ethik im Vordergrund stehen. Es ist paradox, dass die Impulse dazu weiterhin aus dem angelsächsischen Raum – insbesondere von den USA – stammen, und nicht aus dem an klassischem Kulturgut und philosophischen Denkern historisch reichen Abendland.

3. Managementmodelle und Corporate Governance

3.1 Ordnungspolitische Einflüsse auf die Modellwahl

In den westlichen Volkswirtschaften ist die liberale kapitalistische Wirtschaftsordnung gesellschaftlich und gesetzlich fest verankert. Sie beruht auf den Pfeilern Privateigentum, Marktwirtschaft mit freiem Wettbewerb und dem Gewinnmotiv als Motor der Wertvermehrung und des wirtschaftlichen Wachstums. Dennoch gibt es von Land zu Land graduelle Unterschiede in der praktischen Ausgestaltung dieses real existierenden Kapitalismus. Diese ergeben sich aus dem unterschiedlichen Gewicht, das der sozialen Komponente in der Wirtschaftsordnung zugemessen wird. Die Globalisierung, die ohne das auf Markt und Freizügigkeit beruhende liberale Wirtschaftsmodell nicht möglich und funktionsfähig wäre, hat diese ordnungspolitischen Unterschiede noch akzentuiert, weil sie die Wettbewerbsfähigkeit der einzelnen Volkswirtschaften herausfordert und direkt beeinflusst. Länder, die im Zuge einer expansiven Sozialpolitik und einem dazu dienenden Staatsinterventionismus die von den Wirtschaftssubjekten erarbeiteten Einkommen gesellschaftlich umverteilen, bezahlen diese soziale Grosszügigkeit tendenziell mit geringerer wirtschaftlicher Effizienz, was Wachstum und Konkurrenzfähigkeit im internationalen Kontext beeinträchtigt.

Managementmodelle werden naturgemäss stark beeinflusst von der Ordnungspolitik, die in den Standortländern ihrer Unternehmungen Gültigkeit haben. Wirtschaftsordnung und Managementmodell sind ein Zwillingspaar, das sich in der Corporate Governance, d. h. den geltenden Prinzipien guter Unternehmungsführung, widerspiegelt. Theoretisch lässt sich Corporate Governance zwischen zwei Polen ansiedeln: dem sogenannten Shareholder-Value-Ansatz und dem Stakeholder-Value-Ansatz.

Typisch für den Shareholder-Value-Ansatz ist das Managementmodell der Gewinnmaximierung, das auf die Aktionärsinteressen und Kapitalmärkte ausgerichtet und insbesondere im angloamerikanischen Wirtschaftsraum verbreitet ist. Typisch für den Stakeholder-Value-Ansatz ist hingegen das Modell des Interessenausgleichs, der die Interessen der an der Unternehmung beteiligten Anspruchsgruppen – Aktionäre, Mitarbeitende, Konsumenten, Kreditgeber, Staat – berücksichtigt und versucht, den geschaffenen Mehrwert unter diese Gruppen «gerecht» zu verteilen. Dieses Konzept ist vor allem im kontinentaleuropäischen Raum verbreitet. Die Ordnungspolitik, die in den Wirtschaftssystemen der beiden geografischen Räume verfolgt wird und ihre Rechtfertigung in der mentalen und sozialen Grundeinstellung (Mindsets) ihrer Zivilgesellschaften, in den Leitlinien ihrer Verfassungen und Grundgesetze findet, soll nachstehend holzschnitzartig dargestellt werden.

Die angloamerikanische Ordnungspolitik beruht auf dem klassischen Kapitalismus. Marktinterventionismus des Staates ist dort weitgehend verpönt und soll nur subsidiär Anwendung finden, um den Wettbewerb zu schützen und Marktverzerrungen zu korrigieren. Selbstverantwortung, Eigeninitiative und Risikofreudigkeit (Risk Taking) sind tief verwurzelt im Selbstverständnis der Zivilgesellschaften dieser Länder. Steuern und Sozialabgaben sind im internationalen Vergleich niedrig angesetzt, die Staatsquote tief ($< 40\,\%$). Arbeitsmärkte werden durch entsprechende Ausgestaltung des Arbeitsrechts flexibel gestaltet und schaffen durch tiefe Mobilitätsschranken die Voraussetzungen zu hoher Beschäftigung. Die Kritik an diesem liberalen System ist vor allem ideologischer Natur und fusst auf dem Begriff der «sozialen Gerechtigkeit», die von den Exponenten der Sozialdemokratie extensiv ausgelegt wird. Es wird von dieser Seite moniert, dass eine «ungebremste» liberale Ordnungspolitik – oft undifferenziert als «Neoliberalismus» bezeichnet – zu hohen Lohndisparitäten (Arme werden ärmer, Reiche werden reicher), zur Verelendung wirtschaftlich benachteiligter Bevölkerungsgruppen und Vernichtung von Arbeitsplätzen führe, was den «sozialen Frieden» infrage stelle. Von der politischen Linken wird wirtschaftlicher Liberalismus deshalb oft als «Raubtier-» oder «Heuschrecken»-Kapitalismus oder auch als «wirtschaftlicher Darwinismus» gebrandmarkt.

Kontinentaleuropa denkt, nicht zuletzt beeinflusst durch diese Kritik, kulturell, politisch und teilweise auch wirtschaftlich anders als die angloamerikanische Welt. Sein Ideal ist der Sozialstaat, sein Wirtschaftsmodell die soziale Marktwirtschaft. Zwar ist auch hier das kapitalistische System im Prinzip akzeptiert, doch versucht man, die Volkswohlfahrt durch Umverteilung der von den Wirtschaftssubjekten erarbeiteten Einkommen von den «wirtschaftlich Starken» zu den «wirtschaftlich Schwachen» zu steigern. Selbstverantwortung wird durch solche Politik und durch massive staatliche Sozialleistungen unterwandert. Die Staatsquote ist hoch ($> 40\,\%$).[35] Dazu kommt ein unflexibler Arbeitsmarkt, der durch Flächentarifverträge und starken Kündigungsschutz gekennzeichnet ist; Nutzniesser sind die heutigen Inhaber von

---

[35] Die Belastung durch Steuern und Sozialabgaben betrug 2004 für einen alleinstehenden Industriearbeiter mit Durchschnittseinkommen in Westdeutschland 57,7 %, die Grenzbelastung sogar 69,2 %. Zum Vergleich: Frankreich 56,0/72,1 %, Grossbritannien 41,5/49,4 %, USA 33,6/37, 8 % (Info-Institut München).

Arbeitsplätzen, während die Arbeitgeber wegen der hohen Lohnnebenkosten und den periodisch notwendigen, durch den globalen Wettbewerb ausgelösten Restrukturierungen vielfach auf Neuanstellungen verzichten. Eine hohe Regelungsdichte mit lähmendem Einfluss auf Initiative und Innovation und eine massive Arbeitslosigkeit sind die Folgen, wie am Beispiel von Deutschland und Frankreich ersichtlich ist.[36] Die Kombination von kapitalistischen Grundsätzen mit weitgehender sozialer Abfederung wird bisweilen auch als «Rheinischer Kapitalismus» bezeichnet.[37]

Es ist einleuchtend, dass die zwei geschilderten ordnungspolitischen Systeme und die daraus abgeleiteten Managementmodelle Auswirkungen auf die Natur der Corporate Governance haben. Je nachdem stehen entweder die Shareholder oder die Stakeholder im Zentrum. Es ergeben sich daraus unterschiedliche Konzepte der Corporate Governance. So legt die angloamerikanische Auffassung den Akzent auf die Aktionärsinteressen und den Kapitalmarkt: «Corporate Governance is the system or matrix of responsibilities of directors and shareholders by which companies are governed and controlled.»[38] Anders die kontinentaleuropäische Definition, die der Stakeholder-Auffassung huldigt: «Corporate Governance ist die Organisation der Leitung und Kontrolle eines Unternehmens mit dem Ziel des Interessenausgleichs zwischen den beteiligten Anspruchsgruppen.»[39] Im Folgenden unterziehen wir die beiden Management-Modelle einer kritischen Betrachtung.

3.2 Das Shareholder-Value-Modell

Der Begriff Shareholder Value geht zurück auf das für Investoren und Manager inzwischen zum Klassiker gewordene Buch «Creating Shareholder Value» von Alfred Rappaport aus dem Jahre 1986. «The ultimate test for corporate strategy, the only reliable measure, is whether it creates economic value for the shareholders»,[40] umreisst Rappaport seine Kernthese, aus der sich das Prinzip der Gewinnmaximierung ableiten lässt.

---

36 Im August 2005 wurden gemäss EUROSTAT in Deutschland und Frankreich Arbeitslosenquoten von je 9,6 %, in Grossbritannien von 4,6 % und in den USA von 4,9 % gemessen.

37 Dieses Modell wurde in den Verfassungsentwurf der EU «hineingeschmuggelt» und damit die liberale Wirtschaftsverfassung, die dem Vertrag von Maastricht (1992) innewohnt, infrage gestellt. Der Grundsatz einer «offenen Marktwirtschaft mit freiem Wettbewerb» (Maastricht) wurde durch ein «europäisches Sozialmodell» ergänzt. Die Ablehnung des Vertragsentwurfs durch Frankreich und die Niederlande ist ein Glücksfall. Vgl. Hasse Rolf, Die gute Seite des Fehlschlags mit dem EU-Verfassungsentwurf, NZZ Nr. 277, 2005.

38 Cadbury Report, Abschnitt 2.5, 1992.

39 Witt P., Corporate-Governance-Systeme im Wettbewerb, Wiesbaden 2003.

40 Rappaport Alfred, Creating Shareholder Value, New York and London, 1986.

Über den Begriff des Shareholder Value ist seitdem sehr viel diskutiert und geschrieben worden. Von den Kritikern und Gegnern des Kapitalismus wird dieser Begriff auch heute noch oft als Schimpfwort, ja als Beweis dafür verwendet, den Egoismus, die Einseitigkeit und die Asozialität des Systems zu charakterisieren. Richtig verstanden steht aber Shareholder Value gerade für das Gegenteil: nämlich für wirtschaftliches Wachstum und Schaffung von Wohlstand, der im Rahmen einer auf Wettbewerb ausgerichteten Marktwirtschaft allen zugute kommt. Der Schlüssel zu dieser Aussage liegt in der Tatsache, dass Shareholder Value nichts anderes bedeutet als Gewinn im Sinn von erarbeitetem Mehrwert. Und Gewinn, wie das Privateigentum und der Markt ein zentraler Begriff im kapitalistischen System, ist der Motor des wirtschaftlichen Wachstums, der Schaffung von Wohlstand, der Überwindung der Armut und über den Weg der internationalen Arbeitsteilung des «Reichtums der Nationen», um mit Adam Smith zu sprechen. Dass der Staat für die Entfaltung und Erhaltung dieses wohlstandsfördernden Systems mit marktgerechten Interventionen, mit finanziellen Hilfen für sozial Benachteiligte und andern Regulatorien geeignete Rahmenbedingungen schaffen und garantieren muss, ändert nichts am Grundkonzept einer liberalen Ordnungspolitik. Es sei hier auch darauf hingewiesen, dass Milton Friedman, amerikanischer Nobelpreisträger für Wirtschaftswissenschaften, die Generierung von Shareholder Value als eine eminent soziale Funktion bezeichnet hat, weil nur so Mehrwert und damit Wohlstand geschaffen wird.

Shareholder Value wird definiert als die Generierung von Mehrwert in der Unternehmung über die marktkonforme (langfristige) Verzinsung des eingesetzten Risikokapitals hinaus. Die Marktverzinsung wird in diesem Konzept als Kostenfaktor betrachtet; erst was darüber hinaus übrig bleibt, ist eigentlicher Gewinn bzw. generierter Mehrwert. Für die Messung des geschaffenen Shareholder Values gibt es verschiedene Modelle. Eines davon ist beispielsweise das EVA-Konzept (Economic Value Added), das von einigen Analysten vorzugsweise verwendet wird.[41] Der EVA berechnet sich aus dem Geschäftsergebnis abzüglich der Kosten für das eingesetzte Kapital; kurz ausgedrückt ist er die Differenz zwischen dem Marktwert des Unternehmens und dem Geschäftsvermögen. Der Marktwert ergibt sich aus dem Börsenwert plus Finanzschulden; das Geschäftsvermögen ist das vom Aktionariat und den Fremdkapitalgebern investierte betriebsnotwendige Kapital. Ist die Differenz positiv, so wurde Shareholder Value geschaffen; ist sie negativ, wurde Wert vernichtet. Alternative Rechnungsmethoden zum EVA-Ansatz sind der Discoun-

41 EVA ist ein eingetragenes Warenzeichen von Stern Stuart Inc., einem Finanzdienstleister.

ted Cash Flow (DCF) und der Cash Flow Return on Investment (CFROI). Immer geht es hier um effektive Finanzströme, was Bewertungsdifferenzen aus andern, problematischeren Quellen, wie beispielsweise Wertberichtigungen aus Bildung oder Auflösung von Rückstellungen, ausschliesst.

Börsenkurse, das wohl wichtigste Orientierungsmittel der Investoren zur Aktienbewertung, folgen nicht zeitgleich und nicht immer der Entwicklung des Shareholder Value. Börsenkurse sind das Ergebnis von Angebot und Nachfrage; die Kursbildung reflektiert die über den Emittenten zurzeit bekannten bewertungsrelevanten Informationen. Informationseffizienz des Marktes und Transparenz der Unternehmungsdaten sind wichtige Komponenten der Kursbildung. Weil diese Effizienz und diese Transparenz in Wirklichkeit nie vollkommen sein können und daneben noch andere, meist psychologische Faktoren – Erwartungen der Investoren, Konjunkturprognosen, verunsichernde Ereignisse – eine Rolle spielen, sind die Kurse schwer prognostizierbar und kurzfristig nicht immer ein Abbild des realen Wertes der Unternehmungen. Langfristig folgen sie allerdings in der Regel dem Shareholder Value. Er ist der grundlegende materielle Wertmassstab.

Shareholder Value – früher generalisierend als Gewinn bezeichnet – ist schon deshalb ein zentraler Begriff, weil es kapitalistische Wirtschaft ohne ihn nicht geben kann. Der Shareholder ist ein unabdingbarer Partner dieses Systems. Ohne Risikokapital, das vom Anleger zur Verfügung gestellt wird, ist eine Unternehmung weder glaubwürdig noch kreditfähig. Alle andern Stakeholders bzw. Anspruchsgruppen – Mitarbeiter, Kunden, Kreditgeber, Staat – können ohne Schaffung von Shareholder Value, d. h. ohne Erarbeitung von Gewinnen über die Kosten des investierten Kapitals hinaus, nicht befriedigt werden. In diesem Zusammenhang ist die Feststellung wichtig, dass Shareholder Value ein Residualwert ist. Er steht den Aktionären als Entgelt für den Einsatz ihres Risikokapitals zur Verfügung, nachdem die berechtigten Anliegen aller andern Anspruchsgruppen angemessen befriedigt worden sind, enthält neben der Verzinsungskomponente eine Risikokomponente, den eigentlichen «Gewinn». Dabei wird von der begründbaren Voraussetzung ausgegangen, dass die Ansprüche der übrigen Stakeholders durch Verträge im Rahmen der geltenden Rechtsordnung abgesichert sind (Individual- und Kollektiv-Arbeitsverträge, Konsumentenschutzgesetzgebung, Umweltvorschriften, Kreditverträge, Steuerpflicht). Es gibt also implizite keinen Gegensatz zwischen Aktionärsinteresse bzw. Shareholder Value und den Interessen der übrigen Stakeholders. Werden diese letzteren Interessen verletzt – z. B. durch ungenügende Lohnzahlung mit Demotivation der Arbeitenden und allfälligen Aktionen der Gewerkschaften als Folge –, so wirkt sich dies früher oder später nega-

55

tiv auf die Wertschöpfung aus. Empirische Untersuchungen zeigen, dass jene Unternehmungen den grössten Shareholder Value aufweisen, die auch die Interessen der Mitarbeiter und anderer Stakeholders in ihre Strategien einbeziehen.[42] Fazit: Der oft beschworene Gegensatz von Shareholder Interest und Stakeholder Interest existiert in der Realität nicht, solange die Firma die Grundsätze der Compliance und der geschäftlichen Ethik beachtet.

Grundlegend für das Verständnis des Shareholder Value ist also die Erkenntnis, dass das Stakeholder-Konzept und das Shareholder-Value-Konzept keine Gegensätze sind, sondern in einem logischen Zusammenhang zueinander stehen. Die Maximierung des Shareholder Value als primäres Ziel bedingt die angemessene Befriedigung der andern Stakeholder, um Produktivität und Umweltcompliance sicherzustellen. Es gibt also eine Hierarchie der Ziele. Wird diese nicht beachtet, kommt es zu Zielkonflikten, die im äussersten Fall die Existenz der Unternehmung bedrohen. Ohne die Erzielung von Mehrwert im Sinne von Shareholder Value sind weder das langfristige Überleben der Unternehmung noch die angemessene Befriedigung aller Stakeholder-Interessen gewährleistet. Die «Dosierung» der Befriedigung der Nicht-Shareholder-Interessen gehört dabei zur Kunst der Governance. Es geht also darum, die Interessen der Stakeholder so auszutarieren, dass die Maximierung des Shareholder Value als Residualgrösse daraus resultiert. Potenzielle Interessenkonflikte, die logischerweise zwischen den verschiedenen Stakeholder-Gruppen latent existieren, müssen minimalisiert bzw. ausgemerzt werden, was in der Führung jeder Unternehmung ein täglicher und kontinuierlicher Prozess ist. Das primäre Ziel der Generierung von Shareholder Value wird damit keineswegs ausser Kraft gesetzt. Gewinnmaximierung verlangt also stets auch eine Optimierung der Interessen der übrigen Stakeholder. Darüber hinaus muss Gewinnmaximierung nachhaltig sein, also einen langfristigen Zeithorizont berücksichtigen. Diese beiden Bedingungen für eine erfolgreiche Shareholder-Value-Strategie wird von ihren Gegnern fast immer übersehen.

3.3 Das Stakeholder-Value-Modell

Während in der angloamerikanischen Welt der Shareholder-Value-Ansatz und damit auch das Prinzip der Gewinnmaximierung praktisch überall unbestritten sind, trifft dies für viele kontinental-europäische Länder nicht zu.[43]

---

42 Untersuchung Pricewaterhouse, 1997.

43 Wiewohl in der Schweiz die materielle Abfederung sozial benachteiligter Gruppen politisch ein Thema ist, neigt die international ausgerichtete Wirtschaft eher dazu, den Shareholder-Value-Ansatz zu vertreten. Der Swiss Code of Best Practice for Corporate Governance ist denn auch

Die hier meist herrschende politische Mentalität der «sozialen Gerechtigkeit» und der «Solidarität» führt zu einem andern Management-Modell, das zwar den Gewinn und seine Notwendigkeit für die Wettbewerbsfähigkeit und das langfristige Überleben der Unternehmung nicht negiert, jedoch Rücksicht nehmen will auf die Interessen der andern Stakeholder. Die Zielsetzung dieses Modells besteht darin, für alle Anspruchsgruppen «Werte» zu schaffen; daraus ergeben sich Zielkonflikte, die zu moderieren und durch Kompromisse zu lösen sind. Der erarbeitete Residualwert, der unter dem Shareholder-Value-Ansatz den Aktionären gehört, soll also – unverblümt ausgedrückt – teilweise «enteignet» und auch den andern Gruppen und Organisationen, die ein Interesse (Stake) an der Unternehmung haben, zugeführt werden. Das Stakeholder-Value-Modell kennt also keine Dominanz der Aktionäre. Vielmehr ist es hier Sache der Führung, bei allen Entscheiden bewusst einen Ausgleich der Interessen zu suchen. Dieser Interessenausgleich ist zwar auch beim Shareholder-Value-Modell notwendig, ist dort aber stets vertraglich ex ante geregelt und muss immer der Gewinnmaximierung dienen; hier aber geht es um einen Verzicht auf maximale Ausschöpfung der Gewinnmöglichkeit: Das primäre Ziel – Gewinnmaximierung – wird abgelöst durch eine Vielzahl von Zielen – meist sozialer und ökologischer Art –, die gegeneinander austariert werden müssen, wobei die einzelnen Zielkomponenten in ihrer Einwirkung auf den Gewinn vielfach schwer messbar sind. Im Endergebnis führt dies zur Suche und zum Abschluss von Kompromissen. Es erscheint offensichtlich, dass ein solches Modell Gefahr läuft, die langfristige Wettbewerbsfähigkeit der Unternehmung zu beeinträchtigen. Angesichts der fortschreitenden Globalisierung und des zunehmenden Konkurrenzdrucks auf den Märkten muss eine solche Strategie als fragwürdig bezeichnet werden. Sie huldigt einem ethischen Ideal, das mit der Realität nicht im Einklang steht. Es wird hier ein «Mindset» der Führung gepflegt, das der Existenz der Unternehmung selbst gefährlich werden kann. In der Praxis zeigt sich deshalb, dass der Gewinngenerierung schliesslich doch weitgehend der Vorzug gegeben und dem Stakeholder-Value-Ansatz meistens bloss verbal nachgelebt wird, besonders in Krisensituationen.

eindeutig auf die Interessen der Aktionäre ausgerichtet, was nach unserem Rechtsverständnis und unserer Auffassung bezüglich der Funktion der Wirtschaft auch richtig ist.

Die Ausgestaltung des Stakeholder-Value-Ansatzes kann zwei Formen annehmen:[44]

- Institutionalisierter Stakeholder-Value-Ansatz: Mitsprache und Mitentscheidungsrecht von Vertretern verschiedener Interessengruppen in den Führungsgremien der Unternehmung. Als Beispiel kann hier Deutschland mit seiner Mitbestimmungsgesetzgebung gelten.
- Nicht institutionalisierter Stakeholder-Value-Ansatz: Mitsprache ohne Mitentscheidungsrecht eines Beirates, dem Vertreter verschiedener Interessengruppen angehören können und der die Unternehmungspolitik mit der Führung der Unternehmung diskutiert und unter moralischen Gesichtspunkten beurteilt.

Durch die gesetzliche Einführung der Mitbestimmung in Form einer paritätischen Vertretung der Arbeitnehmer und Gewerkschaften in den Aufsichtsräten grosser Gesellschaften entstand in Deutschland ein Managementmodell, das den Stakeholder-Value-Ansatz – limitiert auf zwei Anspruchsgruppen – institutionalisiert hat. Die Problematik dieser Lösung liegt darin, dass die Aktionäre, die finanziell das volle Risiko der Unternehmung tragen, in ihrem Entscheidungsrecht eingeschränkt werden. Der Deutsche Corporate Governance Kodex sagt in der Präambel klar: «Der (paritätische) Aufsichtsrat bestellt, überwacht und berät den Vorstand und ist in Entscheidungen, die von grundlegender Bedeutung für das Unternehmen sind, unmittelbar eingebunden.» Aus der Gewinnmaximierung wird dadurch eine «Gewinnoptimierung» zwischen den Anspruchsgruppen Aktionariat und Mitarbeitende. Dahinter steht die Vorstellung, dass ein «Empowerment» der Mitarbeitenden durch Mitbestimmung deren Motivation erhöht und tendenziell zu einem Produktivitätszuwachs führt, was den Gewinn positiv beeinflusst und die Aktionäre für den partiellen Entscheidungsverlust entschädigt. Dass Einsatz und Motivation der Arbeitenden durch ein leistungsgerechtes Entlöhnungssystem und einen partizipativen Führungsstil auch ohne gesetzliche Mitbestimmung gefördert werden kann, bleibt dabei unberücksichtigt. Am deutschen Modell der paritätischen Führung wird in letzter Zeit denn auch zunehmend Kritik laut.[45]

---

44 Vgl. dazu auch: Benner Oliver und Braun Dirk, Internationale Corporate-Governance-Systeme im Vergleich, Rheinisch-Westfälische Technische Hochschule Aachen, 2003.

45 Rainer Hank, Autor des provokativen Buches «Das Ende der Gleichheit», schreibt zur Debatte über die Mitbestimmung: «Die deutsche Mitbestimmung in den Aufsichtsräten ist ein historischer Irrtum. Es ist Zeit, dies einzugestehen. Sie schadet nicht nur den Eigentümern der Unter-

Als Beispiel für einen nicht institutionalisierten Stakeholder-Value-Ansatz möchten wir das Beispiel der schweizerischen Alternativen Bank (ABS) erwähnen. Diese Bank, die nicht börsenkotiert ist, wurde 1990 gegründet und stützt sich auf einen Aktionärskreis, der bewusst eine Gewinnmaximierung ablehnt und alternative Ziele wie «glasklare» Transparenz, soziale Rücksichtnahme beim Mitarbeiter- und Kundenkreis und Beachtung ökologischer Gesichtspunkte in der Kreditvergabe anstrebt. Im Mittelpunkt der Geschäftsentscheide steht die Ethik als solidarisches, transparentes und antikorruptives Verhalten. Neben der gesetzlich vorgeschriebenen externen Revision, dem Prüfungsausschuss des Verwaltungsrates und der internen Revision hat die ABS ein viertes Überwachungsorgan: eine professionelle auswärtige Kontrollstelle, welche die Beachtung ethischer Grundsätze beurteilt und der Generalversammlung Bericht erstattet. Als solche ethische Kontrollstelle amtiert das Institut für Wirtschaftsethik IWE an der Universität St. Gallen. Gemäss den Bank-Statuten ist das Institut befugt, bei gravierenden Vorfällen im Ethikbereich eine Generalversammlung der Aktionäre einzuberufen, hat aber im Übrigen keine Mitentscheidungsrechte in der Gesellschaft.

Auch andere Banken sind durch Gesetze und Kodizes zu ethischem Handeln verpflichtet und müssen aus Wettbewerbsüberlegungen auf Reputationsrisiken Rücksicht nehmen. Was ABS im Vergleich dazu auszeichnet, ist die bewusste Ausdehnung des Solidaritäts- und Nachhaltigkeitsgedankens über den konventionellen Rahmen der Compliance hinaus. Das hat Konsequenzen für ihren Geschäftserfolg: Die Bank muss mit niedrigeren Margen auskommen, ist im Wettbewerb durch ihre altruistischen Grundsätze gehemmt und im Wachstum beschränkt. Sie sichert sich ihr Überleben durch zwei spezifische Eigenschaften: Erstens hat ihr Geschäftsmodell den Konsens eines

nehmen, deren Freiheitsrechte empfindlich beschnitten und deren Renditeerwartungen systembedingt gedeckelt werden. Sie schadet auch den Arbeitnehmern, deren Arbeitsplätze langfristig gefährdet sind. Den Nutzen haben die Gewerkschaften und – mutmasslich in noch stärkerem Masse – das Spitzenmanagement. Mitbestimmung macht Manager abhängig von Betriebsräten und externen Gewerkschaftlern, weil Vorstandsmitglieder nur mit einer Zweidrittelmehrheit im Aufsichtsrat gewählt werden können. Dies ist der Angelpunkt der Kritik, auf welchen der Frankfurter Corporate-Governance-Experte Theodor Baums immer wieder aufmerksam macht. Über die Karrierechancen deutscher Unternehmensführer, ihre Berufung und Vertragsverlängerung entscheiden Betriebsräte und – besonders grotesk – von den Gewerkschaften entsandte Spitzenfunktionäre, denen dafür jegliche Legitimation fehlt und deren Organisationsmacht schwindet.» (vgl. FAZ, 25.08.05). Es ist bezeichnend, dass Deutschland heute fast keine global führenden Unternehmungen im Banken- und Pharmabereich mehr aufweist. Das Stakeholder-Modell ist in der globalen Wirtschaft nicht optimal. Gegenwärtig laufen Verhandlungen zur Reform der seit 30 Jahren bestehenden Unternehmensmitbestimmung. Die Positionen der Unternehmerverbände und der Gewerkschaften sind so gegensätzlich, dass eine wirkliche Reform wohl ausgeschlossen ist.

Aktionariates, das auf marktkonformen Gewinn zugunsten extraökonomischer moralischer Werte zu verzichten bereit ist, und zweitens beschränkt sie ihre kommerzielle Tätigkeit auf eine Nische bzw. Marktlücke, die auf einer ganz speziellen Kundenmentalität beruht. Die Mentalität, die dahinter steht, befürwortet massvollen Gewinnverzicht zugunsten anderer Werte wie Nachhaltigkeit und soziale Rücksichtnahme. Weil dieses Konzept, das den Stakeholder-Value-Ansatz in Reinkultur verkörpert, mit dem marktwirtschaftlichen Denkansatz unserer Zeit nicht kompatibel ist, ist es schwer vorstellbar, dass es Schule machen und in der Marktwirtschaft generell Anwendung finden könnte. Damit ist auch gesagt, dass ABS für einen Börsengang suboptimale Voraussetzungen aufweist. Die Aktie eignet sich nicht für den Normalanleger.

3.4 Wettbewerb der Modelle: Konvergenz oder Dominanz?

Der Schlüssel zur Lösung dieser Frage liegt unseres Erachtens in den Wirkungen, welche die fortschreitende Globalisierung auf die Konkurrenzfähigkeit der Unternehmungen ausübt. Erstens geht aus unserem Vergleich der beiden möglichen Managementmodelle und zugehöriger Corporate-Governance-Grundsätze hervor, dass der Shareholder-Ansatz mit seinem kompromisslosen Prinzip der Gewinnmaximierung eher geeignet ist, die Wettbewerbsfähigkeit einer Unternehmung zu sichern. Die globale Integration der Märkte und die damit einhergehende Verschärfung der Konkurrenz deckt Schwächen in der Unternehmensführung schonungslos auf. Nur die effizientesten Unternehmungen haben langfristig eine Überlebenschance, und Kompromisse im Rahmen einer Stakeholder-Philosophie zulasten des Gewinnes müssen nicht selten rasch wieder aufgegeben werden.[46] Im Übrigen führt der Wachstumszwang, dem global ausgerichtete Unternehmen unterliegen, zu einer zunehmenden Nachfrage nach Risikokapital. Nur solche Firmen, die ihre Corporate Governance so ausrichten, dass die Ansprüche der Investoren befriedigt werden, haben in diesem Umfeld längerfristig eine Chance.

Vor diesem Hintergrund steht zu vermuten, dass das Modell der Gewinnmaximierung und einer entsprechenden Corporate Governance, deren Ziel in der Befriedigung der Interessen der Aktionäre besteht, sich immer mehr

---

[46] Eine empirische Untersuchung weist nach, dass Aktienperformance in jenen Gesellschaften tendenziell (marginally) besser ist, in denen die Manager angeben, dass sie eine Maximierung des Shareholder Value anstreben. Dies trifft besonders dann zu, wenn der Aktienkurs vorher gefallen ist. Dies weist auf die Effizienz der Gewinnmaximierung als primäres Ziel hin. Vgl. dazu: Jörg Petra, Loderer Claudia, Roth Lukas, Shareholder Value Maximization: What managers say and what they do, Universität Bern, Institut für Finanzmanagement, 2003.

durchsetzen wird, eine Entwicklung, die für die Dominanzthese spricht. In Deutschland lässt sich die allmähliche Abkehr vom Stakeholder-Value-Modell exemplarisch beobachten. Bis vor einigen Jahren war die sogenannte «Deutschland AG» noch das bevorzugte Modell der Unternehmungsfinanzierung. Philipp Hartmann beschreibt dieses System wie folgt: «Das Modell der deutschen Marktwirtschaft wird häufig auch als eine Form des ‹organisierten› oder ‹koordinierten Kapitalismus› bezeichnet. Kennzeichnend hiefür ist eine Vielzahl kartellartiger Verbindungen und zentralisierter Spitzenverbände auf Seiten von Wirtschaft und Arbeitnehmerschaft, zwischen denen eher Koordination als freier Wettbewerb herrscht und in denen auch der Staat als Bündnispartner und Mitglied einer Vielzahl von Abstimmungsgremien inkorporiert ist. Im System der Unternehmungsfinanzierung spielen insbesondere andere Unternehmen sowie die Banken als Kreditgeber, Anteilseigner, Inhaber von Mandaten im Aufsichtsrat sowie über Aktionärsstimmrechte die zentrale Rolle der externen Unternehmungskontrolle.»[47] Aus dieser Beschreibung wird die Stakeholder-Orientierung der deutschen Unternehmungen klar ersichtlich. Infolge der Globalisierung ist dieses Modell inzwischen stark unter Druck geraten, zusätzlich verstärkt durch den Vormarsch institutioneller Investoren, die zusehends nach Transparenz, Marktorientierung und finanzieller Performance verlangen. Die «Deutschland AG», als Verflechtung der deutschen Industrie und Banken durch gegenseitige Kreuzbeteiligungen, bewegt sich heute denn auch eher in Richtung einer Entflechtung, wie sich am Beispiel der Deutschen Bank ablesen lässt. Auch die Mitbestimmung der Arbeitnehmer und Gewerkschaften ist in Deutschland längst nicht mehr unbestritten, denn es wird von immer breiteren Kreisen erkannt, dass sie mit einem marktwirtschaftlichen System, wie es die Globalisierung verlangt, nicht vereinbar ist. Dass schliesslich ein «hybrides» Modell entstehen könnte, das gewisse Komponenten beider Systeme enthält, ist unseres Erachtens eher unwahrscheinlich, weil ein Interessenausgleich zulasten des Gewinnes mit der primären Aufgabe der Unternehmungen im kapitalistischen System kaum kompatibel erscheint. Eine Konvergenz schliessen wir folglich aus.

Auch sollte man nicht vergessen, dass sich hinter den beiden Modellen eine ideologische Auseinandersetzung verbirgt. Vor allem politische Exponenten der Linken halten am Stakeholder-Ansatz fest – eine Haltung, die antikapitalistische Züge annehmen kann[48] und sich zum Teil durch einen Mangel an

---

47 Hartmann Philipp, Corporate Governance in Deutschland und den USA, Universität der Bundeswehr, München, 2002.

48 Ein klassisches Beispiel für die latent immer noch vorhandene Ideologie des Anti-Kapitalismus bei Linksparteien des Westens ist die politische Kampagne der SP in Deutschland im Sommer

grundlegendem Wissen über ökonomische Zusammenhänge erklärt. Der eigentliche Grund jedoch ist ideologischer Natur und hängt mit der unterschiedlichen Interpretation des Begriffes der sozialen Gerechtigkeit durch die liberalen und die sozialdemokratischen Kreise zusammen. Es ist zweifelhaft, ob dieser bipolare ideologische Graben je ausgeebnet werden kann. In der Praxis versuchen die Unternehmer, diese gesellschaftliche Auseinandersetzung mit der Politik der Corporate Social Responsibility zu mildern, um einen möglichen Reputationsverlust zu vermeiden und die negativen sozialen Wirkungen der notwendigen Restrukturierungen und Veränderungen im Licht steigender Gewinne abzufedern. Der Problematik dieser unternehmerischen Politik werden wir uns im nächsten Kapitel zuwenden. Doch schon jetzt muss darauf hingewiesen werden, dass die Behauptung, es habe mit der Ausbreitung der Corporate Social Responsibility ein Paradigmenwechsel vom Shareholder-Value-Prinzip hin zum Stakeholder-Prinzip stattgefunden, in dieser Form nicht richtig ist. CSR, richtig verstanden und betriebswirtschaftlich ausgerichtet, steht im Dienst der Wettbewerbsfähigkeit. Namhafte Ökonomen bestätigen als Hauptziel der Unternehmung die Schaffung von Shareholder Value, und Corporate Governance stellt die Aktionärsinteressen in den Mittelpunkt, wie aus der Definition im Swiss Code ersichtlich ist. Noch immer ist die Maximierung des Gewinns die solideste Grundlage und Voraussetzung für raschen wirtschaftlichen und sozialen Fortschritt, weil nur so genügend finanzielle Ressourcen dafür bereitgestellt werden können. Aber die Einsicht, dass die zur Gewinnmaximierung als Hauptziel notwendigen Voraussetzungen sozialer und ökologischer Art, wie beispielsweise die Arbeitssicherheit, die Ausbildung der Mitarbeitenden und der sorgfältige Umgang mit «endlichen» Rohstoffen für die Öffentlichkeit durch Nachhaltigkeits- und Umweltberichte besser sichtbar gemacht werden müssen, hat sich durchgesetzt. Denn die Wahrnehmung der Öffentlichkeit, dass eine Firma auch sozial und ökologisch verantwortungsvoll handelt, ist im Rahmen des Zeitgeistes wettbewerbsrelevant geworden. Im Abschnitt 4.3 «Corporate Social Responsibility und ihre Grenzen» werden wir auf diese Fragen zurückkommen.

2005, wo angesichts der zahlreichen Übernahmen durch Hedgefonds und ausländische Gesellschaften deren Manager mit einem Heuschreckenschwarm verglichen werden, der über deutsche Gesellschaften herfällt, wobei die einheimischen Wirtschaftskreise, die sich dem nicht widersetzten, als antipatriotisch bezeichnet wurden.

4. Unternehmungsführung im Spannungsfeld der Globalisierung und der Nachhaltigkeit

4.1 Der UN Global Compact als ethisches Grundgerüst der Wirtschaft

Der Nachhaltigkeitsansatz, entstanden aus der Besorgnis, dass das rasche globale Wirtschaftswachstum zu einem vorzeitigen Verzehr limitierter natürlicher Ressourcen zum Schaden nachfolgender Generationen führen könnte, und die Befürchtung, dass die durch die Globalisierung neu gewonnene Freiheit und Macht der grenzüberschreitend tätigen multinationalen Unternehmungen zu einer Verwässerung der bisher gültigen ethischen, sozialen und ökologischen Parameter Anlass geben könnte, hat die Weltgemeinschaft seit jeher beschäftigt und zur Entstehung von freiwilligen Regelwerken geführt, um diese Gefahren zu steuern und die Unternehmungen besser in die Pflicht zu nehmen.[49]

Als erstes Governance-Regelwerk, das versuchte, das Verhalten von Unternehmungen zu beeinflussen und zu steuern, können die «OECD Guidelines for Multinational Enterprises» gelten, die 1976 geschaffen wurden und spezifisch multinationalen Firmen als den wichtigsten privaten «Players» in der weltwirtschaftlichen Entwicklung zugedacht sind. Es handelt sich um Normen, welche die Regierungen der 30 Mitgliedstaaten der «Organization for Economic Cooperation and Development» (OECD) als Standards für das ökonomische, ökologische, soziale und ethische Verhalten diesen Unternehmungen vorgeben. Obwohl autonom von den Mitgliedstaaten verfügt, haben die nationalen Wirtschaftsverbände und die Internationale Handelskammer in Paris über die diplomatischen Vertretungen ihrer Länder bei der Auswahl und Formulierung der Normen Einfluss genommen. Trotz unterschiedlicher Auffassungen zwischen den (damals noch) kommunistischen und den kapitalistischen Staaten über den Handlungsspielraum, der den multinationalen Firmen eingeräumt werden soll, ist schliesslich doch ein Papier zustande gekommen, das den Unternehmungen seither im OECD-Raum Nutzen gebracht hat,

---

49 Um die wirtschaftliche «Macht» einer grossen multinationalen Unternehmung zu illustrieren, wird etwa der Vergleich zwischen ihrem Umsatz und dem Bruttoinlandprodukt eines Landes angestellt. Auf dieser Grundlage war im Jahr 2000 General Motors grösser als Dänemark und Nestlé grösser als Ungarn. Zitiert aus: Watter Rolf/Spillmann Till, Corporate Social Responsibility – Leitplanken für den Verwaltungsrat Schweizerischer Aktiengesellschaften, veröffentlicht in GesKR Gesellschafts- und Kapitalmarktrecht Nr. 213, Dike Verlag Zürich/St. Gallen 2006, S. 94.

indem es im Sinn eines «Soft Law» Sicherheit gewährt und sie vor willkürlichen staatlichen Einwirkungen einigermassen schützt. Der eigentliche Zweck der «Guidelines» besteht darin, durch die Eliminierung solcher Risiken die private Investitionstätigkeit (Direct Private Investment) anzuregen und so zur rascheren Entwicklung vor allem auch der Dritten Welt beizutragen.

Inzwischen sind von weiteren internationalen Organisationen wie z. B. der ILO (International Labor Organization, Declaration of Fundamental Principles and Rights at Work, 1998) und der EU (Green Paper der EU-Kommission, 2001) Richtlinien bezüglich des erwarteten sozialen und ökologischen Verhaltens von global tätigen Unternehmungen herausgegeben worden, die sich gegenseitig überschneiden und ergänzen. Dazu kommen die Kodizes von globalen NGOs (z. B. Greenpeace, WWF), aber auch von lokalen Unternehmungsgruppierungen (z. B. öbu – Vereinigung für ökologisch bewusste Unternehmungsführung in der Schweiz, mit 300 Mitgliedfirmen). Ein dichtes Gewebe von ethisch-moralischen Verhaltensstandards übt so einen unausweichlichen Erwartungsdruck auf die Wirtschaft aus. Keines dieser freiwilligen Regelwerke verlangt Unmögliches von den Unternehmungen; sie enthalten Standards, die von verantwortungsvollen Geschäftsleitungen schon seit Jahren eingehalten werden. Das heute wohl wichtigste internationale Regelwerk der unternehmerischen Governance, das sich wegen seiner völkerrechtlichen Relevanz, seiner moralisch-ethischen Ausstrahlung wie auch wegen seiner normativen Kraft als UN-Kodex weltweit durchgesetzt hat, ist der «Global Compact». Er verdient es, hier näher dargestellt zu werden.

Compact ist das englische Wort für Pakt oder Vertrag. Die zunehmende Bedeutung des Global Compact geht aus den Worten des Entwicklungssoziologen Klaus Leisinger[50] anlässlich einer Podiumsveranstaltung der ICC Schweiz[51] im August 2006 hervor: «Wir beobachten weltweit ein wachsendes Interesse am Global Compact, hilft dessen breit anerkannter Wertekanon den Unternehmungen doch immens, ihre Verantwortung für gesellschaftliche Folgen ihrer globalen Geschäftsaktivitäten konkret zu bestimmen.» Es war der ehemalige Generalsekretär der UNO, Kofi Annan, der diese Initiative anlässlich des World Economic Forums in Davos 1999 ins Leben gerufen hat.

---

50 Klaus M. Leisinger ist Professor für Entwicklungssoziologie an der Universität Basel und Präsident der Novartis-Stiftung für Nachhaltige Entwicklung.

51 Die International Chamber of Commerce (ICC) ist die «Stimme der Privatwirtschaft» gegenüber der UNO, der OECD, der WTO und andern offiziellen multinationalen Organisationen. Ihr oberstes Ziel liegt in der «Förderung des freien Handels und der Erleichterung von internationalen Investitionen». Das Schweizer Netzwerk des UN Global Compact ist bei ICC Schweiz angesiedelt.

Was will der Global Compact? Er enthält vier Gruppen von Spielregeln, zu denen sich die Unternehmungen aller Länder bekennen sollen, um ihre Verantwortung gegenüber Gesellschaft und Umwelt zu reflektieren:

- Anerkennung der Menschenrechte
- Einhalten von Arbeitsnormen
- Bekennen zum aktiven Umweltschutz
- Bekämpfung der Korruption

Im Einzelnen handelt es sich um zehn Prinzipien, die einzuhalten sind und die – im Grunde genommen – für eine moralisch-ethisch und innerhalb der Gesetze operierende Firma schon bisher als selbstverständlich gegolten haben und übrigens auch in den «OECD Guidelines for Multinational Enterprises» zum grössten Teil schon enthalten sind. Der UN Global Compact ist in dieser Hinsicht nicht eigentlich innovativ; seine Rechtfertigung findet er in der Zielsetzung, «schwarze Schafe» unter den Unternehmungen an ihre ethischen Pflichten zu erinnern und das Vertrauen der Zivilgesellschaft in die Unternehmungsführung generell und weltweit zu stärken. Es geht also weniger um neue Ideen als vielmehr um ihre weltweite Promotion und Anwendung und um aktives Nachleben anerkannter gesellschaftlicher Normen im Rahmen der Globalisierung, deren Anreize zu unethischem exterritorialem Verhalten verführen könnten. Diese Auffassung wird beispielsweise klar abgedeckt durch das Bekenntnis des Verwaltungsratspräsidenten von Novartis, wenn er sagt: «Die normativen Prinzipien des UN Global Compact sind für uns die unverhandelbare Grundlage unserer weltweiten unternehmerischen Tätigkeiten.»[52] Novartis fördert seit vielen Jahren aktiv eine nachhaltige Entwicklung in der Dritten Welt und darf in dieser Beziehung als Pionier gelten.

Ein kurzer Tour d'Horizon umreisst die zehn Prinzipien: So soll die Wirtschaft die Menschenrechte achten und sicherstellen, dass Unternehmungen sich nicht an Menschenrechtsverletzungen beteiligen. Bei den Arbeitsnormen geht es um die Versammlungsfreiheit, die Anerkennung des Rechtes auf Tarifverhandlungen mit Gewerkschaften, die Beseitigung aller Formen der Zwangs- und Kinderarbeit sowie das Vermeiden von Diskriminierungen in Beschäftigung und Beruf. Bezüglich der Umwelt wird ein vorsichtiger Umgang mit den ökologischen Herausforderungen verlangt sowie eine Förderung umweltfreundlicher Technologien.

---

52 Zitiert in: Leisinger Klaus M., Ethik im Management, Orell Füssli Verlag, 2004.

An dem 2004 in New York stattgefundenen UNO-Gipfel zum Global Compact, an dem diese Initiative bezüglich ihrer Wirkung und Akzeptanz von Wirtschaftsführern, Regierungsvertretern und NGOs begutachtet wurde, ist vom UN-Generalsekretär ein weiteres, zehntes Gebot verkündet worden, nämlich das Antikorruptionsprinzip. Es ist eigentlich unverständlich, dass dieses für die Gesundheit von Gesellschaft, Wirtschaft und Politik wichtige Prinzip nicht schon in der ersten Fassung des Compacts Eingang gefunden hat. Korruption ist ein besonders perfides Gift, welches das Vertrauen in Staat, Regierung und Wirtschaft vernichten kann. Sie ist weit verbreitet, schadet der Demokratie, dem wirtschaftlichen Fortschritt, dem Wohlstand. Sie entwickelt ihre unheilvolle Wirkung im Versteckten, was ihre Bekämpfung erschwert. Man schätzt, dass weniger als 10 % der vorkommenden Korruptionsfälle aufgedeckt und noch viel weniger Fälle geahndet werden. «Transparency International» hat ihr weltweit den Kampf angesagt. Korruption ist ein wichtiges Thema der Unternehmungspolitik und der Unternehmungskultur. Gute Governance und gutes Risikomanagement verlangen heute einen «Code of Ethics» bzw. einen «Code of Conduct», der alle Mitarbeitenden verpflichtet. In einigen Firmen gibt es auch ein «Ethics Committee», welches das ethische Verhalten aktiv fördert und Massnahmen ergreift, um Korruptionsanfälligkeit zu beseitigen und korruptes Verhalten zu bekämpfen. Ein besonderes Problem besteht in der Abgrenzung zwischen Korruption und lokalen kulturellen oder branchenmässigen Usanzen wie «Trinkgelder» und kleinere Geschenke. Hier besteht eine Grauzone, der Beachtung zu schenken ist, damit sie nicht ausufert.

Von der Wirtschaft ist der Global Compact als wichtiges reputationsförderndes Instrument wahrgenommen worden. Eine grosse Zahl multinationaler Firmen – es sollen mittlerweile mehr als 3000 sein – hat sich bereits angeschlossen; dazu gehören beispielsweise acht Schweizer SMI-Firmen.[53] Diese Popularität des Compact ist leicht verständlich. Da wir festgestellt haben, dass die regulatorische Lücke auf absehbare Zeit kaum durch internationale Gesetzgebung wirksam geschlossen werden kann, ist der Global Compact als Selbstregulierungsinitiative dazu geeignet, Misstrauen abzubauen und den Willen der Wirtschaft zur Einhaltung sozialer, ökologischer und ethischer Normen sichtbar zu manifestieren, um ihre Reputation und damit auch ihre internationale Wettbewerbsfähigkeit zu stärken. Darüber hinaus hilft er mit, im globalen Wettbewerb ein «Level Playing Field» im ethischen Verhalten der Unternehmungen herzustellen und so für alle «gleich lange Spiesse» zu schaffen.

---

53 Insgesamt partizipieren heute (2006) 37 schweizerische Unternehmungen und Organisationen aktiv am Global Compact.

Einmal im Jahr müssen die beigetretenen Firmen dem Global Compact Office der UNO über die Umsetzung der Prinzipien in ihrem Bereich Bericht erstatten. Zudem sorgen die Zivilgesellschaft und die Medien dafür, dass Missbräuche ans Tageslicht gelangen. Als Folge davon hat die Wahrnehmung der international tätigen Firmen für ethische Werte grosse Fortschritte gemacht.

4.2 «Triple Bottom Line» – eine Illusion

Milton Friedman, der als eigentlicher Vater des modernen liberalen Management-Modells bezeichnet werden kann, stellte die inzwischen berühmt gewordene und immer wieder umstrittene These auf, dass die einzige soziale Rolle der Unternehmung in der Generierung von Gewinn bzw. Shareholder Value bestehe. Diese These ist wirtschaftliche Realität und sowohl betriebs- wie volkswirtschaftlich begründbar. Erfolgreiche Unternehmer, wie beispielsweise der heutige Bundesrat Christoph Blocher, bestätigen die Ansicht von Friedman. So führte Blocher in einer öffentlichen Rede wörtlich aus: «Als Unternehmer sage ich mir stets: Meine sozialste Aufgabe ist, das Unternehmen erfolgreich zu führen, denn erfolgreiche Unternehmen schaffen Beschäftigung und sind die Quelle für allgemeine Wohlfahrt.»[54] Der gesellschaftliche Paradigmenwechsel, charakterisiert durch den Nachhaltigkeitsansatz, hat an dieser Erkenntnis nichts geändert. Aber es sind dadurch anerkannte unternehmerische Basisaufgaben, die seit jeher in der Betriebswirtschaft und Unternehmungspolitik eine wichtige Rolle spielten, in den Vordergrund gerückt worden: erstens die Beachtung der ökologischen Belange, die übrigens nicht nur gesetzlich und ethisch-moralisch, sondern auch betriebswirtschaftlich relevant sind, und zweitens die sozialen Belange, die in der Förderung der Ausbildung, der Arbeitssicherheit und der Gesundheitsversorgung der Mitarbeiterinnen und Mitarbeiter bestehen.

Die Berücksichtigung solcher sozio-ökologischer Aufgaben entspringt nicht altruistischen Überlegungen und stellt nicht etwa ein wohlwollendes Entgegenkommen der Wirtschaft gegenüber Bedürfnissen der Zivilgesellschaft dar, sondern beruht auf handfesten markt- und betriebswirtschaftlichen Vorteilen. Jeder ehrliche Wirtschafts- und Unternehmungsführer, der die Interessen seiner Unternehmung ernst nimmt, wird dies zugeben müssen. Der Grund der inzwischen gestiegenen Bedeutung solcher Aufgaben liegt vielmehr in der nicht zu übersehenden Tatsache, dass ihre für die Öffentlichkeit sichtbare

---

54 Blocher Christoph, Rede am 36. St. Gallen Symposium der Studentenschaft der Universität St. Gallen, 2006.

Erfüllung die Wettbewerbsfähigkeit einer Unternehmung erhöht. Die Konsumenten honorieren entsprechende unternehmerische Anstrengungen durch Bevorzugung ihrer Produkte. Der Begriff der «Customer Satisfaction» ist dadurch erweitert worden und hat eine zusätzliche marktwirtschaftliche und auch gesellschaftliche Dimension erhalten. Der Unternehmung entsteht durch die Vermeidung von Umweltrisiken und durch die Steigerung der Effizienz und Motivation der Mitarbeitenden nicht nur ein Reputationsgewinn, sondern auch ein finanzieller Mehrwert, der auch von den Aktionären als potenzielle Steigerung des Shareholder Value wahrgenommen und von der Börse honoriert wird. Allerdings ist unverkennbar, dass durch die Akzentuierung, die der gesellschaftliche Paradigmenwechsel den sozioökologischen Basisaufgaben der Unternehmungen gebracht hat, eine Vertiefung und bessere Berücksichtigung dieser Aufgaben stattgefunden hat. Dies ist als Fortschritt auch gesellschaftlicher Art zu werten. Keinesfalls aber wird damit die These von Milton Friedman aus den Angeln gehoben. Das Primat der Maximierung des Shareholder Value bleibt bestehen. Dieses Ziel harmonisiert automatisch auch die sekundären Ziele: Was ihm schadet, muss unterbleiben oder korrigiert werden, seien es ungenügende Löhne oder ungenügende Berücksichtigung der ökologischen Belange. Gewinnmaximierung erfordert die Optimierung der Interessen der anderen Stakeholder. Die Ausdrücke «Good Corporate Citizen», «Corporate Social Responsibility» und «Licence to Operate» stehen nicht für wohlwollendes oder rein ethisch und sozial begründetes freiwilliges Entgegenkommen, sondern für letztlich notwendiges marktwirtschaftliches Verhalten zur Aufrechterhaltung und Stärkung der Wettbewerbsfähigkeit.[55]

Man spricht im Zusammenhang mit den sozioökologischen Aufgaben der Unternehmung oft auch von der «Triple Bottom Line». Dies soll ausdrücken, dass die Unternehmung drei gleich gewichtete Ziele gleichzeitig verfolgen soll, nämlich ein finanzielles, ein soziales und ein ökologisches Ziel. Die klassische finanziell zu verstehende «Bottom Line» wird damit zu einem Teilziel. Bildlich wird die «Triple Bottom Line» durch ein Dreieck dargestellt und oft mit dem Begriff der «Sustainability» ergänzt:

---

55 Dass die Ausrichtung des Unternehmungszieles auf die Aktionärsinteressen – den Shareholder Value – auch den übrigen Stakeholdern implizit dient, haben andere Autoren überzeugend dargestellt. Vgl. dazu Böckli Peter, Schweizer Aktienrecht, Ausgabe 2004, in seiner Monografie über die Corporate Governance, S. 1760, und Spillmann Till, Institutionelle Investoren im Recht der (echten) Publikumsgesellschaften, Schulthess 2004, S. 96, Fn. 535.

Abbildung 8:

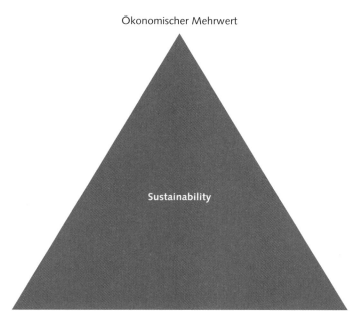

Diese Darstellung ist zwar in ihrer Symbolik überzeugend, von der betriebswirtschaftlichen Logik her aber irreführend. Ein unkritischer Betrachter muss daraus schliessen, dass den drei Zielen das gleiche Gewicht zuzumessen sei und diese miteinander unbeschränkt kompatibel seien. Dies ist ein Trugschluss. In der Realität existiert vielmehr eine Hierarchie der Ziele: Primär und prioritär geht es um die Steigerung des Gewinnes im Sinn des Shareholder Value als Voraussetzung der langfristigen Sicherung der unternehmerischen Existenz. Wird dieses zentrale Ziel nicht erreicht, so sind auch die spezifisch sozio-ökologischen Ziele ausser Reichweite. Ein Beispiel: Neue Arbeitsplätze, gleichbedeutend mit «sozialem Mehrwert», entstehen in der Regel in einer Unternehmung nur, wenn eine betriebswirtschaftliche Analyse oder Machbarkeitsstudie nachweist, dass dadurch der Gewinn langfristig erhöht bzw. die Wettbewerbsfähigkeit gesteigert werden kann. Das heisst natürlich nicht, dass die beiden sekundären Ziele ohne Relevanz für den Erfolg einer Unternehmung wären. Denn vor dem Hintergrund der Nachhaltigkeitsdebatte geht es beim

69

unternehmerischen Handeln auch um Glaubwürdigkeit, gesellschaftliche Akzeptanz und Reputation, alles Teil-Elemente der Wettbewerbsfähigkeit. Gewinn bleibt aber das unerlässliche Hauptziel, um nach den Aktionären auch die Bedürfnisse der weiteren Stakeholder befriedigen zu können. Der Begriff «Triple Bottom Line» könnte also leicht missverstanden werden.[56]

Aufgrund der vorliegenden Überlegungen zweifeln wir auch daran, dass der vom Soziologen Claus-Heinrich Daub entwickelte Idealtypus eines «nachhaltigen Unternehmens» sich durchsetzen kann. Daubs Modell beruht auf der «expliziten Betonung einer gleichen Gewichtung und damit Wertgleichheit ökonomischer, sozialer und ökologischer Ziele eines Unternehmens. Profitabilität wird so zu einem Ziel neben anderen. Damit wird bewusst Abstand genommen von der Ansicht, dass soziale und ökologische Ziele nur dann erfüllt werden können, wenn ein Unternehmen ausreichend Gewinne erwirtschaftet bzw. wenn es darin die Chance erkennt, ökonomische Probleme besser zu bewältigen».[57] Ein solches Modell muss früher oder später zum Interessenkonflikt führen, weil es nach betriebswirtschaftlicher Logik ein Gleichgewicht der Ziele nicht geben kann, ohne das gewinnabhängige Überleben der Unternehmung zu gefährden. Die Triple Bottom Line ist in diesem Sinn eine Utopie. In der Praxis – und dies gibt Daub auch zu – lassen sich Manager «in ihrer täglichen Arbeit primär, vielleicht sogar ausschliesslich, von ökonomischen Überlegungen leiten».

Neuere Untersuchungen bestätigen diese Auffassung. Wir lassen hier Richard Dobbs, Partner der McKinsey & Company, sprechen: «The fact is that the more shareholder value a company creates in an effectively regulated market, the better the company serves all its stakeholders. Research by McKinsey's corporate-performance center has demonstrated the wider stakeholder benefits of managing for long-term-value creation: the companies that created the most shareholder value over the past 15 years also created the most employment and invested the most in Research and Development. It's worth remembering, too, that many of a company's ultimate shareholders are ordinary people whose pensions depend on the value created by the businesses in which their retirement savings are invested.»[58]. Zu erinnern ist in diesem Zusammenhang auch daran, dass Shareholder Value ein langfristiges Konzept ist:

---

56 Inzwischen wird von Analysten bereits von der «Quadruple Bottom Line» gesprochen: Finanzdaten, Sozialdaten, Umweltschutzdaten und als vierte Komponente «Corporate Governance». Unsere Bemerkungen zur «Triple Bottom Line» gelten sinngemäss auch hier.

57 Daub Claus-Heinrich, Sozialintegrative Funktionen nachhaltiger Unternehmen, in Soziale Arbeit, Edition gesowip, Basel 2004.

58 Dobbs Richard, Managing value and performance, in: McKinsey Quarterly, 2005 Special Edition.

Kurzfristige Erfolge genügen nicht, ja sie können sogar kontraproduktiv sein. Es geht auch hier um Nachhaltigkeit.

4.3 Corporate Social Responsibility und ihre Grenzen

Die Regelwerke Global Compact, Corporate Social Responsibility und Corporate Governance fokussieren alle drei das Verhalten der Unternehmungen und ihrer Führungsorgane und sind deshalb miteinander verwandt, bewegen sich aber auf drei verschiedenen Verantwortlichkeitsebenen. Der Global Compact setzt vorwiegend ethisch-moralische Ziele, wobei er die Beachtung des Völkerrechts und der gültigen lokalen Gesetze und Normen der souveränen Staaten mit einschliesst. Die Corporate Governance dient als Regelwerk für gute Unternehmungsführung, setzt die Interessen der Aktionäre an die erste Stelle und soll für angemessene «Checks and Balances» in der Machtausübung zwischen Principals und Agents und zwischen Verwaltungsrat und Geschäftsleitung sorgen. Corporate Social Responsibility (CSR) ergänzt die beiden ersteren Regelwerke in sozialen und ökologischen Belangen. Sie ist ganz ausgesprochen ein Instrument der Unternehmungspolitik. Ihre Zielsetzung ist eine bessere Positionierung der Unternehmung im Wettbewerb. Sie ist ausgerichtet auf ein aktives Reputationsmanagement – Mehrung der gesellschaftlichen Akzeptanz und Vermeidung von Imageverlusten – und auf ein Marketingmanagement, das sich bewusst ist, dass Produkte heute vom Konsumenten auch auf dem Hintergrund des umweltbewussten und ethischen Verhaltens der Produzenten beurteilt werden. CSR soll in diesem Bereich für die Unternehmung einen messbaren, gewinnrelevanten Nutzen stiften. Sie ist, richtig verstanden und angewandt, kompatibel mit den betriebswirtschaftlichen Unternehmungszielen und bekommt dadurch auch ihre Legitimität.

Die EU-Kommission hält in ihrem Grünbuch «Promoting a European Framework for Corporate Social Responsibility» aus dem Jahr 2001 ausdrücklich fest, dass die Unternehmungen von der Übernahme sozio-ökologischer Ziele finanziellen Nutzen erwarten: «The companies expect that the voluntary commitment they adopt will help to increase their profitability.» Hier finden wir auch eine klare und einfache Definition der CSR. Danach ist sie «a concept whereby companies integrate social and environmental concerns in their business operations and in their interaction with their stakeholders on a voluntary basis».[59] Börsenkotierte multinationale Unternehmungen, die dem Druck des

---

59 Eine Übersicht und Analyse verschiedener Definitionen der CSR findet sich bei Watter Rolf/Spillmann Till, a. a. O., S. 95/96.

neuen Zeitgeistes in all seinen Formen besonders stark ausgesetzt sind, betrachten heute neben Kostenführerschaft, Marktführerschaft und Exzellenz der Human Resources die Corporate Social Responsibility (CSR) in ihrem Streben nach Maximierung des Shareholder Value als wichtigen Erfolgsfaktor.[60] Sie ist stets ein firmenindividuelles Konzept, das sich nach den operativen und strategischen Zielen der Unternehmung richtet.

Der Kreis der möglichen Massnahmen und Aktionen, die von der CSR abgedeckt werden können, ist weit gezogen. So finanziert beispielsweise Novartis zwei firmeneigene Institute, das «Novartis Institute for Tropical Diseases» und die «Novartis Foundation for Sustainable Development», und unterstützt weltweit Programme zur Bekämpfung von schwer heilbaren Krankheiten wie Malaria, Lepra und Blindheit. Ein weiteres Beispiel liefert Holcim, die in Lateinamerika Stiftungen betreibt, die den Kindern einfacher Arbeiter in ihren Fabriken durch Stipendien eine höhere Ausbildung ermöglicht und in Landwirtschaftsbetrieben in Fabriknähe unter anderem Landarbeiter zu professionellen Bauern ausbildet. Damit wird das im Umkreis von Fabriken in entlegenen Gebieten von Entwicklungsländern oft bestehende scharfe Wohlstandsgefälle zwischen gut bezahlten Fabrikarbeitern und ärmlichen Kleinbauern durch Anleitung zu ertragsreicherer Landwirtschaftsarbeit gemildert. Kürzlich hat Holcim zudem eine «Foundation for Sustainable Construction» gegründet, eine hoch dotierte «gemeinnützige» Stiftung, die unter anderem Preise (Awards) für vorbildlich «nachhaltiges Bauen» verleiht, d. h. für Bauten, die möglichst wenig natürliche Ressourcen verbrauchen und sie sinnvoll einsetzen. Der angestrebte betriebswirtschaftliche Nutzen dieser Stiftung ist offensichtlich, wenn Holcim den weltweiten Einsatz dieses Instrumentes mit den Worten kommentiert: «Die Foundation spielt eine wichtige Rolle bei der globalen Positionierung der Marke Holcim» und «Die Konzerngesellschaften sind aufgerufen, sich aktiv für die Holcim Foundation und die Holcim Awards einzusetzen, indem sie zum Beispiel Kontakte zu Berufsverbänden knüpfen. Der Aufwand dafür ist beträchtlich, aber lohnend: Die neuen Verbindungen zu Architekten oder Bauträgern werden bestimmt auch im Tagesgeschäft nützlich sein.»[61] Dass die Aktivität einer solchen Stiftung symbiotisch auch die Zivilgesellschaft berei-

---

60   Gut sichtbar ist dies beispielsweise im Geschäftsmodell der Holcim, das neben Kostenmanagement, Marktinnovation und Personalführung die CSR in ihren beiden Komponenten Umweltbewusstsein und Soziale Verantwortung als «Richtlinien» aufführt. Dieses Modell ist in seiner generellen Stossrichtung seit seiner Konzipierung in den 1980er-Jahren unverändert, was beweist, dass die sozioökologischen Aufgaben von Holcim schon früh erkannt worden sind. Vgl. Geschäftsbericht Holcim 2005, S. 15.

61   Contact, Personalzeitschrift Holcim, Dezember 2004.

chert, ist unbestritten. Ihr Hauptziel bleibt aber Marketing und Reputationsgewinn im Interesse der Sicherung der Wettbewerbsposition der Stifterfirma.

Man muss sich nun fragen, wo angesichts der potenziell weitreichenden Diversität der CSR die Grenze zur Übernahme sozioökologischer Aufgaben durch private Firmen liegen. Sie sind nicht genau bestimmbar, verschieben sich im Lauf der gesellschaftlichen Entwicklungen immer wieder. Klaus Leisinger bemerkt dazu, die Zumutbarkeitsgrenzen seien nicht fix vorgegeben, sondern Verhandlungsgegenstand unternehmungsethischer Reflexions- und Lernprozesse[62]. Simon Zadek drückt es ähnlich aus: «The trick is for companies to be able to predict and credibly respond to society's changing awareness of particular issues.»[63] Nach unserer Auffassung liegen diese Grenzen in einer Grauzone, die, grob definiert, gebildet wird durch Forderungen und Erwartungen der Zivilgesellschaft an die Wirtschaft einerseits und die Bereitschaft der Unternehmungen anderseits, aus Reputations- und letztlich Wettbewerbsüberlegungen dafür finanzielle Mittel einzusetzen. Wie bereits dargelegt wurde, zwingt die primäre Mission der Unternehmungsführung, den Eigenkapitalwert der Firma zu steigern, zu einer Abwägung der finanziellen Erfolgsaussichten. Nur wenn diese mit genügend hoher Wahrscheinlichkeit bejaht werden, kann ein positiver Entscheid zustande kommen. CSR-Massnahmen und Unternehmungsziele müssen dabei stets kompatibel miteinander sein. Klar auszuschliessen sind philanthropische Ziele sowie Aufgaben, die dem Staat zuzurechnen sind.

Die Leitplanken der Arbeitsteilung zwischen Staat, Zivilgesellschaft und Wirtschaft sind einzuhalten. Der Auftrag der Unternehmung ist es, Mehrwert und damit direkt und indirekt Wohlstand zu schaffen. Die im Rahmen des liberalen Wirtschaftssystems dem Staat zugewiesenen Aufgaben kann und soll die Unternehmung nicht übernehmen. Silvio Borner, Professor für Wirtschaftswissenschaften an der Universität Basel, bemerkt dazu: «Zwar haben wohl die meisten (von uns) einmal eine ökonomische Ausbildung genossen, aber das Wesentliche offenbar nie begriffen oder längst vergessen: Das Streben nach Profit in einem Umfeld des Wettbewerbs mit vernünftigen staatlichen Leitplanken führt nämlich automatisch zum sozialen Fortschritt in Gestalt von nachhaltig wachsendem Wohlstand. Eine zusätzliche soziale Verantwortung für angeblich ‹höhere Werte› ist überflüssig, Gerechtigkeit im Sinne von Chancengleichheit und Umverteilung ist eine nicht delegierbare Aufgabe des Staates und seiner gewählten Repräsentanten.»[64]

---

62   Ruh/Leisinger, Ethik im Management, Orell Füssli Verlag Zürich 2004.
63   Zadek Simon, Harvard Business Review, Januar 2005.
64   Borner Silvio, Weltwoche Nr. 7, 2005.

Die gleiche Auffassung wird auch von Peter Forstmoser vertreten, wenn er sagt: «Auch einer juristischen Person ist es nicht verboten, ein guter Bürger zu sein. Ein Unternehmen, das es sich leisten kann, darf und soll sich für sein Umfeld ebenso einsetzen wie jeder andere verantwortungsbewusste Bürger auch. Doch sind der karitativen Tätigkeit und dem Mäzenatentum von Publikumsgesellschaften enge Grenzen gesetzt. Das Recht verpflichtet sie zur Gewinnoptimierung, und der Markt zwingt sie dazu.»[65] Und noch ausgeprägter: «Die Verfolgung von Unternehmens- bzw. Gesellschaftsinteressen bedeutet Wahrnehmung von Privatinteressen. Öffentliche Aufgaben wahrzunehmen und das Gemeinwohl zu fördern kann nicht das Ziel privatwirtschaftlichen Tuns sein, auch wenn dies – so ist es zu erwarten und ist es die Basis wie auch die Rechtfertigung liberalen Ideenguts – zumeist eine Folge davon ist. Wo die Wahrung der Privatinteressen nicht genügt, um den Interessen der Allgemeinheit gerecht zu werden, wo also die Invisible Hand von Adam Smith nicht allen legitimerweise Interessierten spenden kann, da ist der Staat gefordert.»[66] Besser kann man die begrenzte Funktionalität der Unternehmungen im Feld gesellschaftlicher Ansprüche nicht ausdrücken.

Für den Entscheid, eine CSR-Massnahme zu ergreifen, ist das Kosten-Nutzenverhältnis massgebend. Sind die durch die CSR-Massnahmen anfallenden Kosten nicht durch Rationalisierungen oder Produktivitätseffekte oder durch Umsatzerhöhung und Preisverbesserungen wieder einforderbar, wird der Gewinn geschmälert oder sogar die Wettbewerbsfähigkeit langfristig gefährdet. Die Rekuperierbarkeit der Kosten oder Investitionen bilden den Massstab für das Eingehen freiwilliger sozioökologischer Leistungen.[67] Dabei ist auch zu überlegen, ob die Unternehmung eine vielleicht riskante Pionierleistung vollbringen soll und damit unter Umständen das Gesetz der «gleich langen Spiesse» im Branchenwettbewerb zuungunsten der eigenen Firma verletzt.

Das Prinzip der Gewinnorientierung verpflichtet Verwaltungsrat und Geschäftsleitung weitgehend auch gesetzlich. Die Organe unterstehen der Sorgfalts- und der Treuepflicht. Sie sind nicht dazu legitimiert, Ressourcen zu verbrauchen, die keinen Nutzen bringen bzw. das Ziel der Wertsteigerung der Unternehmung vernachlässigen. Watter und Spillmann haben in ihrer Studie die Priorität des Aktionärsinteresses auch in der Frage des Ressourceneinsatzes

---

65   Forstmoser Peter, Interview in NZZ, 06.01.05.

66   Forstmoser Peter, Gewinnmaximierung oder soziale Verantwortung, in Summa – Dieter Simon zum 70. Geburtstag, 2005. Zitiert in Watter Rolf/Spillmann Till, a. a. O., S. 107.

67   Vgl. dazu Frank Robert, What Price the High Moral Ground? Ethical Dilemmas in Competitive Environments, Princeton University, 2005. Er belegt, dass eine freiwillige Gemeinwohlorientierung von Firmen nur so weit gehen wird, wie Konsumenten in Form von Preisaufschlägen dazu zu zahlen bereit sind.

für CSR-Massnahmen klar bejaht und als eine der Leitplanken für den Verwaltungsrat Folgendes festgehalten: «Die Unternehmungsführung einer Schweizer Aktiengesellschaft hat eine grundsätzliche klare, wenn auch einen sehr weiten Ermessensspielraum einräumende Zielvorgabe: zweckkonform den langfristigen Unternehmungswert zu steigern. Insofern hat das Aktionärsinteresse Vorrang vor andern Interessen.»[68]

Damit CSR-Anstrengungen in der Öffentlichkeit und im Markt bekannt werden und die beabsichtigte Imagewirkung eintritt, müssen sie nach aussen kommuniziert werden. Immer mehr börsenkotierte Unternehmungen sind deshalb dazu übergegangen, in ihren Geschäftsberichten oder in besonderen Publikationen – in Form von Sozial-, Umwelt- oder kombinierten Berichten – solche Leistungen darzustellen. Inzwischen sind auch internationale Leitlinien entstanden, die aufzeigen, wie die Berichte gegliedert werden sollen und welche Werte – qualitativ und quantitativ – Eingang finden müssen. Grundlage dieser Leitlinien sind meist die «Sustainability Reporting Guidelines» der sogenannten «Global Reporting Initiative» (GRI); diese wurde 1997 durch die UNEP (United Nations Environmentally Responsible Economies) gegründet. Dieser Leitfaden, der ständig weiterentwickelt wird, ist auch kompatibel mit den Vorgaben des Global Compact und den gängigen Zertifizierungssystemen für Umwelt- und Sozialmanagement (wie beispielsweise ISO 14.000 und SA 8.000). Auf seiner Grundlage hat ein Forschungsteam des IFSM (Institute for Sustainable Management an der Fachhochschule Nordwestschweiz – Aargau) die Nachhaltigkeitsberichterstattung der 250 grössten Schweizer Unternehmungen bereits zum dritten Mal untersucht.[69] Diese Publikation ist lesenswert und stellt heute wohl das Standardwerk zur Beurteilung des Standes und des Fortschrittes der Nachhaltigkeitsbestrebungen der grossen Schweizer Unternehmungen dar[70]. Die börsenkotierten Firmen legen vor allem auch deshalb Wert auf Nachhaltigkeitsberichterstattung, weil Ratingagenturen, Banken und Anlagefonds sie zunehmend als obligatorisches Kriterium in ihrem Beurteilungsschema für Kreditwürdigkeit und Performance berücksichtigen. Sie erwarten auch, wie wir bereits ausgeführt haben, von ihren Investitionen in CSR-Aktivitäten positive Auswirkungen auf ihre Aktienkurse, besonders

---

68 Watter Rolf/Spillmann Till, a. a. O., S. 115.

69 Daub Claus-Heinrich et al, Geschäftsberichterstattung Schweizer Unternehmen 2005, edition gesowip, Basel 2005.

70 Die Nützlichkeit der Information ist unbestritten. Als problematisch betrachten wir allerdings das Bewertungssystem. Von 49 Bewertungskriterien fallen 24 (49 %) auf Environmental, Social und Life Cycle Performance. Economic Performance erhält im Vergleich nur 8 Kriterien (16 %). Die Frage ist berechtigt, ob hier ein Übergewicht sozio-ökologischer Bewertung vorliegt («Green Bias»).

dann, wenn ihre Papiere in den entsprechenden Börsenindizes als «Nachhaltigkeitsaktien» geführt werden.

Zum Schluss noch ein Caveat: Wie der Nachhaltigkeitsgedanke zu einem «Nachhaltigkeitssyndrom» und in seiner extremen Ausbildung sogar zu einer realitätsfremden religionsähnlichen Bewegung werden kann, so sind auch bei der CSR Gefahren vorhanden, über das Ziel hinauszuschiessen. So könnte CSR zu einem Tummelfeld von ehrgeizigen Unternehmungsleitungen werden, die aufgrund voller Kassen dazu neigen, ihre Prestige- und Machtansprüche letztlich auf Kosten der Aktionäre auszuleben. Mäzenatentum ist im Prinzip eine willkommene aber private Angelegenheit und soll das Privileg der Eigner und nicht der Unternehmung selbst sein. Es ist mit der Mission der Unternehmensführung, Mehrwert für die Aktionäre zu generieren, nicht vereinbar. Deshalb ist im Geschäftsbericht nach unserer Meinung Auskunft zu geben über Natur und Höhe des CSR-Aufwandes. Es ist Sache der Aktionäre, an der Generalversammlung bei offensichtlichem Missbrauch dagegen Stellung zu beziehen. Privates Mäzenatentum ist aber auch den hochbezahlten Managern zu empfehlen. Sie würden Einiges zur Dämpfung der Missstimmung in der Zivilgesellschaft und zur Akzeptanz der liberalen Marktwirtschaft beitragen, wenn sie, wie dies in den USA üblich ist, einen beträchtlichen Teil ihrer Millionensaläre als Privatpersonen für Stiftungen und gemeinnützige Zwecke einsetzen würden. Dies kann allerdings nie eine Rechtfertigung für überrissene Gehälter sein.

5. Der Siegeszug der Corporate-Governance-Idee

5.1 Die Treiber der Corporate Governance

Global Compact und Corporate Social Responsibility sind freiwillige, markt- und reputationsorientierte Massnahmen der Unternehmungen. Sie sollen die Wahrnehmung der gesellschaftlichen Verantwortung durch die multinationalen Unternehmungen in den Vordergrund stellen und die als schädlich empfundenen Auswirkungen ihres global orientierten Handelns konterkarieren. Sie wenden sich an die Zivilgesellschaft als Ganzes. Im Gegensatz dazu hat Corporate Governance einen andern, engeren Bezugsrahmen: Sie orientiert sich an den Interessen der Aktionäre und der Finanzmärkte und umfasst alle jene Verhaltensnormen, die auf eine kompetente, effiziente und transparente Führung der Unternehmung ausgerichtet sind. Zugleich setzt sie Compliance mit gesetzlichen Normen und ethisches Verhalten als gesellschaftliche Maxime voraus. Ihr Konnex mit Global Compact und Corporate Social Responsibility ergibt sich aus der Tatsache, dass gute Corporate Governance im Interesse der Aktionäre auch die übrigen Anspruchsgruppen automatisch stärkt.

Das Problem der Corporate Governance ergibt sich aus der Trennung von Eigentum und Führung in der Kapitalgesellschaft. Diese Problematik – als Agency-Problem bekannt – sei wegen ihrer grundsätzlichen Bedeutung nochmals kurz dargestellt. Haben die Aktionäre (Principals) einmal ihr Geld als Risikokapital in die Gesellschaft eingebracht, so kann die Geschäftsführung (Agents) darüber fast nach Belieben verfügen, ohne dass die Investoren ausserhalb der Generalversammlung darauf entscheidend Einfluss nehmen können. Die Generalversammlung selbst aber ist ein kollektives Organ ohne Geschäftsführungskompetenz und kann aus diesem Grunde innerhalb der gesetzlichen Normen nicht wirklich wirksam in die strategische und operative Geschäftsführung eingreifen. Deshalb delegieren die Aktionäre einem von ihnen gewählten Gremium, dem Verwaltungsrat (im monistischen System) bzw. dem Aufsichtsrat (im dualistischen System), die Oberleitung und Kontrolle über die exekutive Geschäftsführung.[71] Wie gut oder wie schlecht diese Oberleitung und Kontrolle im Interesse aller Aktionäre ausgeübt wird, entscheidet über die Qualität – Effizienz und Effektivität – der Corporate Governance.

---

71 Für die Unterschiede der beiden Systeme verweisen wir auf Abschnitt 10.1: Die zwei Seiten des monistischen Systems.

Diese hat somit eine zentrale Bedeutung für die Wertschöpfung (Shareholder Value). Indessen ist darauf hinzuweisen, dass die Machtausübung durch die Agents oft dadurch erleichtert wird, dass die Aktionäre ihre Einflussmöglichkeiten zu wenig wahrnehmen. Ihre offensichtliche Ohnmacht gegenüber den Agents ist wenigstens teilweise selbstverschuldet.

Der Druck zu besserer Corporate Governance hat in den letzten Jahren ständig zugenommen, geschürt durch das Fehlverhalten von Verwaltungsräten und Managements in zahlreichen Fällen – erinnert sei hier erneut an die Finanzskandale Enron und WorldCom 2002 in den USA – und die fortschreitende Globalisierung, vor allem der Finanzmärkte. Als Folge davon sind neue NGOs und Dienstleistungsunternehmen im Finanzbereich entstanden, deren Ziel es ist, die Anliegen der Investoren für bessere und transparentere Führung zu vertreten. So haben sich institutionelle Investoren, wie Pensionskassen und Fondsverwaltungen, weltweit zum Interessenverband ICGN (International Corporate Governance Network) zusammengeschlossen. In der Schweiz ist auf diesem Gebiet etwa die Anlagestiftung ETHOS in Genf aktiv, die massgebliche Pensionskassen zu ihren Kunden zählt und diese aktiv in den Generalversammlungen vertritt. Einen globalen Ansatz verfolgt derweil die in Washington D.C. domizilierte ISS-Institutional Shareholder Services Inc., die über 1700 institutionelle Investoren und deren Stimmkraft in den Generalversammlungen von 35 000 börsenkotierten Gesellschaften in über 100 Ländern repräsentiert und ihre Mission wie folgt umschreibt: «ISS provides corporate governance solutions that enhance the interaction between shareholders and companies to manage risk and drive value.» Ein weiteres Beispiel ist Deminor International SCRL mit Sitz in Brüssel, die sich als Dienstleistungsunternehmen anbietet, das die Rechte von Minderheitsaktionären vertritt. Ihr Mission Statement lautet: «Create value for investors by assisting them in managing their minority stakes; promote higher standards of transparency and accountability; ensure fair and equal treatment of shareholders; maximize the long term value of minority stakes.» Diese Hinweise bestätigen unsere frühere Feststellung, dass institutionelle Investoren heute eine immer stärkere Rolle in der Vertretung der Aktionärsinteressen von Publikumsgesellschaften wahrnehmen. Inzwischen ist ihr Anteil am Aktienkapital börsenkotierter Gesellschaften in den Ländern mit entwickelten Finanzmärkten auf über 50 % gestiegen. Dies gilt auch für die Schweiz.

Die Börsen ihrerseits haben fast überall ihre Vorschriften verstärkt, um Transparenz, Qualität und Häufigkeit der Rechnungslegung und Berichterstattung der kotierten Unternehmungen zu verbessern. In einigen Ländern haben aber auch Parlament und Regierung neue Gesetze erlassen, um die

Publikumsgesellschaften zu disziplinieren. Im Mittelpunkt dieser Massnahmen stehen stets die Transparenz der Berichterstattung und die Verantwortung (Accountability) der Unternehmungsorgane. Das heute wohl bekannteste und zugleich härteste Gesetz ist der amerikanische Sarbanes-Oxley Act (SOX) aus dem Jahr 2002, der sehr stark in die Führungsverantwortung der grossen börsenkotierten US-Unternehmungen eingreift. Auf die Einzelheiten dieses Gesetzeswerkes, das in den ersten Reaktionen nach seiner Inkraftsetzung als regulatorischer «Overkill» bezeichnet wurde, werden wir im Abschnitt 12.3 eingehen. SOX führte zu einer massiven Erhöhung des Verwaltungsaufwandes börsenkotierter Gesellschaften. Gestiegen sind vor allem die Honorarkosten für Wirtschaftsprüfung, für eine SOX-kompatibel ausgebaute interne Revision und die Prämien für die Haftpflichtversicherung des Verwaltungsrates und des Managements, die sogenannte D&O-Versicherung. Ihre positive Auswirkung auf die Corporate Governance und die Glaubwürdigkeit der Rechnungsabschlüsse in den USA ist aber heute unverkennbar. SOX beeinflusste auch das kürzlich revidierte schweizerische Revisionsrecht.[72]

Verstärkter Druck zur besseren Corporate Governance kommt auch von den Banken, ausgelöst durch erhöhtes Bewusstsein für Kreditrisiken und durch die geplanten Vorschriften im Projekt «Basel II» des Basler Ausschusses für Bankenaufsicht.[73] Ziel von «Basel II» ist es, die Stabilität des internationalen Finanzsystems zu erhöhen. Dabei geht es nicht nur um die Eigenkapitalvorschriften für Kreditinstitute. Mittelbar werden auch die korporativen Bankkunden – Unternehmungen – von den vorgeschlagenen Massnahmen betroffen sein, weil diese zukünftig generell einem Rating unterstellt werden, das ihre Kreditfähigkeit bzw. Bonität ausdrückt. Die Kreditvergabe der Banken erfolgt dann nach Risikogesichtspunkten. Im Rahmen solcher Ratings spielt auch die Einschätzung der Qualität der Corporate Governance der kreditnehmenden Unternehmungen eine Rolle. So lassen sich schon heute Firmen die Güte ihrer Corporate Governance als nicht finanzieller Faktor von privaten Instituten zertifizieren, um bessere Ratings zu erhalten. Zu den Kunden dieser Institutionen gehören vor allem institutionelle Investoren, welche die Ratings für ihre Anlagenentscheide verwenden.

Ein Beispiel: Die private Rating-Agentur GMI (Governance Metrics International) in New York ist spezialisiert auf die Bewertung von Unternehmungen nach Gesichtspunkten der «Accountability», d.h. der Qualität der Führung im Bereich Corporate Governance und Transparenz. Sie wird vor allem

---

72 Vgl. dazu Abschnitt 13.4: Die Schweiz zieht nach: das neue Revisionsrecht.
73 Organ der Zentralbanken der G10-Länder, 1974 ins Leben gerufen.

von institutionellen Investoren und Banken konsultiert und arbeitet mit Bloomberg zusammen. In einer kürzlichen Untersuchung stellte GMI fest, dass die Rendite der «top rated» 10 % der Unternehmungen im 3-, 5- und 10-Jahresvergleich höhere Werte erreicht als der Durchschnitt aller erfassten Unternehmungen. Gute Corporate Governance zahlt sich aus und wird deshalb zunehmend zu einem wichtigen Auswahlkriterium für Investoren und Kreditgeber[74].

Wir vertreten hier mit Nachdruck die These, dass es in unserem auf Wettbewerb beruhenden Wirtschaftssystem für alle Beteiligten besser ist, wenn der Druck zu guter Corporate Governance nicht auf gesetzlichem Weg durch Staatsintervention, sondern durch Selbstregulierung und vor allem durch die Stärkung des Einflusses der Aktionäre ausgeübt wird. Wir halten es hier mit Georges Clémenceau, der gesagt hat: «La liberté, c'est le droit de se discipliner soi-même pour n'être pas discipliné par les autres.» Trotzdem geht der Trend heute eher in Richtung verstärkter zwingender Vorschriften, auf deren Ursachen wir später noch eingehen werden.

5.2 Corporate Governance in der Schweiz

In Kontinentaleuropa hat die Diskussion über Corporate Governance, im Gegensatz zu den angelsächsischen Ländern USA und Grossbritannien, erst vor wenigen Jahren an Fahrt gewonnen. Das hat seine Gründe. Kontinentaleuropa war auch wirtschaftlich lange Zeit geprägt durch eine ständische, patriarchalische Tradition. Nur ungern verlieren Wirtschafts- und Unternehmungsführer einen Teil ihrer traditionellen Freiheit und Gestaltungskompetenz in der Führung, wie es aufgrund einengender Vorschriften und Kodizes der Fall ist. Dabei sind CEOs erfahrungsgemäss die härtesten Opponenten von Bemühungen zur Offenlegung. Sie fürchten, an Macht und Einfluss zu verlieren. Doch der Druck der Finanzmärkte und ihrer Protagonisten – Investoren, Börsen und Finanzbehörden – lassen ihnen keine Wahl. Das gute Funktionieren der Finanzmärkte und die bessere Wahrnehmung der Interessen der Aktionäre verlangen eine ausreichende Information. So sind die Transparenzvorschriften in den letzten Jahren kontinuierlich ausgebaut worden. Um behördlichen und gesetzlichen Vorschriften zuvorzukommen, entstanden in den meisten europäischen Ländern Kodizes, die im Sinn von Selbstregulierungsmassnahmen Normen für eine gute Corporate Governance aufstellen.

74   Vgl. Broger Christian, Gute Unternehmensführung wird belohnt, NZZ Nr. 247/2006.

Seit 2002 hat auch die Schweiz ein solches Selbstregulierungswerk, den Swiss Code of Best Practice for Corporate Governance (kurz Swiss Code), der sich an börsenkotierte schweizerische Gesellschaften richtet. Der Anstoss zur Schaffung des Swiss Code ging im Jahr 2000 von Peter Böckli aus, einem anerkannten Aktienrechtsexperten, der die internationale Corporate-Governance-Diskussion seit Jahren mitverfolgt. Böcklis Monumentalwerk «Schweizer Aktienrecht» enthält in der 3. Auflage (2004) auch eine umfassende Monographie der Corporate Governance. Zusammen mit Karl Hofstetter, einem Juristen mit industrieller Erfahrung und hervorragenden Kenner der aktienrechtlichen Praxis, bildete er den Kern eines Arbeitsausschusses des Dachverbandes der Schweizer Wirtschaft, Economiesuisse. Einer gesetzlichen Lösung zuvorkommend, wurde der Swiss Code per 1. Juli 2002 in Kraft gesetzt. Dazu gesellte sich zeitgleich die Corporate-Governance-Richtlinie der Schweizer Börse SWX (RLCG), die nach dem System «Comply or Explain» funktioniert und damit über blosse Empfehlungen, wie sie dem Swiss Code eigen sind, hinausreicht. Inzwischen sind die Ansprüche an die Transparenz grosser Firmen weiter gestiegen, ausgelöst durch die öffentliche Diskussion um exzessive Managergehälter und Finanzskandale, hauptsächlich in den USA, aber mit Auswirkungen auf alle wichtigen Finanzplätze. Diese Entwicklungen führten in der Schweiz zum Bundesgesetz vom 7. Oktober 2005 über «Transparenz betreffend Vergütungen an Mitglieder des Verwaltungsrates und der Geschäftsleitung» und zu einem neuen Revisionsrecht, das insbesondere auch dem Verwaltungsrat weitere Pflichten aufbürdet. Schliesslich wurde im Dezember 2005 vom Bundesrat der Vorentwurf zu einer Revision des Aktien- und Rechnungslegungsrechts veröffentlicht. Die entsprechenden Vorschläge werden in diesem Buch kommentiert und aus unserer Sicht der Corporate Governance beurteilt.

Im Swiss Code wird die Corporate Governance wie folgt definiert: «Sie ist die Gesamtheit der auf das Aktionärsinteresse ausgerichteten Grundsätze, die unter Wahrung von Entscheidungsfähigkeit und Effizienz auf der obersten Unternehmungsebene Transparenz und ein ausgewogenes Verhältnis von Führung und Kontrolle anstreben.» Die eigene Definition der Schweizer Börse SWX ist damit kompatibel; sie versteht darunter «die Gesamtheit der auf das Aktionärsinteresse ausgerichteten Grundsätze, die unter Wahrung von Entscheidungsfähigkeit und Effizienz auf der obersten Unternehmensebene Transparenz und ein ausgewogenes Verhältnis von Führung und Kontrolle anstreben».[75] Zweifellos stellt dieses Regelwerk einen bis 2002 fehlenden Bau-

---

stein zur damals dringend notwendigen Verbesserung der Corporate Governance in der Schweiz dar. Indem der Swiss Code dem Streben nach Transparenz und Qualität der Führung konkrete sachliche Ziele verleiht, straft er all jene Kreise Lügen, die Corporate Governance und Shareholder Value anfänglich als blosse Modebegriffe belächelt oder gar als Auswüchse eines übertriebenen angloamerikanischen Formalismus kritisiert hatten. Zu Beginn der 1990er-Jahre war die Philosophie einer patriarchalischen Führung, die der Forderung nach Transparenz prinzipiell kritisch gegenüberstand, in den Leitungsgremien schweizerischer Publikumsgesellschaften noch tief verankert. Das neue Regelwerk stellt in dieser Hinsicht eine eigentliche Revolution dar. Noch erstaunlicher ist die Tatsache, dass sich die Corporate Governance seit der Inkraftsetzung des Swiss Code im Jahre 2002 sprungartig verbessert zu haben scheint. Gemäss einer Studie, die auf der Basis einer Umfrage bei 300 europäischen börsenkotierten Gesellschaften gemeinsam von INSEAD und der Executive-Search-Firma Heidrick & Struggles durchgeführt wurde, belegt die Schweiz im Jahr 2005 bei der Umsetzung von Corporate-Governance-Leitlinien hinsichtlich Struktur und Zusammensetzung der Verwaltungsräte sowie Transparenz knapp hinter Grossbritannien den zweiten Platz. Zum Vergleich: 2001 hatte die Schweiz noch an neunter Stelle von insgesamt zehn untersuchten Ländern gelegen (vgl. Tabelle nächste Seite).

Die rasche Umsetzung ist zweifellos der Einführung des Swiss Code zu verdanken und stellt deren Wirksamkeit als freiwilliges Regelwerk guter Unternehmungsführung eindrücklich unter Beweis. Sein eigentliches Ziel, den politischen Tendenzen zur Reglementierung durch Gesetze den Wind aus den Segeln zu nehmen, hat der Swiss Code jedoch nur teilweise erreicht. Verantwortlich dafür sind zwei Entwicklungen, die sich in den letzten Jahren gegenseitig verstärkt haben: zum einen die zunehmende Bedeutung der institutionellen Anleger und ihrer aktivistischen Haltung gegenüber den Unternehmungsführungen, und zum andern die ungebremste Eskalation der Entschädigungen der Spitzenkräfte der Wirtschaft, die den Unwillen der Öffentlichkeit erregt und leider auch den Glauben in die herrschende liberale Wirtschaftsordnung erschüttert haben.

Es ist offensichtlich, dass die heutige Fassung des Swiss Code – entstanden als eigentliches Kompromisspapier von Wirtschafts- und Unternehmervertretern – im Licht der neuesten Entwicklungen in bestimmten Fragen weiterentwickelt und angepasst werden muss. Es entspricht der Meinung seiner Verfasser, dass er sich auf Empfehlungen beschränken soll. Böckli bemerkt dazu: «Er kann und will nicht einen Kanon allein selig machender Lösungen bringen, sondern ausgewogene und in der Praxis bewährte Gestaltungsvorschläge für die

Abbildung 9:

Länder-Rating Corporate Governance
Maximum 16 Punkte

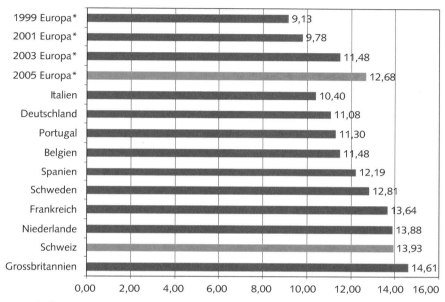

1999 Europa*	9,13
2001 Europa*	9,78
2003 Europa*	11,48
2005 Europa*	12,68
Italien	10,40
Deutschland	11,08
Portugal	11,30
Belgien	11,48
Spanien	12,19
Schweden	12,81
Frankreich	13,64
Niederlande	13,88
Schweiz	13,93
Grossbritannien	14,61

* Durchschnitt

Quelle: Heidrick & Struggles 2005

individuelle Entscheidung jedes Verwaltungsrates.» Je nach Standpunkt macht dieses Freiwilligkeitsprinzip eine Stärke oder eine Schwäche des Swiss Code aus. Seine Achillesferse könnte nämlich darin liegen, dass die gegebene Flexibilität die Unternehmungsleitungen dazu verleitet, ihren Gestaltungsfreiraum zum Nachteil der Aktionäre zu nutzen. Dass der Swiss Code in dieser Hinsicht angepasst werden muss, ergibt sich schon aus der laufenden Aktienrechtsrevision, welche die Verbesserung der Aktionärsrechte zum Ziel hat. Damit wird es nach unserer Auffassung unumgänglich, auch die bisher gültige völlig freiwillige Form des Swiss Code mit mehr «Muskeln» zu versehen. Dies könnte etwa dadurch erreicht werden, dass man sich auf verbindliche (aber immer noch freiwillige) Regeln verständigt, die in Einklang mit den bestehenden SWX-Richtlinien auf das Prinzip «Comply or Explain» abstellen. Zwar würde der Swiss Code dadurch an Flexibilität etwas verlieren, unserer Meinung nach aber an Durchsetzungskraft und Akzeptanz in der Öffentlichkeit gewinnen.

6. Corporate Governance ersetzt Vertrauen nicht

Wir haben in der Einleitung darauf hingewiesen, dass der Typus der grossen börsenkotierten Gesellschaft im Streubesitz auf dem Weg ist, in der heutigen Welt der Normalfall zu werden. Dieser Typus hat bekanntlich die Eigenart, dass Eigentum und Führung getrennt sind. Daraus ergeben sich zwei Kernprobleme der Corporate Governance, die die Beziehungen zwischen Aktionären und Verwaltungsrat einerseits und die Beziehungen zwischen Verwaltungsrat und Management anderseits dominieren.

Die Aktionäre als Eigentümer des Risikokapitals wählen einen Verwaltungsrat, der mit der Führung der Unternehmung betraut wird und das Management sowohl bestellt wie überwacht. Die Aktionäre selbst können formell nur anlässlich der Generalversammlung in limitierter Weise in die Entscheidungsprozesse eingreifen. Aus dieser Macht des Verwaltungsrates und der relativen Ohnmacht der Aktionäre ergibt sich ein Konfliktpotenzial, das durch die sogenannte Agency-Theorie dargestellt wird. Dazu gesellt sich ein zweites Spannungsfeld: Der Verwaltungsrat seinerseits, als nur periodisch tagendes Gremium, kann leicht in Abhängigkeit von der Geschäftsleitung bzw. dem CEO geraten, der permanent mit der operationellen Führung der Unternehmung betraut ist und über einen Wissensvorsprung verfügt, der ihm Macht verleiht. Aus dieser Konstellation ergibt sich weiteres Konfliktpotenzial. Wir stellen also fest, dass im dargestellten Typus der börsenkotierten Gesellschaft durch die Machtdifferenzen und das «subtile Spiel um Geld und Macht»[76] das Misstrauen quasi institutionalisiert ist.

Corporate-Governance-Regelwerke versuchen, das vorhandene Konfliktpotenzial abzubauen, Misstrauen zu beseitigen und gute Führung sicherzustellen. Solche Regelwerke enthalten deshalb Leitlinien für das Verhalten der Führungsspitze, Strukturempfehlungen für die Arbeit des Verwaltungsrates und Richtlinien für die Transparenz. In allen Ländern, die über entwickelte Finanzmärkte verfügen, existieren heute Kodizes der «Best Practice» in Corporate Governance. Aus der Praxis ist aber leicht ersichtlich, dass Corporate Governance allein nicht genügt, um gute Zusammenarbeit der Führungsgremien zu gewährleisten. Vertrauenslücken in der Führungsarbeit können auch die beste Corporate Governance zunichte machen.

---

76 Schiltknecht Kurt, Corporate Governance, Verlag Neue Zürcher Zeitung, 2004.

Zwar können Konflikte und Probleme in der Führung durch klare Verhaltensregeln, durch Offenheit und Transparenz und durch Austarieren der Interessengegensätze im rationalen Dialog vermindert werden. Immer aber bleibt eine Wissenslücke, weil Informationssymmetrie und damit vollständige Übereinstimmung des Wissens auf beiden Seiten nicht möglich ist. Und immer bleibt ein letzter Rest potenzieller Macht- und Meinungsgegensätze übrig, die sich dem rationalen Dialog entziehen und Anlass zu Frustration und Misstrauen geben können. Bei der Schliessung dieser beiden natürlichen Unvollkommenheiten im Meinungsaustausch – Wissenslücke und Verständigungslücke – spielt das Vertrauen als emotionale Ressource eine entscheidende Rolle.[77] Es ist der Kitt, der dort verbindet, wo kognitive und rationale Überlegungen versagen, wo Entscheidungen getroffen werden müssen, die wegen ihrer Komplexität Black-Box-Charakter haben, und wo man dem besser informierten oder in der Sache kompetenteren Partner Glauben schenken muss, weil die eigene Einsicht und Kenntnis nicht ausreicht. Stephan Grüninger sagt zum «Black Box»-Problem: «Der Punkt ist, dass wir alle uns auf die kompetente und verantwortungsbewusste Ausführung einer Vielzahl von miteinander verbundenen Handlungen verlassen, ja verlassen müssen, weil wir sie nicht – oder nur zu prohibitiven Kosten – kontrollieren können.»[78] Fehlt Vertrauen, steigen die Kontrollkosten ins Unermessliche, sind immer wieder aufflammende Konflikte vorprogrammiert und ist eine wirkungsvolle Zusammenarbeit der Organe in der Führung der Unternehmung gefährdet. Und bezüglich Effizienz und Effektivität der Arbeit eines Führungsgremiums wie Verwaltungsrat und Geschäftsleitung bestätigt Coleman unsere eigene Erfahrung: «Eine Gruppe, deren Mitglieder vertrauenswürdig sind und sich gegenseitig stark vertrauen, wird sehr viel mehr erreichen können als eine vergleichbare Gruppe, der diese Vertrauenswürdigkeit und das Vertrauen fehlt.»[79]

Wie wird im Kontext der Corporate Governance bei den beteiligten Protagonisten Vertrauen geschaffen, um die trotz angestrebter Transparenz und Information noch vorhandene Wissens- und Verständigungslücke zu schliessen? Die Beantwortung dieser Frage ist eng verbunden mit den Charakter-

---

77   Fukuyama definiert Vertrauen wie folgt: «Vertrauen bezeichnet die innerhalb einer Gesellschaft entstehende Erwartung eines ehrlichen und den Regeln entsprechenden Verhaltens, basierend auf gemeinsamen Normen, die von allen Mitgliedern der Gemeinschaft respektiert werden» (vgl. Fukuyama Francis, Konfuzius und Marktwirtschaft: Der Konflikt der Kulturen, Kindler Verlag, 1995, S. 43).

78   Grüninger Stephan, Vertrauensmanagement: Kooperation, Moral und Governance, Metropolis Verlag, Marburg 2001.

79   Coleman S. James, Grundlagen der Sozialtheorie, Band I: Handlungen und Handlungssysteme, R. Oldenbourg Verlag München Wien 1995.

eigenschaften und Verhaltensmustern der Individuen, die am Führungs- und Überwachungsprozess einer Unternehmung beteiligt sind. Einem neuen Partner geht zunächst seine Reputation voraus, die Erwartungen weckt. Mit fortschreitender Zusammenarbeit und persönlichem Kontakt werden diese Erwartungen getestet, bildet sich jeder ein Urteil über Zuverlässigkeit und Berechenbarkeit – eine wichtige Komponente des Vertrauens – bezüglich Aktion, Reaktion und ganz allgemein Verhaltensweise des Beziehungspartners in bestimmten Situationen. Zu dieser Komponente der Erfahrung und Perzeption kommt die emotionale Komponente: Ist der Partner sympathisch, mag ich ihn, verdient er mein Wohlwollen? Und schliesslich gibt es auch noch die Kompetenzkomponente: Vertrauen lebt auch von der Gewissheit oder doch Wahrscheinlichkeit, dass der Partner kompetent, intellektuell und fachlich valabel ist. Der Vertrauensbildungsprozess beginnt im Allgemeinen mit Zurückhaltung und das Vertrauensverhältnis nimmt im Zeitverlauf mit steigendem Kontakt und steigender Erfahrung im Umgang mit dem Partner zu, wenn Zuverlässigkeit, Berechenbarkeit und Kompetenz erhärtet werden, oder ab, wenn Zweifel daran überhand nehmen.

Aus diesen Überlegungen lässt sich eine wichtige Schlussfolgerung für gute Corporate Governance ableiten, nämlich die Einsicht, dass der Selektionsprozess für die Wahl eines VR- oder GL-Mitglieds mehr als bisher vertrauensbildende charakterliche Eigenschaften berücksichtigen sollte. Ehrlichkeit, Offenheit, Dialog- und Konfliktfähigkeit, intellektuelle Unbestechlichkeit und Verantwortungsbewusstsein sind wichtige Voraussetzungen für Vertrauensbildung und damit für Teamarbeit. Der Verwaltungsrat ist hier gefordert. Er muss tiefer schürfen, forschen und hinterfragen als bisher, um bei den Kandidaten solche Eigenschaften zu entdecken.

Kontrolle und Überwachung sind wichtige Begriffe in der Corporate Governance. Ist Kontrolle ein Ausdruck des Misstrauens? Der eine sagt: Vertrauen ist gut, Kontrolle ist besser. Der andere meint: Kontrolle ist gut, Vertrauen ist besser. Keiner hat recht. Es braucht nämlich beides.

Kontrolle ist ein fachtechnischer Vorgang im Ablauf von Führungsprozessen. Die betriebswirtschaftliche Sequenz lautet: Analyse – Entscheid – Planung – Umsetzung – Kontrolle. Kontrollieren ist notwendig. Ein Verwaltungsrat oder ein Manager, der nicht kontrolliert, ist unprofessionell und verletzt seine Sorgfaltspflicht. Der scheinbare Gegensatz zwischen Vertrauen und Kontrolle wird gelöst, wenn wir die Kontrolle eben als eine technische Kategorie, das Vertrauen als eine emotional gesteuerte Kategorie betrachten. Kontrolle heisst also nicht Misstrauen, sondern Professionalität. Sie ist, wie Vertrauen, eine positive Kraft. Kontrolle, die im Ist-Soll-Vergleich einwandfreie Prozesse und gute Umsetzung feststellt, führt im Zeitverlauf zu einer Stärkung des Vertrauens: Kontrolle wird so zu einem Instrument der Vertrauensbildung. Sie hat aber ihre Limiten. Vieles lässt sich nicht kontrollieren und muss durch Vertrauen «pur» ersetzt werden, wie wir zu zeigen versuchten.

Die externen Spannungsfelder der Corporate Governance betreffen das Verhältnis der Unternehmung zur Öffentlichkeit und ihren Kunden und das Verhältnis der Wirtschaft zur Öffentlichkeit. Hier geht es um die Bildung von kollektivem Vertrauen. In beiden Fällen sind die hauptsächlichen Mittel der Vertrauensbildung Offenheit und Transparenz sowie ein ethisch-moralisches Verhalten der Führungsorgane, das von der Öffentlichkeit positiv wahrgenommen und gebilligt wird.

Was die Unternehmungen anbetrifft, so versuchen sie durch die Strategie der Corporate Social Responsibility das kollektive Vertrauen des Marktes und der Zivilgesellschaft in sie zu wecken und zu halten und ihre Reputation zu mehren. Die wettbewerbsmässigen Anforderungen der Globalisierung erschweren diese Aufgabe. Das Vertrauen in die Führung ist gefährdet, wenn beispielsweise auf der einen Seite Milliardengewinne gemacht, auf der andern Seite aber durch Restrukturierung bzw. Rationalisierung Arbeitsplätze abgebaut werden. Bis heute ist es nicht gelungen, den Mann von der Strasse, manchmal sogar die eigenen Mitarbeitenden, davon zu überzeugen, dass «schöpferische Zerstörung» (Schumpeter) die Voraussetzung für nachhaltige Arbeitsplätze, Wachstum und Wohlstand ist, also eine betriebswirtschaftliche Notwendigkeit. Strukturelle Veränderung und Anpassung ist heute, getrieben von der Globalisierung, eine Erfolgsvoraussetzung.

Mangelndes Vertrauen der Öffentlichkeit existiert auch in der Beziehung zur Wirtschaft. Das hat damit zu tun, dass im Rahmen der liberalen Wirtschaftsordnung viele Unternehmungsleitungen ihren Freiraum ungebührlich ausnutzen – wir erwähnen nur die exzessiven Managerlöhne – und dass es durch Täuschung von Investoren zu Bilanzfälschungen grossen Ausmasses gekommen ist und noch weiterhin kommen kann. Hier ist eine Vertrauenslücke entstanden, welche die Reputation des liberalen Modells enorm geschwächt hat. Die Wiederherstellung der angeschlagenen Glaubwürdigkeit dieses Modells kann nur dadurch erfolgen, dass Unternehmungsführer in Zukunft ihre ethisch-moralische Verantwortung besser wahrnehmen als in der Vergangenheit. Dies unterstreicht einmal mehr die Wichtigkeit des Selektionsprozesses in der Unternehmung: Aus Verwaltungsräten und CEOs werden schliesslich die Wirtschaftsführer rekrutiert.

Im gesellschaftlichen und politischen Kontext ist Vertrauen in die Wirtschaft noch in anderer Weise von entscheidender Bedeutung: Mangelndes Vertrauen in die sozio-ökologische Fairness und in die Transparenz der liberalen Marktwirtschaft führt über kurz oder lang zu einer zunehmenden Regelungsdichte durch neue Gesetze und Vorschriften. Regulierungen aber engen ein, beeinträchtigen Fortschritt, Innovation, Produktivität und Effizienz der Unternehmungen. Wohlstandsverluste infolge hoher bürokratischer Kosten und mangelnder Flexibilität in der Bemühung, im permanenten globalen Wandel die Wettbewerbsfähigkeit der Wirtschaft zu erhalten, sind die unweigerlichen Folgen. Deshalb hat die Wirtschaft ein eminentes Interesse daran, durch Selbstregulierung im Sinn von «Standard-Setting» und Selbstkontrolle als rechtzeitige und offensive Massnahme behördlichen Regelungen zuvorzukommen. Voraussetzung dazu ist allerdings die Einsicht der Wirtschaftsverbände und Unternehmungsführer, lange gehegte Entscheidungsfreiräume, die im neuen Verständnis von Politik und Gesellschaft nicht mehr unangefochten sind, rechtzeitig aufzugeben bzw. zu regeln. Beispiel dafür ist der Swiss Code. Nicht immer gelingt aber das Vorhaben. Es genügt ein einziges «schwarzes Schaf», um die Wirkung einer Selbstregulierung zu zerstören. Es ist eine bekannte Tatsache, dass auch dann, wenn es sich um einen Einzelfall handelt, Öffentlichkeit, Medien und Politiker sich unverzüglich dazu veranlasst sehen, nach neuen Gesetzen und Vorschriften zu rufen. Das ist einer der Gründe, warum die Selbstregulierung als Methode der Stärkung der Verantwortlichkeit in der Wirtschaft ständig an Terrain verliert.[80] Nochmals muss hier darauf hingewiesen werden, dass nur ethisch-moralische Verantwortung in der Unternehmungsführung geeignet ist, Selbstkontrolle wirksam werden zu lassen.

---

80   Vgl. dazu Kunz Peter, Corporate-Governance-Tendenz von Selbstregulierung zur Regulierung, in Festschrift für Peter Böckli, Schulthess Verlag, 2006.

7. Die Wahrung der Mitwirkungsrechte der Aktionäre

7.1 Die Aktionäre als «Primärberechtigte und Letztentscheidungsträger»

Bei der Corporate Governance geht es in erster Linie – immer im Rahmen der bestehenden Gesetze und Verordnungen – um die Ausgestaltung der Einfluss- und Kontrollmöglichkeiten der Aktionäre, die der Unternehmung Risikokapital zur Verfügung stellen, selbst aber nicht in deren Leitungsgremien – Verwaltungsrat und Geschäftsleitung – direkten Einfluss ausüben können (vgl. auch die Agency-Theorie). Die Ausübung ihrer Rechte geschieht formell in der Generalversammlung. Ihre Eigenschaft als Eigner der Unternehmung legitimiert die Aktionäre aber zur aktiven Mitwirkung an der Gestaltung des Schicksals der Unternehmung. Der Swiss Code bestätigt denn auch ihre Vormachtstellung und sagt: «Den Aktionären steht als Kapitalanlegern die letzte Entscheidung in der Gesellschaft zu.» Und Hofstetter bezeichnet sie sogar ausdrücklich als «Primärberechtigte und Letztentscheidungsträger» der Aktiengesellschaft und unterstreicht damit ihre überragende Bedeutung im Machtdreieck Aktionäre – Verwaltungsrat – Geschäftsleitung. Ihre Mitwirkungsrechte sind deshalb von zentraler Bedeutung. Die Frage stellt sich, ob sie in der Praxis heute ihren Einfluss auch wirklich entscheidend geltend machen können.

Eine nüchterne Analyse gelangt zum Schluss, dass sich der Wille der Aktionäre – als Kollektiv betrachtet – unter den heute gültigen praktischen und gesetzlichen Rahmenbedingungen selten nachhaltig manifestieren, geschweige denn an der Generalversammlung durchsetzen kann. Es fehlt ein «Level Playing Field»; einzelne Aktionärsgruppen werden durch die heutigen Regeln und Usanzen privilegiert, was Partikulärinteressen zum Nachteil der Gesamtheit der Aktionäre zum Durchbruch verhilft. Macht und Einfluss des Verwaltungsrates und des Managements sind trotz der Kodizes und neuer zwingender Transparenz-Vorschriften ungebrochen, und die Aktionäre kommen nach wie vor erst an zweiter Stelle; man könnte hier bezüglich der Verfügungsgewalt über das Vermögen sogar von einer Art «Expropriation» der Eigentümer sprechen.

Es darf nicht übersehen werden, dass zu dieser Situation die Aktionäre selbst in hohem Mass beitragen. Durch ihre Passivität bezüglich der Ausübung ihrer Stimmrechte – eine Haltung, welche auch als «Indolenz»[81] oder «ratio-

---

81 Indolenz (Fachausdruck) = Trägheit, Gleichgültigkeit, Unempfindlichkeit.

nale Apathie» bezeichnet wird – verhindern sie, dass die Generalversammlung die ihr vom Gesetzgeber zugedachte Willensbildungs- und Aufsichtsfunktion überhaupt wahrnehmen kann. Dieses Phänomen, dem wir bei der Frage der Aktivierung der Aktionärsinteressen noch nachgehen werden, ist auch von der Wissenschaft als ein Kernproblem der Aktionärsdemokratie klar erkannt und eingehend untersucht worden.[82] Spillmann spricht in diesem Zusammenhang sogar von einer «notorischen Dysfunktionalität der Publikumsgesellschaft» als Ergebnis des Zusammenwirkens von ökonomischen und rechtlichen System-mängeln.[83] Als Fazit ergibt sich daraus, dass Macht und Einfluss der Agents, d. h. des Verwaltungsrates und des Managements, in der Publikumsgesell-schaft mit Streubesitz in erheblichem Mass zunimmt und sich die Möglichkeit von Interessenkonflikten zwischen Aktionariat und Verwaltung verstärkt.

Diese seit einiger Zeit bekannte Situationsanalyse ist auch einer der Grün-de, warum eine Teilrevision des Aktienrechts mit dem Hauptziel einer Stär-kung der Aktionärsrechte ins Auge gefasst wurde. Nach vorbereitenden Arbei-ten der vom Bundesrat eingesetzten Arbeitsgruppe «Corporate Governance» zur Teilrevision des Aktienrechtes[84] liegt nun seit Dezember 2005 ein Vorent-wurf zur Revision des Aktienrechts auf dem Tisch.[85] Dieser Vorentwurf hono-riert nur einen Teil der Vorschläge der Arbeitsgruppe und weist nicht unbe-denkliche Mängel auf, stellt aber eine zielführende Grundlage für die weiteren Diskussionen dar, wie sie im Vernehmlassungsverfahren und später in den parlamentarischen Verhandlungen stattfinden werden.

Unser Modell ist dasjenige einer vollkommenen Aktionärsdemokratie, in der die Stimmrechte proportional zum Kapitaleinsatz ohne Einschränkungen ausgeübt werden können und die Stimmenpräsenz in der Generalversamm-lung, als wichtigste Institution der Mitwirkung und des Einflusses der Aktio-näre als Eigner der Unternehmung, zu 100 % erreichbar sein soll. Ein Ideal-bild, gewiss, und deshalb auch nie vollständig realisierbar. Aber doch ein Leitbild, an dem sich Recht, Kodizes und Usanz unseres Erachtens so weit als immer möglich annähern sollten. Neben der Gesetzgebung, die in der Regel bewahrend und selten proaktiv in Erscheinung tritt, stellt eine funktionie-rende Aktionärsdemokratie die einzige Möglichkeit dar, um die Machtbefug-

---

82 Spillmann Till, Institutionelle Investoren im Recht der (echten) Publikumsgesellschaften, Schul-thess 2004; und Ruffner Markus, Die ökonomischen Grundlagen eines Rechts der Publikums-gesellschaft, Schulthess 2000.

83 Spillmann Till, a. a. O., S. 297.

84 Böckli Peter, Huguenin Claire, Dessemontet François, Expertenbericht der Arbeitsgruppe «Cor-porate Governance» zur Teilrevision des Aktienrechtes, Schulthess 21, 2004.

85 Begleitbericht zum Vorentwurf zur Revision des Aktien- und Rechnungslegungsrechts im Obliga-tionenrecht, 2. Dezember 2005.

nisse von Verwaltungsrat und Geschäftsleitung einer wirksamen Kontrolle zu unterwerfen.

Es gibt sechs klar erkennbare stimmrechtsbezogene Hindernisse, die den Einfluss der Aktionäre grundsätzlich hemmen. Die Problemkreise heissen: Stimmrechtsaktien, Stimmrechtsbeschränkungen, Dispo-Aktien, Stimmrechtsvertretung, Konzept der physischen Präsenz der Aktionäre an der Generalversammlung und zu hohe Hürden zur Ausübung des Einberufungs- und Traktandierungsrechtes. Sie gilt es abzubauen als effektives Mittel, die Führungsgremien der Unternehmungen besser in die Pflicht zu nehmen. Diese Probleme können wirksam nur durch Änderungen im Aktienrecht gelöst werden. Im Grundsatz teilen wir zwar die Auffassung, dass nur zwingend reglementiert werden soll, was nicht auf dem Weg der Selbstregulierung erreichbar ist (Prinzip der Gestaltungsfreiheit). Bei den erwähnten Problemkreisen aber muss der Gesetzgeber eingreifen. Dabei gilt es auch, das Indolenzproblem der Aktionäre durch geeignete Dispositionen zu minimieren.

7.2 Indolenz der Aktionäre als systemische Knacknuss

Wenn wir die gesetzlichen oder organisatorischen Massnahmen betrachten, die wir als notwendig erachten, um die Mitwirkungs- und Aufsichtsrechte des Aktionariates zu stärken, so spielt im Zusammenhang damit stets auch das Phänomen der Indolenz der Aktionäre eine Rolle; es durchdringt als Systemproblem alle Aspekte der Aktionärsdemokratie und beeinträchtigt die vom Gesetzgeber gewollte Funktion der Generalversammlung. Nach Spillmann stellte sich der Gesetzgeber vor, dass «die GV im System der Publikumsgesellschaft Willensbildungs- und Kontrollorgan ist. Dies setzt voraus, dass sich die einzelnen Aktionäre zumindest minimal über die Angelegenheiten der Gesellschaft ins Bild setzen und in der Folge ihren Willen zu den anstehenden Traktanden bilden und dementsprechend ihre Stimmrechte wahrnehmen».[86] Die Realität wird diesem Idealbild jedoch nicht gerecht. Die Abweichung davon ist nicht nur das Ergebnis gesetzlicher Mängel, sondern auch der emotional und ökonomisch verankerten Passivität der Aktionäre. Wir müssen deshalb als Einleitung zu unseren weiteren Überlegungen auf die Indolenz der Aktionäre und ihre Ursachen näher eintreten.

Die Haltung vieler Aktionäre ist – bewusst oder unterschwellig – eine opportunistische. Ihr Verhalten gleicht dem von Trittbrettfahrern, die sich auf andere, aktivere Aktionäre verlassen. Ruffner nennt diese Haltung in Anleh-

---

86 Spillmann Till, a. a. O., S. 163.

nung an andere Autoren «rationale Apathie» und erklärt sie wie folgt: «Für einzelne Aktionäre ist es rational, die Kosten für die Ausübung des Stimmrechtes selbst bei Generalversammlungsbeschlüssen mit weitreichenden finanziellen Konsequenzen möglichst tief zu halten und allenfalls von anderen aktiven Aktionären zu profitieren.» Und weiter: «Der Verkauf der Aktien stellt für enttäuschte Publikumsaktionäre im Vergleich zur Ausübung des Stimmrechts und einem informierten Aktionärsentscheid in der Regel vielfach die einfachere und sinnvollere Lösung dar.»[87] Auch Spillmann hat das Problem der Indolenz und ihrer Gründe umfassend untersucht und vermutet, dass gewisse gesetzliche Institute, wie beispielsweise die institutionelle Stimmrechtsvertretung, der Indolenz der Aktionäre sogar Vorschub leisten. Diese Meinung kann durchaus vertreten werden, denn dadurch kann sich der Aktionär durch einfache Vollmachterteilung ohne genaue Stimminstruktionen seiner «Pflicht» zur Stimmabgabe leicht und bequem entledigen; damit wird der Sache der Aktionäre kein Dienst geleistet, weil eine ausdrückliche Willenserklärung zu den einzelnen Traktanden eben fehlt. Ähnliches ist auch zur Frage der Inhaberaktie zu sagen, die nach unserer Auffassung ebenfalls der Indolenz der Aktionäre entgegenkommt. Ihr Charakter als Inhaberpapier lässt eine starke Bindung an den Eigentümer vermissen.

Die Indolenz der Aktionäre ist nicht nur eine dem Konzept und der Realisierung einer vom Gesetzgeber gewollten Aktionärsdemokratie abträgliche Erscheinung, die der Willensbildungs- und Aufsichtsfunktion der Generalversammlung zuwider läuft, sondern auch praktisch relevant, weil sie das Erreichen rechtlich vorgeschriebener Quoren verunmöglichen kann. Wir werden aus all diesen Gründen im Folgenden immer wieder auf den Aspekt der Bekämpfung der Indolenz zurückkommen müssen.

7.3 Das Prinzip «One Share – One Vote»

Zunächst zum Problem der Stimmrechtsaktien. Die Willensbildung der Aktionäre und ihre Durchsetzung geschieht in der Generalversammlung. Deshalb bestimmt der Swiss Code, die Ausübung der Mitwirkungsrechte in der Generalversammlung sei den Aktionären zu gewährleisten und wo immer möglich zu erleichtern. Spezifisch sagt er: «In der Generalversammlung soll der Wille der Mehrheit unverfälscht zum Ausdruck kommen», unterlässt es aber, mehr als nur formelle Erfordernisse aufzuzählen. Materiell kann aber ein

---

87   Ruffner Markus, Die ökonomischen Grundlagen eines Rechts der Publikumsgesellschaft, Schulthess Verlag, 2000, S. 176.

solcher «Wille der Mehrheit» echt nur entstehen, wenn die Aktionärsstimmen proportional zur Kapitalbeteiligung und damit zum Risiko ausgeübt werden können. Daraus ergibt sich das Erfordernis «One Share – One Vote». Die sogenannten Stimmrechtsaktien wären deshalb abzuschaffen und Einheitsaktien müssten die Regel werden. In der Praxis ist dieser Trend heute unverkennbar, insbesondere auch deshalb, weil Stimmrechtsaktien – die meist zur Ausübung der effektiven Kontrolle von Gesellschaften durch Familien oder Aktionärsgruppen ohne Kapitalmehrheit eingesetzt werden – die Einflussnahme der Publikumsaktionäre sowie die Liquidität des Aktienhandels reduzieren und letztlich den Kurs belasten können. Die Inhaber von nicht stimmrechtsprivilegierten Aktien werden damit zu Aktionären «zweiter Klasse», was zu verwerfen ist. Als Hauptargument bleibt, dass der Wille der Mehrheit der Aktionäre nicht «unverfälscht» zum Ausdruck kommen kann. Stimmrechtsaktien sind aus den oben erwähnten Gründen mit guter Corporate Governance nicht vereinbar. Diese Auffassung wird heute vom Kapitalmarkt geteilt. Institutionelle Investoren und Medien üben hier einen erheblichen Druck im Hinblick auf die generelle Einführung der Einheitsaktie aus. Dies ist neben dem Prinzip der Gestaltungsfreiheit das Hauptargument der Arbeitsgruppe «Corporate Governance» für die Teilrevision des Aktienrechtes, auf eine gesetzliche Vorschrift in dieser Materie zu verzichten.[88] Wir dagegen betrachten ihre gesetzliche Abschaffung angesichts ihrer Bedeutung für eine echte Willensbildung im Aktionariat als unerlässlich.

In der Schweiz haben in den letzten Jahren drei SMI-Gesellschaften, die aufgrund ihrer historischen Entwicklung bis dahin als Familiengesellschaften bezeichnet werden konnten, die Einheitsaktie eingeführt (Holcim, SGS, Bank Bär). Weitere SMI- und SPI-Gesellschaften werden zweifellos folgen. Ohne Einheitsaktie ist auch die Beschaffung von wachstumsnotwendigem zusätzlichem Risikokapital schwieriger geworden.[89] Denn Aktionärsgruppen – seien es Familien oder Aktionärspools –, die eine Publikumsgesellschaft nur aufgrund ihrer Stimmenmehrheit ausüben und das finanzielle Risiko auf die übrigen Aktionäre abwälzen, geniessen heute einen immer kleineren Goodwill.

Die nachfolgende Grafik zeigt die Verbreitung des Prinzips «One Share – One Vote» bei europäischen börsenkotierten Gesellschaften im Jahr 2004. Mit

---

88 Expertenbericht der Arbeitsgruppe «Corporate Governance» zur Teilrevision des Aktienrechtes, Schulthess Verlag, 2004, S. 154 ff.

89 Der Verwaltungsratspräsident der Bank Bär, Raymond Bär, vergleicht die Einführung der Einheitsaktie mit einem «Schritt in die Freiheit». Es sei schwierig, ein börsenkotiertes Familienunternehmen in Harmonie zu führen. Die bisherige Stimmenmehrheit bei (nur) 18 % Kapitaleinsatz könnte potenzielle Investoren abschrecken, falls man einmal den Kapitalmarkt beanspruchen möchte (NZZ Nr. 74, 31.03.05). Unsere Überlegungen werden damit bestätigt.

59 % liegt dabei die Schweiz 2004 im unteren Mittelfeld. Bedeutende Gesellschaften mit Stimmrechtsaktien sind Kudelski, Swatch, Serono, Sika und Roche (stimmrechtslose Genussscheine). Sie alle gehören im weitesten Sinn der Gruppe der Familiengesellschaften an.

Abbildung 10:

Unternehmen, die das Prinzip «Eine Aktie – eine Stimme» befolgen

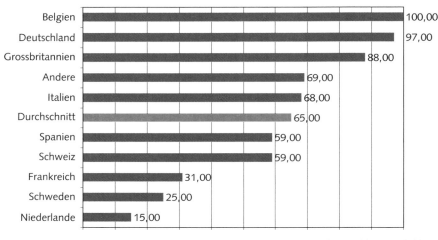

Quelle : Deminor/Association of British Insurers, Stand 2004/NZZ

7.4 Die Inhaberaktie – ein Auslaufmodell

Die Frage, wem die Zukunft gehört, der Inhaberaktie oder der Namenaktie, ist rasch beantwortet. Der Trend geht heute auch in der Schweiz eindeutig in die Richtung der Namenaktie, womit sich immer häufiger das angloamerikanische Konzept durchsetzt. Diese Entwicklung liegt weniger in einer fundamentalen Ablehnung der Inhaberaktie begründet, sondern ist vielmehr das Ergebnis der Erfordernisse einer guten Corporate Governance, die der Identität des Aktionärs und der Kommunikation zwischen Aktionariat und Unternehmung einen hohen Stellenwert einräumt und eine Kultur der Transparenz und der «Disclosure» verlangt. Der Dialog mit den Aktionären auch ausserhalb der Generalversammlung, wie er heute immer häufiger stattfindet, ist nur so möglich. Im Licht dieser Entwicklung bietet die Namenaktie unbestreitbare Vorteile.

Der Inhaberaktionär bleibt für seine Gesellschaft generell ein Unbekannter. Er erhält auf direktem Weg keine Jahres- und Zwischenberichte und auch keine persönliche Einladung zur Generalversammlung von der Gesellschaft selbst. Er muss sich anhand des Internets, durch Medienmitteilungen und Inserate und durch Vermittlung seiner Bank informieren; das von der Gesellschaft für ihre Aktionäre vorbereitete Informationsmaterial hat er speziell anzufordern, was von ihm einen persönlichen Effort verlangt. Diese Sachlage ist dem Interesse des Aktionärs an der Gesellschaft nicht förderlich und erhöht jedenfalls seine Indolenzneigung. Die Stimmbeteiligung in der Generalversammlung wird dadurch negativ beeinflusst.

Will man zudem die Generalversammlung modernisieren und beispielsweise in Richtung des amerikanischen Proxy-Modells ausbauen, so ist nur die Namenaktie dazu geeignet. Eine solche Modernisierung erfordert die frühe und rechtzeitige Zustellung des Stimmmaterials an alle Aktionäre, sodass die Meinungsbildung im Vorfeld zur Generalversammlung stattfinden kann. Dies setzt bei der Gesellschaft die Kenntnis der Adressaten voraus, also den Eintrag im Aktienbuch. Dass die Lösung des Dispoaktien-Problems und ein einfacheres Eintragungssystem für Namenaktien weitere Voraussetzungen sind, versteht sich von selbst. Dies ist durch gesetzgeberische Massnahmen relativ leicht zu lösen.[90]

Aus diesen Gründen unterstützen wir die im Vorentwurf zur Revision des Aktienrechts vorgeschlagene Abschaffung der Inhaberaktie. Ihre leichtere Handelbarkeit, ursprünglich eines der wichtigsten Argumente für ihre Einführung, hat heute im Zeitalter der Informationstechnologie und Entmaterialisierung der Aktie als physisches Gut ihre Bedeutung verloren. Entscheidend zugenommen hat dagegen die Bedeutung von Kommunikation und Information. Eine funktionierende Aktionärsdemokratie verlangt von der Gesellschaft die Kenntnis ihrer Eigentümer, um sie über die Vorgänge in ihrem Investitionsobjekt im Bild zu halten und mit ihnen auch ausserhalb der Generalversammlung einen Dialog führen zu können. Es wird heute zunehmend erkannt, dass die Pflege der Beziehungen zu den Aktionären sich lohnt und dazu beiträgt, die Grundlagen für einen «fairen» Aktienpreis zu schaffen, der dem wirklichen Wert der Unternehmung nahekommt.

Die Frage, ob die Namenaktie einen Beitrag zur Bekämpfung der Geldwäscherei und des Terrorismus leisten könnte, wie dies in der öffentlichen Diskussion oft zum Ausdruck kommt, betrachten wir als Argument als nicht relevant für die Abschaffung der Inhaberaktie. Wenn dies zutreffen sollte, wäre es

---

90   Vgl. dazu die Ausführungen zum Problem der Dispo-Aktien.

ein willkommener Zusatzeffekt, aber mehr nicht. Die heutigen strengen Gesetze und Vorschriften zur Vermeidung von Geldwäscherei erfassen auch die Inhaberaktionäre. Die Praxis in den Banken lässt in dieser Beziehung keine Hintertüren mehr offen.

Der Widerstand der Wirtschaftsverbände gegen eine Abschaffung der Inhaberaktie ist vor allem in deren starken Verbreitung begründet. Das Aktienkapital von nahezu 30 000 schweizerischen Gesellschaften besteht aus Inhaberaktien. Dies ist kein sachlich begründetes Argument für ihre Aufrechterhaltung. Als unerlässlich betrachten wir aus den erwähnten Gründen die Namenaktien als einziges Beteiligungspapier für börsenkotierte Gesellschaften. Es wäre für uns denkbar, dass für nicht kotierte Gesellschaften die Inhaberaktie weiterhin zugelassen würde. Alternativ könnte durch eine relativ lange Übergangszeit für die Konversion der Inhaber- in Namenaktien – z. B. fünf Jahre – der Übergang erleichtert werden.

7.5 Stimmrechtsbeschränkungen: Instrumente der Machterhaltung

Ein zweites Hindernis zur adäquaten Ausübung der Stimmrechte in der Generalversammlung sind die statutarisch verordneten Stimmrechtsbeschränkungen (sog. Vinkulierungen). Im Gegensatz zu den Stimmrechtsaktien, die Inhaber von nicht stimmrechtsprivilegierten Aktien – meist Kleinanleger – zu Aktionären zweiter Klasse stempeln, werden durch statutarische Eintragungs- und Stimmrechtsbeschränkungen auch grosse Aktionäre diskriminiert. Das Prinzip «One Share – One Vote» wird auch hier verletzt. Zudem dienen solche Beschränkungen nicht dem Aktionariat, sondern eher der Machterhaltung von Verwaltungsrat und Management, die damit den Einfluss des Aktionariats begrenzen und Übernahmen durch fremde Gruppen erschweren wollen. Die Begründung, es handle sich dabei um einen Minderheitenschutz, hat wenig Überzeugungskraft.[91] Im Zeitalter globaler Kapitalmärkte machen solche Bestimmungen keinen Sinn mehr, weil sie potenziell den Aktionärrechten und -erwartungen schaden: Sie schützen die Agents gegen geballte Initiativen

---

91 Unseren Ausführungen liegt bekanntlich das Modell einer Publikumsgesellschaft im Streubesitz bzw. mit «atomisiertem» Aktionariat zugrunde. Hier kann Minderheitenschutz durch Vinkulierung oder Stimmrechtsbeschränkungen für die Aktionärsdemokratie kontraproduktiv sein. Spillmann führt dazu aus: «In der echten Publikumsgesellschaft steht nicht der Schutz vor anderen Aktionären im Vordergrund, sondern der Schutz vor der Verwaltungsmacht des Managements, der Aktionärsschutz. Ja, ein falsch ausgerichteter Minderheitenschutz, nämlich im Sinne eines Schutzes vor Mehrheitsmacht, vergrössert in der AG mit atomisiertem Aktionariat den diskretionären Spielraum des Managements bzw. die konstatierte Machtkonzentration zulasten der Aktionäre und schädigt das gesamte Aktionariat.» Vgl. Spillmann Till, a. a. O., S. 203/204.

unzufriedener Aktionäre, und sie hemmen künstlich den Wettbewerb im Markt der Firmenübernahmen und drücken damit auf die Preisbildung im Aktienmarkt. Wichtige Schweizer Gesellschaften mit Stimmrechtsbeschränkungen sind Ciba, Nestlé, Novartis, Sika, Swatch und Swisscom (Stand anfangs 2005). Auch in der Frage der Abschaffung von statutarischen Stimmrechtsbeschränkungen besteht ein Druck des Marktes und der Medien, den die Arbeitsgruppe «Corporate Governance» zur Teilrevision des Aktienrechtes als für hoch genug hält, um auf gesetzliche Vorschriften zu verzichten.[92] Eine Umfrage von Nestlé bei ihren Aktionären hat ergeben, dass eine überwiegende Zahl von ihnen keine Stimmrechtsbeschränkungen und auch keine Präsenz-Quoren oder qualifizierte Mehrheiten für bestimmte Statutenänderungen mehr wünscht[93]. Das scheint die Meinung der Arbeitsgruppe, wonach der Druck des Marktes zu wirken beginnt, zu bestätigen. Im Blick auf die angestrebte Verbesserung der Aktionärsrechte erscheint es aber fairer, auch hier gesetzlich klare Verhältnisse zu schaffen, indem Vinkulierungen und Stimmrechtsbeschränkungen generell untersagt werden.

Im Zusammenhang mit dem Problem der Machterhaltung der Führungsorgane ist auch die Angebotspflicht beim Erwerb von kotierten Aktien zu erwähnen. Das Börsenrecht sieht in diesem Zusammenhang einen relativ niedrigen Schwellenwert von 33 1/3 % der gesamten Stimmrechte des Aktienkapitals vor. Wird dieser Wert überschritten, ist der Käufer verpflichtet, allen Aktionären ein Übernahmeangebot zu unterbreiten, wobei für die Preisfestsetzung der Börsenpreis nach bestimmten Regeln als Richtlinie gilt und ein Paketzuschlag von bis zu 25 % dieses Preises zulässig ist. Es kann argumentiert werden, dass diese Modalitäten Übernahmegelüste bremsen, weil die daraus entstehenden finanziellen Verpflichtungen für den Unternehmer sehr hohe Summen erreichen können. Die Angebotspflicht zementiert so in der Tendenz die bestehenden Machtverhältnisse und behindert den Markt für Unternehmungsübernahmen. In der Praxis zeigt sich aber immer mehr, dass im Rahmen der Globalisierung genügend kapitalkräftige Investoren vorhanden sind, um auch die teuerste Übernahme zu finanzieren.[94]

---

92 Expertenbericht der Arbeitsgruppe «Corporate Governance», a. a. O., Seite 154.

93 Nestlé-Aktionäre forcieren Statutenänderung, NZZ, Nr. 246/2005.

94 Im Übernahmemarkt tummeln sich heute riesige Private Equity Funds, die in Einzelfällen über ein Eigenkapital von mehr als USD 10 Milliarden verfügen. Sie erhalten ihre Eigenmittel von privaten Investoren wie Pensionskassen, Stiftungen und «High Wealth Individuals», ergänzen diese Mittel mit hohen Bankkrediten und können so Publikumsgesellschaften übernehmen, deren Börsenkapitalisierung ihre eigenen Mittel weit übersteigt. Sie privatisieren die übernommenen Gesellschaften, restrukturieren sie und bringen sie später mit erheblichem Gewinn wieder an die Börse.

7.6 Dispo-Aktien: ein gravierendes Problem

Ein besonders ärgerliches und gewichtiges Problem sind die sogenannten Dispo-Aktien, ein typisch schweizerisches Phänomen. Dispo-Aktien sind Namenpapiere, die nach einem Handwechsel von ihren neuen Eigentümern im Aktienbuch nicht eingetragen werden. Die Gründe dazu sind vielfältig: Aktionäre, die aus steuerlichen oder Datenschutzmotiven anonym bleiben wollen; Aktienhändler, die die Transaktionskosten eines Eintrages scheuen; ausländische institutionelle Investoren, die auf das Stimmrecht keinen Wert legen; ein Eintragungssystem, das für internationale Investoren zu kompliziert erscheint. Das Ausmass des Problems wird sichtbar, wenn man sich die Höhe der Dispo-Bestände einiger grosser Publikumsgesellschaften vor Augen führt: 2005 betrugen sie beispielsweise bei UBS 38 %, bei Clariant 43 % und bei Swiss Re 35 %. Der Dispo-Aktionär verliert seine Mitwirkungsrechte und seine Stimmen fehlen in der Generalversammlung. Umgekehrt bedeutet dies, dass die Stimmkraft eines eingetragenen Namensaktionärs mit steigendem Dispo-Bestand zunehmend aufgewertet wird. Die Folgen sind vergleichbar mit der Existenz von Stimmrechtsaktien: Grosse Minderheitsaktionäre oder gepoolte Interessengruppen können sich in der Generalversammlung dank ihrer so gesteigerten Stimmkraft durchsetzen und Beschlüsse fassen, die ihren eigenen Zielsetzungen, aber nicht unbedingt dem Allgemeininteresse der Aktionäre dienen. Besonders gravierend wirkt sich die Tatsache aus, dass die statutarischen und gesetzlichen Quoren, die dem Minderheitenschutz dienen sollen, ihren Zweck nicht erfüllen bzw. gar nicht erreicht werden können. In solchen Fällen kann kaum von einem echten «Willen der Mehrheit» gesprochen werden, und die Legitimität der so gefassten Beschlüsse ist zweifelhaft. Eine weitere nachteilige Konsequenz des Dispo-Phänomens ist die Tatsache, dass die Firma die Eigentümer ihrer Aktien nicht kennt und deshalb daran verhindert ist, den Kontakt mit ihnen im Hinblick auf die Vermittlung aktionärsrelevanter und direkter Information zu pflegen, ein grundsätzliches Problem, auf das wir bereits bei der Inhaberaktie gestossen sind. Schliesslich gilt es zu bedenken, dass der Ausfall bedeutender Stimmanteile infolge eines hohen Dispobestandes die schweizerischen Publikumsgesellschaften für Übernahmen besonders verwundbar macht. Bei einem Dispo-Bestand von 50 % kann schon ein Erwerb von 25 % aller Aktien zur effektiven Kontrolle der Gesellschaft genügen, in der Regel sogar weniger, weil ja nie alle stimmberechtigten Aktien an der Generalversammlung anwesend bzw. repräsentiert sind.

Streng genommen wäre es aktienrechtlich schon heute möglich, dem Dispo-Aktionär nicht nur die Mitwirkungsrechte (Stimmrecht), sondern auch die Vermögensrechte (Bezugsrecht, Dividende) zu entziehen. Böckli argumentiert diesbezüglich, dass beim Fehlen des Eintrages im Aktienbuch der Käufer einer Namenaktie für die Gesellschaft rechtlich nicht als Aktionär gelten kann.[95] Zu einer solch radikalen und sicherlich wirksamen Lösung des Dispo-Problems durch Entzug der Dividende bemerkt nun aber Hofstetter, dass sie «kapitalmarktpolitisch durchwegs als undurchführbar erachtet» wird.[96] Das wäre weiter mit Börse und Banken zu diskutieren. Ausländische Rechtssysteme kennen nämlich die Beschränkung der Dividendenzahlung auf Personen, die sich im Aktienbuch haben eintragen lassen. Böckli, der das Phänomen Dispo-Aktie als eine «wuchernde, geradezu krankhafte Entwicklung» bezeichnet, schlug schon 2002 eine neue Bestimmung – Art. 686 Abs. 5 (neu) – im Aktienrecht vor, welche die Zahlung einer Dividende ausdrücklich vom Eintrag des Aktionärs im Aktienbuch abhängig macht. Er war sich bewusst, dass das «Bankensystem sich (gegen eine solche Lösung) wehren würde».[97]

Von den Wirtschaftsmedien wird das Problem der Dispo-Aktien ebenfalls häufig verniedlicht, indem darauf hingewiesen wird, dass die Eintragung keine Pflicht und der Verzicht durchaus legitim sei.[98] Tatsache bleibt aber, dass dadurch die Willensäusserungen der Aktionäre in der Generalversammlung unvollständig sind und verzerrt werden. Dispo-Bestände von 30 bis 50 % – eine Bandbreite, wie sie heute in den grossen Publikumsgesellschaften durchaus üblich geworden ist – sind eine Anomalie, die es unbedingt zu beseitigen gilt.

Inzwischen verfügen wir über die Vernehmlassungsvorlage des Bundesrates zur Revision des Aktienrechts. Zum nicht geringen Erstaunen vieler Aktienrechtler wird dieses gravierende Problem darin nicht angepackt, was umso paradoxer ist, als in der Vorlage die vielen gewichtigen Nachteile, die sich aus einem hohen Dispobestand ergeben, anschaulich dargestellt werden. Die Begründung für das Abseitsstehen des Bundesrates in dieser Frage erscheint wie ein Witz: «Da keines der geprüften Lösungskonzepte sachlich wirklich (sic!) zu befriedigen vermag, verzichtet der Vorentwurf auf eine gesetzliche Regelung der Dispoaktien.»[99] Böckli kritisiert diese Begründung denn auch harsch und bezeichnet die Unterlassung einer Regelung als «hoch-

---

95 Böckli Peter, Das Schweizer Aktienrecht, Schulthess 2004, S. 614 ff.

96 Hofstetter Karl, Begleitbericht zum Swiss Code of Best Practice, Economiesuisse 2002.

97 Böckli Peter, Revisionsfelder im Aktienrecht und Corporate Governance, Zeitschrift des Bernischen Juristenvereins, Band 138–2002, Heft 11.

98 Vgl. Überschätzte Problematik der Dispo-Aktien, NZZ Nr. 126 vom 02.06.05.

99 Begleitbericht zum Vorentwurf zur Revision des Aktienrechtes, 2. Dezember 2005, Abschnitt 2.2.6.

kritische Fehlleistung».[100] Wir hoffen, dass sie spätestens in der parlamentarischen Beratung korrigiert wird.

Für die Lösung des Problems gibt es inzwischen verschiedene Ansätze. Böckli plädiert weiterhin für die Durchsetzung des heutigen Aktienrechts, das bei korrekter Auslegung einen nicht im Aktienbuch eingetragenen Eigentümer nicht als Aktionär anerkennt und ihm das Recht auf Dividende entzieht. Um diese Lösung für die Gesellschaften und die Banken «geniessbar» zu machen, sollte gemäss Böckli der Kapitalmarkt durch eine klare Information auf eine neu zur Anwendung kommende Registrierungspflicht nach dem Grundsatz «ohne Gesuch des Erwerbers um Eintragung der Namenaktien keine Dividende» aufmerksam gemacht werden; zusätzlich wären eine Übergangsfrist «von fünf Jahren» sowie weitere Erleichterungen für die Übergangszeit vorzusehen.[101] Einen andern gangbaren Weg schlägt Economiesuisse vor: ein Nomineemodell, das einerseits eine anonyme Stimmabgabe ohne Einverständnis der Gesellschaft zwar ausschliessen würde, anderseits aber auch keine Pflicht zur Offenlegung der Identität des «Beneficial Owners» gegen dessen Willen vorsieht.[102] Die Dispo-Aktie würde durch ein solches Modell grundsätzlich beseitigt. Den verschiedenen Interessen der beteiligten Protagonisten – Aktionäre und Beneficial Owners, die Gesellschaft selbst, die Banken und die Aufsichtsbehörden – könnte so Rechnung getragen werden.

Beide Lösungen haben ihre Meriten. Unverständlich und angesichts der Gewichtigkeit des Problems unverzeihbar wäre es aber, wenn die laufende Teilrevision des Aktienrechtes nicht dazu benutzt würde, es endgültig aus der Welt zu schaffen. Das Statut der Dispo-Aktie läuft dem Ziel einer funktionierenden Aktionärsdemokratie diametral zuwider.

7.7 Weisungslose Stimmrechtsvollmachten: eine Beeinträchtigung des Aktionärswillens

Ein viertes Problem ergibt sich aus der institutionellen Stimmrechtsvertretung der Banken (sog. Depotstimmrecht) und der Organvertreter (Verwaltungsrat und Geschäftsleitung). Die Gefahr einer Verfälschung des tatsächlichen Willens der Aktionäre in der Generalversammlung entsteht hier aus der einseitigen Interpretation der weisungslos erteilten Vollmachten zur Stimm-

---

100 Böckli Peter, Revision des Aktien- und Rechnungslegungsrechts: eine kritische Übersicht, 3. Zürcher Aktienrechtstagung, 22.03.06.
101 Böckli Peter, vgl. Anmerkung 100.
102 Stellungnahme der Economiesuisse zum Vorentwurf für ein revidiertes Aktienrecht vom 31.05.06, S. 16/17.

vertretung zugunsten der Anträge des Verwaltungsrates. In der Regel ist die Mehrzahl der vertretenen Stimmen ohne Weisung des Aktionärs, wie der Stimmrechtsvertreter stimmen soll. Gesetz und Usanz bestimmen heute, dass nach der Regel «in dubio pro administratione» diese weisungslosen Stimmen im Sinn der Anträge des Verwaltungsrates ausgeübt werden müssen (Inhaberaktien) bzw. können (Namenaktien). Die Macht des Verwaltungsrates und des Managements wird dadurch oft resultatentscheidend gestärkt, der Wille der aktiv stimmenden Aktionäre verfälscht. Durch die Einführung des «unabhängigen Stimmrechtsvertreters», als dritter institutioneller Kanal für die Ausübung vertretener Stimmen, versuchte das Aktienrecht von 1991, den Nachteilen des Depotstimmrechtes und der Organvertretung entgegenzuwirken. Wider Erwarten blieb aber der Kanal der Vertretung durch die Organe weiterhin die weitaus populärste Art der Stimmrechtsausübung, wie die Statistik zeigt: Gemäss einer Umfrage bei 286 schweizerischen Publikumsgesellschaften (darunter die 26 SMI-Firmen) benutzten die Aktionäre die drei zur Verfügung stehenden institutionellen Kanäle wie folgt: Organvertreter 23 % (SMI-Titel 36 %), unabhängige Stimmrechtsvertreter 10 % (SMI-Titel 20 %) und Depotvertreter 4 Prozent (SMI-Titel 2 %).[103] Aus dieser Statistik lässt sich erstens schliessen, dass das Depotstimmrecht heute keine Bedeutung mehr hat und zweitens, dass die Benutzung der unabhängigen Stimmrechtsvertretung unter den Erwartungen der Aktienrechtsrevision von 1991 geblieben ist. Der Vorentwurf zur Revision des Aktienrechts vom 2. Dezember 2005 sieht nun vor, dass die Depot- und Organvertreter abgeschafft und der auch bisher schon bestehende unabhängige Stimmrechtsvertreter zum alleinigen Adressaten für Stimmrechtsvollmachten avanciert. Wir unterstützen diesen Vorschlag: Er ist sachlich gerechtfertigt, weil es drei Kanäle nicht braucht, und er ist für eine objektive Vertretung der Aktionärsstimmen besser geeignet und zielführender, weil er einen übermässigen Einfluss der Verwaltung zurückbindet. Der Einwand, dass die Organvertretung stärker verbreitet und deshalb aufrechtzuerhalten sei, ist nicht stichhaltig. Dieser Kanal ist, wie wir schon weiter vorne ausgeführt haben, für «passive» Aktionäre bequem und enthebt sie der Pflicht, zu den Anträgen des Verwaltungsrates Stellung zu nehmen. Gerade gegen diese Haltung der Aktionäre müssen wir ankämpfen, denn ihre aktive Teilnahme soll gefördert werden. Die unabhängige Stimmrechtsvertretung kommt diesem Ziel entgegen, weil sie vom Einfluss der Verwaltung und der Banken frei ist und so implizite die Aktionäre durch entsprechende Instruktio-

---

103 Von der Crone H.C., Bericht zu einer Teilrevision des Aktienrechts, Teil 4: Stimmrechtsvertretung/Dispo-Aktien.

nen zu einer aktiven Stellungnahme motivieren kann. Wir teilen die Befürchtungen nicht, dass die Abschaffung der Depot- und Organvertretung die Stimmbeteiligung in der Generalversammlung beeinträchtigen könnte. Die Aktionäre werden sich rasch an diese einfachere Methode der Stimmrechtsvertretung gewöhnen und ihr wegen ihrer Neutralität und Objektivität Vertrauen schenken. Die Hebung der Stimmbeteiligung in der Generalversammlung muss allerdings durch geeignete Massnahmen gezielt stimuliert und erleichtert werden, wie wir weiter hinten ausführen werden.

Damit ist nun aber das Kernproblem der weisungslosen Stimmrechtsvollmachten noch nicht gelöst. Die Vernehmlassungsvorlage sieht vor, dass Aktionäre, die keine spezifischen Weisungen zu den Abstimmungen erteilen, vom Stimmrecht ausgeschlossen bleiben, indem der unabhängige Stimmrechtsvertreter sich der Stimme zu enthalten hat. Eine solche Radikallösung ist nun aber nicht nur funktional unakzeptabel, sondern nach Auffassung von Aktienrechtsexperten auch rechtlich unzulässig, weil sie dem Aktionär sein wohlerworbenes Recht, sich in der Generalversammlung wie auch immer zu äussern, entzieht. Auch wer keine Weisungen erteilt, signalisiert mit der Erteilung der Vollmacht, dass er am Anlass mitwirken will. Der Vorschlag der Vernehmlassungsvorlage ist deshalb abzulehnen; die heutige Verfälschung des Aktionärswillens an der Generalversammlung, die bisher durch den Grundsatz «in dubio pro administratione» legitimiert wird, würde so auf eine andere Weise weitergeführt. Grosse Aktionäre – seien es Einzelpersonen, institutionelle Investoren oder organisierte Gruppen (z. B. Stimmrechtspools) – erhielten bei einer solchen Lösung einen unter Umständen weit über ihrem Kapitaleinsatz und Risiko liegenden Einfluss, der auf das Interesse der Kleinaktionäre kaum Rücksicht nimmt, sondern eigenen Strategien folgt: Einer Manipulation der «schweigenden» Mehrheit durch eine Minderheit würde dadurch Vorschub geleistet. Ausserdem würden die Aktionäre dazu ermutigt, überhaupt auf die Ausübung ihrer Stimmrechte und damit auf die Erteilung einer Vollmacht zu verzichten, ein im Hinblick auf die erwünschte Mobilisierung der «Shareholder Power» nun vollends kontraproduktive Lösung. Mit Recht bezeichnet Böckli den von der Aktienrechtsrevision vorgeschlagenen Stimmrechtsausschluss denn auch als einen groben Fehler, einen «dicken Hund».[104]

Es müssen also andere Lösungsansätze ins Auge gefasst werden. Von der Praxis her ist hier wiederum ein Vorschlag von Böckli bedenkenswert. Er schlägt vor, dass an alle Aktionäre zwei Vollmachtformulare gehen: ein grünes

---

104 Vgl. Böckli Peter, Revision des Aktien- und Rechnungslegungsrechts: eine kritische Übersicht, Vortrag am Europa-Institut der Universität Zürich, 22.03.06.

Formular, das die Angaben enthält: «Ich erteile Weisung an den Stimmrechtsvertreter: Zustimmung zu den Anträgen des Verwaltungsrates» und ein zweites, diesmal rotes Formular, das die Angaben enthält: «Ich erteile dem Stimmrechtsvertreter folgende Weisungen: Ablehnung der Anträge des Verwaltungsrates (Abzeichnen der Boxe 1)» oder «Ich erteile besondere Einzelweisungen gemäss den Angaben auf der Rückseite des Blattes (Abzeichnen der Boxe 2)».[105] Dieses System würde die heutige unbefriedigende Situation im Bereich der Stimmrechtsvertretung lösen und zu einer besseren Repräsentation des Aktionärswillens beitragen. Es ist geeignet, der Indolenz des gewöhnlichen Aktionärs entgegenzuwirken, weil es einfach und klar ist und den Aktionär zur Stimmabgabe motiviert.

7.8 Die Modernisierung der Generalversammlung

Nach heutigem Recht basiert die Generalversammlung auf dem Prinzip der physischen Präsenz. Es ist üblicherweise nur eine kleine Minderheit von Aktionären, die sich die Mühe nimmt, sich an einem bestimmten Tag zu einer bestimmten Zeit in einem bestimmten Lokal, das vom Aktionär einen Ortswechsel mit vielleicht zeitraubendem Anmarschweg verlangt, einzufinden. Meist handelt es sich dabei um Kleinaktionäre des «troisième âge», die sich dieser Mühe unterziehen, weil sie erstens Zeit haben und zweitens damit rechnen, zu einer zusätzlichen «Sachdividende» in Form eines Mittagessens oder eines Vesperbrotes zu gelangen. Eine hinreichende Präsenz an der Generalversammlung ist damit infrage gestellt. Es gibt börsenkotierte Gesellschaften, bei denen die Präsenzziffer – anwesende und vertretene Stimmen – weit unter 50 % liegt, wobei sich die physische Abwesenheit, der automatische oder gewollte Verzicht auf Vertretung der Stimmen und das Dispo-Phänomen in ihrer negativen Wirkung auf die Präsenzquote kumulieren. Es ist offensichtlich, dass das Prinzip der physischen Präsenz im Zeitalter des Internets und der Informationsgesellschaft nicht mehr opportun ist. Routineanlässe, wie es Generalversammlungen in der Regel sind, erscheinen unattraktiv, und ohne geeignete Gegenmassnahmen wird die Präsenz in Zukunft weiter abnehmen. Gute Corporate Governance aber verlangt gerade eine maximale und aktive Teilnahme der Aktionäre an der Generalversammlung. Eine solche kann nur durch einen Systemwechsel erreicht werden.

---

105 Vgl. dazu Böckli Peter, Zum Vorentwurf für eine Revision des Aktien- und Rechnungslegungsrechts, in: GesKR-Gesellschafts- und Kapitalmarktrecht, Nr. 1/2006.

Eine Umfrage des Swiss Banking Institute der Universität Zürich bei 2000 Aktienbesitzern (physische Personen) für das Jahr 2004 bestätigt die Notwendigkeit von Massnahmen zur Präsenzsteigerung: 71 % der Befragten haben im betreffenden Zeitraum an keiner Generalversammlung teilgenommen; 64 % davon geben Zeitmangel als Ursache an. Auf die Frage, ob sie teilnehmen würden, falls die Generalversammlung per Internet abgewickelt werden könnte, antworten 57 % bejahend.[106] Die nachstehende Tabelle zeigt drastisch den desolaten Zustand des Aktionärsinteresses für Generalversammlungen in ihrer heutigen Form.

Abbildung 11:

Wie viele Generalversammlungen haben Sie 2005 besucht?

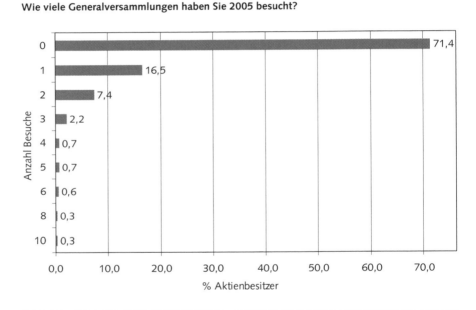

Quelle: Swiss Banking Institute, 2005

Ein erster Schritt zur «Popularisierung» der Generalversammlung liegt auf der Hand: Die Ergänzung des Prinzips der physischen Präsenz durch das Prinzip der virtuellen Präsenz via Internet. Der Vorentwurf zur Revision des Aktienrechts sieht nun diese Modalität in drei Varianten vor: Abhaltung der Generalversammlung an zwei oder drei Tagungsorten gleichzeitig, aktive Teil-

106 Swiss Banking Institute, Equity Ownership in Switzerland, Versus Verlag 2005.

nahme an der Generalversammlung via Videokonferenz und ausschliesslich elektronisch abgehaltene Generalversammlung ohne physische Präsenz.

Aus praktischer Sicht ist die Möglichkeit der Teilnahme via Videokonferenz wohl die wichtigste und realitätsnächste Variante. Sie ist die ideale Mischung von physischer Präsenz, die ihren Stellenwert als unmittelbarer Kontakt zwischen Aktionär und Führungsorganen weiterhin behält, und elektronischer Zuschaltung jener Aktionäre, die auf eine aktive Mitwirkung Wert legen, aber physisch an einer Teilnahme verhindert sind. Die technische Realisierbarkeit dieser Modalität ist erwiesen, und betriebssichere elektronische Mittel sind bereits verfügbar. Es bleibt zu wünschen, dass die grossen Publikumsgesellschaften nach der Annahme der Gesetzesrevision umgehend ihre Statuten so ergänzen, dass die Einführung des Internets als zusätzlicher Dialogkanal bei Generalversammlungen benutzt werden kann. Auch so noch wird es einige Jahre dauern, bis die Praxisreife erreicht ist.

Auch mit der Möglichkeit einer Teilnahme via Internet ist aber keineswegs gesichert, dass eine genügend hohe Präsenz an anwesenden und vertretenen Stimmen erreicht wird, um der Generalversammlung ihre vom Gesetzgeber gewollte Bedeutung als oberstes Organ der AG und als Hort der Aktionärsdemokratie mit Willensbildungs- und Kontrollfunktion zurückzugeben. Angesichts der Indolenzneigung der Aktionäre ist dazu ein Systemwechsel unerlässlich. Dabei können wir auf die amerikanische Erfahrung zurückgreifen. Wir wissen, dass mit dem dort üblichen «Proxy»-Modell regelmässig hohe Präsenzquoten von 80 bis 90 % der gesamten Stimmen erreicht werden. Es liegt deshalb auf der Hand, auch in der Schweiz ein solches Modell zu entwickeln und die notwendigen gesetzlichen Grundlagen dazu zu schaffen. Die vorgesehene Revision des Aktienrechts würde dazu Gelegenheit bieten. Entsprechende Überlegungen werden gegenwärtig von Schweizer Aktienrechtsexperten angestellt. Hofstetter hat eine solche Lösung in den Umrissen skizziert.[107] Wie Spillmann weist er darauf hin, dass in den echten Publikumsgesellschaften, in deren Aktionariat zunehmend die institutionellen Investoren dominieren, die Entscheide kaum mehr in der Generalversammlung selbst, sondern schon im Vorfeld dazu gefällt werden. Die «Landsgemeinde-GV» habe deshalb ausgedient.

Hostetter plädiert dafür, dass Publikumsgesellschaften durch Einführung einer besonderen Statutenbestimmung die Möglichkeit erhalten, zu einem «proxy»-ähnlichen System zu wechseln. Das Stimmmaterial wäre frühzeitig vor der Generalversammlung allen Aktionären zuzustellen, eventuell ergänzt

---

107 Hofstetter Karl, Moderne Spielregeln für die Aktionärsdemokratie, NZZ Nr. 99, 29./30.04.06.

mit Gegenvorschlägen von «gewichtigen» Aktionären. Darüber würde dann schriftlich bzw. elektronisch via Internet per Vollmachterteilung an den unabhängigen Stimmrechtsvertreter abgestimmt. Hofstetter sagt dazu: «Die wahlweise Einführung des ‹Proxy›-Systems für schweizerische Generalversammlungen würde naturgemäss verschiedene Fragen aufwerfen, etwa die Fragen, wie das Stimmmaterial auszugestalten sei, welche Aktionärsvorschläge darin aufzunehmen seien und wie bzw. wann die Aktionäre die Aufnahme ihrer Anträge ins Stimmmaterial zu verlangen hätten.»

Unsere Stellungnahme zu diesem für die Schweiz innovativen Vorschlag lautet eindeutig positiv. Dadurch würde erstens die vom Gesetzgeber gewollte Funktion der Generalversammlung, als echtes Organ der Willensbildung und der Aufsicht der Aktionäre zu dienen, weitgehend wiederhergestellt. Zweitens würde dies auch den zunehmend wichtiger werdenden institutionellen Investoren entgegenkommen, die im Vorfeld der Generalversammlung den Dialog mit den Gesellschaftsorganen suchen, um ihre Anliegen einzubringen. Beides würde zu einer Verbesserung der Corporate Governance beitragen und die Aktionärsdemokratie entscheidend stärken.

7.9 Machtzuwachs für die Aktionäre: der Aufstieg der institutionellen Investoren

Bei dem Versuch der Aktionäre, mehr Einfluss auf die Geschicke ihrer Unternehmungen zu gewinnen und die von Spillmann identifizierte Dysfunktionalität der Generalversammlung als Hort der Aktionärsdemokratie zu korrigieren, kommt ihnen eine Entwicklung entgegen, die anfangs der 1990er-Jahre eingesetzt und seither zunehmend an Kraft gewonnen hat: der Aufstieg der institutionellen Investoren zum wichtigsten Exponenten des Aktionariates. Er ist die Folge des starken Wachstums der von institutionellen Investoren verwalteten Vermögen. Dieses Wachstum ist in der Tat beeindruckend. Die nachfolgende Tabelle zeigt, dass es sich in der Zeitspanne 1992 bis 2000 in wichtigen Industrieländern mehr als verdoppelt hat:

Wachstum des von institutionellen Anlegern verwalteten Vermögens[108]

Mia. USD

Land	1992	2000
Schweiz	288,1	603,1
Deutschland	665,2	1 507,1
Frankreich	800,6	1 731,7
Grossbritannien	1 207,2	3 264,8*
Japan	3 012,6	5 039,8*
USA	8 035,3	19 450,9

Quelle: Till Spillmann[109]

* Werte von 1999, da 2000 nicht verfügbar.

Diese Entwicklung ist das kombinierte Ergebnis der Globalisierung und Vernetzung der Finanzmärkte, des zunehmenden Wohlstandes und der höheren Ersparnisse und Vermögen, die vermehrt bei institutionellen Investoren – Pensionskassen, Versicherungen, Hedgefonds, Effektenfonds und Institute der Vermögensverwaltung[110] – als Kapitalsammelstellen placiert werden. Diese als Intermediäre bezeichneten Institute legen aus Performancegründen einen immer höheren Teil der von ihnen verwalteten Vermögen in Aktien an. So hat beispielsweise in der Schweiz ihr Anteil von 14 % im Jahr 1992 auf 31 % im Jahr 1999 zugenommen.[111] Neuere zuverlässige Zahlen fehlen, doch dürfte in der Zwischenzeit der Anteil weiter angestiegen sein, wobei vor allem die Pensionskassenvermögen ins Gewicht fallen. Dazu mag beigetragen haben, dass die Anlagevorgaben für Vorsorgeeinrichtungen, die zum Schutz der Destinatäre besonders strengen Vorschriften unterliegen, gelockert worden sind. So kann in der Schweiz eine Pensionskasse bis zu 50 % ihres Vermögens in Aktien anlegen. Früher schloss das Prinzip der «Mündelsicherheit» die Anlage in Aktien aus Risikogründen praktisch aus.

In den USA und in Grossbritannien dürfte der Anteil der institutionellen Investoren am Aktienkapital grosser Publikumsgesellschaften nach inoffiziellen Schätzungen heute bereits über der Schwelle von 70 % liegen. Auch in der

---

108 Leider existieren heute keine akkumulierten Zahlen über die Anteile der verschiedenen Aktionärstypen bei börsenkotierten Gesellschaften. Es ist zu hoffen, dass Statistik und Wissenschaft sich zukünftig diesem Problem annehmen werden.
109 Spillmann Till, a. a. O., S. 310.
110 Für eine weiterführende Definition der institutionellen Investoren vgl. Spillmann Till, a. a. O., S. 296
111 Spillmann Till, a. a. O. S. 311.

Schweiz machen institutionelle Investoren heute je nach Gesellschaft 40 bis 70 % aus. Ihr relativer Anteil in den Generalversammlungen ist wegen der nicht stimmberechtigten Dispo-Aktien sogar noch höher, wie die folgende Aufstellung zeigt:

Stimmrechtsanteile institutioneller Investoren in grossen
Schweizer Publikumsgesellschaften

Firma	Absolut (1)	Relativ (2)
Nestlé	44 %	68 %
Novartis	67 %	86 %
Swiss Re	43 %	66 %
UBS	49 %	79 %
Zurich FS	–	78 %

1) Im Verhältnis zum gesamten Aktienkapital.
2) Im Verhältnis zu dem um die Dispoaktien verminderten Aktienkapital.
Quelle: Ethos Stiftung, Genf, 2006.

Die Macht der institutionellen Investoren, die ihre Anliegen gegenüber der Unternehmungsleitung oft gemeinsam vertreten, wird durch diese Zahlen eindrücklich belegt.[112] Entscheidend für das Funktionieren der Aktionärs-demokratie ist aber, dass sich ihr Verhalten im Aktienmarkt von demjenigen der Kleinanleger grundsätzlich unterscheidet.

Die Kleinanleger – «Amateuraktionäre», Trader, Broker und ähnliche Aktionärstypen mit eher kurzfristigem Anlagehorizont – verhalten sich ten-denziell opportunistisch und neigen zur Indolenz bzw. rationalen Apathie. Bei Unzufriedenheit mit der Kursentwicklung oder mit der Dividende sind sie leicht bereit, ihre Aktien zu verkaufen, um bei einer anderen Unternehmung ihr Glück zu versuchen. Kleinaktionäre betreiben somit in der Regel eine «Exit-

112 Die Frage der Macht der institutionellen Investoren gab in der Schweiz Anlass zum Bericht «Ak-tienrechtliche Machtballung der Vorsorgeeinrichtungen» (Mai 2001) des Ausschusses Anlagefra-gen der Eidg. Kommission für die berufliche Vorsorge. Ausgelöst wurde dieser Bericht durch einen umstrittenen Entscheid der Generalversammlung der Feldschlösschen-Hürlimann-Hol-ding, das Getränkegeschäft zu verkaufen. Er kam dank der Mitwirkung der Pensionskassen zustande, was durch eine Interpellation im Parlament hart kritisiert wurde. Es wurde ihnen vor-geworfen, dass sie kurzsichtig und nicht im Interesse ihrer Destinatäre gehandelt haben. Der Vor-schlag, die Stimmrechte der Vorsorgeeinrichtungen generell zu beschränken, wurde dann aller-dings abgelehnt. Er hätte die Enteignung eines wohlerworbenen Aktionärsrechtes bedeutet, das den Pensionskassen in voller Übereinstimmung mit dem Gesetz zusteht. Entstehung und Verlauf dieses Angriffes auf die Stimmrechte der Pensionskassen ist von Spillmann spannend dargestellt und kommentiert worden (vgl. Spillmann Till, a. a. O. S. 84 ff.).

Strategie». Sie betrachten mithin ihren Aktienbesitz als eine passive Vermögensanlage, die sich bei objektiv oder subjektiv ungenügender Performance veräussern bzw. umschichten lässt. Am Stimmrecht als Möglichkeit der Einflussnahme sind sie in der Regel nicht interessiert. Dieses Verhalten widerspricht dem Konzept der echten Publikumsgesellschaft, das voraussetzt, dass der Aktionär seine Stimmrechte an der Generalversammlung auch wirklich ausübt und damit als «Primärberechtigter» und «Letztentscheidungsträger» seinen Einfluss geltend macht, wie gering dieser im Einzelfall auch immer sein mag.

Anders verhalten sich die institutionellen Investoren. Sie sind aus ihrem früheren «Dornröschenschlaf» erwacht und haben seit einigen Jahren ihre Macht als bedeutendste Aktionärsgruppe in den Generalversammlungen vieler Publikumsgesellschaften entdeckt. Sie gehören zu den wichtigsten Treibern der Corporate-Governance-Bewegung. Ihr Aktivismus, früher verpönt und heute von den Führungsorganen mancher grossen Publikumsgesellschaften gefürchtet, erhält ihre Legitimation durch ihre Mission, sich als Intermediäre im Auftrag ihrer Destinatäre, den Sparern und privaten Vermögensanlegern, für eine möglichst hohe finanzielle Performance ihres Portefeuilles und für die Wahrung der Vermögensrechte des Aktionariates einzusetzen. Ihr Anlagehorizont ist langfristig. Zum einen können sie ihre meist gewichtigen Beteiligungen kurzfristig nicht ohne das Risiko von Kursverlusten realisieren. Nicht selten ist ein Verkauf zudem mit beträchtlichen Exit-Kosten verbunden. Zum andern verfügen sie in der Regel dank dem Gewicht der von ihnen verwalteten Vermögen über einen Stab von Asset Managern und Analysten und sind damit in der Lage, ihre Investitionen sorgfältig auszuwählen, zu überwachen und zu begleiten. Sie investieren in die Aktien jener Unternehmungen, die durch überzeugende Strategien nachhaltige und wachsende finanzielle Performance versprechen. Im Sinn ihrer Mission, den Ertrag ihres Aktienportefeuilles zu maximieren, verfolgen sie eine «Voice»-Strategie: Sie suchen den Dialog mit den Führungsorganen – Verwaltungsrat und Management – ihrer Investitionsobjekte und versuchen, anstehende Entscheide in ihrem Sinn zu beeinflussen. Dies geschieht meistens im Vorfeld zu den Generalversammlungen, kann sich aber für bestimmte permanente Probleme – beispielsweise Strategie und Informationspolitik – auch während des laufenden Geschäftsjahres als opportun erweisen. Sie benutzen für diesen Dialog die Analystenmeetings und Road-Shows, die von den Unternehmungen periodisch, oft auch vierteljährlich und telefonisch, veranstaltet werden. Diese Art des Aktionärsaktivismus wird von den Unternehmungsleitungen zunehmend akzeptiert, weil er beiden Seiten Vorteile bringt und dazu beiträgt, Konfrontationen zu vermeiden. Massgebend für die Akzeptanz der «Voice»-Strategie durch die Unterneh-

111

mungsleitungen ist die Stimmkraft des jeweiligen institutionellen Investors, seine Qualität als ernst zu nehmender und seriöser Dialogpartner und das Risiko von Reputationsschäden für die Unternehmung beim Entstehen einer öffentlichen Kontroverse.

Die «Emanzipierung» der institutionellen Investoren zu gewichtigen aktiven Aktionären und kritischen «Partnern» der Unternehmungsorgane darf nicht unterschätzt werden. Sie signalisiert einen Paradigmenwechsel in den Beziehungen zwischen Aktionariat und Verwaltung kotierter Gesellschaften. Zwar bleibt die Kompetenz des Verwaltungsrates aufgrund der ihm gesetzlich zugewiesenen Hauptaufgaben formell unangetastet, aber der Aktionärswille, falls er durch entsprechende Stimmpotenz gestützt wird und sachlich relevant ist, kann durch den informellen Dialog zur Entscheidungsfindung im Verwaltungsrat doch einen Beitrag leisten. Die früher meist ungefährdete Machtstellung der exekutiven Organe der Unternehmung hat damit zu bröckeln begonnen. Gelten die Aktionäre auch heute noch vielfach als «quantité négligeable» im Machtpoker mit den Führungsorganen, so bahnt sich jetzt eine Veränderung an, die den Status des Aktionärs mit der Zeit aufwerten wird. Die Praxis bestätigt diese Einschätzung. In den GV-Jahren 2005 und 2006 haben die institutionellen Investoren begonnen, ihre Muskeln zu zeigen. So haben sie bei Nestlé die Personalunion Verwaltungsratspräsident/CEO bekämpft und einen Achtungserfolg erzielt, der nach unserer Meinung nicht ohne Folgen bleiben wird.[113] Bei UBS und Credit Suisse wandten sie sich gegen die als exzessiv betrachteten Gehaltspakete des Top-Managements. Damit gewinnt die Generalversammlung, die wegen der Indolenz der Aktionäre in allzu vielen Fällen zu einer reinen Formsache degeneriert ist – Spillmann spricht von «Verödung»[114] –, wiederum einen Teil der vom Gesetzgeber gewollten Bedeutung als Spielfeld der Aktionärsdemokratie zurück. Dies ist von erheblicher Bedeutung für gute Corporate Governance.

Wir haben darauf hingewiesen, dass es heute bereits eine Reihe professioneller Organisationen gibt, die als Dienstleistung die Vertretung von Aktio-

---

113 Anlässlich der Generalversammlung der Nestlé 2005 verlangte die Ethos-Stiftung, dass ein neuer Artikel in die Statuten aufgenommen werde, wonach der Verwaltungsratspräsident nicht zugleich CEO sein könne. 36 % der Aktionäre stimmten dafür, 51 % dagegen und 13 % enthielten sich der Stimme. Ethos ist auch ein Beispiel für zunehmenden Einfluss der institutionellen Investoren, die sich immer stärker für die Voice-Strategie engagieren. In ihrem Quarterly Newsletter 3/2006 äussert sich Ethos wie folgt: «Ethos als langfristig orientierte Investorin hat mit verschiedenen Unternehmen das Gespräch über die Lohnpolitik aufgenommen. Ziel dieses Dialogs ist es, die kotierten Unternehmungen zu überzeugen, dass es in ihrem eigenen Interesse ist, freiwillig eine bessere Praxis umzusetzen, damit ihre Glaubwürdigkeit sichergestellt ist und das Vertrauen ihrer Aktionärinnen und Aktionäre erhalten bleibt.»

114 Spillmann Till, a. a. O., S. 190.

närsinteressen anbieten, die Stimmkraft von kleinen und mittleren Aktionären und Aktionärsgruppen, beispielsweise auch Pensionskassen, zusammenfassen und als Blockaktionäre in Generalversammlungen auftreten. Diese Organisationen geben für wichtige grosse Publikumsgesellschaften auch Abstimmungsempfehlungen heraus, die über das Internet heruntergeladen werden können.

7.10 Stärkung der Aktionärsrechte an der Generalversammlung

Angesichts der zentralen Bedeutung der Generalversammlung als einziges offizielles Forum der Aktionäre, um auf die Geschicke der Unternehmung Einfluss nehmen zu können, sind die Möglichkeiten der Einberufung einer ausserordentlichen Generalversammlung, der Traktandierung eines Verhandlungsgegenstandes und der Beantragung einer Sonderuntersuchung – wie die Sonderprüfung in Zukunft genannt werden soll – überaus wichtige Minderheitsrechte. Dies haben die Väter des Aktienrechts von 1991 zwar erkannt, ihre Ausübung aber durch zu hohe Schwellenwerte unwirksam gemacht.

Damit wurde die Macht der Verwaltung gestärkt, der Einfluss des Aktionariates aber empfindlich geschwächt, weil die Ausübung der Minderheitsrechte auch gewichtigen Aktionären so ungebührlich erschwert wurde. Im Lichte des von uns hier betrachteten Typus einer grossen Publikumsgesellschaft im Streubesitz stellen die bisherigen Schwellenwerte – 10 % des Aktienkapitals für die Einberufung einer a. o. Generalversammlung und Aktien im Nennwert von CHF 1 Million für die Traktandierung eines Verhandlungsgegenstandes – selbst für Aktionäre, die dreistellige Millionenbeträge investiert haben, eine schwer zu überwindende Hürde dar, wie sich am Beispiel von Novartis leicht nachweisen lässt.[115]

Die Stärkung der Aktionärsrechte ist eines der erklärten Ziele der im Vorentwurf vorliegenden Revision des Aktienrechts. Es ist deshalb folgerichtig, dass darin die Schwellenwerte herabgesetzt werden sollen. Vorgeschlagen werden neu 5 % des Aktienkapitals und CHF 1 Million Nennwert, was eine Halbierung der bisherigen Werte bedeutet. Weil diese im Falle sehr grosser Publikumsgesellschaften immer noch ein beträchtliches Hindernis selbst für Grossaktionäre oder Aktionärsgruppen darstellt, wird als Alternative auch eine Schwelle vorgeschlagen, die sich am Börsenwert orientiert; sie soll auf CHF 5 Millionen für die Einberufung einer Generalversammlung bzw. CHF 2 Millionen für die Traktandierung angesetzt werden. Dies ist nach unserer Auf-

---

115 Auf der Basis des Börsenwertes entsprechen 10 % des Aktienkapitals von Novartis rund CHF 20 Milliarden und Aktien im Nennwert von CHF 1 Million CHF 145 Millionen (Januar 2007)

fassung selbst unter dem Blickwinkel des Minderheitenschutzes eindeutig zu niedrig und könnte leicht zum Missbrauch durch unzufriedene oder «querulatorische» Aktionäre Anlass geben. Die Crux der Sache besteht nun aber darin, dass angesichts der enormen Spannweite der Börsenkapitalisierung zwischen einer kleinen Gesellschaft – z. B. Accu Oerlikon, Börsenwert CHF 23 Millionen – und einer grossen Gesellschaft – z. B. ABB, Börsenwert CHF 31 Milliarden – eine Einheitslösung keinen Sinn macht.[116] Economiesuisse plädiert denn auch für einen «je nach Unternehmungsgrösse degressiven Prozentsatz».[117] Auch diese Lösung hat wegen der Schwankungen der Börsenwerte im Zeitverlauf ihre Nachteile, ist aber besser als keine Lösung. Jedenfalls ist offensichtlich, dass ein Abstellen lediglich auf das nominelle Aktienkapital nicht genügt, um die bisherigen Hürden in der Ausübung der Aktienrechte angemessen herabzusetzen. Kann keine praktikable Lösung gefunden werden, welche die Unternehmungsgrösse berücksichtigt, so wäre der massgebende Börsenwert auf ein Mehrfaches der vorgeschlagenen Schwelle von CHF 5 bzw. 2 Millionen anzuheben, so beispielsweise auf CHF 20 bzw. 10 Millionen für die Einberufung einer Generalversammlung bzw. Traktandierung eines Verhandlungsgegenstandes. Was die Sonderuntersuchung anbelangt, die ein weiteres wichtiges Aktionärsrecht darstellt, so sieht der Vorentwurf Schwellenwerte von 5 % des Aktienkapitals oder Aktien im Nennwert von CHF 1 Million bzw. alternativ im Börsenwert von CHF 2 Millionen vor. Unsere Beurteilung gilt sinngemäss auch hier. Allerdings ist nicht zu vergessen, dass zusätzlich die Hürde der richterlichen Zulassung besteht.

7.11 Schlussfolgerungen

Als Fazit unserer Überlegungen und der Darstellung der mannigfachen Hindernisse, die sich einer breiten Willensbildung der Aktionäre entgegenstellen, sind wir in der Schweiz noch weit davon entfernt, ein für alle Aktionäre wirksames «Level Playing Field» zu haben. Die Aktionärsdemokratie weist erhebliche Mängel auf.

Handlungsbedarf besteht zunächst bei den Aktionären selbst. Diese müssen erkennen, dass sie ihre legitimen Interessen nur durch Einbringen ihrer Stimmrechte in der Generalversammlung durchsetzen können; sie müssen deshalb aktiv an der Versammlung teilnehmen bzw. im Falle der Vertretung durch Vollmacht dem unabhängigen Stimmrechtsvertreter genaue Instruktio-

---

116 Börsenwerte per Januar 2007.
117 Eingabe Economiesuisse an den Bundesrat vom 31.05.06.

nen erteilen, wie er bezüglich der traktandierten Geschäfte zu stimmen hat. Dies setzt voraus, dass die bisher der «rationalen Apathie» verfallenen Aktionäre ihre Passivität überwinden. Die Stimmabgabe sollte zur moralischen Pflicht werden. Die institutionellen Anleger haben hier Vorbildfunktion: Sie sind bereits auf dem Weg, durch aktive Vertretung der Aktionärsinteressen den Rechten der Aktionäre Nachachtung zu verschaffen. Sie bedienen sich dazu verschiedener Methoden: Dialog mit den Führungsorganen der Publikumsgesellschaften im Vorfeld der Generalversammlungen, Herausgabe von Abstimmungsparolen als Richtlinie für Kleinaktionäre und schliesslich Einbringen ihrer geballten Stimmkraft in der Generalversammlung selbst.

Handlungsbedarf besteht aber auch in rechtlicher Hinsicht. Um das Gewicht der Aktionäre ohne Verzerrungen und möglichst umfassend zum Tragen zu bringen, müssen zusätzlich jene Massnahmen und gesetzlichen Änderungen durchgesetzt werden, die wir im vorliegenden Kapitel aufgezählt und begründet haben: der Übergang zum Prinzip «One Share – One Vote», die Einführung der Einheitsaktie, die Beseitigung von Stimmrechtsbeschränkungen und Eintragungsbarrieren für Namenaktien, die Abschaffung der Dispo-Aktien, die Neuregelung der Stimmrechtsvertretung unter Eliminierung von weisungslosen Stimmrechtsvollmachten, eine deutliche Herabsetzung der Hürden für die Einberufung einer ausserordentlichen Generalversammlung, die Traktandierung eines Verhandlungsgegenstandes sowie die Antragstellung für eine Sonderuntersuchung. Besonders viel versprechen wir uns von der Abschaffung der Inhaberaktie, weil dadurch eine Stimulierung des Interesses der «passiven» Aktionäre und ein Ausbau der Stimmvertretung nach dem Muster des amerikanischen Proxy-Systems erleichtert wird und in Reichweite rückt. Erst durch diese Massnahmen würde ein wirksamer Schritt hin zu einem «Level Playing Field» getan, der den Aktionären einen ihrer Eigenschaft als Eigentümer der Unternehmung adäquaten Einfluss und eine unverzerrte Willensbildung sichert. Die vorgeschlagene Teilrevision des Aktienrechts vom 2. Dezember 2005 genügt diesen Forderungen nur teilweise. Was aber vollends abgelehnt werden muss, ist die vorgeschlagene Abschaffung der Genehmigung der Konzernrechnung und des Lageberichtes (Jahresbericht) des Verwaltungsrates durch die Generalversammlung. Dazu sagt Böckli mit Recht: «Wer die Zuständigkeit der Aktionäre in der Generalversammlung kürzt, greift in gravierender Weise im Aktienrecht ein. Dafür bräuchte es schon sehr starke Gründe. Solche gibt es aber hier nicht.»[118]

---

118 Böckli Peter, Revision des Aktien- und Rechnungslegungsrechts, a. a. O., S. 29.

Kritikwürdig ist auch, dass der Bundesrat auf die vorgeschlagene Abschaffung der Inhaberaktie vorläufig verzichten will, wohl wegen ihrer starken Verbreitung und auf Druck der eher konservativ denkenden Wirtschaftsverbände, die sich dagegen ausgesprochen haben. Dies ist bedauerlich, erschwert es doch die im Zeichen der Transparenz immer wichtigere Kommunikation der Publikumsgesellschaften mit ihren Aktionären und stellt damit ein Hindernis für die Modernisierung der Generalversammlung dar. Unsere sachlichen Argumente im Abschnitt 7.4 «Die Inhaberaktie – ein Auslaufmodell» bleiben voll gültig. Es ist zu hoffen, dass fortschrittliche Parlamentarier auf den Abschaffungsvorschlag, zumindest für Publikumsgesellschaften, zurückkommen, sobald die Aktienrechtsreform in die Beratung durch den Gesetzgeber geht.

Es gilt sich bewusst zu machen, dass gewisse zentrale Probleme der Aktionärsdemokratie weder durch Gesetze und Vorschriften noch durch Corporate Governance als «Soft Law» gelöst werden können, sondern allein durch eine energische Ausübung der «Shareholder Power». Dies betrifft insbesondere die Wahl kompetenter Verwaltungsräte, das betrifft eine vernünftige Begrenzung der Macht der Führungsorgane und das betrifft die Frage der Managerentschädigungen. Diese drei Kernfragen werden wir im Verlauf unserer weiteren Ausführungen eingehend erörtern.

8. Paradigmenwechsel in der Verwaltungsratsarbeit

8.1 Professionalisierung der Arbeit des Verwaltungsrates

Ausgelöst durch die bereits früher beschriebenen Veränderungen im gesellschaftlichen und wirtschaftlichen Umfeld, die erweiterten Transparenzvorschriften der Börse und des Aktienrechtes und den fühlbaren Druck der institutionellen Investoren hat sich die Führungsarbeit bei den Publikumsgesellschaften grundlegend gewandelt. An die Stelle des bis in die 1990er-Jahre in der Schweiz noch üblichen autoritären und oft patriarchalischen Führungsstils ist ein neues Führungsmodell getreten, das Kompetenz und Effizienz zu unerlässlichen Eigenschaften der Spitzenorgane macht, die Verantwortung von Verwaltungsrat und Geschäftsleitung gegenüber den Aktionären akzentuiert und ethischem Verhalten einen höheren Stellenwert verleiht. Transparenz ist in der Folge zum Schlüsselwort des geschäftlichen Verhaltens geworden. Dadurch hat sich die Verwaltungsratsarbeit in Stil, Inhalt und Umfang so stark gewandelt, dass man von einem eigentlichen Paradigmenwechsel sprechen kann. Während bis vor einigen Jahren ein Verwaltungsratsmandat noch als eine ehrenvolle und interessante, aber nicht sehr zeitaufwendige und nicht unbedingt anspruchsvolle Nebenbeschäftigung galt, setzt sich neuerdings – aber immer noch etwas zu zögerlich – in Gesellschaft und Wirtschaft die Erkenntnis durch, dass die vom Mandatsträger wie auch vom Gremium selbst verlangten Voraussetzungen ein Verwaltungsratsmandat zu einer verantwortungsvollen, zeitaufwendigen und im Licht der erhöhten Sorgfalts- und Treuepflicht keineswegs risikofreien Aufgabe macht. Mit andern Worten: Verwaltungsratsarbeit ist zu einer professionellen Aufgabe geworden.[119] Was zählt, ist Kompetenz, aber auch Verantwortungsbewusstsein (Accountability) und Charakter.

Professionalität bezieht sich zunächst auf die Mandatsträger selbst. Ihre Eignung und Kompetenz bestimmt die Qualität der Führung und beeinflusst unmittelbar den Erfolg der Unternehmung. Dabei geht es nicht allein um die offensichtlich notwendigen Kriterien wie Ausbildung, Erfahrung, Fachkenntnis und Karriere-Erfolge. Vielmehr ist auch sicherzustellen, dass die Mandats-

---

119 Professionalität ist in dem von uns verwendeten Sinn nicht mit «hauptberufliche Tätigkeit» zu verwechseln. Vielmehr ist sie als Qualitätsstandard in der Arbeit des Verwaltungsrates zu verstehen. Indessen ist nicht zu übersehen, dass angesichts der hohen zeitlichen Anforderungen immer mehr Verwaltungsräte ihre Funktion hauptberuflich betreiben und bei mehreren Gesellschaften tätig sind.

träger den unter den neuen Realitäten von den Spitzenorganen geforderten hohen Zeitaufwand zur Verfügung haben und zu leisten bereit sind. Durch eine persönliche Verpflichtungserklärung ist dies in Zukunft abzusichern. Wie wichtig die Zeitfrage heute ist, geht aus einer kürzlichen Umfrage bei 25 Verwaltungsratspräsidenten führender Schweizer Unternehmen hervor: Sie beklagen den Zeitmangel, auch bei ihren Kollegen, als eine der offensichtlichsten Schwächen der Führungsarbeit.[120]

Professionalität bezieht sich aber auch auf Gesamtkompetenz und intellektuelle Kapazität des Gremiums selbst. Als kollektiv und solidarisch arbeitendes Spitzenorgan muss es in seiner Zusammensetzung über alle notwendigen fachlichen Voraussetzungen und Erfahrungen auf dem Gebiet der operationellen und strategischen Geschäftsführung sowie der Compliance und Risikoerkennung verfügen. Zudem muss seine Arbeit so strukturiert und organisiert werden, dass Entscheidungen basierend auf Analysen und erarbeiteten Alternativen und Optionen sach- und zeitgerecht getroffen werden können. Und schliesslich muss es sich um eine Gemeinschaft unabhängig und innovativ denkender Persönlichkeiten handeln, die zudem emotionell fähig sind, gegenseitiges Vertrauen zu generieren. Diese Auffassung der Zusammensetzung und der Arbeit des Verwaltungsrates positioniert das Gremium eindeutig als ein «Professionelles Team». Auszuschliessen sind somit andere Typen von Verwaltungsräten, wie beispielsweise «Beratergremium», «Demokratische Harmonie», «Seilschaften» oder «Konsenskultur», die alle entweder der Kompetenz oder der Fähigkeit zu konstruktivem und innovativem Teamwork entbehren.

Als effiziente und produktive Methode für die interne Arbeitsteilung und Strukturierung der wichtigsten Aufgaben hat sich die Bildung von Ausschüssen (Committees) innerhalb des Verwaltungsrates als zweckmässig erwiesen, wie es der Swiss Code in Ziffer 21 erstmals für die Schweizer Praxis generell empfiehlt: «Der Verwaltungsrat setzt aus seiner Mitte Ausschüsse ein, welche bestimmte Sach- oder Personalbereiche vertieft analysieren und dem (Gesamt-)Verwaltungsrat zur Vorbereitung seiner Beschlüsse oder Wahrnehmung seiner Aufsichtsfunktion Bericht erstatten.» Während in der Schweiz die Bildung von Ausschüssen, auch des wichtigen Prüfungsausschusses, auf nicht verpflichtenden Empfehlungen beruht, sind sie in den angloamerikanischen Ländern, die in diesen Fragen bahnbrechend waren, gesetzliche Pflicht.[121] So

---

120 Neuntes VR-Rating 2006 durch Demoscope im Auftrag von Knight Gianella Consultants.

121 Die Empfehlung, zusätzlich zum Audit Committee Ausschüsse zu bilden, erschien erstmals im Cadbury Report in Grossbritannien im Jahre 1992. Die Praxis, systematische Ausschüsse zur gründlicheren Bewältigung der Verwaltungsratsarbeit einzusetzen, ist also noch relativ jung. Eine

verlangen in den USA der Sarbanes-Oxley Act (SOX) und die neuen «Listing Standards» der New York Stock Exchange (NYSE) seit 2002 nun alle drei Ausschüsse obligatorisch: Prüfungsausschuss (Audit Committee), Vergütungsausschuss (Remuneration Committee) und Nominierungsausschuss (Nomination Committee), welch Letzterer auch für die Überwachung der Corporate Governance zuständig ist, sofern nicht auch hier ein besonderer Ausschuss gebildet wird. Wir werden uns später mit den Aufgaben dieser drei Ausschüsse vertieft beschäftigen. Hier aber sei schon darauf hingewiesen, dass der Nominierungsausschuss für die Professionalisierung des Verwaltungsrates nach unserer Auffassung besondere Bedeutung besitzt, weil er entscheidenden Einfluss auf die Selektion der Verwaltungsratskandidaten ausübt. Dies geschieht nicht immer nach Auswahlkriterien, die dem geforderten hohen Standard bezüglich Sachkompetenz, Erfahrung und moralischen Werten wie charakterliche Integrität, Ehrlichkeit und Offenheit entsprechen. Allzu oft erfolgt eine Berufung auch heute noch gestützt auf ein prominentes und elitäres Beziehungsnetz der amtierenden Verwaltungsräte, was der Professionalität abträglich sein kann.[122]

Der Swiss Code empfiehlt in Ziff. 21 die Bildung von Ausschüssen und umschreibt anschliessend kurz die Kernaufgaben der drei üblichen Gremien. Personelle Anforderungen, Aufgaben und Funktionsweise jedes Ausschusses sind in einem Pflichtenheft (Charter) festzuhalten und vom Verwaltungsrat zu genehmigen. Die Abgrenzung der Aufgabengebiete, die sich nicht überschneiden sollen, die Notwendigkeit der Koordination der Arbeit im Verwaltungsrat und die verlangten fachlichen und erfahrungsmässigen Voraussetzungen der Ausschussmitglieder erfordern solche detaillierte Pflichtenhefte, die angesichts der stetigen Fortentwicklung der Corporate-Governance-Usanzen und der Vorschriften von Börse und Gesetz periodisch zu überprüfen und gegebenenfalls anzupassen sind.

Es ist wichtig, darauf hinzuweisen, dass die Ausschüsse über keine eigenen Entscheidungskompetenzen verfügen. Ihre Aufgaben sind im Gesetz geregelt: Nach Art. 716a OR Abs. 2 kann der Verwaltungsrat «die Vorbereitung und die Ausführung seiner Beschlüsse oder die Überwachung von Geschäften Ausschüssen oder einzelnen Mitgliedern zuweisen». Diese Gremien handeln also im Auftrag des Gesamtverwaltungsrates und müssen ihm über ihre Tätigkeit Bericht erstatten und Rechenschaft ablegen. Ihre Vorschläge wandeln sich nur

---

Ausnahme macht das «Audit Committee», das in den USA schon 1977 für börsenkotierte Gesellschaften als obligatorisch erklärt wurde.

122 Vgl. dazu: Artho Sigrid, Hinter geschlossenen Verwaltungsrats-Türen, NZZ Nr. 233/2005, sowie unsere Ausführungen in Kapitel 10.

dann in Entscheide um, wenn sie vom Gesamtgremium genehmigt werden. Die Verantwortlichkeit bleibt vollumfänglich bei ihm.[123] Trotz der Tatsache, dass die Ausschüsse über keine eigenen Entscheidungskompetenzen verfügen, können ihre Autorität und ihr Einfluss aber erheblich sein, weil ihnen üblicherweise ganz besonders qualifizierte Mitglieder des Verwaltungsrates angehören.

Die zweite wichtige Voraussetzung für professionelle und produktive Verwaltungsratsarbeit ist eine intensive Zusammenarbeit der beiden Führungsgremien Verwaltungsrat und Geschäftsleitung. Zusammen bilden sie die Gesamtführung der Unternehmung. Hier muss auf ein oft bestehendes Missverständnis hingewiesen werden, das bewusst oder unbewusst von den Medien geschürt wird und beim Normalbürger für Verwirrung sorgen kann. Wenn nämlich von der Führung gesprochen wird, denkt mancher zunächst nur an den CEO bzw. die Geschäftsleitung. Dies ist falsch. Die Leitung einer Unternehmung ist ein kollektiver Akt beider Gremien, ihr Erfolg oder Misserfolg das Ergebnis einer Teamleistung. Wohl bestellt der Verwaltungsrat den CEO bzw. die Geschäftsleitung, die er nach Gesetz auch Aussenstehenden anvertrauen kann, aber seine Aufgabe ist und bleibt die Oberleitung und Oberaufsicht über die Geschäftsführung als unübertragbare und unverzichtbare Aufgabe und Verpflichtung, für die er in jeder Hinsicht die volle Verantwortung trägt. Art. 716a Absatz 1 OR zeigt die grosse Spannweite dieser Aufgabe. Daraus ergibt sich logischerweise, dass gute und enge Zusammenarbeit nicht nur innerhalb des Verwaltungsrates selbst, sondern auch zwischen ihm und der operativ tätigen Geschäftsleitung für den Erfolg von kritischer Bedeutung ist. Gegenseitige Offenheit, Ehrlichkeit und Respekt sind gefordert. Dazu braucht es entsprechende vertrauensbildende Massnahmen. Die wichtigste davon ist die Existenz eines Informationssystems, das dem Verwaltungsrat kontinuierlich die zur Führung und Entscheidungsfindung notwendigen Daten über die Geschäftslage und Geschäftsentwicklung vermittelt, den natürlichen Wissensvorsprung der Geschäftsleitung – ein dauerhaftes Kernproblem der Corporate Governance – minimalisiert und keine relevanten Tatsachen und Ereignisse ausblendet. Dieses Problem wird uns später noch eingehend beschäftigen.

In diesem Zusammenhang ist auch darauf hinzuweisen, dass «Lifelong Learning» zu den Pflichten eines Verwaltungsratsmitgliedes gehört. Es muss mit Computer und Internet sowie mit modernen, sich ständig weiterentwickelnden Kommunikationsmitteln und Managementtools vertraut sein und

---

123 Vgl. dazu auch: Schnyder Anton K., Corporate Governance und internationales Wirtschaftsrecht, in: Festschrift für Peter Böckli, Schulthess Verlag 2006.

umgehen können. Fast die Gesamtheit der laufenden Information über die Geschäftsentwicklung wird heute digital vermittelt. IT nimmt in der Kommunikation, so auch im Verständnis und in der Verständigung von Verwaltungsrat und Geschäftsleitung, eine Schlüsselrolle ein. Sodann verlangen neue Gesetze und Vorschriften sowie Veränderungen und Erweiterungen in der Rechnungslegung eine eingehende Orientierung des Verwaltungsrates in speziellen Seminarien. Ebenso wichtig ist die Förderung des menschlichen Kontaktes zwischen den Mitgliedern des Verwaltungsrates und der Geschäftsleitung. Die Anwesenheit des CEO in den Sitzungen des Verwaltungsrates ist – mit Ausnahmen – eine Notwendigkeit, und auch die übrigen Mitglieder der Geschäftsleitung müssen Gelegenheit bekommen, bei der Diskussion der von ihnen betreuten Sachgeschäfte und Dossiers ihre Meinung begründet vorzutragen. Die Herstellung dieses Vertrauensverhältnisses auf oberster Ebene ist vielleicht die wichtigste Voraussetzung für friktionsfreie Zusammenarbeit der beiden Gremien. Glaubwürdigkeit und Vertrauen ist auch in der Unternehmungsführung der Treibstoff des Erfolgs.

Auf ein weiteres wichtiges Erfordernis guter Zusammenarbeit und Effizienz in der Führungsarbeit muss hier mit Nachdruck hingewiesen werden. Der Verwaltungsrat und seine Mitglieder müssen kompetent genug sein, um für das Management echte und intellektuell wie fachlich ebenbürtige Partner zu sein. Ist dies nicht der Fall, handelt es sich also um einen «schwachen» Verwaltungsrat, so ist die Funktion des Gremiums als wirksames Oberleitungs- und Überwachungsorgan gefährdet. Die Geschäftsleitung wird dann wohl wenig Respekt vor dem Verwaltungsrat haben, und dessen Glaubwürdigkeit und Überzeugungskraft werden darunter leiden. Die notwendigen «Checks and Balances», ausgewogene Entscheide und gute strategische Führung sind dann nicht mehr gewährleistet.[124]

Gegenseitiger Respekt und Vertrauen zwischen den beiden Führungsorganen sind unerlässliche Voraussetzungen für gute Zusammenarbeit. Ein gewisses Spannungsverhältnis ist jedoch nicht ganz zu vermeiden und wird, wenn es sich innerhalb vernünftiger Grenzen bewegt, eher nützlich als schädlich sein. Es bringt zum Ausdruck, dass beide Partner über eigene Vorstellungen und Einschätzungen verfügen und diese in den Diskussionen und zu treffen-

---

124 Stewart Hamilton, Professor an der Managementschule IMD, nennt als häufigste Ursache von unternehmerischen Katastrophen, wie sie beispielsweise bei Enron, WorldCom, Parmalat und Swissair eingetreten sind, die mangelnde Effektivität des Verwaltungsrates (Ineffective Board), die nahezu immer zu schlechten Strategieentscheiden führe und es einem dominanten CEO erlaube, seine oft zu ehrgeizigen Pläne auszuleben (Empire Building, Überexpansion, inkompatible Fusionen und Akquisitionen). Vgl. dazu: Hamilton Stewart, Micklethwait Alicia: Greed and Corporate Failure, The Lessons from Recent Disasters, Palgrave MacMillan, 2006.

121

den Entscheiden über Geschäftsführung und Strategie auch auf die Waage legen. Dies schliesst eine konstruktive und vertrauensvolle Zusammenarbeit nicht etwa aus, sondern bereichert sie. Wachsen sich wegen Antagonismus und Intoleranz aber Meinungsverschiedenheiten zwischen den beiden Organen zu offenen Konflikten aus, die vielleicht sogar von den Medien aufgegriffen werden, so ist dies Gift für eine erfolgreiche Führungsarbeit.

8.2 Das moderne Führungsmodell

Die Führungsverantwortung liegt nach schweizerischem Recht ausschliesslich und vollständig beim Verwaltungsrat. Er ist das oberste und wichtigste Führungsorgan der Unternehmung und den Aktionären gegenüber für den Erfolg verantwortlich. Ziel seiner Arbeit ist die Schaffung von Mehrwert über das jeweilen bestehende Eigenkapital hinaus, mit dem klaren Auftrag der Gewinnmaximierung, und die Sicherung der nachhaltigen, d. h. langfristigen und andauernden, Wettbewerbsfähigkeit der Unternehmung.

Führung und Führungsorganisation müssen im Rahmen dieser obersten Zielsetzung vier verschiedenen Dimensionen von Verantwortung gerecht werden: erstens der betriebswirtschaftlichen Zielsetzung einer erfolgreichen Unternehmung, die sich durch Schaffung von Mehrwert und nachhaltiges Wachstum als Existenzsicherung im ständigen Ringen um die Wettbewerbsfähigkeit auszeichnet. Die Optik ist hier langfristig. Zweitens sollen sie den Regeln guter Corporate Governance Rechnung tragen, welche die Interessen der Aktionäre an die erste Stelle setzt und für angemessene «Checks and Balances» in der Machtausübung der Führungsorgane sorgt. Auch das Instrument der Corporate Social Responsibility ist hier einzuordnen. Drittens müssen sie die gesetzlichen Rahmenbedingungen erfüllen, welche die Aufgaben, Rechte und Pflichten der Gesellschaftsorgane festlegen und dem Verwaltungsrat Kernaufgaben zuweisen (Art. 716a OR). Und schliesslich umfasst die Verantwortung als vierte Dimension auch die Beachtung grundlegender ethischer Normen, so insbesondere auch der Empfehlungen des Global Compact. In dieser Dimension sind auch führungsrelevante Persönlichkeitsvoraussetzungen wie Ehrlichkeit, Offenheit, Verantwortungsbewusstsein und Charakter angesiedelt.

Diese vier Dimensionen der Verantwortung sind ineinander verschachtelt wie die einzelnen Figuren einer russischen Holzpuppe (Babuschka). Innerer Kern sind die Unternehmungsziele, deren Realisierung im Rahmen der Aktionärsinteressen, der Rechtsordnung und von anerkannten ethisch-moralischen Normen erfolgen muss. Man fasst diese Gesamtverantwortung des Verwaltungsrates auch etwa unter dem angelsächsischen Begriff der «Accountability» zusammen.

Abbildung 12:

Die vier Dimensionen der Führungsverantwortung
(Accountability)

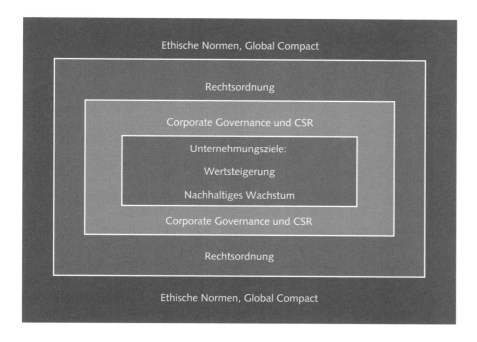

Quelle: Eigene Darstellung

Rechtlich ist die zentrale Aufgabe des Verwaltungsrates die «Oberleitung» der Unternehmung. Die im Obligationenrecht genannten weiteren sechs Aufgaben sind mit Ausnahme der «Oberaufsicht» Konkretisierungen der Funktion «Oberleitung». Sie lauten: Festlegung der Organisation, Finanzverantwortung, Ernennung und Abberufung der Geschäftsleitung, Oberaufsicht über die Geschäftsführungsorgane, Erstellung des Geschäftsberichtes und Benachrichtigung des Richters im Fall der Überschuldung. Betriebswirtschaftlich und rechtlich trifft sich im Begriff «Oberleitung» die eindeutig wichtigste Funktion des Verwaltungsrates, nämlich die Festlegung, Begleitung und Überwachung der Unternehmungsstrategie.

Das Führungsmodell der international tätigen Publikumsgesellschaft soll der vierfachen unternehmerischen Verantwortung Rechnung tragen und im

123

Rahmen der betriebswirtschaftlichen Zielsetzung organisatorisch die folgenden Kernaufgaben der Oberleitung und der Oberaufsicht abdecken:

- **Sicherung der Führungsexzellenz**:
  Sie umfasst die Festlegung der Organisation und Führungsstruktur nach Funktionen, die Suche und Selektion der Führungspersonen (Verwaltungsrat und Geschäftsleitung), die periodische Leistungsüberprüfung, die Festsetzung der Entschädigungen und die Sicherung der Stellvertretung und Nachfolge.
- **Operative Führung**:
  Hier handelt es sich um die tägliche Geschäftsführung. Sie erfordert kurzfristiges Entscheiden und Handeln. Nach dem flexiblen «monistischen» Schweizer Rechtsmodell ist diese delegierbar an eines oder mehrere Mitglieder des Verwaltungsrates oder einen oder mehrere Geschäftsführer im Angestelltenverhältnis (heute unter der Bezeichnung Chief Executive Officer bzw. CEO bekannt). Die tägliche Geschäftsführung umfasst auch die Umsetzung der Strategie, das Risk Management und die Compliance.
- **Die strategische Führung als eigentliche Kernaufgabe**:
  Hier ist die Optik langfristig. Die Aufgabe umfasst erstens die Entwicklung und Festlegung der strategischen Ziele der Unternehmung, zweitens die Bestimmung der Mittel zur Zielerreichung, d. h. den Einsatz der erforderlichen personellen, technischen und finanziellen Ressourcen, drittens die Überwachung der Umsetzung sowie viertens die periodische Kontrolle, ob die Zielrichtung noch stimmt oder durch globale oder andere dynamische Entwicklungen im Begriff ist, überholt zu werden. Die Mittel zur Strategie-Erarbeitung – personelle Ressourcen, Wissen bezüglich Technologie und Markt – liegen meist bei der Geschäftsleitung. Man spricht deshalb hier oft auch von «Decision Shaping» durch die operative Führung, die Vorschläge und Alternativen dazu erarbeitet, die dann zum «Decision Taking» durch den Verwaltungsrat führt. Ein perfektes Teamwork der beiden Gremien, das auf Fachkompetenz, Vertrauen und Glaubwürdigkeit beruht, ist hier Voraussetzung für erfolgreiche Arbeit.
- **Überwachung der Geschäftsführung**:
  Hier steht für den Verwaltungsrat vor allem die Überwachung der Strategieumsetzung, des Risk Managements und der Compliance im Vordergrund. Letztlich ist er auch dafür verantwortlich, dass die Rechnungslegung nach den internationalen Normen erfolgt und der Rechnungsabschluss die finanzielle Lage der Gesellschaft wertmässig richtig wiedergibt (True and Fair View). Zu diesen Aufgaben zählt er auf die

Unterstützung der Internen und der Externen Revision. Das neue Revisionsrecht, über das wir später berichten werden, hat Aufgaben und Verantwortung des Verwaltungsrates beträchtlich ausgeweitet.

■ **Sicherung der Transparenz nach aussen**:

Diese Aufgabe hat in den späten 1990er-Jahren an Gewicht enorm zugenommen. Sie umfasst die periodische und die ad hoc notwendige Offenlegung relevanter Daten bezüglich Gesellschaftsorganen, der strategischen, operativen und finanziellen Entwicklung zuhanden der Aktionäre und Kapitalmärkte. Ihre rechtliche Grundlage findet sie im Kotierungsreglement der Börse, im Bundesgesetz vom 7. Oktober 2005 über «Transparenz betreffend Vergütungen an Mitglieder des Verwaltungsrates und der Geschäftsleitung» und in den «Richtlinien betreffend Informationen zur Corporate Governance» der SWX aus dem Jahr 2002. Neuerungen wird auch die im Vorentwurf vorliegende Revision des Aktien- und Rechnungslegungsrechts bringen. Sicherung der Transparenz fällt nach unserer Auffassung in die unmittelbare Verantwortung des Präsidenten des Verwaltungsrates, der sich in dieser Aufgabe bei Bedarf durch einen Corporate-Governance-Ausschuss beraten lassen kann. Transparenz entspringt der Pflicht des Verwaltungsrates zur Rechenschaftsablage und zu einer umfassenden Orientierung der Aktionäre, deren Interessen das Gremium im Sinn der Sorgfalts- und Treuepflicht bei all seinen Entscheidungen und Handlungen wahrzunehmen hat. Aktionäre können als «Letztentscheidende» die ihnen zustehenden Rechte innerhalb und ausserhalb der Generalversammlung nur dann situationsgerecht ausüben, wenn sie vom aktuellen Zustand der ihnen gehörenden Gesellschaft Kenntnis haben. Auch hier geht es, wie im Verhältnis Verwaltungsrat und Geschäftsleitung, um eine Minimierung der Informationsasymmetrie, wenn auch gezügelt durch eine berechtigte Zurückhaltung hinsichtlich Geschäftsgeheimnissen. Glaubwürdigkeit und Reputation einer Unternehmung sind von der Qualität der gelebten Transparenz direkt abhängig. Es geht dabei darum, dass die Lücke zwischen der Perzeption der gelebten Werte einer Unternehmung durch Aktionäre und Öffentlichkeit und der Realität möglichst klein gehalten wird.

Die folgende Darstellung ordnet die Kernaufgaben den einzelnen Führungsgremien zu.

Die Führungsaufgaben des Verwaltungsrates

Hauptaufgaben	Unterstützendes Gremium
Sicherung Führungsexzellenz	Nominierungsausschuss[1] Entschädigungsausschuss[1]
Operative Führung	Geschäftsleitung Risk Management Compliance Management
Strategische Führung	Strategieausschuss[2] Geschäftsleitung (Vorbereitung/Unterstützung)
Überwachung/Kontrolle	Prüfungsausschuss[1] Interne Revision Externe Revision
Sicherung der Transparenz	VR-Präsidium Corporate-Governance-Ausschuss[2] Investor Relations Medienstelle

[1] Ausschuss empfohlen.
[2] Ausschuss nach Bedarf.

In den Statuten und im Organisationsreglement sind Aufgabe, Kompetenz und Verantwortung der Führungsgremien klar zu definieren.

8.3 Klassische Schwachstellen in der Verwaltungsratsarbeit

In der Praxis stossen wir auch bei personell hervorragend besetzten Verwaltungsräten und formell perfekter Organisation immer wieder auf an sich bekannte Schwachstellen, die Effizienz und Effektivität der Verwaltungsratsarbeit gravierend beeinträchtigen können. Fünf davon sollen nachstehend dargestellt werden. Wir bezeichnen sie als «klassisch», weil sie ihr Beharrungsvermögen trotz permanenter Kritik über Jahrzehnte hinweg bewiesen haben und bis zum heutigen Tag nicht wirklich ausgerottet werden konnten.

Die erste Schwachstelle betrifft die vielfach «gepflegte» Retrovision in den Verwaltungsratssitzungen. Man beschäftigt sich zunächst mit der Vergangenheit, hört sich die Berichterstattung der Geschäftsleitung an, wo den Ursachen von kürzlichen Erfolgen und Misserfolgen nachgegangen wird, diskutiert bis ins Detail die Rechnungsabschlüsse, die mit Sicherheit schon Wochen, wenn nicht Monate zurückliegen. Jedes Mitglied des Verwaltungsrates beteiligt sich hier gerne an diesem rückwärtsgewandten Dialog, denn die Fakten liegen auf dem Tisch und der intellektuelle Aufwand für die Diskussion ist gering. Diese Art von «Vergangenheitsbewältigung» nimmt zeitlich nicht selten mehr als die Hälfte einer Verwaltungsratssitzung in Anspruch. Entscheidendes kreatives Potenzial geht so verloren. Gewiss ist die Analyse gemachter Erfahrungen notwendig, und gewiss müssen die finanziellen Resultate interpretiert und diskutiert werden. Doch die Hauptaufgabe des Verwaltungsrates ist die Gestaltung der Zukunft. Es geht hier also um das Setzen von Prioritäten: Die Lehren der Vergangenheit mögen wichtig sein, die Beschäftigung mit der Zukunft der Unternehmung ist wichtiger. In der Traktandierung der Geschäfte und in der Führung der Diskussion sollte diesem Prinzip Nachachtung verschafft werden.

Eine zweite Schwachstelle in der Verwaltungsratsarbeit, der man in der Praxis häufig begegnet, besteht in der Vernachlässigung strategischer Fragen. Dies ist geradezu sträflich. Die Wahl der Strategie, die immer zukunftsgerichtet ist, bestimmt das langfristige Schicksal einer Unternehmung. Auch das Aktienrecht fokussiert die Strategie als Kernaufgabe des Verwaltungsrates. Hier handelt es sich um Pflicht, und nicht um Kür. Die intensive Auseinandersetzung und Entscheidungsfindung in strategischen Fragen ist deshalb die eigentliche Königsdisziplin der Verwaltungsratsarbeit. Hier sind Intellekt und Intuition gefragt; hier macht sich die Diversität im Gremium – als eine möglichst ausgewogene Mischung aus Temperament, Erfahrung und Wissen – bezahlt; hier beweist sich recht eigentlich die Qualität der Führung. Ihrer Komplexität und Bedeutung für den langfristigen Erfolg der Unternehmung entsprechend ist Strategie eine Angelegenheit des Gesamtverwaltungsrates. Der Input jedes einzelnen Mitglieds ist hier besonders stark gefordert, die Verantwortung besonders hoch. In der Regel wird für Diskussion und Entscheidungsfindung dieser Schicksalsfrage der Führung viel zu wenig Einsatz gefordert bzw. Zeit eingeräumt. Verschiedene Faktoren sind dafür verantwortlich:

- Der wohl wichtigste Faktor ist der Zeitmangel. Durch falsche Priorisierung werden weniger wichtige, aber aktuelle Fragen in den Sitzungen bevorzugt. Retrovision und Gegenwart triumphieren über die Erfordernisse der Zukunft. Strategiediskussionen werden immer wieder vertagt.
- Ein weiterer Faktor ist die Schwierigkeit der Materie. Strategiefragen sind fachlich und intellektuell anspruchsvoll, und manche Mitglieder des Verwaltungsrates werden dabei überfordert. Es entwickelt sich eine oft recht chaotische Diskussion über Chancen und Risiken, die nicht vom Fleck

127

kommt, in Spekulationen mündet und schliesslich ohne Ergebnis endet oder vertagt wird. Ein strukturierter und robuster Strategieprozess ist deshalb unerlässlich.[125]

■ Schliesslich liegt eine dritte Erklärung in der Tatsache begründet, dass Strategie oft fälschlicherweise als eine Disziplin allein der Geschäftsleitung betrachtet wird. Zu diesem Irrglauben trägt bei, dass das Exekutivorgan dank seiner fachlichen und personellen Ressourcen die strategischen Optionen autonom vorbereitet und dem Verwaltungsrat zusammen mit entsprechenden Empfehlungen vorlegt. Wegen der meist offensichtlichen Sachkundigkeit des Managements gibt sich der Verwaltungsrat zu früh zufrieden und verzichtet dann darauf, die Strategieempfehlung gründlich zu hinterfragen. Dieser Vorgang ist unzulässig; er kommt einer Vernachlässigung der Strategiefindung und Strategieüberprüfung als vordringlicher Aufgabe des Verwaltungsrates gleich und verletzt deshalb die Sorgfaltspflicht. Strategieentscheide sind unübertragbare Aufgaben im Sinn des Gesetzes.

Aus den genannten Gründen ist es vordringlich, dass der Präsident des Verwaltungsrates bei der Planung der Sitzungen und bei der Traktandierung der Strategiefragen als wohl wichtigstes Geschäft des Verwaltungsrates die notwendige Aufmerksamkeit schenkt und Zeit einräumt. Es kann sich sogar als richtig erweisen, im Verwaltungsrat einen Strategieausschuss zu bilden, um die hier besonders enge und besonders wichtige Zusammenarbeit mit der Geschäftsleitung sicherzustellen. Diese Massnahme manifestiert gegenüber

---

125 Zum Verständnis der strategischen Führungsaufgabe des Verwaltungsrates: Strategische Führung verfolgt das Ziel, für die Unternehmung vorausschauend Erfolgspotenziale zu suchen und aufzubauen. Sie basiert auf einer Analyse und einer Planung, die vom aktuellen Tagesgeschehen abstrahieren und sich mit der grundlegenden Perspektive und der längerfristigen Entwicklungsrichtung des Unternehmens beschäftigen. Es geht darum, Handlungsalternativen zu identifizieren und ihre Chancen und Risiken abzuschätzen, um darauf basierend Entscheide zu fällen, die langfristig den Erfolg und die Fortentwicklung der Unternehmung sicherstellen. Solche Entscheide, die das langfristige Schicksal der Unternehmung beeinflussen, sind strategische Entscheide. Trotz Übereinstimmung in den grundsätzlichen Unternehmungszielen können operative und strategische Führung im Teilzielbereich zu Konflikten führen. Unter bestimmten Umständen ist es – so paradox dies klingen mag – geradezu eine Funktion der strategischen Führung, den operativen Bereich zu «stören» bzw. die operative Planung und Durchsetzung zu Korrekturen zu zwingen; dies ist dann notwendig, wenn die Unternehmung dadurch davor bewahrt wird, eine Entwicklungsrichtung weiter zu verfolgen, die nicht mehr den sich abzeichnenden neuen Umwelt- und Wettbewerbsbedingungen entspricht. Wichtige Strategiefragen sind: Was sind Kernkompetenzen? Wie sieht die Welt in zehn Jahren aus? Was sind die langfristigen Chancen und Risiken? In welchen Märkten liegt zukünftiges Wachstum?

dem CEO auch den Anspruch des Verwaltungsrates, bei den Strategiefragen intensiv mitzuwirken und mitzuentscheiden. Dass der Verwaltungsrat kompetent genug sein muss, um dem professionellen Management ein ebenbürtiger Partner zu sein, versteht sich eigentlich von selbst, ist aber in der Praxis häufig nicht der Fall.

Die rechtzeitige Planung der Nachfolge in Verwaltungsrat und Geschäftsleitung ist die dritte klassische Schwachstelle, die sich trotz dem heute sichtbaren vermehrten Einsatz von Nominierungsausschüssen immer wieder bemerkbar macht. Mängel in der Nachfolgeplanung sind besonders schädlich, denn sie treffen ein Kerngebiet des Unternehmungserfolges mitten ins Herz: die Qualität und Kontinuität der Führung. Ad-hoc-Lösungen in der Besetzung von Spitzenpositionen sind gefährlich, weil den langfristig notwendigen Voraussetzungen für die kompetente Ausübung eines Mandates dann nicht genug Beachtung geschenkt wird. Wir werden auf diese Fragen später zurückkommen.

Eine weitere, vierte Schwachstelle in der Verwaltungsratsarbeit, die vor allem in den letzten Jahren zunehmend Schule gemacht hat, ist der oft übertriebene Beizug von aussenstehenden Beratern. Zwar kann es sich kaum eine Unternehmung leisten, für jedes Spezialgebiet eigene Fachkräfte zu beschäftigen. Dies gilt insbesondere für Fragen hoch entwickelter Technologie, im IT-Bereich oder im Bereich des Rechnungswesens, des Risikomanagements und der Compliance. Anderseits werden aber viele betriebswirtschaftliche oder unternehmerische Fragen aussenstehenden Beratern anvertraut, weil man sich davon eine bessere Akzeptanz des vorgeschlagenen Lösungsansatzes oder sogar eine Abdeckung der eigenen Verantwortung verspricht. Dies trifft vor allem auf strategische Fragen zu. Damit einher geht die Gefahr, dass die eigene Urteilsfähigkeit präjudiziert wird. Auch ist darauf zu achten, dass Berater nicht vom Management dazu benutzt werden, eigene Meinungen beim Verwaltungsrat durchzusetzen. Als Grundsatz muss gelten, dass Berater im unternehmerischen Bereich nur für das Erarbeiten von Lösungsoptionen unter Anleitung und Mitwirkung unternehmungseigener Führungskräfte eingesetzt werden. Beratungsarbeit ist dann produktiv und sinnvoll, wenn ein intensives Teamwork zwischen aussenstehenden Experten und den eigenen Leuten entsteht, deren Initiative und Ideen dadurch befruchtet werden. Entscheide sind stets durch Verwaltungsrat und Management aufgrund authentischer Diskussionen zu treffen. Hohe Beratungskosten schmälern oft den Gewinn, ohne dass wirksame positive Effekte nachgewiesen werden können. Die Motivation der eigenen Mitarbeitenden wird zudem oft durch das Outsourcing von Problemen in ihrer Problemlösungskapazität gedämpft.

129

Eine fünfte Schwachstelle bezieht sich auf das Problem der Kommunikation zwischen Verwaltungsrat und CEO bzw. Geschäftsleitung. Es betrifft die Informationsasymmetrie. Die grosse Bedeutung dieses Problems veranlasst uns, ihm ein besonderes Kapitel zu widmen.[126] Nur ein genügend informierter Verwaltungsrat kann die ihm übertragenen Aufgaben kompetent erfüllen. Ziel muss es deshalb sein, die «Wissenslücke» zwischen den beiden Führungsorganen möglichst klein zu halten.

Bestimmenden Einfluss auf die Beseitigung der geschilderten Schwachstellen übt der Präsident des Verwaltungsrates aus. Er entscheidet letztlich über die Traktanden und erstellt die Agenda für die Sitzungen; er führt die Diskussionen an der Sitzung; und hat darüber zu wachen, dass bei der Entscheidungsfindung Alternativen und Optionen vorgelegt und diskutiert werden, sodass die Tendenz der Geschäftsleitung, dank ihres natürlichen Informationsvorsprunges die Diskussion zu dominieren, der Objektivität der Verhandlungen keinen Abbruch tut. Um diese Aufgabe zu erfüllen, sollte er eine echte Führerpersönlichkeit und in der Lage sein, der Geschäftsleitung nicht nur die Stange zu halten, sondern sie auch zu überzeugen und zu motivieren. Lässt er sich von ihr vereinnahmen oder macht er aus Prinzip oder aus Schwäche mit ihr gemeinsame Sache, kann der Verwaltungsrat seiner gesetzlich verankerten Rolle und Verantwortung, die Oberleitung und Oberaufsicht der Gesellschaft auszuüben, nicht wirklich gerecht werden. Trotz seiner Stellung als Vorgesetzter, Sparring Partner und Coach des CEO muss er «kritische Distanz» zum CEO und zur Geschäftsleitung zu wahren wissen.

Empirische Untersuchungen bestätigen unseren Befund bezüglich der Natur und Häufigkeit von Schwachstellen in der Arbeit des Verwaltungsrates. Der St. Galler Ökonom Rolf Dubs zieht aus einer Studie, die auf Beobachtungen an Verwaltungsratssitzungen beruht, den Schluss, dass «die Arbeit der meisten Verwaltungsräte zu wenig konzeptionell und zu wenig zukunftsgerichtet ist. An den Sitzungen verliert man sich zu sehr in der Berichterstattung über die Vergangenheit. Woran es mangelt, sind kritische Fragen über das Geschehen, die zukunftsgerichtetes Entscheiden fördern müssen».[127] Diese Feststellungen aus den 1990er-Jahren sind auch heute noch gültig. Leider fehlen neuere empirische Studien zum Thema; die Erfahrungen des Verfassers in den letzten paar Jahren bestätigen sie aber ganz eindeutig.

Auf zwei «Sündenfälle», die zu mangelnder Professionalität im Verwaltungsrat, zu Ineffizienzen in seiner Arbeit und schliesslich zu einer Schwä-

---

126 Vgl. dazu Abschnitt 9.2 Die Wissenslücke.
127 Dubs Rolf, Verwaltungsratssitzungen – Analyse, Beurteilung, Verbesserungen, in: Die Unternehmung, Heft 2, 1993, S. 123 ff.

chung der Wettbewerbsfähigkeit der betreffenden Unternehmung führen, muss hier noch hingewiesen werden. Der erste Fall bezieht sich auf Fusionen oder Akquisitionen, die oft opportunistische und unzweckmässige Führungsstrukturen zur Folge haben. Bei solchen Operationen grossen Ausmasses setzt bereits vor dem Abschluss während den Verhandlungen der beiden Parteien ein Feilschen um die Besetzung der Führungsorgane – Verwaltungsrat und Geschäftsleitung – ein. Weil diese Frage für das Zustandekommen der Operation aus Macht- und Prestigeüberlegungen meist eine wichtige mitentscheidende Rolle spielt, werden dann bezüglich Strukturierung der Führung und Grösse des Verwaltungsrates von der übernehmenden oder stärkeren Partei Konzessionen an die übernommene oder schwächere Partei zugestanden, die der Führungseffizienz widersprechen und auf Zeit weder wünschbar noch haltbar sind. Solche Konzessionen bestehen in Zugeständnissen bezüglich der Anzahl Vertreter der beiden Parteien im zukünftigen Verwaltungsrat, der dadurch unnötig aufgebläht oder sogar entscheidungsunfähig wird, oder bezüglich der Führungsspitze, wo zwei Co-Präsidenten oder zwei Co-Konzernleiter bestellt und damit Konflikte wegen Interessen- oder Meinungsdifferenzen potenziell vorprogrammiert werden. Ein Beispiel für beide Mängel ist die kürzliche Übernahme der luxemburgischen Arcelor-Stahlgruppe durch die globale Mittal-Steel, wo der Verwaltungsrat der so neu entstandenen Gruppe 18 Mitglieder umfasst und durch zwei Co-Präsidenten geführt wird.

Der zweite «Sündenfall» betrifft gemischtwirtschaftliche Unternehmungen, an denen ein Staat oder – insbesondere in der EU – mehrere Staaten neben privaten Investoren mitbeteiligt sind. Auch hier finden wir unprofessionell zusammengesetzte Führungsorgane, die nicht nach Kompetenz- und Effizienzgrundsätzen, sondern nach politischen bzw. nationalpolitischen Gesichtspunkten strukturiert sind. Früher oder später zwingen dann Ineffizienzerscheinungen und interne Zwistigkeiten zu Korrekturen, wobei die dann schon eingetretenen Schäden beträchtlich sein können. Beispielhaft dafür ist der halbstaatliche Rüstungs- und Flugzeugkonzern EADS, dessen Turbulenzen im Sommer 2006 Reputation und Stellung im Wettbewerb mit der privatwirtschaftlich geführten Boeing-Gruppe erheblich beschädigt haben. Dies alles belegt, dass Professionalität, Kompetenz und charakterliche Eignung der Führungsorgane sowie schlanke Strukturen unausweichliche Voraussetzungen für erfolgreiche Verwaltungsratsarbeit und für den Erfolg einer Firma sind.

131

8.4 Die «ideale» Grösse des Verwaltungsrates

Die Ausführungen über die erforderliche Professionalisierung und Organisation der Arbeit des Verwaltungsrates haben aufgezeigt, dass der Einsatz von Ausschüssen sinnvoll und notwendig ist. Der Swiss Code empfiehlt denn auch nachdrücklich die Bildung solcher Ausschüsse. Für grosse börsenkotierte Gesellschaften (Typus SMI und teilweise SMIM) sollten im Normalfall die drei üblichen Ausschüsse als Regel gelten: Prüfungsausschuss, Nominierungsausschuss und Entschädigungsausschuss. Für kleinere Gesellschaften (Typus «Small Cap» SPI) mögen zwei Ausschüsse genügen: Die Funktionen «Nominierung» und «Entschädigung» lassen sich hier zusammenlegen. Der Prüfungsausschuss hingegen ist aufgrund seiner Bedeutung für Rechnungslegung, Überwachung und Kontrolle in jedem Fall notwendig. Wir konzentrieren uns im Folgenden zur Bestimmung der idealen Grösse des Verwaltungsrates auf grosse Gesellschaften mit drei Ausschüssen. Nach unserer Auffassung ist die Dimension dann als ideal zu betrachten, wenn sie die Bildung der erwähnten drei Ausschüsse zulässt (untere Grenze) und gleichzeitig die Zahl der Mitglieder noch die Führung eines intensiven Dialoges mit Beteiligung aller erlaubt (obere Grenze).

Die Ausschüsse sollten, um funktionsfähig zu sein und einen sinnvollen Meinungsaustausch zu erlauben, mindestens zwei, besser aber drei Mitglieder umfassen. In den USA sind für den Prüfungsausschuss drei Mitglieder sogar vorgeschrieben. Bei einer Normalausstattung des Verwaltungsrates mit drei Ausschüssen ergibt dies bereits sechs bis neun Mitglieder. Dazu kommt der Präsident und eventuell der Vorsitzende der Geschäftsleitung (CEO), falls dieser ebenfalls Mitglied des Verwaltungsrates ist. Daraus lässt sich ein «Normal-Verwaltungsrat» von acht bis elf Mitgliedern errechnen. Wird das Gremium grösser dimensioniert, so nimmt seine Effizienz zunehmend ab, weil eine vertiefte Diskussion – als Erfordernis einer sachgemässen Entscheidungsfindung – aus Zeitgründen kaum mehr möglich ist. Dies hat zur Folge, dass einzelne Mitglieder wenig oder gar nicht zu Wort kommen und unter Umständen zu einer Statistenrolle verurteilt sind. Tatsächlich hat eine empirische Untersuchung von Grünbichler und Oertmann für die Schweiz ergeben, dass Verwaltungsratsgremien «mittlerer Grösse», verstanden als 8 bis 13 Mitglieder, tendenziell die beste Performance erreichen.[128] Ausländische Untersuchungen bestätigen zudem eine negative Korrelation zwischen einer wachsenden Anzahl von Verwaltungsratsmitgliedern und der Unternehmungsperforman-

---

128 Grünbichler Andreas und Oertmann Peter: Working Paper, Universität St. Gallen, 1995.

ce. Bebchuk[129] bemerkt dazu, dass in einem grossen Verwaltungsrat das einzelne Mitglied sich wegen der geringeren menschlichen Kohäsion weniger verantwortlich fühlt, an Motivation verliert und der CEO entsprechend an Macht und Einfluss gewinnt. Der Swiss Code äussert sich zur Frage der Mitgliederzahl salomonisch: «Der Verwaltungsrat soll so klein sein, dass eine effiziente Willensbildung möglich ist, und so gross, dass seine Mitglieder Erfahrung und Wissen aus verschiedenen Bereichen ins Gremium einbringen und die Funktionen von Leitung und Kontrolle unter sich verteilen können.» Es ist wohl richtig, in dieser Frage auf eine weitergehende oder gar einschränkende Empfehlung zu verzichten, zumal unternehmungsspezifische Umstände hier Flexibilität verlangen. Komplexität der Geschäftstätigkeit, Struktur des Geschäftes und Risikoprofil spielen dabei eine Rolle.

Eine Erhebung der Mitgliederzahl in den Verwaltungsräten der 26 im SMI kotierten Publikumsgesellschaften per Ende 2005 ergibt einen Durchschnitt von neun Mitgliedern. Im Minimum wurden fünf Mitglieder (Lonza), im Maximum 13 Mitglieder (Richmont) gezählt. Diese Zahlen liegen in der Nähe des theoretisch ermittelten Idealbereiches von acht bis elf Mitgliedern.

Abbildung 13:

Anzahl Verwaltungsratsmitglieder bei SMI-Gesellschaften 2005

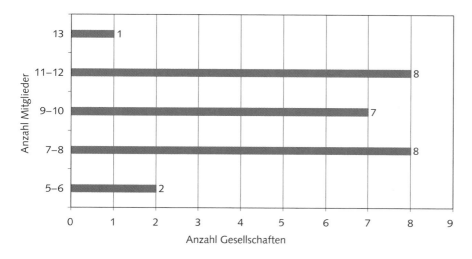

Quelle: Aktienführer Schweiz 2005/6 Verlag FuW

---

129 Bebchuk Lucian, Fried Jesse, a. a. O., S. 81.

Auf die Gefahr einer Aufblähung des Verwaltungsrates und unzweckmässiger Strukturierung der Spitze (Co-Präsidium), die als effizienzschädliche Folgen von Fusionen oder Akquisitionen auftreten können, haben wir im Kapitel 7.1 (Professionalisierung der Verwaltungsratsarbeit) hingewiesen.

8.5 Die optimale Amtsdauer eines Verwaltungsratsmitgliedes

Unter Amtsdauer, auch Wahlperiode genannt, versteht das Aktienrecht die Anzahl Jahre, für die ein Verwaltungsratsmitglied von der Generalversammlung der Aktionäre gewählt wird. Nach heutigem Recht beträgt die Höchstdauer einer Wahlperiode sechs Jahre. Geht man davon aus, dass die Wiederwahl der Zeitpunkt ist, zu dem sich der Verwaltungsrat der Beurteilung seiner Amtsführung durch die Aktionäre zu stellen hat, erscheinen sechs Jahre als zu lang. Die Statuten der börsenkotierten Gesellschaften setzen denn auch meistens kürzere Wahlperioden fest. Als Normalfall gelten drei Jahre, ein Zeitraum, den auch das Gesetz für den Fall vorsieht, dass die Statuten keine entsprechende Präzisierung enthalten.

Eine vorzeitige Abberufung des Verwaltungsrates oder einzelner Mitglieder durch die Generalversammlung ist rechtlich durchaus möglich.[130] In der Praxis kommt dies allerdings selten vor, weil es als ein überaus starker Eingriff gilt, der für den oder die Betroffenen persönlichkeitsverletzend wirkt und ein offensichtliches Versagen voraussetzt, was selten mit der notwendigen Bestimmtheit nachgewiesen werden kann. Ausserdem kommt hier der Charakter des Verwaltungsrates als Kollektivorgan ins Spiel: Die Verantwortung wird gemeinsam getragen. Das Ende der Amtsperiode ist hingegen der natürliche Zeitpunkt, um eine Beurteilung der Arbeit des Verwaltungsrates und auch jedes einzelnen Mitgliedes vorzunehmen und die Wiederwahl abzulehnen, wenn die Amtsführung von der Generalversammlung als ungenügend betrachtet wird. Die Rechenschaftsablage steht hier für die Aktionäre im Vordergrund, und ihr Verdikt – Wiederwahl oder Abwahl – wird als logische Konsequenz von den Mitgliedern des Verwaltungsrates auch moralisch akzeptiert.

Aus den erwähnten Gründen ist im Interesse der Aktionäre eine Verkürzung der heute maximal möglichen Amtsdauer gerechtfertigt. Die Arbeitsgruppe «Corporate Governance» zur Teilrevision des Aktienrechtes schlägt denn auch in ihrem Bericht aus dem Jahr 2004 vor, diese auf vier Jahre zu beschränken. Weiter möchte die Arbeitsgruppe nicht gehen, weil sie sich dem

---

130 Bisher waren allerdings die Hürden für solche Aktionärsanträge zu hoch. Das soll sich mit der laufenden Revision des Aktienrechtes ändern.

Grundsatz der Gestaltungsfreiheit verpflichtet fühlt und zwingende Vorschriften des Gesetzes auf das wirklich Notwendige beschränken will. Diese Haltung ist umso eher verständlich, als sich die Corporate Governance in der Schweiz in den letzten Jahren erheblich verbessert hat und unser Land in Kontinentaleuropa heute in dieser Beziehung zur Spitzengruppe gehört. Die Einführung des Swiss Code of Best Practice als Selbstregulierungsmassnahme der Wirtschaft hat hier unerwartet starke Wirkung entfaltet.

Demgegenüber sieht der Vorentwurf zur Revision des Aktien- und Rechnungslegungsrechts im Obligationenrecht vom 2. Dezember 2005 vor, dass die Amtsdauer des Verwaltungsrates auf ein Jahr beschränkt wird (Art. 710, Abs 1). Als Begründung wird im Begleitbericht lakonisch Folgendes ausgeführt: «Das Aktionariat erhält damit die Möglichkeit, jedes Jahr die Leistung der Verwaltungsratsmitglieder individuell zu bewerten.» Individuell deshalb, weil der Vorentwurf zusätzlich vorsieht, dass die Mitglieder obligatorisch einzeln zu wählen sind, eine Massnahme, die im Interesse der Aktionäre zu befürworten ist. Die Einführung einer einjährigen Amtsdauer hingegen widerspricht den Erkenntnissen und Bedürfnissen der Praxis und kann sich auf die Corporate Governance schädlich auswirken. Dies soll nachfolgend begründet werden.

Die Komplexität der Führung einer modernen Grossunternehmung bedingt eine lange Einarbeitungszeit. Ein Jahr ist dazu völlig ungenügend. Professionelle Verwaltungsratsarbeit setzt den Erwerb von unternehmungsspezifischen Kenntnissen und Erfahrungen voraus, die ein Verwaltungsratsmitglied erst zur produktiven Mitarbeit qualifizieren. Die Lernkurve dafür ist mehrjährig. Effizienz und Effektivität steigen mit zunehmender Erfahrung im Umgang mit den Problemen der Unternehmung und Vertrautheit mit den Persönlichkeiten im Verwaltungsrat und in der Geschäftsleitung. Vertrauensvolle Zusammenarbeit braucht ihre Zeit. Dazu kommt die sich nur langsam schliessende «Wissenslücke». Es ist in dieser Hinsicht bezeichnend, dass in einer Umfrage 25 konsultierte Verwaltungsratspräsidenten unter anderem feststellen, dass nach ihrer Auffassung ihre Verwaltungsratsmitglieder das Unternehmen zu wenig gut kennen.[131]

Unter diesen Aspekten macht es wenig Sinn, den Prozess der Kenntnis-, Erfahrens- und Vertrauensbildung nach einem Jahr abrupt zu beenden. Dies umso weniger, als eine zuverlässige Beurteilung der Qualität der Arbeit eines neuen Verwaltungsratsmitgliedes nach einem Jahr durch die Aktionäre noch kaum möglich ist. Eine solche Beurteilung ist überhaupt in Frage zu stellen, denn die Leistungen eines einzelnen Mitglieds des Verwaltungsrates sind aus

---

131 Knight Gianella & Partner, Neuntes VR-Rating, ausgeführt durch Demoscope, Juni 2006.

der Optik der Aktionäre schwer bis unmöglich abzuschätzen. Zur Erinnerung: Der Verwaltungsrat ist ein Kollektivorgan, das in der Regel solidarisch handelt.

Eine Amtsdauer von nur einem Jahr beeinträchtigt zudem in hohem Masse Stellung und Autorität des Verwaltungsrates gegenüber der Geschäftsleitung. Seine Funktion als ein von der exekutiven Führung unabhängiges Organ, das im Interesse der Aktionäre eigenständige Willensbildung und Entscheidungsfindung zu gewährleisten hat, wird damit infrage gestellt. Macht und Einfluss des CEO, die durch dessen natürlichen Informationsvorsprung und seine prominente Stellung als operativer Vollzeit-Leiter begründet sind, werden dadurch gestärkt. Einseitige, von der Geschäftsleitung favorisierte Entscheide werden wahrscheinlicher. Zu der natürlichen Asymmetrie der Information zwischen Verwaltungsrat und Geschäftsleitung käme so nun auch noch eine Asymmetrie der Amtszeiten. Es macht in keiner Weise Sinn, einerseits dem Verwaltungsrat gesetzlich die Oberleitung und Oberaufsicht der Gesellschaft zu überbinden, dann aber anderseits seine Stellung durch mögliche vorzeitige Abberufung zu schwächen. Konsequenterweise müsste gleichzeitig auch die Amtszeit des CEO und der Geschäftsleitung entsprechend verkürzt werden, denn Unfähigkeit oder Fehler des CEO sind in der Praxis ebenso häufig Ursache von geschäftlichem Misserfolg wie eine schwache Leistung des Verwaltungsrates. Dass eine solche Regelung aber schwerwiegende negative Konsequenzen auf die Qualität und Kontinuität der Führung haben könnte, dürfte klar sein.

Ein weiterer Aspekt betrifft die Motivation und den Einsatzwillen der Verwaltungsratsmitglieder. Zweifellos werden diese durch die Beschränkung ihrer Amtszeit auf ein Jahr geschwächt. Die Zukunft wird für sie unberechenbarer, und mancher Kandidat wird sich fragen, ob er Mühe, Zeitaufwand und gestiegene Verantwortung, die heute mit beträchtlichen moralischen und gesetzlichen Risiken verbunden ist, überhaupt in Angriff nehmen will, und ob er seine Funktion, konstruktive Kritik zu üben, überhaupt ausüben kann. Denn er muss damit rechnen, als «unbequemer Kritiker» von einem auf Harmonie oder Machterhaltung bedachten Verwaltungsrat nicht mehr zur Wiederwahl vorgeschlagen zu werden. Sigrid Artho, Partnerin in einer Management-Consulting-Firma, zitiert einen Verwaltungsrat: «Klartext, Ehrlichkeit und Offenheit können im Verwaltungsrat störend sein. Man kann sein Mandat verlieren.» Auch könnte der CEO seine Abwahl betreiben; dessen Einfluss auf die Selektion von Mitgliedern des Verwaltungsrates wird meist unterschätzt.[132]

---

132 Deshalb sind wir auch der Meinung, dass ein Verwaltungsratsmitglied, das zugleich als CEO bei einer andern Publikumsgesellschaft im Hauptamt tätig ist, wegen seiner plausiblen Affinität mit der Geschäftsleitung nicht als unabhängig zu betrachten ist (vgl. Kapitel 8.4).

Solche Unberechenbarkeiten werden dazu führen, dass der Mangel an guten Verwaltungsratsmitgliedern zusätzlich verschärft wird. Ein Mandat mit unsicheren Zukunftsaussichten ist unattraktiv, und Rücktritte würden in Krisensituationen, in denen Führungsstabilität besonders gefordert ist, wahrscheinlich häufiger auftreten. In diesem Zusammenhang darf nicht vergessen werden, dass bei jedem Austritt wertvolle Erfahrung und Kenntnisse verloren gehen, die nicht unmittelbar ersetzbar sind: Ein neues Mitglied braucht jeweilen Jahre, bis es den für produktive Mitarbeit notwendigen Wissens- und Erfahrungsstand erreicht hat.

Schliesslich wird auch eine vorausschauende Planung der Ablösung der Mitglieder des Verwaltungsrates mit Sicherheit erschwert. Da solche Ablösungen unter der vorgeschlagenen neuen Vorschrift auch kurzfristig eintreten können, erhöht sich die Gefahr von Fehlbesetzungen, weil die notwendige gründliche Abklärung der Qualifikation des Kandidaten nicht immer möglich wäre. Dies liegt in keiner Weise im Interesse der Aktionäre und der Gesellschaft.

Es wird auch etwa behauptet, auch vom Vorsteher des Justiz- und Polizeidepartementes selbst, dass die Einführung einer einjährigen Amtsdauer, wie es die Vernehmlassungsvorlage zur Revision des Aktienrechtes vorsieht, indirekt auch zur Vermeidung oder Dämpfung excessiver Managementgehälter beitragen könne, indem Vertreter ungehemmter Gehaltspolitik weggewählt werden könnten. Dies ist unseres Erachtens eine Illusion. Man müsste dann schon den gesamten Verwaltungsrat abwählen, denn er ist es ja, der letztlich die Entschädigungspolitik festlegt, die Managementverträge genehmigt sowie seine eigene Entschädigung bestimmt. Eine solche Abwahl wäre unverhältnismässig, denn die Gehaltspolitik ist nur eine von vielen Bestimmungsgrössen guter Konzernpolitik. So sind die Aktionäre der erfolgreichen UBS wohl kaum geneigt, den Verwaltungsrat abzuwählen, nur weil Herr Ospel und seine Teamkollegen zu viel verdienen. Die Abwahl einzelner Verwaltungsräte, z. B. der Mitglieder des Entschädigungsausschusses, ist ebenfalls problematisch, weil damit im solidarisch handelnden Verwaltungsrat nicht unbedingt jene Exponenten getroffen werden, die für eine übersetzte Gehaltspolitik mitverantwortlich sind – so üblicherweise auch der Präsident und der CEO. Und ganz allgemein ist festzustellen, dass die Traktandierung einer Abwahl durch die Generalversammlung aus administrativen und psychologischen Gründen wegen der Gehaltspolitik allein eine zu grosse Hürde für unzufriedene Aktionäre darstellt. Wir werden in einem späteren Kapitel feststellen, dass als einziges wirksames Mittel zur Vermeidung übertriebener Gehaltssysteme die obligatorische Abstimmung über die Gehaltspolitik an der Generalversammlung der Aktionäre zu betrachten ist.

137

Diese Überlegungen zeigen deutlich, dass die Verkürzung der Amtszeit des Verwaltungsrates auf ein Jahr keinen Sinn macht. Sie ist weder im Interesse der Aktionäre noch im Interesse der Unternehmung, weil die «Checks and Balances» im Machtgefüge der Führungsorgane dadurch ins Ungleichgewicht gebracht würden. Sie ist aber auch, und dies ist wohl einer der wichtigsten Gesichtspunkte, absolut unnötig. Schon heute kann eine Gesellschaft, wenn die Aktionäre es wollen, die Amtszeit des Verwaltungsrates durch die Statuten auf ein Jahr beschränken; davon machen übrigens einige SMI-Gesellschaften schon heute Gebrauch. Und schon heute ist es möglich, ein Verwaltungsratsmitglied während seiner Amtsdauer ohne Angabe von wichtigen Gründen durch Beschluss der Generalversammlung abzuberufen (Art. 705 OR). Eine andere Lösung könnte darin bestehen, zwingend vorzuschreiben, dass die Amtsdauer der Verwaltungsratsmitglieder so gestaffelt wird, dass beispielsweise jedes Jahr ein Drittel der Mitglieder sich der Wiederwahl stellen müsste, eine Modalität, von der verschiedene Gesellschaften schon heute freiwillig Gebrauch machen. Dadurch wird den Aktionären jedes Jahr Gelegenheit geboten, sich über die Leistung des Spitzenorganes Gedanken zu machen und gegebenenfalls zu reagieren. Durch die Staffelung wird zudem die Nachfolgeplanung immer wieder ins Bewusstsein des Nominierungsausschusses gerückt und dadurch in Schwung gehalten.

Zum Schluss: Eine einjährige Amtsdauer betrachten wir nicht nur als unnötig, sondern als kontraproduktiv für eine gute Corporate Governance. Wir schliessen uns hier voll der Auffassung der Arbeitsgruppe Böckli zur Teilrevision des Aktienrechts an, wonach grundsätzlich die Selbstregulierung einer gesetzlichen Lösung vorzuziehen ist und in diesem Sinne das heutige Gesetz für die Festsetzung der Amtsdauer des Verwaltungsrates und für seine Abberufung dem Aktionariat einen genügend grossen Spielraum einräumt, wobei allerdings eine Reduktion der Maximaldauer der Amtszeit auf vier oder besser noch drei Jahre sinnvoll ist. Es ist dann an den Aktionären, diesen Spielraum auszunutzen und die Amtsdauer gegebenenfalls zu verkürzen.

8.6 Die Frage der Begrenzung der Mandatszahl

Die verschärften Vorschriften der Börse, die formal im Swiss Code festgehaltenen Empfehlungen zur Corporate Governance und die daraus entstandene Tendenz zur Professionalisierung der Verwaltungsratsarbeit haben nicht nur Konsequenzen bezüglich der steigenden Anforderungen an die intellektuelle und fachliche Kompetenz der Mitglieder des Verwaltungsrates. Ebenso wichtig erscheint die Frage des Zeitaufwandes und der oft spontan notwendigen Einsatzmöglichkeit – eine persönliche Ressource, die bei den in der Regel im Nebenamt tätigen, viel beschäftigten nicht exekutiven Mandatsträgern meist nur begrenzt vorhanden ist. Vier bis sechs Tagessitzungen pro Jahr stellen im Fall grosser Publikumsgesellschaften ein heute wohl ungenügendes Minimum dar; dazu kommt die Vorbereitungszeit, die bei seriösem Studium der Unterlagen für die Sitzung wiederum mindestens einen Tag beanspruchen wird. Ist der Mandatsträger auch noch Mitglied eines der drei heute üblichen Ausschüsse, was die Regel sein dürfte, so kommt hier eine weitere zeitaufwendige Beanspruchung dazu. Ausserdem ist es zunehmend üblich, dass der Verwaltungsrat als Kollektiv mindestens einmal pro Jahr an internen Seminarien sowie an Sitzungen der Geschäftsleitung teilnimmt, um sich in Führungs- und Strategiefragen weiterzubilden und um einen besseren Einblick in die operationelle Arbeit der Exekutive zu gewinnen. Immer häufiger werden auch meist zeitlich unvoraussehbare Sondersitzungen notwendig, um bei grossen Investitionen oder Strategievorlagen – im Vordergrund stehen hier M&A-Geschäfte – rasche Entscheide zu treffen. Für die im Milizsystem nebenamtlich tätigen Mitglieder, die in den Verwaltungsräten die Mehrheit stellen, entsteht so eine erhebliche zeitliche und meist auch psychische Belastung, denn Aktionäre, Medien und Aufsichtsorgane verfolgen ihre Arbeit heute sehr genau und geizen nicht mit Kritik. Hat ein Mitglied mehrere Mandate, so kann sich daraus leicht eine Überbelastung oder sogar eine Überforderung ergeben.[133] Es stellt sich hier die Frage einer Mandatsbeschränkung, sei es per Gesetz oder sei es durch eine indikative Regel im Swiss Code. Nach unserer Auffassung ist aber eine solche Regelung abzulehnen, weil sie sich in der Praxis angesichts der Vielfalt der Situationen als zu rigide oder als arbiträr erweisen würde:

- Die Leistungskapazität bei den einzelnen Mandatsträgern ist verschieden. Was der eine noch bequem verkraften kann, ist bei einem andern vielleicht schon eine Überforderung.
- In der Tendenz würde eine restriktive Regel den Kreis der für Mandate infrage kommenden Personen – deren Anzahl ohnehin schon ungenügend erscheint – weiter einengen.

---

133 Eine Untersuchung aus dem Jahre 1990 zeigt, dass damals bei den grossen Schweizer Publikumsgesellschaften (Typus SMI) ein Jahrespensum von 20 Stunden Sitzungsdauer für ein gewöhnliches Mitglied und von 52 Stunden für ein Ausschussmitglied die Regel war (vgl. Glaus Bruno U., Unternehmungsüberwachung durch schweizerische Verwaltungsräte, Diss. St. Gallen Nr. 1163, 1990). Dies ist heute undenkbar. Der Zeitbedarf hat sich seither mehr als verdoppelt. Das Jahrespensum eines Verwaltungsrates überschreitet heute den Arbeitsaufwand eines Monates unter Umständen beträchtlich (vgl. dazu auch: Fontana Mario, Vortrag ZfU-Seminar: «Der Verwaltungsratspräsident», 2006).

- Professionelle Verwaltungsräte, die diese Tätigkeit als Hauptberuf betreiben, können multiple Mandate verkraften.
- Die einzelnen Mandate stellen unterschiedliche fachliche und zeitliche Anforderungen. Deshalb ist die Anzahl der Mandate kein zuverlässiger Gradmesser. Umsatzgrösse, Komplexität und Risikoprofil der Gesellschaften spielen hier eine Rolle.

Trotz unserer ablehnenden Haltung hinsichtlich strikter Vorschriften zur Begrenzung der Zahl von Verwaltungsratsmandaten bleibt aber das Thema Arbeits- und Zeitaufwand unter dem heutigen anspruchsvollen Führungsmodell relevant. Böckli, dem aufgrund langjähriger Verwaltungsratsarbeit erhebliche Praxisnähe attestiert werden kann, ist in dieser Frage geradezu kategorisch, wenn er sagt: «In Tat und Wahrheit sind heute, unter den verschärften Anforderungen, welche die Corporate Governance mit sich bringt, mehr als höchstens drei Verwaltungsratsmandate in Publikumsgesellschaften im Nebenamt zeitlich kaum mehr zu bewältigen.»[134] Vor diesem Hintergrund erscheint es doch als zweckmässig, im Swiss Code ausdrücklich darauf hinzuweisen, dass die Annahme eines Mandates mit der strengen Verpflichtung verbunden ist, den notwendigen Zeitaufwand zur Verfügung zu stellen. Eine entsprechende Formulierung könnte etwa lauten: «Jedes Mitglied des Verwaltungsrates hat die Zahl der ausgeübten aktiven Mandate so zu beschränken, dass es den daraus entstehenden Pflichten, Verantwortungen und zeitlichen Belastungen gerecht werden kann.» Die Begrenzung der Mandate wird damit in die Eigenverantwortung verwiesen, gibt aber dem Nominierungsausschuss, der über die Wahl von Verwaltungsratskandidaten vorentscheidet, eine klare Richtlinie für ein sehr wichtiges Selektionskriterium. Im Rahmen der Transparenzvorschriften der Börse müssen übrigens die einzelnen Mandate jedes Mitgliedes des Verwaltungsrates im Geschäftsbericht ausgewiesen werden, was zweifellos zur Zurückhaltung in der Annahme von Mandaten beiträgt. Es braucht aber zusätzlich die Kritik der Aktionäre – insbesondere der institutionellen Anleger –, wenn einzelne Verwaltungsratsmitglieder in der Zahl der ausgeübten Mandate übertreiben.[135]

Zu einer differenzierten Meinung bezüglich der Begrenzung der Mandate gelangen wir allerdings dann, wenn wir die Funktion des Mandatsträgers im Verwaltungsrat in die Beurteilung mit einbeziehen. Die beiden Funktionen

---

134 Böckli Peter, Das Schweizer Aktienrecht, Ausgabe 2004, S. 1437 f.
135 Das Deutsche Aktienrecht kennt eine Beschränkung der Mandate für Aufsichtsräte: höchstens zehn Mandate, zuzüglich fünf im eigenen Konzern. Diese grosszügige «Begrenzung» wird dem Problem nicht gerecht.

Präsident und Delegierter (als CEO) erfordern unter den heute herrschenden Regeln guter Corporate Governance ein derart hohes Mass an Einsatzfähigkeit und Zeitbedarf, dass es diesen in der Regel kaum möglich ist, auch noch in einer oder gar mehreren andern Publikumsgesellschaften die gleichen Funktionen mit der nötigen Sorgfalt auszuüben. Sorgfaltspflicht hat heute nicht nur rechtlich, sondern auch moralisch einen höheren Stellenwert als früher. Wenn beispielsweise der CEO und Vizepräsident des Verwaltungsrates einer der grössten Industriegesellschaften der Schweiz auch noch als Vizepräsident des Verwaltungsrates von zwei weiteren grossen SMI-Gesellschaften amtiert, strapaziert dies das Verständnis der Aktionäre und der Öffentlichkeit. Die Prioritäten des Amtsinhabers werden durch eine solche Situation verwässert, und der Verdacht liegt nahe, dass wir hier ein klassisches Beispiel des Schweizer «Filzes» vor Augen haben, bei dem wichtige Positionen in der Wirtschaft mit Personen aus dem prominenten Freundeskreis besetzt werden. Übertriebener Ehrgeiz oder Geldgier können hier eine Rolle spielen. Dass die Träger multipler Mandate – notabene legitim gewählt von den respektiven Generalversammlungen – alles daran setzen, um ihren Pflichten gerecht zu werden, ändert an der professionellen Unzulässigkeit solcher Ämterkumulation nichts. Die korrekte Wahrnehmung der Verantwortung und der Pflichten ist schon aus Gründen der zeitlichen Verfügbarkeit kaum möglich und kann zu einer gefährlichen Überforderung führen. Der Vorwurf, solche Zustände zu dulden, trifft zunächst die betroffenen Verwaltungsräte, letzten Endes aber auch die Aktionäre. Es ist an ihnen, in Sachen Ämterkumulation einen Riegel zu schieben. Dazu müssen sie allerdings ihre Mitwirkungsrechte ausüben und durchsetzen können; wir haben darauf hingewiesen, dass dort noch erhebliche Mängel zu beheben sind.

9. Eigenständigkeit der Willensbildung im Verwaltungsrat

9.1 Das Prinzip

Der Swiss Code empfiehlt: «Dem Verwaltungsrat sollen Personen mit den erforderlichen Fähigkeiten angehören, damit eine eigenständige Willensbildung im kritischen Gedankenaustausch mit der Geschäftsleitung gewährleistet ist.» Dies ist in Form und Substanz eine ausserordentlich anspruchsvolle Forderung nicht nur bezüglich der gefragten Eigenschaften eines Mitgliedes des Verwaltungsrates, sondern insbesondere auch bezüglich der Willensbildung im Verwaltungsrat selbst: Sie soll «eigenständig» sein. Dies heisst im Klartext, dass der Verwaltungsrat über ein eigenes Urteilsvermögen verfügen muss und nicht allein in Abhängigkeit von Vorschlägen und Überlegungen der Geschäftsleitung entscheiden darf. Der Zusatz «im kritischen Gedankenaustausch» betont, dass solche Vorschläge nicht unbesehen übernommen, sondern ohne Ausnahme hinterfragt werden müssen. Nichts weniger als die Objektivität und Qualität der Entscheidungsfindung stehen hier auf dem Prüfstand. Böckli bezeichnet diese Empfehlung des Swiss Code mit Recht als «zentral».[136] Wird ihr nicht nachgelebt, kann der Verwaltungsrat seine gesetzliche und organisatorische Funktion der «Oberleitung und Oberaufsicht» der Gesellschaft nicht wirklich erfüllen.

Die Eigenständigkeit der Willensbildung im Verwaltungsrat kann von fünf Seiten her bedroht sein: erstens durch die natürliche Machtfülle und den Wissensvorsprung der Geschäftsleitung, zweitens durch die Einsitznahme von Geschäftsleitungsmitgliedern in den Verwaltungsrat, drittens durch mangelnde Unabhängigkeit des Gremiums als Ganzes, viertens durch fehlende Führungskompetenz des Präsidenten und fünftens durch die Existenz einer kritiklosen Konsenskultur. Diese fünf «Gefahrenherde» wollen wir nun der Reihe nach betrachten.

9.2 Die Wissenslücke

Die wohl wichtigste und zugleich potenziell gefährlichste Beeinträchtigung einer eigenständigen Willensbildung im Verwaltungsrat ergibt sich aus der sogenannten «Wissenslücke». Dieser Ausdruck bezeichnet den Zustand

---

136 Böckli Peter, Das Schweizer Aktienrecht, Schulthess, 3. Auflage, 2004, S. 1811.

eines nicht deckungsgleichen Informationsstandes des Verwaltungsrates und der Geschäftsleitung bezüglich der Geschäftslage. Man spricht deshalb auch von einer «Information Asymmetry». Die exekutive Stellung und die Verbundenheit mit dem täglichen operativen Geschehen privilegieren die Geschäftsleitung informationsmässig; sie geniesst gegenüber dem Verwaltungsrat einen Wissensvorsprung. Da sich der Verwaltungsrat nur in längeren Abständen zu seinen Beratungen trifft, ist er auf die Berichterstattung der Geschäftsleitung angewiesen. Ohne deren periodischen Informationsinput ist er weitgehend «blind». Diese Situation tangiert den Kern seiner Funktionsfähigkeit, denn nur ein gut informierter Verwaltungsrat ist auch diskussions- und entscheidungsfähig.

Der Wissensvorsprung der Geschäftsleitung steigert deren Machtfülle, die sie als exekutives Organ ohnehin besitzt. Ihr Einfluss auf die Meinungsbildung im Verwaltungsrat kann dadurch dominant werden. Diese Wirkung ist die natürliche Folge des oben erklärten asymmetrischen Informationsstandes der beiden Organe und ergibt sich gewissermassen automatisch, auch ohne jede Absicht der Geschäftsleitung. Es entsteht aus dieser Situation aber auch die Versuchung für das Exekutivorgan, die Entscheidungsfindung des Verwaltungsrates bewusst und aktiv zu beeinflussen, mit dem Ziel, der eigenen Agenda zum Durchbruch zu verhelfen. Ist der CEO eine dominante Persönlichkeit, ist diese Versuchung besonders gross. Es können auch Schwachstellen in der operativen Führung verschleiert und unangenehme Informationen herausgefiltert werden, um Kritik und Einflussnahme durch den Verwaltungsrat zu vermeiden. Neville Bain und David Band stellen in dieser Beziehung fest: «The information that the supervisory board (der Verwaltungsrat) receives, stems basically from management, which is biased in its own favor. As a consequence, the strategic direction taken by the managing board (Geschäftsleitung) is not questioned, important constituencies' interest are neglected, or managers pursue random interests and opportunistic thrusts, respectively.»[137]

Die Wissenslücke muss auch deshalb als ein besonders gravierendes Problem bezeichnet werden, weil durch einseitige Beeinflussung durch das Management die Qualität der Entscheidungen des Gremiums infrage gestellt wird. Diese mögliche negative Konsequenz muss jeden Verwaltungsrat veranlassen, durch entsprechende Massnahmen und Verhaltensregeln die Wissenslücke zu schliessen, wobei allerdings ihre vollständige Eliminierung aus

137 Bain Neville and Band David, Winning Ways Through Corporate Governance, London, McMillan Press, 1996.

den schon erwähnten Gründen der natürlichen Informationsasymmetrie nicht möglich sein wird.

Wichtigste Massnahme zur Bekämpfung der Wissenslücke ist eine umfassende periodische Berichterstattung an den Verwaltungsrat: Hier handelt es sich um eine gemeinsame Aufgabe der beiden obersten Führungsgremien.[138] Es gilt, ein Informationssystem zu entwickeln und einzurichten, das in Form und Inhalt, quantitativ und qualitativ, vergangenheits- und zukunftsbezogen in rascher Folge – in der Regel monatlich – so umfassend orientiert, dass das einzelne Verwaltungsratsmitglied in der Lage ist, sich ein eigenes und zutreffendes Bild über den Gang der Geschäfte, die Vermögens-, Ertrags- und Liquiditätslage und die sich stellenden strategischen Probleme der Unternehmung zu machen. Gelingt dies nicht, so ist der Verwaltungsrat in seiner Funktion als unabhängige Entscheidungsinstanz zum vornherein handicapiert. Gute Berichterstattung wird damit zu einer zentralen Aufgabe der Führungsorgane.

Für die Berichterstattung an den Verwaltungsrat gibt es verschiedene Modelle, die sich in der Praxis bewährt haben. Hier sei nur eines davon erwähnt: Die «Balanced Scorecard». Es handelt sich dabei um ein holistisches Management- und Überwachungssystem, das von Robert S. Kaplan und David P. Norton entwickelt worden ist.[139] Weil dieses System holistisch, d. h. ganzheitlich und umfassend ist und seine Einführung wegen seiner Komplexität das Management und den Verwaltungsrat zur engen Zusammenarbeit zwingt, ist die Chance, die Asymmetrie der Information zu begrenzen, besonders hoch. Das System wird laufend aufdatiert und kann dem Verwaltungsrat beispielsweise über das Internet zur Verfügung gestellt werden. Es ist strategisch ausgerichtet und erlaubt ein kontinuierliches Monitoring des Geschäftsverlaufes.[140] Dieses oder ähnliche Instrumente der laufenden Berichterstattung an den Verwaltungsrat erfordern von dessen Mitgliedern einen erhöhten intellektuellen und zeitlichen Arbeitsaufwand. Die zur Verfügung stehenden Unterlagen müssen von jedem Mitglied regelmässig konsultiert, studiert und interpretiert werden.

---

138 Peter Böckli betont, dass Information nicht nur eine «Holschuld» des Verwaltungsrates, sondern auch eine «Bringschuld» des Managements ist (Schweizer Aktienrecht, S. 1815).
139 Kaplan Robert S./Norton David P., The Balanced Scorecard – The Measure that Drive Performance, Harvard Business Review, Jan./Febr. 1992.
140 Rick Katharina B., Corporate Governance and Balanced Scorecard, Universität St. Gallen, 2002.

9.3 Einsitznahme von Geschäftsleitungsmitgliedern in den Verwaltungsrat

Durch ihren Wissensvorsprung und profunde Kenntnis der operativen Geschäftsvorgänge übt die Geschäftsleitung als ernst zu nehmender Diskussionspartner an sich schon einen nicht zu unterschätzenden Einfluss auf die Entscheidungsfindung im Verwaltungsrat aus. Dieser Einfluss wird noch wesentlich verstärkt, wenn Mitglieder der Geschäftsleitung im Verwaltungsrat Einsitz nehmen. Das monistische System des Schweizer Aktienrechts lässt bekanntlich eine solche Einsitznahme zu. Meist geschieht dies in Form der Ernennung des CEO zum Delegierten des Verwaltungsrates; in heute eher seltenen Fällen sind sogar mehrere Mitglieder der obersten Geschäftsleitung im Verwaltungsrat vertreten. Dadurch wird das organisatorische und betriebswirtschaftliche Prinzip der Trennung von Leitung und Kontrolle teilweise durchbrochen. Es entstehen aus dieser Situation heraus positive und negative Effekte auf die Willensbildung im Verwaltungsrat. Positiv ist zu werten, dass dadurch die Wissenslücke und Informationsasymmetrie verkleinert und die Einsicht in die Probleme und die Arbeit der Geschäftsleitung durch die unmittelbare Verfügbarkeit von Ansichten und Argumenten der operativen Führung in der Diskussion verbessert und vertieft werden. Eine ähnliche Wirkung kann allerdings erreicht werden, wenn man den CEO bzw. die Geschäftsleitung zu den Sitzungen des Verwaltungsrates einlädt, wie es übrigens nach unserer Auffassung die Regel sein sollte. Doch erst die Zugehörigkeit zum Verwaltungsrat zwingt ihn, sich mit diesem Gremium und dessen spezifischer Verantwortung persönlich zu identifizieren; dazu gehört auch die intensive fachliche Auseinandersetzung mit andern Meinungen auf «gleicher Augenhöhe» und nach gleichen Regeln. In dieser Rolle kann er eine wertvolle «Brücke» bilden, die Verwaltungsrat und Geschäftsleitung verbindet.

Negativ zu werten ist hingegen die Tatsache, dass das exekutive Mitglied durch seinen Wissensvorsprung und seine natürliche Loyalität seinen Geschäftsleitungskollegen gegenüber, die es ohnehin vor jeder VR-Sitzung zur Meinungsbildung trifft, permanent belastet ist und dadurch in Versuchung gerät, die Ansichten des Managements im Verwaltungsrat nicht nur zu vertreten, sondern durchzudrücken. Die Doppelrolle, die er so zu spielen gezwungen ist, kann unter Umständen zu Interessenkonflikten und im Extremfall zu Gewissenskonflikten – man denke etwa an heikle Personalentscheidungen – führen. Die freie Willensbildung im Verwaltungsrat kann dadurch beeinträchtigt werden, wobei das Mass der möglichen Beeinflussung von der im Verwaltungsrat herrschenden personellen Konstellation abhängt. Handelt es sich um einen «starken», d. h. unabhängigen Verwaltungsrat und geniesst das exekutive Mitglied als integrer und fairer Diskussionspartner das Vertrauen des Gremiums, so mag die Gefahr einer ungebührlichen Beeinflussung der Meinungsbildung gering sein. Diese «ideale» Konstellation ist aber bei Weitem nicht in jeder Unternehmung vorhanden. Eine «kritische» Distanz zur Geschäftsleitung bleibt deshalb ein zentrales Gebot.

Auf einen Spezialfall der möglichen Gefährdung der unabhängigen Willensbildung im Verwaltungsrat sei hier noch hingewiesen. Häufig kommt es vor, dass der CEO nach seinem Ausscheiden aus der Geschäftsleitung zum Präsidenten des Verwaltungsrates ernannt wird. Damit übernimmt eine Persönlichkeit die Leitung der obersten Überwachungsinstanz der Unternehmung, die während ihrer exekutiven Karriere operative Entscheide getroffen und strategische Weichenstellungen mitbestimmt hat. Zusammen mit seinem Nachfolger als CEO, der vielleicht aus den eigenen Reihen stammt und von ihm gefördert worden ist, bildet er ein mächtiges und einflussreiches Zwiegespann, das dank seinem Wissensvorsprung und seiner Vernetzung mit der operationellen Ebene das Geschehen im Verwaltungsrat dominieren kann. Die unabhängige Kontrolle der Geschäftsleitung wird dadurch trotz formeller Trennung von Management und Überwachung potenziell infrage gestellt; denn es entsteht so eine Situation, die einem Doppelmandat an der Führungsspitze faktisch nicht unähnlich ist und jedenfalls eine offene und objektive Entscheidungsfindung im Verwaltungsrat erschweren kann. Darüber hinaus gerät der neue Präsident in Versuchung oder sogar in den Zwang, seine frühere Politik als CEO zu verteidigen und von ihm getroffene oder mitgestaltete Entscheide auch bei zweifelhaftem Erfolg nachträglich zu rechtfertigen oder gar Fehlentscheide zu vertuschen.[141]

Von einer derartigen Lösung der Nachfolgefrage im Verwaltungsratspräsidium ist deshalb entschieden abzuraten. Es wird aber in der gelebten Wirklichkeit wohl kaum je gelingen, diese Praxis ganz zu eliminieren. Die Gründe, warum man einen tüchtigen und bewährten CEO nach Abschluss seiner exekutiven Karriere an die Spitze des Verwaltungsrates berufen soll, sind allzu leicht zu rechtfertigen, vor allem mit dem Argument einer Verkleinerung der Wissenslücke oder der Kontinuität in der strategischen Ausrichtung. Je nach der Persönlichkeit des zu Berufenden mag es sich in einzelnen Fällen sogar um eine gute Lösung handeln. Zu beachten ist jedoch, dass die Eigenschaften, die

---

141 In der Schweiz sind drei kürzliche Fälle bekannt, wo der frühere CEO die Nachfolge des Verwaltungsratspräsidenten angetreten hat: SIKA, Givaudan und Nestlé. SIKA ist keine echte Publikumsgesellschaft, weil die Stimmenmehrheit bei einer Familie liegt. Givaudan und Nestlé hingegen sind in Streubesitz.

einen guten CEO bzw. einen guten Präsidenten auszeichnen, keineswegs voll kompatibel sind. Der Präsident muss «über der Sache» stehen, der CEO hingegen «in der Sache». Der Verwaltungsrat muss sich deshalb bei der Wahl dieser Lösung bewusst sein, dass er ein relativ hohes Risiko eingeht: Die klare Trennung von Leitung und Kontrolle wird dadurch faktisch verwässert, und im Extremfall «entmachtet» sich der Verwaltungsrat selbst. Wie bei der Wahl eines gewöhnlichen Verwaltungsratsmitgliedes ist auch bei der Neubesetzung des Präsidenten der Nominierungsausschuss einzuschalten und mit den notwendigen Abklärungen zu betrauen, sodass eine vertiefte und sachliche Diskussion im Gesamtverwaltungsrat möglich wird. Falls der ausscheidende CEO nicht schon im Verwaltungsrat sitzt, können sich auch die Aktionäre an der Generalversammlung zum Kandidaten äussern. Zur Regel sollte die Ablösung des Präsidenten durch das «Nachrutschen» des CEO aber auf keinen Fall werden; im Swiss Code wäre darauf hinzuweisen, dass es sich hier um eine Ausnahme handeln muss. Der Deutsche Corporate Governance Kodex schliesst diesen Fall als Regel ausdrücklich aus.[142]

9.4 Voraussetzungen der Unabhängigkeit des Gremiums

Die Unabhängigkeit des Verwaltungsrates, die eine authentische und freie Willensbildung ermöglicht und nicht durch ein ohnehin machtprivilegiertes Management beeinflusst werden kann, hat in der Corporate-Governance-Diskussion einen hohen Stellenwert. In den Augen der Aktionäre gilt sie als Schutz vor Fehlentscheidungen der Führung und steht für Offenheit und Unvoreingenommenheit in strategischen Fragen. Es ist deshalb verständlich, wenn in den meisten Kodizes der Grundsatz vertreten wird, dass eine Mehrheit der Mitglieder des Verwaltungsrates unabhängig sein sollte. In einzelnen Ländern ist dieser Grundsatz sogar Gesetz. So schreiben die Listing Standards der New York Stock Exchange für die Kotierung diese Modalität obligatorisch vor. Auch der Swiss Code äussert sich in Art. 12 in diesem Sinn: «Eine Mehrheit (des Verwaltungsrates) besteht in der Regel aus Mitgliedern, die im Unternehmen keine operativen Führungsaufgaben erfüllen (nicht exekutive Mitglieder).»

---

142 In Deutschland ist die Usanz, dass der Vorsitzende des Vorstandes (Geschäftsleitung) Nachfolger des Vorsitzenden des Aufsichtsrates (Verwaltungsrat) wird, besonders verbreitet. Aufgrund der von uns beschriebenen Nachteile entstand daraus harte Kritik, was zu einer Ergänzung des Deutschen Corporate Governance Kodex geführt hat. Der Kodex bestimmt in Art. 5.4.4: «Der Wechsel des bisherigen Vorstandsvorsitzenden oder eines Vorstandsmitglieds in den Aufsichtsratsvorsitz oder den Vorsitz eines Aufsichtsratsausschusses soll nicht die Regel sein. Eine entsprechende Absicht soll der Hauptversammlung besonders begründet werden.»

Die Eigenschaften, die ein VR-Mitglied aufweisen sollte, um als unabhängig und «immun» gegenüber Meinungsmonopolen des Managements zu gelten, werden allerdings verschieden definiert. Beim Swiss Code genügt es, «nicht exekutives Mitglied» zu sein, wobei die Möglichkeit offengelassen wird, dass der Verwaltungsrat weitere, restriktivere Eigenschaften festlegen kann. Wir betrachten dieses singuläre Kriterium, auch wenn es die wichtigste Voraussetzung sein mag, als völlig ungenügend für die Unabhängigkeitsvermutung. Nach unserer wesentlich strengeren Auffassung gelten nur Mitglieder als unabhängig, die

- keine Tätigkeit als Geschäftsleitungsmitglieder in der Firma ausüben oder je ausgeübt haben,
- keine geschäftlichen Beziehungen in irgend einer Form mit der Firma pflegen,
- keine Grossaktionäre sind oder vertreten (20 % Stimmrechtsanteil oder mehr) und
- keine Tätigkeit als CEO einer andern börsenkotierten Gesellschaft ausüben.

Diese vier Kriterien sollen nacheinander erörtert werden.

Fehlen einer Tätigkeit als Geschäftsleitungsmitglied: Hier darf nicht nur die Gegenwart berücksichtigt werden. Auch die Vergangenheit zählt mit. Ein ehemaliges Geschäftsleitungsmitglied wird als VR-Mitglied nicht unbedingt objektiv und frei urteilen können, zumal es die Firma früher mitgeprägt hat und sich mit den damaligen Entscheiden in der Regel identifiziert. Es wird sich somit unter Umständen schwer damit tun, zukünftige strategische Änderungen mitzutragen. Seine mögliche Befangenheit schliesst Unabhängigkeit aus. Die angloamerikanische Auffassung geht in diesem Punkt noch wesentlich weiter. Dort wird sogar die verwandtschaftliche Beziehung zu einem Geschäftsleitungsmitglied als Kriterium für mangelnde Unabhängigkeit herangezogen. Am strengsten hat es wohl der «Blue Ribbon Report» (USA, 1999) formuliert, wonach auch ein «director (Verwaltungsrat) being a member of the immediate family of an individual who is, or has been in any of the past five years, employed by the corporation or any of its affiliates as an executive officer» als nicht unabhängig zu gelten hat.

Geschäftliche Beziehungen zwischen einem VR-Mitglied und der Firma: Es kommt relativ häufig vor, dass Rechtsanwälte oder Consultants als Partner von Kanzleien oder Dienstleistungsorganisationen, welche die Unternehmung gegen Honorar aktiv beraten, im Verwaltungsrat sitzen. Auch wenn solche

Geschäfte «At Arm's Length» erfolgen und durch den Verwaltungsrat formell genehmigt worden sind, gefährden sie die Unabhängigkeit des betreffenden Verwaltungsratsmitgliedes. Nach unserer Meinung sollten sie generell unterbleiben, weil die Reputation des Verwaltungsrates in der Öffentlichkeit und bei den Aktionären darunter leidet. Der Verdacht wird nie ganz zu vermeiden sein, dass hier «Insidergeschäfte» getätigt werden. Die Regel sollte lauten, dass notwendige Dienstleistungen wie juristische, personelle und strategische Beratungen von aussenstehenden Personen und Organisationen geleistet werden. Verwaltungsratsmitglieder sind «ad personam» gewählt.

Zur Frage der Unabhängigkeit eines VR-Mitgliedes, das Grossaktionär ist bzw. ihn ausdrücklich vertritt: Hier stossen wir auf einen neuen Unabhängigkeitsbegriff. Es geht nicht mehr um die Abhängigkeit vom Management, sondern von einem Aktionär mit hoher Stimmkraft, der die Willensbildung im Verwaltungsrat erheblich beeinflussen kann. Grundsätzlich kann die Haltung eines Gross- oder Mehrheitsaktionärs – definiert als Person, Familie oder vertraglicher Pool – gegenüber dem übrigen Aktionariat zwei verschiedene Formen annehmen: Entweder bereichert er sich auf Kosten der Minderheitsaktionäre (Entrenchment Effect) oder er übt seine Kontrollmöglichkeiten auch zum Wohl der Minderheitsaktionäre aus (Incentive Effect). Aus dem Antwortverhalten auf eine Befragung deutscher Aktionäre geht hervor, dass eine deutliche Mehrheit das Vorhandensein eines Gross- oder Mehrheitsaktionärs für den Wert einer Aktie als negativ interpretiert, also die «Bereicherungsthese» vertritt.[143] Dies ist insbesondere bei den institutionellen Anlegern der Fall. Diese eher negative Perzeption eines starken Aktionärs lässt es nicht glaubwürdig erscheinen, diesen oder seinen Vertreter als Mitglied des Verwaltungsrates als «unabhängig» zu bezeichnen. Der relativ niedrige Schwellenwert von 20 % erscheint angemessen, weil in den Generalversammlungen schweizerischer Publikumsgesellschaften oft derart niedrige Präsenzzahlen ausgewiesen werden, dass der genannte Prozentsatz zur Kontrolle genügen kann.

Obwohl wir das Prinzip vertreten, dass ein Grossaktionär als Verwaltungsrat im dargestellten Beteiligungsrahmen nicht als unabhängig gelten kann, haben wir Verständnis für die da und dort noch vorhandene Ansicht, dass doch eigentlich ein Grossaktionär – weil er am Wohlergehen der Gesellschaft besonders interessiert sei – ein Garant für die Vertretung der Interessen der Kleinaktionäre sei, die ja das gleiche Interesse hätten. Diese Auffassung entspricht einem Denkmuster, wie es in den achtziger Jahren des letzten Jahrhun-

---

143 Ernst Edgar, Gassen Joachim, Pellens Bernhard, Verhalten und Präferenzen deutscher Aktionäre, Deutsches Aktieninstitut, Januar 2005.

derts noch weit verbreitet war. Bei dieser Sicht wird ausgeblendet, dass ein Grossaktionär eben auch eigene strategische Ziele verfolgen kann, wie beispielsweise eine investitionsintensive und expansive, aber dividendenlose Politik, was nicht allen Aktionären passen dürfte.

Schliesslich sind wir auch der Überzeugung, dass ein Verwaltungsratsmitglied, das in einer andern börsenkotierten Gesellschaft als CEO tätig ist, nicht als unabhängig betrachtet werden kann. Seine Interessenlage ist präjudiziert durch die Optik, die ihm seine Haupttätigkeit als exekutiver Leiter einer Publikumsgesellschaft verleiht: Er ist geübt in der Dialektik der Auseinandersetzung mit dem Verwaltungsrat. Ein solches Verwaltungsratsmitglied wird instinktiv – bewusst oder unbewusst – Sympathien für den CEO hegen und dadurch in Gefahr geraten, dessen Meinungen zu unterstützen und es so an Objektivität vermissen zu lassen. Aus diesem Grund dürfen Verwaltungsratsmitglieder mit CEO-Eigenschaft keinesfalls Mitglieder des Nominierungs- oder des Entschädigungsausschusses sein. Dieser Grundsatz müsste auch im Swiss Code verankert werden. Der Vorentwurf zur Revision des Aktienrechtes deckt dieses Erfordernis nur teilweise ab.[144]

Die Auffassung, dass eine Mehrheit des Verwaltungsrates von Publikumsgesellschaften sich aus unabhängigen und nicht exekutiv tätigen Mitgliedern zusammensetzen soll, hat sich heute fast überall durchgesetzt. In den USA ist dies eine Voraussetzung für die Börsenkotierung einer Gesellschaft. Der Combined Code in Grossbritannien verlangt, dass zumindest die Hälfte des Verwaltungsrates – den Präsidenten ausgenommen – unabhängig sein muss. In Deutschland gilt ohnehin eine strikte Trennung zwischen Geschäftsführung und Aufsicht. In der Schweiz sagt der Swiss Code in Art. 12: «Eine Mehrheit (des Verwaltungsrates) besteht in der Regel aus Mitgliedern, die im Unternehmen keine operative Aufgaben erfüllen (nicht exekutive Mitglieder).»[145] Wie die Erfahrung zeigt, lassen sich Befangenheit und das Verfolgen von Eigeninteresse bei exekutiv tätigen Mitgliedern des Verwaltungsrates generell nicht ausschliessen. Besonders virulent ist diese Gefahr innerhalb der VR-Ausschüsse. Hier ist die Unabhängigkeit aus den früher dargelegten Gründen ein unerlässliches Erfordernis.

---

144 Der Vorschlag im Vorentwurf lautet (Art 707, neu Absatz 3): «Bei Gesellschaften, deren Aktien an der Börse kotiert sind, muss ausgeschlossen sein, dass Mitglieder des Verwaltungsrates, die zugleich Einsitz in denselben Verwaltungsräten anderer Gesellschaften haben, gegenseitig Einfluss auf die Festsetzung ihrer Vergütungen haben.»

145 Hinzuweisen ist hier allerdings darauf, dass diese Formulierung noch keine «Unabhängigkeit» in unserem Sinn darstellt.

Unabhängige und nicht exekutive Mitglieder des Verwaltungsrates haben einen Vertrauensbildungseffekt bei den Aktionären. Einige forschende Ökonomen zeigen sich gegenüber den Vorteilen und den Wirkungen der Unabhängigkeit allerdings skeptisch.[146] Sie bezweifeln, dass echte Unabhängigkeit überhaupt existiert. Insbesondere sind sie auch der Meinung, frühere oder noch tätige Mitglieder der Geschäftsleitung seien als Mitglieder des Verwaltungsrats auf Grund ihrer intimen Kenntnis der Probleme und Strukturen der Unternehmung und des internen Netzwerkes und Machtgefüges in der Lage, qualitativ bessere Entscheide treffen zu können. Dies konnte bisher empirisch nie einwandfrei nachgewiesen werden, obwohl die Überlegung logisch erscheint.

Was den Input der Geschäftsleitung anbetrifft, bleibt anzufügen, dass der Verwaltungsrat selbst beim Fehlen eines operativ tätigen Vertreters im Gremium keineswegs in einem «exekutiven Vakuum» operieren und beschliessen muss. Wie erwähnt kann er zu diesem Zweck den CEO oder auch weitere Mitglieder des Managements regelmässig an den Beratungen teilnehmen lassen. Wir vertreten den Standpunkt, dass die Geschäftsleitung in die Beratungen des Verwaltungsrates, besonders wenn es um die Strategie und wichtige operative Probleme geht, eng in das Gremium eingebunden werden muss. Schliesslich handelt es sich bei der Führung einer Unternehmung um eine Teamaufgabe und einen «kollektiven Akt», an dem beide Spitzenorgane beteiligt sein müssen. Besonders der Deutsche Kodex weist auf diesen Umstand hin, wenn er in Art. 3.1 ausdrücklich sagt: «Vorstand und Aufsichtsrat arbeiten zum Wohle des Unternehmens eng zusammen.» Auch der Swiss Code äussert sich in Punkt 15 zu dieser Frage: «In der (Verwaltungsrats-)Sitzung sind in der Regel die für ein Geschäft Verantwortlichen anwesend. Personen, welche für Antworten auf vertiefende Fragen unentbehrlich sind, sind erreichbar.» Diese Formulierung erscheint uns allerdings zu schwach, lässt sie doch Verwaltungsratssitzungen zu, an denen die Geschäftsleitung nur sporadisch teilnimmt.

Wie hoch die Unabhängigkeit des Verwaltungsrates in den USA eingeschätzt wird, beweisen die neuen «Listing Standards» der NYSE, die gleichzeitig mit dem SOX im Jahr 2002 in den USA erlassen worden sind. Dort wurde eine neue Modalität eingeführt, welche die Unabhängigkeit des «Board of Directors» noch besser gewährleisten soll: Die unabhängigen «Non-Management Directors» müssen sich in regelmässigen Abständen zu sogenannten «Executive Sessions» treffen, um frei über die exekutive Führung der Gesellschaft zu diskutieren. Die Ergebnisse dieser Sitzungen, die nicht selten relevante Kritik am Management oder am «Chairman» enthalten, werden dann

146 So u. a. Schiltknecht Kurt und Bebchuk Lucian, a. a. O.

vom Vorsitzenden der «Executive Session» den Betroffenen in geeigneter Form kommuniziert.

9.5 Mangelnde Führungskompetenz des Verwaltungsratspräsidenten

Nun zur Rolle des Verwaltungsratspräsidenten: Seine Kompetenz bezüglich Leadership und Kommunikation steht hier auf dem Prüfstand. Er wird vom Swiss Code als «Garant der Information» bezeichnet, was nichts anderes heisst, als dass die Sicherstellung der rechtzeitigen und vollständigen Vermittlung der Informationen an alle Mitglieder des Verwaltungsrates zu seinen Kernaufgaben gehört. Der Verwaltungsratspräsident ist dazu in besonderem Mass befähigt, weil die Wahrnehmung seiner Funktion bedingt, dass er die Geschäftsleitung in ihrer operativen Arbeit begleitet. Ex officio ist er deshalb über eventuelle hängige Fragen und Probleme, die in der routinemässigen Berichterstattung an den Verwaltungsrat keinen Ausdruck finden, im Bilde. Dieses Wissen hat er so zu nutzen, dass das Gremium vor der Sitzung durch schriftliche Spezialberichte und an der Sitzung selbst durch mündliche Referate davon Kenntnis erhält. Beim Traktandieren der Sitzungen hat er darauf zu achten, dass alle dringenden Probleme auf den Tisch kommen und in Kenntnis der Tatsachen diskutiert werden. Er hat zudem darüber zu wachen, dass bei der Entscheidungsfindung Alternativen und Optionen vorgelegt und diskutiert werden und dass die Tendenz der Geschäftsleitung, dank ihres natürlichen Informationsvorsprunges die Diskussion zu dominieren, der Objektivität und Offenheit der Verhandlungen keinen Abbruch tut. Er muss deshalb kraft seiner Persönlichkeit in der Lage sein, der Geschäftsleitung die Stange zu halten. Wird er von ihr vereinnahmt oder macht er aus Prinzip oder aus Schwäche mit ihr gemeinsame Sache, so kann der Verwaltungsrat seiner auch gesetzlich verankerten Rolle und Verantwortung, die Oberleitung und Oberaufsicht der Gesellschaft auszuüben, nicht wirklich gerecht werden.

Zusammenfassend kann gesagt werden, dass nur ein führungserfahrenes und führungsstarkes Mitglied des Verwaltungsrates, eine Persönlichkeit mit Charakter, geeignet und in der Lage ist, den Anforderungen des Präsidiums zu genügen. Der Präsident muss dafür sorgen, dass aus den individuellen Mitgliedern mit verschiedenem Background und Temperament ein diskussions- und entscheidungsfähiges Team entsteht, das effektive und effiziente Arbeit leistet. Er hat stets «über der Sache» zu stehen und darf nicht zu früh in die Diskussion eingreifen, um eine objektive Meinungsbildung nicht zu behindern. Er soll aber seine Meinung, die üblicherweise grosses Gewicht hat, einwerfen, sobald der Punkt der Entscheidungsfindung erreicht ist. Dann ist diese Meinung auch wirklich gefragt und notwendig.

9.6 Die «programmierte» Konsenskultur

Ein fünfter «Gefahrenherd» ist nicht zu vernachlässigen: Die Unabhängigkeit und Eigenständigkeit der Willensbildung kann auch durch eine in manchen Verwaltungsräten herrschende «programmierte» Konsenskultur infrage gestellt werden. Programmiert bezeichnet hier eine Tendenz, die dazu führt, dass eine Mehrheit im Verwaltungsrat sich einer vorgegebenen «Mainstream Opinion» anschliesst, also einen vorgefassten Konsens einer konstruktiven Auseinandersetzung vorzieht. Dies ist kein echter Konsens «en connaissance des causes». Eine solche Kultur hat viele Ursachen, von der Dominanz einer einzelnen, herausragenden Persönlichkeit, welche die Meinungsbildung signifikant beeinflusst, bis zur Furcht, durch eine abweichende Meinung die Gunst der Kollegen zu verlieren oder einen vielleicht hässlichen Streit auszulösen. Sie wird durch die früher übliche Selektionsmethode für neue Verwaltungsratsmitglieder – Zuwahl von Freunden und Gesinnungsgenossen – gefördert. Sie ist schon deshalb schwierig auszurotten, weil in der Regel niemand zugeben will, dass sie existiert. Es handelt sich um ein äusserst sensitives psychologisches Phänomen. Es zu vermeiden ist entscheidend für gute Corporate Governance, die ein offenes, vorurteilsloses, ehrliches und oft auch kompromissloses Verhalten der Mitglieder des Verwaltungsrates in der Diskussion voraussetzt. Begründbare eigene Meinungen, die von der «Mainstream Opinion» abweichen, müssen auch einer «Peer Pressure» widerstehen können. Die Aufgabe, das Entstehen einer Konsenskultur zu verhindern, obliegt vor allem dem Präsidenten. Auch hier ist seine Führungskompetenz gefordert. Durch eine aktive Gesprächsleitung hat er dafür zu sorgen, dass alle Mitglieder des Gremiums sich an der Debatte beteiligen, wobei es auch zurückhaltende Mitglieder aus ihrer Reserve zu locken gilt. Anzustreben ist eine konstruktive Streitkultur, die sich durch Sachlichkeit, gegenseitige Achtung und Toleranz auszeichnet. Ein offener, unpräjudizierter Meinungsaustausch ist notwendig, sollen fundierte Entscheide resultieren.

Zum Entstehen einer «programmierten» Konsenskultur trägt, wie bereits angedeutet, die Tatsache bei, dass die Wahl in den Verwaltungsrat in der Schweiz sehr oft – Umfragen sprechen von über 80 % – auf Empfehlung von andern Verwaltungsratsmitgliedern erfolgt. Es ergibt sich daraus ein «Old Boys»-Netzwerk, dessen äussere Erscheinung von der Öffentlichkeit und den Medien als «Verfilzung» wahrgenommen wird. Jedermann kennt das geflügelte

Wort vom Schweizer «Filz», der ausser Wirtschaftsexponenten auch andere Personengruppen – so beispielsweise Politiker und Verbandsfunktionäre – umfasst. Durch die Usanz, Freunde und Bekannte als Kandidaten vorzuschlagen, können willkürliche Kreuzverflechtungen in den Verwaltungsräten grosser Gesellschaften entstehen. Man spricht dann auch etwa von «Vetterliwirtschaft». Mit Sicherheit sind solche Zustände der unabhängigen Willensbildung im Verwaltungsrat nicht förderlich. Man will sich gegenseitig nicht wehtun, schliesst deshalb im Vorfeld Kompromisse und blendet unter Umständen relevante Aspekte eines Problems aus Rücksicht auf die «Mainstream Opinion» im Verwaltungsrat aus. Es gibt aber auch sachliche Gründe für die Existenz von Kreuzverflechtungen: etwa einen Mangel an professionellen und kompetenten Verwaltungsratskandidaten. Wie dieser Mangel zu beheben ist, werden wir an anderer Stelle aufzeigen. Mit der Ablösung der alten Generation von patronalen Unternehmern und Wirtschaftsführern der 1980er- und 1990er-Jahre ist das Phänomen der «Verfilzung» heute seltener geworden. Prominenz der Kompetenz vorzuziehen ist als Problem zwar erkannt, allein die Versuchung bleibt. Die Nominierung von Freunden und Geschäftspartnern, von denen man weiss oder annimmt, dass sie die «eigene Meinung» teilen, bleibt als Bedrohung der freien Willensbildung bestehen.

10. Struktur und Gestaltung der obersten Führung: «Checks and Balances»

10.1 Die zwei Seiten des «monistischen» Systems

Im System der Corporate Governance von börsenkotierten Gesellschaften ist die Ausgestaltung der Struktur der obersten Führungsorgane – Verwaltungsrat und Geschäftsleitung – und ihrer Aufgaben und Machtbefugnisse von zentraler Bedeutung. Der Swiss Code spricht in diesem Zusammenhang von der Notwendigkeit, ein «ausgewogenes Verhältnis von Leitung und Kontrolle» anzustreben. Zu erreichen ist dies durch eine Gewaltentrennung an der Spitze der Unternehmung: Der Verwaltungsrat ist in erster Linie für die strategische Führung verantwortlich und kontrolliert die operative Führung (Geschäftsleitung), die ihrerseits für die Umsetzung der beschlossenen Strategie und der Richtlinien der Unternehmungspolitik zuständig ist. Im Klartext geht es um die Machtverteilung zwischen Verwaltungsrat und Geschäftsleitung. Durch sogenannte «Checks and Balances» sollen eine Machtballung an der Spitze und ein entsprechendes Kontrollmanko mit erhöhter Gefahr von Managementfehlern verhindert werden.

Ein Blick ins Aktienrecht zeigt uns, dass in der Schweiz das sogenannte «monistische» System Anwendung findet, in dem die Funktionen Leitung und Kontrolle dem gleichen Organ, dem Verwaltungsrat, zugewiesen werden. Diese Lösung entbehrt der Logik und ist weder führungstechnisch noch betriebswirtschaftlich zulässig, weil sie dem Prinzip der Gewaltentrennung widerspricht und «Checks and Balances» vermissen lässt; sie macht, bildlich gesprochen, den «Bock zum Gärtner». Die Unternehmungsspitze kontrolliert sich selbst. Nun wird allerdings dieser Konstruktionsfehler des Schweizer Aktienrechtes gewissermassen «geheilt» durch die rechtlich mögliche Delegation der exekutiven Geschäftsführung an ein der Aufsicht des Verwaltungsrates unterstelltes Organ, die Geschäftsleitung, in der Gestalt eines Delegierten des Verwaltungsrates oder vertraglich verpflichteten Geschäftsführers, der nicht dem Verwaltungsrat angehört. Hier zeigt sich die Schweizer Lösung wesentlich flexibler als das rigide deutsche System und lässt der Zuteilung der Führungsaufgaben und Ausgestaltung der Machtbefugnisse durch den Verwaltungsrat grossen Freiraum. In Deutschland gilt dagegen das «dualistische» System, wonach Geschäftsführung und Überwachung klar getrennt sind und zwei verschiedenen Organen, dem Vorstand und dem Aufsichtsrat, zugewiesen werden.[147] Gerade aber die Flexibilität des monistischen Systems mit seiner Wahlmöglichkeit der Zusammenfassung oder Trennung von Leitung und Kontrolle führte und führt weiterhin zu heftigen Kontroversen und sorgt für Irritation, besonders bei den institutionellen Anlegern. Sie gipfelt in der viel diskutierten Frage, ob die Funktionen Verwaltungsratspräsident und Vorsitzender der Geschäftsführung (CEO) zusammengelegt (Personalunion) oder durch zwei verschiedene Personen (Doppelspitze) ausgeübt werden sollen. Die Frage ist deshalb so brisant, weil die Verteilung der Macht an der Spitze der Gesellschaft auch die Interessen der Aktionäre berührt. Die Aktionäre als Eigner der Unternehmung wollen, dass die Geschäftsleitung einer wirksamen Kontrolle unterliegt. Sie betrachten das Fehlen einer Gewaltentrennung an der Spitze als Indiz für erhöhtes Risiko und eine Gefahr für die Performance ihrer Vermögensanlage. In diesem Zusammenhang ist nicht zu übersehen, dass das Aktienrecht von 1991 für Banken ein Doppelmandat an der Spitze verbietet; das erhöhte Risiko wird damit, neben andern Gründen, ausdrücklich anerkannt.

Die Grundlage zur Kontroverse Doppelspitze[148] oder Doppelmandat wurde anlässlich der Aktienrechtsrevision von 1991 gelegt. Sie hat es leider unterlassen, hier klare Verhältnisse zu schaffen. In der Botschaft von 1983 zur Revision hat der Bundesrat den «Konstruktionsfehler» erkannt. Wir wollen seine Aussage, obwohl bisher bereits in zahlreichen Werken zum Aktienrecht erwähnt, wegen ihrer Relevanz für eine zukünftige Revision nochmals wiederholen: «Die Delegation (zur Geschäftsführung) an einzelne Verwaltungsratsmitglieder stellt einen gewissen Systembruch dar. Werden in einer Gesellschaft die Funktion der Verwaltung und die der Geschäftsführung aufgeteilt, so läge eine strikte personelle Trennung beider Funktionen im Interesse der Sache. Nehmen einzelne Verwaltungsräte beide Funktionen wahr, so kann das zu einer Machtballung führen und die Oberaufsicht über die Geschäftsleitung erschweren. Die geschäftsführenden Verwaltungsräte beaufsichtigen sich selber.» Diese Meinungsäusserung liegt nun bereits zwanzig Jahre zurück. Sie war visionär. Die Verhältnisse haben sich seither stark akzentuiert, das Umfeld tief greifend gewandelt; sie geben heute den Zweifeln in der damaligen bundesrätlichen Botschaft recht.

---

147 Durch die paritätische Zusammensetzung des Aufsichtsrates im Rahmen der Mitbestimmung werden allerdings dessen Befugnisse in der Praxis oft paralysiert, so dass der Vorstand an Freiraum und Macht gewinnt. Man spricht hier von einem Systemfehler. Die Kontrollfunktion des Aufsichtsrates wird dadurch beeinträchtigt.

148 Der Ausdruck Doppelspitze ist irreführend. Er erweckt den Eindruck, dass zwei Personen mit äquivalenten Kompetenzen an der Spitze stehen. In Wirklichkeit ist jedoch der CEO dem Verwaltungsrat bzw. dessen Präsidenten unterstellt.

10.2 Überzeugende Argumente für die Doppelspitze

Der Swiss Code aus dem Jahr 2002 als Selbstregulierungsrichtlinie der Wirtschaft löst das Problem der «Checks and Balances» an der Spitze nicht. Er steht den beiden Systemen neutral gegenüber, obschon er beim Doppelmandat die Korrekturmöglichkeit eines «Lead Directors» empfiehlt. Auch empirische Untersuchungen bleiben eine überzeugende Antwort schuldig, welches System besser ist. Daher muss an die Stelle der Empirie die Logik organisatorischer, betriebswirtschaftlicher und psychologischer Überlegungen treten. Daraus ergeben sich drei Argumente für die Doppelspitze.

Erstens erfordert ein den neuen Erkenntnissen über mögliche Fehlentwicklungen und den verschärften und erweiterten Vorschriften von Finanzaufsicht und Börse angepasstes, umfassendes und systematisches Risk-Management, dass potenziellen und abzusehenden Risiken Rechnung getragen wird. Das kategorische Erfordernis der Vermeidung einer Machtkumulation an der Spitze, die den Keim zu suboptimalen einseitigen Entscheiden in der Führung in sich trägt, wird dadurch verstärkt. Dazu kommt ein Weiteres: Einzelne überragende Persönlichkeiten mögen sich die doppelte Aufgabe eines Verwaltungsrats-Präsidenten und CEO zutrauen; sie betreiben dabei aber ein gefährliches Spiel: Bei ihrem Ausfall besteht nämlich die akute Gefahr eines Führungsvakuums. Ein verantwortungsbewusster Verwaltungsrat darf ein solches Risiko nicht dulden.

Das zweite Argument für eine Doppelspitze lautet, dass wegen der erhöhten Sorgfaltspflicht der Organe die Aufgabenbereiche und die Verantwortung des Verwaltungsratspräsidenten und des CEO enorm gestiegen sind. Daher ist die kompetente Bewältigung des Pensums beider Führungsfunktionen durch dieselbe Person bei grösseren börsenkotierten Unternehmungen physisch und psychisch kaum mehr möglich. Das Verwaltungsratspräsidium ist bei den heutigen Führungs- und Aufsichtspflichten im Minimum zu einem professionellen Halbzeitmandat, in der Regel aber zu einem Vollzeitpensum geworden. Die Anforderungen an Leadership und Präsenz des Verwaltungsratspräsidenten sind eindrücklich: Er trägt die Verantwortung für die Agenda, die vollständige Information des Verwaltungsrates, die Minimierung des Informationsvorsprunges des Managements, die Koordination der Arbeit der Ausschüsse und vieles mehr. Seine zentrale Stellung als «Klammer» zwischen Verwaltungsrat und Geschäftsleitung ist unbestritten. So sagt Böckli: «Der Gesamtverwaltungsrat als nur von Zeit zu Zeit zusammentretendes Beratungsgremium ist auf Gedeih und Verderb von der Tüchtigkeit und Standfestigkeit seines Vorsitzenden abhängig.» Zudem sind die Aufgaben von Präsident und CEO nicht

159

mehr kompatibel. Ein latenter Interessenkonflikt ist offensichtlich: Der Präsident muss über der Sache stehen, die in den Sitzungen zur Debatte kommt. Er muss dafür sorgen, dass dem Gremium jeweils mehrere Alternativen vorgelegt und dass sie gründlich diskutiert werden. Der CEO muss dagegen die vom Verwaltungsrat beschlossene Lösung umsetzen. Ist er selbst Präsident, kommt er in Versuchung, die eigene Lösung im besten Licht erscheinen zu lassen und durchzusetzen. Die Debatte verliert an Objektivität und Tiefe, und kraft seines Informationsvorsprunges kann der Inhaber des Doppelmandates Einwände mit Leichtigkeit parieren. Die Personalunion macht es den Mitgliedern des Verwaltungsrates somit weit schwieriger, Kritik an seiner Arbeit oder seinen Ansichten auszudrücken oder eine unabhängige Meinung zu vertreten – ein bekanntes psychologisches Phänomen. Solche Situationen haben wir erlebt; sie hinterliessen jeweilen beim Verwaltungsrat Unsicherheit und Frustration und, was schwerer wiegt, führten später zu strategischen Korrekturen.[149]

Drittens ist der tief greifende Wandel im sozio-ökonomischen Umfeld unübersehbar: Die Publikumsgesellschaften haben an Zahl und Grösse zugelegt; Kapitalmärkte sind global; Aktien als Mittel der Vermögensbildung sind populärer und verbreiteter geworden; die Ansprüche der Aktionäre – zumal der institutionellen Investoren – an VR und Management haben entsprechend zugenommen. Im Interesse einer besseren Performance und der Vermeidung von Risiken versuchen sie seither, ihren Einfluss auf die Entscheide der Führungsorgane zu verstärken. Aus verständlichen Gründen ist eine der Zielscheiben ihrer Kritik das Doppelmandat. Es ist Zeit, dass die grossen Publikumsgesellschaften diesen permanenten Mentalitätswandel im Aktionariat zur Kenntnis nehmen. Organisationen wie Ethos und ISS stellen sich in den Dienst der Minderheitsaktionäre und vertreten deren Interessen.

---

149 Antony Jay wies schon 1972 auf die Unvereinbarkeit der beiden Rollen hin: «The difference is so profound that it is practically impossible to discharge both duties properly at the same time. The present and the future do not run in harness: their demands and emphases move at a different pace and sometimes pull in opposite directions, and it is rarely satisfactory if the conflict takes place in a single man's mind. If one man tries to do both jobs, one of them is likely to go by default.» in: «Corporation Man», London 1972. Adrian Cadbury fügt eine weitere Facette dazu: «There is an understandable difference in time horizons between a chairman, who assumes a responsibility for the long-term survival of the enterprise, and a chief executive, who appreciates that, unless this year's budget is delivered, there may be no long-term for the chairman to consider.» in: Corporate Governance and Chairmanship, Oxford University Press, London 2002.

10.3 Schwache Argumente für eine Personalunion

Weil das Problem der Trennung von Geschäftsführung und Überwachung weltweit seit Jahren erkannt und diskutiert wird, sind Lösungen gesucht worden, um das Doppelmandat, das von der exekutiven Geschäftsführung wegen seiner Machtfülle und Freiheit in der Gestaltung der Führungsarbeit bevorzugt wird, für die Aktionäre akzeptierbar zu machen. So wurde im angelsächsischen Raum der «Lead Director» erfunden, der heute auch in der Schweiz da und dort Eingang gefunden hat. Er löst das Problem nicht. Auch ein «Lead Director» kann an der Machtfülle des Inhabers eines Doppelmandates nicht viel ändern, ausser er übt sein Mandat wirklich wie ein Präsident aus. Es wäre dann zu hinterfragen, warum man ihm diese Aufgabe nicht auch offiziell anvertrauen will; nur in dieser Stellung hat er die Kraft und Autorität, um den CEO wirksam führen und überwachen zu können. Die Gründe, die angeblich gegen eine Doppelspitze sprechen, werden jedenfalls durch das Vorhandensein eines «Lead Directors» nicht aus der Welt geschafft; schon seine Existenz ist ein Indiz dafür, dass das Doppelmandat eben risikomässig Mängel aufweist. Ein weiterer Einwand ergibt sich daraus, dass ein «Lead Director» oft auch Verwaltungsrat – wenn nicht sogar Präsident oder CEO – einer andern Publikumsgesellschaft ist, womit sein Einsatz schon aus zeitlichen Gründen unglaubwürdig wirkt. Das weitere Argument, die Personalunion vermeide Konflikte zwischen Präsident und CEO, ist ein Scheinargument, weil auch zwischen dem Inhaber des Doppelmandates und dem «Lead Director» solche Konflikte auftreten können, wenn dieser sein Amt eigenständig und seriös wahrnimmt. Ein anderes Argument gegen die Doppelspitze zielt in die gleiche Richtung: Es könnten sich zwei starke Persönlichkeiten gegenüberstehen, die sich zum Schaden der Gesellschaft nicht zu einigen vermöchten. Man spricht in diesem Zusammenhang von «Alphatieren», die keine Konkurrenz vertragen. Der Begriff «Alphatier» ist ein Cliché; es beschreibt einseitige Eigenschaften. Keine starke Persönlichkeit wird Erfolg haben, wenn sie immer wieder aneckt. Sie kann ihre Stärken – Angriffigkeit, Entschluss- und Durchsetzungskraft – gar nicht zur gewollten Wirkung bringen, wenn sie nicht auch über Dialog-, Team- und Konfliktfähigkeit verfügt. Nichts funktioniert, wenn Emotionen nicht auch mit Vernunft gepaart werden. Kommt es wegen Meinungsverschiedenheiten zum Bruch zwischen den beiden Protagonisten, so äussern sich darin meistens ernst zu nehmende Schwächen wie Eigensinn, Rechthaberei, mangelnde Einsicht oder fehlende intellektuelle Flexibilität. Eine Trennung spricht dann nicht gegen die Doppelspitze, sondern gegen die betreffenden Persönlichkeiten selbst. Solche Fälle kommen vor, sind aber nicht die Regel.

161

Schliesslich wird gelegentlich als Argument für den Entscheid zugunsten eines Doppelmandates auch ins Feld geführt, man hätte keinen geeigneten Nachfolger, sei es für den CEO, sei es für den Verwaltungsratspräsidenten. Dadurch disqualifizieren sich der Verwaltungsrat und auch sein Präsident selbst. Die Sicherstellung der Führung gehört zu den wichtigsten und vornehmsten Aufgaben eines Verwaltungsrates. Vernachlässigt er die latent stets vorhandene Nachfolgefrage, dann vernachlässigt er seine Pflichten. Der Einwand, es fehle an fähigen Kandidaten für das Präsidium des Verwaltungsrates oder die Stelle des CEO, ist meistens eine Ausrede. Geeignete Kandidaten findet man im heutigen globalen Kontext bei rechtzeitiger Planung – ein bis zwei Jahre voraus – immer, auch wenn zugegebenermassen die Personalsuche schwieriger geworden ist. Leider ist es aber so, dass nicht selten neben objektiven Qualifikationsmerkmalen auch machtpolitische Überlegungen den Ausschlag geben, so beispielsweise, ob der Kandidat die vorherrschenden Auffassungen der bestehenden Führungsequipe respektiert. Das Doppelmandat hat so stets auch den Beigeschmack, bestehende Machtverhältnisse zementieren zu wollen. In einem sich ständig wandelnden Umfeld kann sich das als Irrtum erweisen.

Als weiteres beliebtes Argument zugunsten des Doppelmandates wird ins Feld geführt, dass sich die Informations- und Entscheidungswege verkürzen lassen, insbesondere in unternehmerischen Krisenlagen. Diese Überlegung entspringt militärischem Denken. Ungleich der Situation in einer Schlacht bleibt in der Unternehmung immer genügend Zeit zur Überlegung und zur Verständigung; eine gründliche Analyse mit anschliessender Diskussion bringt dabei meist bessere Lösungen als rasche und einsame Entscheide. Dazu kommt, dass eine eigentliche Krisenlage trotz der heutigen Hektik und Komplexität der Führung eine Ausnahme darstellt.

Obwohl eindeutige empirische Beweise fehlen[150], welches der beiden Systeme das bessere ist, so ist doch eine Studie bemerkenswert, die an der wirtschaftswissenschaftlichen Fakultät der Universität Genf entstanden ist. Darin untersuchten Gilbert Probst und Sebastian Raisch weltweit die 100 grössten Unternehmungskrisen der letzten fünf Jahre – von ABB über Enron bis Zurich Financial Services – und kamen zum Schluss, dass Machtballungen an der

150 Ammann Manuel, Leuenberger Markus, von Wyss Rico untersuchten den Zusammenhang bestimmter Eigenschaften von Verwaltungsräten und Unternehmungsperformance bei börsenkotierten Firmen über zwölf Jahre (1991–2002) statistisch. Darin wurde auch der Zusammenhang Doppelmandat – Performance unter die Lupe genommen. Die Studie stellt einen leicht positiven Zusammenhang zwischen Doppelmandat und Börsenperformance fest. Angesichts der Wirksamkeit zahlreicher Faktoren bei der Bildung von Börsenkursen muss das statistische Experiment aber problematisch bleiben. Vgl. Schweizerische Zeitschrift für Volkswirtschaft und Statistik, 2005, Nr. 1, S. 1–22.

Spitze eine typische Begleiterscheinung dieser Krisen waren. Probst stellt fest, dass «jedes Unternehmen, das sich allein auf die Fähigkeiten einer einzelnen Person an der Spitze verlässt, riskant lebt».[151]

10.4 Die Doppelspitze im Vormarsch

Heute besteht eine klare Tendenz zur Doppelspitze. Eine Studie von McKinsey[152] zeigt uns die Situation in wichtigen Industrie- und Schwellenländern:

Abbildung 14:

Doppelspitze oder Doppelmandat?
% der Publikumsgesellschaften mit Doppelspitze (2003)

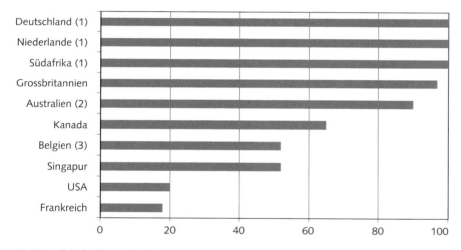

(1) Gesetzlich dualistisches System
(2) Jahr 2000
(3) Jahr 2001

Quellen : ICPAS, Korn-Ferry, Spencer Stuart, McKinsey

Deutschland ist mit seinem dualistischen System an der Spitze, weil ein Doppelmandat dort ja ausgeschlossen ist. Bemerkenswert ist aber Grossbritannien, wo in 95 % der Fälle die Doppelspitze Anwendung findet. Den Ausschlag dazu gab der Cadbury Code of Best Practice, der schon 1992 die Tren-

---

151 Probst Gilbert, Raisch Sebastian, Organizational Crisis: The Logic of Failure, in: Academy of Management Executive, 2005, Vol. 19, No. 1.
152 McKinsey Quarterly, No. 2/2004.

nung der Funktionen Chairman and CEO empfohlen hat und bestimmte, dass die Abweichung von dieser Empfehlung zu begründen sei (Prinzip «Comply or Explain»). Auch in den USA ist mit der Einführung des SOX im Jahre 2002 eine intensive Diskussion entbrannt. Bis dahin war das Doppelmandat in der Mehrzahl der Fälle üblich. Die gleiche Studie von McKinsey zeigt nun aber auf, dass heute 72 % der interviewten Verwaltungsräte und – was nicht erstaunt – 69 % der institutionellen Investoren die Einführung der Doppelspitze befürworten. Es ist trotzdem wenig wahrscheinlich, dass in einigen Jahren die Trennung der beiden Spitzenfunktionen in den börsenkotierten Gesellschaften auch in den USA die Regel sein wird[153].

Der Druck der institutionellen Investoren und der Medien, vielleicht auch die zunehmende Einsicht der Führungsorgane, hat dazu geführt, dass 2005 von den insgesamt 26 SMI-Gesellschaften nur deren sechs eine Personalunion an der Spitze aufweisen (vgl. Anhang). Darunter befinden sich zwei, die als ausgesprochene Familiengesellschaften bezeichnet werden können (Kudelski und Synthes)[154]. Nicht einsichtig ist jedoch, dass Gesellschaften wie Nestlé, Novartis und Roche, deren Aktienkapital sich zu 100 %, 94 % und 83 % in Streubesitz befindet, an einem Doppelmandat festhalten. Das kann auf den Aktienpreis drücken, denn diese Art der Spitzenorganisation ist bei den institutionellen Anlegern im Allgemeinen unbeliebt.

Ein Expertenbericht zur Teilrevision des Schweizer Aktienrechtes bezeichnet die Frage «Personalunion oder Doppelspitze» als eines der «am meisten umstrittenen Themen» in der Diskussion um die Corporate Governance.[155] Die Experten führen eine Reihe von Argumenten auf, warum auch die Personalunion ihre Meriten hat. Beim Abwägen der Vor- und Nachteile kommen wir zur eindeutigen Erkenntnis, dass nur die Doppelspitze dem heutigen Stand der Ansprüche von Gesetz, Risikomanagement und Aktionariat entspricht. Nicht so die Arbeitsgruppe: Sie verzichtet auf eine gesetzliche Regelung und überlässt es weiterhin dem Verwaltungsrat, sich für eine der beiden Varianten zu entscheiden. Wir betrachten diese Lösung als ungenügend. Zwar vertreten auch wir den Standpunkt, dass eine Selbstdisziplinierung einer gesetzlichen Lösung grundsätzlich vorzuziehen ist, halten aber daran fest zu empfehlen, dass im Swiss Code die Doppelspitze als Regel etabliert wird,

---

153 Eine Erhebung der Governance Metrics International (GMI) von 2004 kommt zum Schluss, dass etwa ein Drittel der grossen U. S.-Gesellschaften eine «Split-Leadership Strucuture» habe (Trennung von Chairman und CEO). Vgl. McKinsey Quarterly No. 4/2004.

154 Inzwischen ist Kudelski aus dem SMI ausgeschieden.

155 Böckli Peter/Huguenin Claire/Dessemontet François, Expertenbericht der Arbeitsgruppe «Corporate Governance» zur Teilrevision des Aktienrechtes, Schulthess Verlag, 2004.

wobei eine Abweichung durch den Grundsatz «Comply or Explain» Anwendung finden sollte. Gerechtfertigt ist die Personalunion nur dann, wenn beispielsweise eine schwere Krisensituation an der Führungsspitze eintritt; aber auch dann sollte das Doppelmandat zeitlich eng begrenzt werden.

11. Sicherung von Führungsexzellenz und Führungskontinuität

11.1 Zuständigkeit für die Auswahl der Führungspersonen

Aus der Sicht der Aktionäre ist der Verwaltungsrat als Führungs- und Überwachungsorgan der wichtigste Garant für eine echte Vertretung ihrer Gesamtinteressen. Er ist es, der dafür sorgen muss, dass die Eigeninteressen des Managements gezügelt werden und die Führungskompetenz im Hinblick auf maximale Wertgenerierung sichergestellt wird. Seine Richtschnur in allen Dingen muss das alleinige Interesse der Aktionäre sein. Dies setzt voraus, dass er selbst weitgehend frei ist von der Verfolgung eigener Interessen. Die Identifikation und Auswahl der Kandidaten für Verwaltungsräte gewinnt damit eine Bedeutung, die gar nicht hoch genug eingeschätzt werden kann. Nicht nur das Ausmass der Berücksichtigung der Interessen der Anteilseigner, sondern auch die Qualität der Führungsorgane ist davon direkt abhängig. Zudem sind gesetzlich, organisatorisch und moralisch die Anforderungen an die Kandidaten stark gestiegen. Die zunehmenden Auseinandersetzungen an den Generalversammlungen und in den Medien über Corporate Governance und Verhalten der Führungsorgane legen darüber beredtes Zeugnis ab.

Früher war es üblich, dass der Verwaltungsratspräsident sich persönlich der Suche und der Selektion von Kandidaten für sein Gremium annahm und nicht selten auch allein entschied, welche dieser Kandidaten der Generalversammlung zur Wahl vorzuschlagen seien. Ein solches Vorgehen ist heute nicht mehr vertretbar, zunächst aus gesetzlichen Gründen, dann aber auch aus professionellen Überlegungen: Die Aufgabe ist zu wichtig, um sie den Risiken einer einsamen Entscheidung zu überlassen. Führungsexzellenz und Führungskontinuität der Unternehmung hängen davon ab. Das Aktienrecht von 1991 hat diese Aufgabe denn auch folgerichtig dem Gesamtverwaltungsrat überbunden. Um ein methodisches und transparentes Vorgehen zu gewährleisten, delegiert der Verwaltungsrat im Rahmen seiner Arbeitsteilung die Erneuerungs- und Nachfolgeplanung gewöhnlich an einen Nominierungsausschuss (Nomination Committee), der aus zwei bis drei Mitgliedern besteht. Diese müssen besonderen, in ihrer Kombination eher selten anzutreffenden Anforderungen entsprechen: Zusätzlich zu den professionellen Qualitäten, wie sie für jedes Mitglied des Verwaltungsrates gelten, sollten die Mitglieder des Nominierungsausschusses über erwiesene Charakterstärke, profunde Menschenkenntnis, Glaubwürdigkeit, ausgesprochene Dialogfähigkeit und

Diskretionsbewusstsein, aber auch über genügend Zeit verfügen. Ihre eigentliche Arbeit wickelt sich meistens ausserhalb der Sitzungen des Verwaltungsrates ab: vertrauliche Kontakte, Interviews mit potenziellen Kandidaten, Besprechungen mit Personalberatern und Psychologen. Vonnöten ist auch ein Vertrauensverhältnis zum Präsidenten des Verwaltungsrates. Der Nominierungsausschuss muss eng mit dem Präsidenten zusammenarbeiten, weil dieser ein starkes Interesse hat, dass sich sein Gremium bezüglich der erforderlichen Fachkompetenzen und Spezialkenntnisse optimal zusammensetzt und zwischenmenschlich harmonisiert. Die unabhängige Meinung des Ausschusses darf dadurch allerdings nicht präjudiziert werden. Über die Vorschläge des Ausschusses entscheidet der Gesamtverwaltungsrat – im Fall eines Kandidaten für die oberste Geschäftsleitung (CEO) endgültig, im Fall der Kandidaten für den Verwaltungsrat als Vorschlag zuhanden der Generalversammlung. Auch die Wiederwahl von Verwaltungsratsmitgliedern hat übrigens der Empfehlung des Nominierungsausschusses zu unterliegen, genauso wie auch die Wahl des Präsidenten durch den Gesamtverwaltungsrat.

Führungskompetenz in allen Situationen einer Unternehmung – sei es im Erfolg oder in der Krise – und eine gesunde ethisch-moralische Grundhaltung sind die Qualitätsmerkmale eines guten Verwaltungsrates. An dieser Stelle sei auf eine zwar negativ formulierte, aber treffsichere Beschreibung der Aufgabe des Verwaltungsrates als Gremium hingewiesen, die Christoph Blocher 1985 im Parlament verlauten liess: «Wir müssen damit aufhören, dass Verwaltungsräte lediglich gut bezahlte Leute mit öffentlichem Ansehen sind, die in guten Jahren nutzlos und in schlechten Jahren hilflos sind.»[156] Es ist die Aufgabe des Nominierungsausschusses, das Eintreten einer solchen Sachlage durch entsprechende Selektion und Vorschlag von kompetenten und charakterlich hervorstechenden Kandidaten zu vermeiden.

11.2 Wandel in den Aufgaben des Nominierungsausschusses

Erhöhte Anforderungen an Verantwortung und Kompetenz der Führungsorgane und an die Reputation der Unternehmungen hat die Nachfolgeplanung und damit die Arbeit des Nominierungsausschusses in mehrfacher Hinsicht verändert. Die Suche und Selektion von Kandidaten für Verwaltungsratsmandate und für Positionen der obersten Geschäftsleitung ist zu einer Daueraufgabe geworden, die nicht mehr nur punktuell von Zeit zu Zeit, sondern permanent wahrzunehmen ist. Es geht dabei nicht nur um die Besetzung von

156 Amtliches Bulletin des Nationalrates vom 1. Oktober 1985, S. 166.

demnächst frei werdenden Mandaten, sondern um eine systematische Nach-folgeplanung durch vorsorgliche Identifikation von Kandidaten zur Sicherung der Qualität und Kontinuität der Führung auch in der Zukunft. Wie die Praxis zeigt, wird die Suche nach geeigneten Nachfolgern in der Regel zu spät an die Hand genommen. Vakanzen in den Spitzengremien werden deshalb oft zu kurzfristig besetzt, ohne den Wahlvorschlag gründlich hinterfragt zu haben. Auch Verwaltungsratsmitglieder, deren Leistungen nicht mehr befriedigen, werden wiedergewählt. Die noch immer verbreitete Usanz, ausscheidende Geschäftsleitungsmitglieder zur Wahl in den Verwaltungsrat vorzuschlagen, ist nicht selten eine Verlegenheits- oder Bequemlichkeitslösung, wenn sie nicht sogar einer einseitigen Machterhaltung des amtierenden Verwaltungsrates dient. Sie kann eine systematische Nachfolgeplanung, welche die periodische Auffrischung und Verjüngung von Verwaltungsrat und operativer Führung in Betracht zieht, nicht ersetzen. Es ist in diesem Zusammenhang auch nicht mehr glaubwürdig, wenn ein Verwaltungsrat als Argument, es fehle an geeig-neten Nachfolgern, die Personalunion der Doppelspitze vorzieht.

Zweitens darf nicht übersehen werden, dass die Aufgabe des Nominie-rungsausschusses bei der Auswahl der Kandidaten zwei verschiedenen Aspek-ten Rechnung tragen muss. Zunächst sollten die Kandidaten jene Eigenschaf-ten aufweisen, die sie zu kompetenten und eigenständigen Dialogpartnern im Entscheidungsprozess des Führungsgremiums machen. Dazu gehört die gründliche Abklärung der Frage, ob der Kandidat frei ist von potenziellen Interessenkonflikten; es geht hier um seine Unabhängigkeit (was wir darunter verstehen, ist an anderer Stelle dargestellt). Zudem sollte der Verwaltungsrat als Ganzes eine ausgewogene Zusammensetzung aufweisen. Ausgewogen ist seine Zusammensetzung dann, wenn im Gesamtgremium die Palette der für die strategische Führung der Unternehmung notwendige Sachkompetenz und Erfahrung vorhanden ist und gleichzeitig eine konstruktive Zusammenarbeit erwartet werden kann. Dies setzt eine Diskussions- und Streitkultur voraus, die von Offenheit, Ehrlichkeit und gegenseitiger Achtung, aber auch von Tole-ranz gegenüber andern Meinungen geprägt ist. Dieser Aspekt ist ein wichtiger Bestandteil des Anforderungsprofils, wie wir gleich ausführen werden.

Drittens hat sich der Akzent bezüglich der notwendigen Eigenschaften eines Verwaltungsratsmitgliedes von den rein professionellen Voraussetzungen markant zu den charakterlichen Anforderungen hin verschoben.[157] Das Image einer Publikumsgesellschaft wird heute stark durch die Perzeption der Glaub-

---

157 Üblicherweise werden beim Anforderungsprofil eines Verwaltungsratsmitgliedes die Kriterien Persönlichkeitskompetenz, Sozialkompetenz, Führungskompetenz und Fachkompetenz unter-schieden (vgl. Hilb Martin, Corporate Governance, Rudolf Haufe Verlag, München 2004). Diese

würdigkeit ihrer Führung durch Aktionäre, Medien und Kunden geprägt. Öffentliche Kritik an den Führungsorganen ist zu einem Reputationsrisiko geworden. Wenn der Swiss Code bezüglich der verlangten Eigenschaften von «Personen mit den erforderlichen Fähigkeiten»[158] spricht, so greift er damit zu kurz. Was die beruflichen Fähigkeiten anbetrifft, so lassen sich meist einwandfreie Kriterien für die Eignung des Kandidaten festlegen, die vom Nominierungsausschuss zu berücksichtigen sind. Dazu gehören Ausbildung, Fachkompetenz und Erfahrung in der Führung von Unternehmungen. In dieser Hinsicht lässt sich relativ einfach ein entsprechendes Anforderungsprofil aufstellen, das meist der traditionellen Auffassung entspricht. Es geht aber um viel mehr als um diese professionellen Fähigkeiten, deren Vorhandensein heute als eine Selbstverständlichkeit erscheint. Letztlich ist es die charakterliche Eignung, die ein Mitglied des Spitzenorgans der Unternehmung auszeichnet. Der im Swiss Code erwähnte Begriff «Fähigkeiten» wäre deshalb zu ergänzen. Es geht um die «erforderlichen Fähigkeiten und Eigenschaften».[159]

11.3 Die Kernaufgabe: Erkennen von Persönlichkeitsprofil und Führungskompetenz

Die Abklärung der charakterlichen Eignung der Kandidaten lässt sich deshalb als die schwierigste Aufgabe des Nominierungsausschusses betrachten. Hier fragt man nach der ethischen Grundhaltung, die einen Kandidaten auszeichnen muss: Ehrlichkeit, Offenheit, Sachlichkeit, aber auch Zivilcourage und intellektuelle Unbestechlichkeit. Diese Eigenschaften entscheiden darüber, ob sich der Kandidat auch in schwierigen Interessenlagen ein eigenständiges Urteil bilden wird und sich dabei durch ethische Grundsätze leiten lässt. Es steht hier viel auf dem Spiel. Anthony Burgmans sagt dazu: «Honesty cannot be learned: Someone either is honest or is not honest. This is why sometimes at companies with excellent corporate governance things can still go wrong.»[160] Die Abklärung der charakterlichen Eigenschaften ist ein besonders heikles und schwieriges Unterfangen, weil das Charakterbild eines Menschen, für das es keine Röntgenaufnahme gibt, von seinem Erscheinungsbild im täglichen

---

Systematik ist nützlich. Wir verfolgen hier aber einen pragmatischen Weg, der neben den unerlässlichen professionellen Fähigkeiten die charakterliche Eignung ins Zentrum rückt.

158 Swiss Code of Best Practice, Economiesuisse, 2002, Punkt 12.

159 Zwar wird im Kommentar zu den einzelnen Empfehlungen des Swiss Code gesagt, dass mit dem Begriff «Personen mit den erforderlichen Fähigkeiten» die «Qualifikation in jeder relevanten Hinsicht» gemeint sei. Nach unserer Auffassung genügt dies aber nicht, weil gerade die charakterlichen Voraussetzungen besonders erwähnt werden sollten.

160 Burgmans Anthony, Honesty cannot be learned, Prisma 2/2004, Arthur D. Little.

Leben abweichen kann. Schlechte Eigenschaften werden von ihrem Träger häufig kaschiert und treten erst in kontroversen und persönlichen Krisensituationen in Erscheinung. Die Konsultation von Referenzen und das Studium des beruflichen «Track Record» mögen hier helfen, können aber einen intensiven persönlichen Kontakt nicht ersetzen. Auch der Einsatz psychologischer Eignungsdiagnostik ist in Erwägung zu ziehen. Diese Sparte hat in den letzten Jahren grosse Fortschritte gemacht und stellt ein vielfältiges Instrumentarium zur Verfügung.[161] Letztlich spielen aber auch Intuition und Instinkt eine Rolle, also das, was man gemeinhin als «Bauchgefühl» bezeichnet. Inkompatibilität eines Kandidaten mit dem bestehenden Team lässt sich meistens voraussehen oder vorausfühlen. Menschenkenntnis und Erfahrung des Nominierungsausschusses sind in diesem Zusammenhang besonders gefordert, wie auch Gründlichkeit und genügend Zeit[162].

An dieser Stelle mag es nützlich sein, einen Blick auf die Voraussetzungen zu werfen, die der Nominierungsausschuss einer grossen amerikanischen Publikumsgesellschaft für eine Wahl in den Verwaltungsrat für richtig und wichtig hält. Im «Nomination Committee Charter» dieser Gesellschaft wird folgendes Anforderungsprofil festgehalten:

Each Director
(1) should be an individual of the highest character and integrity,
(2) shall have demonstrated exceptional ability and judgement and should have substantial experience which is of particular relevance to the company,
(3) should have sufficient time available to devote to the affairs of the company,
(4) should represent the best interest of the stockholders as a whole rather than special interest groups.[163]

Dieses Kurzprofil scheint die Anforderungen zu bestätigen, die auch wir für besonders wichtig halten: Die charakterliche Eignung steht an erster Stelle. Die Verpflichtung, über genügend Zeit zu verfügen, wird ausdrücklich als Vorbedingung erwähnt. Und schliesslich wird auf die Pflicht hingewiesen, dass

---

161 Vgl. dazu Funke U. und Schuler H., Eignungsdiagnostik in Forschung und Praxis, Bonn 2002.

162 Gerold Bührer, Politiker und Wirtschaftsführer, antwortet auf die Frage, aus welchem Misserfolg er am meisten gelernt hat: «… aus zu oberflächlicher Personalauswahl, die dazu geführt hat, dass gesteckte Ziele nicht erreicht werden konnten. Dies hat mich gelehrt, für diese Belange ausreichend Zeit zu investieren.» Vgl. NZZ Executive, Nr. 2/2007.

163 RPM International Inc., Proxy Statement 2004.

das Mitglied keine Partikulärinteressen vertreten darf, sondern die Interessen aller Aktionäre wahrnehmen muss. Nur einer der vier Punkte bezieht sich hingegen auf die professionellen Fähigkeiten.

Durch den Nominierungsausschuss zu prüfen ist auch die Team- und Konfliktfähigkeit der Kandidaten. Sie sind unerlässliche Bestandteile des Anforderungsprofils. Die Willensbildung im Verwaltungsrat erfolgt meist mündlich durch den Dialog an der Sitzung, welche die physische Präsenz der Mitglieder voraussetzt. Diese physische Präsenz ist wegen ihrer Unmittelbarkeit der Kommunikation jeder andern Entscheidungsfindung – Telefonkonferenz oder Zirkularbeschluss – überlegen. Die Diskussionskultur wird durch die charakterlichen und kommunikativen Eigenschaften – Charakter, Temperament, gegenseitiges Vertrauen – der einzelnen Mitglieder und insbesondere auch des Präsidenten geprägt. Diese wiederum lösen gruppendynamische Reaktionen aus, die den Kommunikationsfluss beeinflussen und letztlich bestimmen. Das angestrebte Diskussionsergebnis sollte eine Schlussfolgerung bzw. ein klarer und eindeutiger Entscheid sein, der rational Sinn macht. Der Grad an Objektivität und Rationalität ist dabei von der Gruppendynamik, d. h. dem Zusammenspiel der einzelnen Personen in ihrem jeweiligen Rollenverständnis abhängig.

Kernbegriffe der Gruppendynamik sind Gruppenarbeit, Teamfähigkeit und Konfliktfähigkeit (vgl. Schema nächste Seite). Sind die letztgenannten zwei Eigenschaften bei den Mitgliedern des Verwaltungsrates vorhanden, kann man von optimalen Voraussetzungen für eine sachliche Diskussion sprechen. Eine solche Situation wird sich allerdings in der Realität nie ganz einstellen, weil Charakter und Dialogfähigkeit der einzelnen Mitglieder teils positiv, teils negativ miteinander korrelieren. Karl Delhees stellt dazu fest: «Wo Menschen sich begegnen und zusammenarbeiten, treten unvermeidbar echte und vermeintliche Unterschiede in ihren Zielen, Werten, Interessen und ihrem Verhalten auf. Wo Ziele entgegengesetzt verlaufen, der eine Mensch nur auf Kosten des anderen sein Ziel erreichen kann, oder wo Werte, Interessen oder Verhalten in direktem Widerspruch zueinander stehen, bilden sie Zündstoff für Konflikte.»[164] Daraus ergeben sich zwei wichtige Schlussfolgerungen: Erstens müssen bei der Selektion der Verwaltungsratsmitglieder Eigenschaften wie Teamfähigkeit und Konfliktfähigkeit besonders sorgfältig geprüft werden. Dies ist nicht ohne Probleme, weil fähige Kandidaten oft starke Persönlichkeiten sind, die mitunter dazu neigen, eine tiefere Toleranzgrenze für andere Mei-

---

164 Delhees Karl H., Der Revisor als Konfliktmanager, Zürich, 1982, zitiert in: Glaus, Bruno U., Unternehmungsüberwachung durch schweizerische Verwaltungsräte, Diss. St. Gallen Nr. 1163, 1990.

Abbildung 15:

Gruppendynamische Zusammenhänge

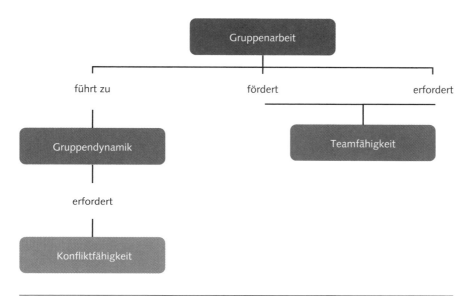

Quelle: Beats Biblionetz, 2005

nungen zu haben. Im Interesse einer produktiven und sachlichen Streitkultur dürfen hier aber keine Kompromisse eingegangen werden. Wie die Erfahrung lehrt, bedarf es nur eines einzigen Mitgliedes im Verwaltungsrat, das sich konstant querstellt und aus fehlender Konfliktfähigkeit die Zusammenarbeit verweigert, um die ganze Arbeit des Gremiums zu erschweren, zu vergiften oder sogar zu blockieren. Die Abklärung der Team- und Konfliktfähigkeit gehört deshalb zu jedem Assessment eines Verwaltungsratsmitgliedes. Dabei sei darauf hingewiesen, dass dies einen Querdenker keineswegs ausschliesst; auch er kann diese Eigenschaften durchaus aufweisen.

Zweitens: Eine für den Verwaltungsratspräsidenten, den CEO und sein Team besonders wichtige persönliche Eigenschaft ist die Leadership-Qualität. Darunter verstehen wir die Fähigkeit, Menschen zu einem verschworenen Team zu vereinigen, zu Höchstleistungen anzuspornen und ihre Anstrengungen auf ein grosses gemeinsames Ziel auszurichten. Auch diese Fähigkeit ist, wie die charakterliche Eignung selbst, nur schwer mit einiger Sicherheit zum Voraus einschätzbar. Zwar mag es gestützt auf die bisherige Karriere des Kandidaten Indikationen für das Vorhandensein solcher Führungskompetenz geben. Ob sie in einer neuen Umgebung und in einer vielleicht anspruchsvolleren Führungsposition wiederum wirksam wird, ist aber nicht vorausschaubar. Wird er die «richtigen» Leute auswählen, kann er ihre Loyalität erwerben, ihre Qualitäten und ihren Einsatz zur vollen Entfaltung bringen? Der Ernennungsausschuss ist auch in dieser Frage auf seine Menschenkenntnisse sowie auf seine Intuition angewiesen. Kombiniert mit den charakterlichen Voraussetzungen ist die Leadership-Qualität die wichtigste Komponente für eine erfolgreiche Führungsposition. Sie ist auch ausschlaggebend für die Höhe der Remuneration, wie wir bei der Betrachtung der Managerentschädigung noch nachweisen werden.

11.4 Hürden bei der Suche nach Kandidaten

Eine besondere Problematik bei der Suche nach geeigneten Kandidaten ergibt sich heute aus der gestiegenen Verantwortung für Sorgfalt und Risiken. Die Motivationsschwelle zur Annahme einer Verwaltungsratsposition ist in den vergangenen Jahren kontinuierlich höher gerückt. Skandale in den Führungsgremien grosser Publikumsgesellschaften, die Anforderungen an gute Corporate Governance und neue Transparenzvorschriften von Börse und Gesetz führen vor Augen, wie stark Verantwortung, Haftungsrisiko und Zeitaufwand eines Mandates zugenommen haben. Auch die Unabhängigkeit wird als Voraussetzung für ein nicht exekutives Mandat heute wesentlich strenger definiert als früher. Die multiplen Mandate früherer Zeiten sind aus diesen Gründen heute nicht mehr so gesucht als auch schon. Mancher Interessierte überlegt sich sorgfältiger, ob er ein Mandat annehmen soll, und die Inhaber mehrerer Mandate fragen sich, ob sie nicht besser ihre Verpflichtungen abbauen und auf eine Wiederwahl verzichten wollen. Lucas Handschin sagt: «Das Bewusstsein (eines Verwaltungsrates) für die Verantwortlichkeit ist mittlerweile bis zur Praxis durchgedrungen, und die meisten Verwaltungsräte nehmen ihr Amt, nicht zuletzt im Lichte der Haftungsnormen, sehr ernst.»[165] Seine Aussage bekräftigt, dass die Hürden zur Annahme eines Mandates zugenommen haben und der Kreis der verfügbaren Kandidaten deshalb eher abgenommen hat. Daraus ergeben sich wichtige Konsequenzen für die Kandidatensuche.

Die Arbeit des Nominierungsausschusses verlangt nicht nur mehr Einsatz und Zeit, sondern von Fall zu Fall auch professionelle Unterstützung. Mehr als früher müssen Spezialisten auf dem Gebiete der Kandidatensuche (Executive-Search-Firmen oder sogenannte Headhunters) beigezogen werden, um den Kreis der Kandidaten genügend auszuweiten und das übliche Beziehungsnetz

165 Handschin Lucas, Eine neue «Haftung» des Verwaltungsrats? NZZ Nr. 303, 2001.

zu sprengen. Diese Praxis der externen Beratung ist nicht unbedenklich, denn die meisten Berater schauen zunächst auf die fachlichen Voraussetzungen und den «Track Record» eines Kandidaten, und weniger auf dessen charakterliche Eigenschaften. Adjektive wie durchsetzungsstark, aggressiv oder zupackend scheinen dabei oft eine grössere Rolle zu spielen als sozialkompetent, selbstkritisch und tolerant. Auch werden immer wieder Kandidatenlisten mit denselben Namen vorgebracht. Der Beizug von Beratern enthebt deshalb den Nominierungsausschuss in keiner Weise seiner Pflicht, die Kandidaten sorgfältig auf Herz und Nieren zu prüfen. Er selbst trägt letztlich die Verantwortung für die Vorselektion und die Vorschläge an den Gesamtverwaltungsrat. Ein Personalvermittler ist immer nur als Hilfsperson zu betrachten. Die Prüfung der Kandidaten und der Empfehlungsentscheid bleibt hingegen Sache des Ausschusses.

Um den gestiegenen Anforderungen gerecht zu werden, muss der Blickwinkel bei der Suche nach geeigneten Anwärtern zudem erheblich ausgeweitet werden. Dies kann in drei Richtungen geschehen: Internationalisierung der Suche, vermehrte Berücksichtigung jüngerer Kandidaten und Fokussierung auf berufstätige Frauen mit den nötigen Voraussetzungen für Führungspositionen. Der Verwaltungsrat soll nicht mehr «male, pale and stale» sein, wie ein altes angelsächsisches Sprichwort besagt, sondern Spiegelbild einer modernen und offenen Welt, die von der Wissens- und Kulturvielfalt angemessen Gebrauch macht. Das ist heute noch keineswegs überall der Fall.

11.5 Internationalisierung der Kandidatensuche

Die Internationalisierung der Kandidatensuche drängt sich schon aus strategischen Gründen auf. Grosse, global tätige Gesellschaften sind nicht nur auf Geschäftsleitungsebene, sondern auch im Verwaltungsrat auf Kenntnisse und Erfahrungen im internationalen Geschäft angewiesen. Dies hat zur Folge, dass sich die Verwaltungsräte solcher Gesellschaften zunehmend aus Mitgliedern verschiedener Nationalitäten zusammensetzen. In der Schweiz betrug die Ausländerquote in den Verwaltungsräten börsenkotierter Unternehmungen 2005 30 %.[166] Das früher bestehende gesetzliche Hindernis für den Aufbau eines multinationalen Verwaltungsrates, wonach dieses Organ mehrheitlich aus Mitgliedern mit Wohnsitz in der Schweiz bestehen muss, ist inzwischen abgeschafft worden. Ein Verwaltungsrat kann sich künftig aus Personen zusammensetzen, die keinen Wohnsitz in der Schweiz haben. Praktische Konsequenz des Trends zur Multinationalität der Führungsorgane ist die zuneh-

---

166 Research Economist Intelligence Unit, The Financial Times, March 1, 2006.

mende Globalisierung der Firmensprache: Englisch wird zur professionellen Weltsprache. Der Gedanke ist nicht abwegig, dass trotz starker chauvinistischer Gegenkräfte – am deutlichsten sichtbar in Frankreich – Englisch in allen Ländern neben der Nationalsprache effektiv zur zweitwichtigsten Sprache werden wird, die schliesslich in den meisten Ländern schon in den ersten Schuljahren gelehrt wird.

Die Internationalisierung des Verwaltungsrates ist aber keineswegs unproblematisch. Es bedeutet wegen des teilweise langen Anmarschweges zum Sitzungsort, der sogar Interkontinentalflüge notwendig machen kann, eine erhebliche zusätzliche zeitliche und auch physische Belastung für jene Mitglieder, die im Ausland wohnhaft sind. So ist es wohl wenig zweckmässig, eine in Australien ansässige Persönlichkeit im Verwaltungsrat einer europäischen Gesellschaft zu haben und sie zu den vier bis sechs Sitzungen pro Jahr nach Europa anreisen zu lassen. Video- und Telefonkonferenzen können zwar in solchen Fällen Zeit und Raum überwinden, den persönlichen Kontakt aber nicht ersetzen. Und dieser ist notwendig, sollen die persönlichen Fähigkeiten und intellektuellen Ressourcen der einzelnen Mitglieder des Verwaltungsrates voll genutzt werden. Im Interesse der Effizienz, Effektivität und auch der Nutzung schöpferischer Substanz ist nach unserer Auffassung dem geografischen Einzugsbereich der Mitglieder des Verwaltungsrates ebenso Rechnung zu tragen wie ihren persönlichen Qualitäten.

11.6 Optimaler Altersmix des Verwaltungsrates

Im Anforderungsprofil für ein Verwaltungsratsmandat wird Wert auf gewisse Eigenschaften gelegt, die erst mit zunehmender Lebenserfahrung erworben werden: charakterliche Reife, Menschenkenntnis und Führungskompetenz. Es ist evident, dass die Fokussierung auf solche Eigenschaften das Alter der Kandidaten nach oben drückt. Relativ junge Personen im Alter von 30 bis 40 Jahren verfügen oftmals noch nicht über den notwendigen professionellen «Track Record», der einen nachhaltigen Führungserfolg dokumentiert und ihre Wahl in einen Verwaltungsrat attraktiv und plausibel macht. Führungserfahrung war schon seit jeher das wichtigste Wahlkriterium für einen Verwaltungsrat. Die Schweizer Praxis der Kandidatensuche hat zudem immer noch viel Wert auf den Bekanntheitsgrad (Prominenz) eines Kandidaten und dessen Beziehungsnetz gelegt. Gefördert wird diese Praxis von den Executive-Search-Firmen, deren sogenannte «Long Lists», die sie dem Kunden bei einer Suche zunächst unterbreiten, immer wieder die gleichen bekannten Namen enthalten. So ist es kein Wunder, dass das Durchschnittsalter der VR-Mitglieder in den SMI-Gesellschaften deutlich über 50 Jahre beträgt. Im Jahre 1989 lag es knapp unter 60 Jahren.[167] Daran hat sich seither wenig geändert. Eine Senkung des Qualifikationsalters für ein VR-Mandat erscheint uns wünschenswert. Zwar würde durch eine solche Verjüngung die Erfahrungssubstanz in den Verwaltungsräten reduziert. Dieser Verlust würde jedoch ausgeglichen durch andere Qualitäten wie unverbrauchte Schaffenskraft, Dynamik, Vitalität und schöpferisches Denken – wertvolle Eigenschaften, die erfolgreiche Manager im sogenannten besten Alter (40–50 Jahre) auszeichnen. Sie sind die Träger neuen Wissens. Wir haben erlebt, wie ein Verwaltungsrat beim Eintritt eines jüngeren Mitgliedes mit frischen Ideen plötzlich «aufwachen» und an Dynamik dazugewinnen kann. Zu bedenken gibt es allerdings, dass jüngere Verwaltungsratsmitglieder in der Regel noch mitten in ihrer primären Führungskarriere, meist als CEO, stecken und ihre Verfügbarkeit in zeitlicher Hinsicht dadurch limitiert sein kann. Vom Grundsatz der Verfügbarkeit sollte indessen nicht abgewichen werden, sodass eine Kollision mit der Primäraufgabe eines Kandidaten nicht in Kauf genommen werden darf. Wir selbst haben die Erfahrung gemacht, wie befruchtend der direkte Einblick in eine andere, wenn möglich ausländische Führungskultur auf die eigene Arbeit wirken kann. Der Erfahrungshorizont kann dadurch, zum Nutzen der eigenen Primäraufgabe, erheblich ausgeweitet werden. Ein Verwaltungsrat, der seinem CEO gestattet, ein Mandat bei einer dritten Firma anzunehmen, dient damit so auch den Interessen der eigenen Unternehmung. Von mehr als einem solchen Mandat muss aber abgeraten werden.

Dieses Plädoyer für eine Verjüngung des Verwaltungsrates darf nicht missverstanden werden. Wir treten für eine ausgewogene Mischung von jüngeren, dynamischen und älteren, durch grosse Erfahrung «geeichte» Persönlichkeiten im Aufsichtsgremium ein. Eine Altersgrenze von 70 Jahren, wie sie heute bei 80 % der börsenkotierten Schweizer Firmen gilt, sowie auch die in manchen grossen Firmen gültigen Grenzen für exekutive Tätigkeit von 60 Jahren und darunter, erachten wir als zu tief angesetzt.[168] Untersuchungen zeigen, dass weder Lernfähigkeit noch Arbeitsleistung in einer direkten Korrelation zum Alter stehen. Die nachstehende Tabelle vermittelt eine Übersicht über die Veränderung der Leistungskomponenten mit zunehmendem Lebensalter[169]:

---

167 Glaus Bruno U., a. a. O.

168 Vgl. dazu auch: Kirsch Guy/Mackscheidt Klaus, Arbeiten bis 90, warum eigentlich nicht?, in FAZ Nr. 122, 27.05.06. Es ist auch bezeichnend, dass die International Civil Aviation Organization (ICAO) die Altersgrenze für Berufspiloten kürzlich von 60 auf 65 Jahre heraufgesetzt hat.

169 Bruggmann Michael, Die Erfahrung älterer Mitarbeiter als Ressource, Deutscher Universitätsverlag, Wiesbaden 2000.

Zunehmende, abnehmende und gleichbleibende Leistungskomponenten
im Zusammenhang mit dem Älterwerden

zunehmend	gleichbleibend	abnehmend
■ Lebens- und Berufserfahrung, betriebsspezifisches Wissen ■ Urteilsfähigkeit ■ Zuverlässigkeit ■ Besonnenheit ■ Qualitätsbewusstsein ■ Kommunikationsfähigkeit (je nach Autor auch gleichbleibend) ■ Kooperationsfähigkeit ■ Konfliktfähigkeit ■ Pflicht- und Verantwortungsbewusstsein ■ Positive Arbeitseinstellung ■ Ausgeglichenheit und Beständigkeit ■ Angst vor Veränderungen	■ Leistungs- und Zielorientierung ■ Systemdenken ■ Kreativität ■ Entscheidungsfähigkeit ■ Physische Ausdauer und psychisches Durchhaltevermögen ■ Kooperationsfähigkeit (je nach Autor auch zunehmend) ■ Konzentrationsfähigkeit (je nach Autor auch abnehmend)	■ Körperliche Leistungsfähigkeit ■ Geistige Beweglichkeit ■ Geschwindigkeit der Informationsaufnahme und -verarbeitung ■ Kurzzeitgedächtnis ■ Risikobereitschaft ■ Aufstiegsorientierung ■ Lern- und Weiterbildungsbereitschaft

Quelle: Michael Bruggmann.

Die Schweizer Arbeitgeber haben diese Realitäten erkannt. Sie fordern generell den Abschied vom «Jugendlichkeitswahn» und erachten unter anderem auch vorzeitige Pensionierungen nicht mehr als sozialverträgliche Massnahme bei Restrukturierungen.[170]

In diesem Zusammenhang sollte man nicht vergessen, dass sich das Durchschnittsalter der Bevölkerung ständig nach oben verschiebt. Eine Altersgrenze von 75 Jahren erscheint uns deshalb besser geeignet, um der Erfahrungskomponente im Gremium den ihr gebührenden Platz einzuräumen. Die folgende Grafik macht deutlich, wie dramatisch sich die Altersstruktur der Schweizer Erwerbsbevölkerung in den nächsten zehn Jahren (2005–2015) verändern wird. Tendenziell muss dies Anlass dazu geben, existierende Altersgrenzen, auch für Verwaltungsratsmitglieder, angemessen nach oben zu verschieben.

---

170 Schweizer Arbeitgeberverband, Broschüre zur Beschäftigung älterer Erwerbstätiger, 2006.

Abbildung 16:

Demografische Entwicklung der Schweizer Erwerbsbevölkerung

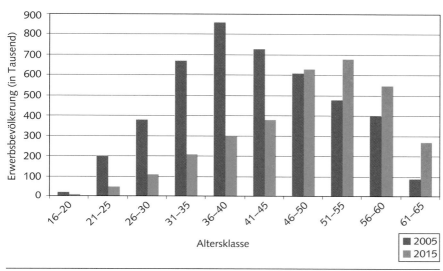

Quelle: Schweizerischer Arbeitgeberverband

Hinzuweisen ist in diesem Zusammenhang auf die amerikanische Praxis, die zwar eine generelle (freiwillige) Altersgrenze von 75 Jahren kennt, jedoch den individuellen Rücktritt flexibel handhabt. So kann es der Nominationsausschuss, der dafür zuständig ist, zulassen, dass ein Mitglied ausnahmsweise über diese Altersgrenze hinaus im Amt verbleibt, «if he is still fit to serve», oder veranlassen, dass er sich in einem früheren Zeitpunkt zum Rücktritt entschliesst, wenn seine Leistung nicht mehr genügt. Die jährliche Evaluation der Effizienz und Effektivität der Verwaltungsratsarbeit sowie die immer vorhandene «Peer Pressure» spielen hier eine entscheidende Rolle. Dass es aber eine informell anerkannte oder eine statutarische oder im Organisationsreglement festgeschriebene Altersgrenze geben muss, erscheint uns als nützlich, um auch einen leistungsschwachen Sesselkleber schliesslich loszuwerden, wenn der Verwaltungsrat den Mut nicht findet, ihm vorher seinen Rücktritt nahezulegen.

Die Frage des Rücktrittsalters stellt sich auch für die Mitglieder der Geschäftsleitung. Vor allem in Deutschland ist es bei den grossen Gesellschaften üblich, bei Erreichung des 60. Altersjahres seinen Rücktritt zu nehmen bzw. nehmen zu müssen. Weil in diesem Alter ein Leistungsabfall bei einer Führungspersönlichkeit noch keineswegs eintreten muss und ihr Abgang unter Umständen für eine Firma ein erheblicher Verlust an Führungssubstanz

179

bedeutet, wird diese Praxis, die auch in der Schweiz Schule gemacht hat, heute immer häufiger hinterfragt. Die Argumente dafür und dagegen mögen sich die Waage halten; im Blick auf die demografischen Veränderungen – immer höheres Lebensalter und Schrumpfung der berufstätigen Bevölkerung – sowie die nachweisbare Leistungsfähigkeit auch «älterer» Leute, ist doch eine Tendenz auszumachen, das Rücktrittsalter hinauszuschieben.

11.7 Vermehrte Frauenpräsenz in den obersten Führungsgremien

Eine weitere unausgeschöpfte Quelle potenzieller Verwaltungsratsmitglieder eröffnet sich durch den vermehrten Einbezug von Frauen. Ihre Vernachlässigung bei der Zusammensetzung der obersten Führungsgremien der Wirtschaft ist eigentlich unverständlich, zumal ihre Fähigkeiten ihren männlichen Mitbewerbern intellektuell und ausbildungsmässig in nichts nachstehen. An Universitäten und Fachhochschulen erreicht der Frauenanteil in den Wirtschafts- und Sozialwissenschaften heute in manchen Fällen 50 % und mehr. Trotzdem sind Frauen in hohen Kaderpositionen und in Verwaltungsräten noch immer deutlich in der Minderheit. Wurden Frauen früher gewissermassen als «Dekoration» in den Verwaltungsrat berufen, um nach aussen zu signalisieren, dass man die Gleichstellung der Geschlechter respektiert und fördert, so setzt sich heute doch zunehmend die Erkenntnis durch, dass sie ihren männlichen Kollegen ebenbürtig sind, ja unter Umständen professioneller und auch motivierter agieren als diese. Wie eine Umfrage unter amerikanischen Kaderrekrutierungsspezialisten ergab, sind Frauen ihren männlichen Kollegen in den Disziplinen Kommunikation und Strategie voraus, während Letztere den Frauen im Bereich der Finanzen überlegen zu sein scheinen.[171] Von der Etablierung spezifischer Frauenquoten im Gesetz oder in den Statuten ist allerdings abzuraten. Nicht nur sind die Frauen aufgrund ihrer Ausbildung und zunehmenden Erfahrung heute durchaus selbst in der Lage, ihren Anspruch auf Kaderstellen durchzusetzen. Solche Zwangsverordnungen tragen zudem stets auch den Keim der Ineffizienz in sich. In den Verwaltungsrat gewählt werden dürfen nur Frauen mit entsprechender Eignung und professioneller Kompetenz.[172] Ihre natürliche Doppelstellung als Frau und potenzielle Mutter wird jedoch bewirken, dass das Angebot an kompetenten Kandidatinnen auch in Zukunft beschränkt bleiben wird. Falls sie sich für eine

---

171 The Wall Street Journal Europe, Woman MBA excel in Strategy, 21.09.05.

172 Anne Lauvergeon, CEO Areva (französischer Atomenergie-Konzern) sagt dazu: «I find (quotas) humiliating. If you have made it, you don't want to have made it because you're filling a quota but because you are good.» FT 06.10.06.

höhere Kaderkarriere mit dem damit verbundenen physischen und psychischen Stress entschliessen, bedeutet dies stets bewusst oder unbewusst ein Opfer im Licht der ihnen von der Natur zugedachten Rolle.[173] Auch in Zukunft wird dies viele Frauen zum Verzicht veranlassen. Trotz dieser Einschränkungen ist der Zeitpunkt abzusehen, wo die Mitwirkung der Frauen in den Führungsteams eine ähnliche Intensität erreichen wird wie in der Politik, wo sie bereits ebenbürtige Rivalen der Männer sind.[174]

Der Vormarsch des Frauenanteils in den Verwaltungsräten der börsenkotierten Gesellschaften in der Schweiz ist langsam, aber unübersehbar: 1974 1,5 %, 1989 2,3 %[175], 2004 bereits 7,7 %[176]. Allerdings erweisen sich die Gesellschaften in andern Ländern derweil als wesentlich frauenfreundlicher:

Anteil der Frauen in Aufsichtsrats- bzw. Verwaltungsratspositionen in börsenkotierten Gesellschaften

USA	17,5 %
Grossbritannien	12,5 %
Deutschland	10,3 %
Niederlande	8,6 %
Schweiz	7,7 %
Frankreich	7,2 %
Italien	1,8 %

Quelle: DIW Berlin, 2005.

Trotz unseres an sich positiven Ausblicks ist es eine Tatsache, dass sich der Fortschritt in der Besetzung oberer Kaderpositionen durch Frauen nur langsam gestaltet. Ein Hinweis dafür ist der Befund, dass sich in den Business Schools die Frauenquote seit einigen Jahren stabil zwischen 15 und 20 % bewegt. So lag bei der Graduate School of Business Administration Zürich (GSBA), die berufsbegleitend die Ausbildung zum Executive Master of Business Administration (EMBA) anbietet, der Frauenanteil im Jahr 2005 bei

---

173 Heute haben in der Schweiz 40 % der Frauen mit höherem Bildungsabschluss keine Kinder (384. Mitteilung der Kommission für Konjunkturfragen, 02.09.05).

174 Die 1996 in Paris gegründete Organisation European Professional Womens Network EPWN hat sich zum Ziel gesetzt, Frauen für Führungspositionen auszubilden und zu fördern.

175 Glaus Bruno U., Unternehmensüberwachung durch schweizerische Verwaltungsräte, Diss. St. Gallen Nr. 1163, 1990.

176 Deutsches Institut für Wirtschaftsforschung (DIW) 2004.

18 %.[177] Bei der Universität St. Gallen beträgt er in der gleichen Disziplin zwischen 15 und 20 %. Es ist offensichtlich, dass die soziale Stellung der Frau als haushaltende Lebensgefährtin und Mutter weiterhin als starke Bremse wirkt.

11.8 Machtansprüche als Einflussfaktor bei der Kandidatenwahl

Die Arbeit des Nominierungsausschusses ist mannigfachen externen Einflüssen ausgesetzt. Es wäre deshalb verfehlt, sich der Illusion hinzugeben, dass sich das erwünschte Fähigkeitsprofil in professioneller und charakterlicher Hinsicht in der Praxis auch tatsächlich in allen Fällen durchsetzen lässt. Wie in der Politik stellt die Auswahl der Kandidaten stets auch einen Kampf um die Macht in der Unternehmung dar. Verschiedene Einflussfaktoren lassen die Empfehlungen des Ausschusses an Grenzen stossen. Zwei davon seien hier erwähnt.

- Die schon etablierten Mitglieder des Verwaltungsrates und insbesondere der Präsident wie auch der CEO haben oft eigene Vorstellungen über mögliche Kandidaten. Diese stützen sich auf die respektiven Beziehungsnetze und reichen von persönlichen Freunden und Geschäftspartnern bis hin zu prominenten und bekannten Exponenten im öffentlichen Leben, die in manchen Fällen den Anforderungen eines Mandates nur unvollkommen zu genügen vermögen. Wie wir bereits früher festgestellt haben, behaupten Umfragen, dass über 80 % der Nominationen auf Empfehlungen anderer Mitglieder des Verwaltungsrates zurückzuführen seien. Wir haben auf die Gefahren dieser Praxis hingewiesen («programmierte» Konsenskultur). Hier ist die Eigenständigkeit der Urteilsbildung der Mitglieder des Ausschusses gefordert: Sie müssen die Kraft haben, solchen Strömungen zu widerstehen. Das wird gegenüber dem CEO, dessen Einfluss nicht zu unterschätzen ist, besonders schwer sein. Objektivität ist aber auch hier gefordert: Vom Präsidenten oder CEO vorgeschlagene Kandidaten können durchaus valabel sein.
- Die Machtverhältnisse im Aktionariat spielen bei der Kandidatenauswahl eine wichtige, manchmal ausschlaggebende Rolle. Familien- und Grossaktionäre haben ein legitimes Interesse, eigene Kandidaten zur Wahl vorzuschlagen, besonders dann, wenn sie absolut oder relativ – durch Stimmrechtsaktien – die Stimmenmehrheit in der Generalversammlung

---

177 Die Graduate School of Business Administration in Zürich/Horgen (GSBA) ist im Bereich der Executive-MBA-Ausbildung die Nr. 1 im deutschen Sprachraum, die Nr. 4 in Europa und die Nr. 11 weltweit (Ranking 2005/2006 der Bilanz und der Financial Times).

besitzen. Auch hier ergibt sich die Gefahr, dass Macht vor Eignung und Fähigkeiten den Ausschlag zur Wahl gibt.

Daraus lässt sich folgern, dass die Zusammensetzung eines Verwaltungsrates in den seltensten Fällen das Ergebnis eines durchwegs objektiven und vom Nominierungsausschuss allein gesteuerten Auswahlverfahrens ist. Die Praxis zeigt, dass Kompromisse hier nicht ausgeschlossen werden können; in der Realität gibt es keine Vollkommenheit. Die Mischung ist vielfach nicht optimal; sie ist aber akzeptabel, solange Kompetenz und Integrität im Gremium überwiegen und eine eigenständige Meinungsbildung gewährleistet ist. Nichts darf allerdings den Nominierungsausschuss daran hindern, sein Möglichstes zu tun, um die professionelle und moralische Qualität des Gremiums, auch in begründbarer Abweichung von den Vorschlägen einer eventuellen «Mainstream Opinion», sicherzustellen. Dies gehört zu seinen unabänderlichen Pflichten, die er, soweit notwendig, dem Präsidenten, dem Verwaltungsrat und dem CEO immer wieder klarmachen muss. Dazu braucht es Offenheit, Ehrlichkeit und Zivilcourage, die jedem Mitglied des Ausschusses eigen sein müssen. Ein führungsstarker und unabhängiger Verwaltungsratspräsident hilft hier zusätzlich.

Im Übrigen möchten wir wiederholen, was wir bereits bei der Betrachtung der Mitwirkungsrechte der Aktionäre in Kapitel 7 gesagt haben: Es ist in letzter Konsequenz Sache der Aktionäre selbst, für einen kompetenten und glaubwürdigen Verwaltungsrat zu sorgen, indem sie zweifelhaften Kandidaten die Wahl verweigern. Dies setzt allerdings voraus, dass sie möglichst vollständig an der Generalversammlung teilnehmen, die übliche Zurückhaltung (rationale Apathie) überwinden und im Fall der Vertretung dem unabhängigen Stimmrechtsvertreter genaue Instruktionen erteilen, wie er bei den einzelnen Traktanden zu stimmen habe.

11.9 Evaluation der Arbeit der Führungsorgane und Führungspersonen

Durch eine vorausschauende und gründlich durchgeführte Identifikation und Selektion von neuen Verwaltungsratsmitgliedern und Kandidaten für die oberste Geschäftsleitung leistet der Nominierungsausschuss einen entscheidenden Beitrag zur Sicherung der Führungsexzellenz und Führungskontinuität in der Unternehmung. Damit ist seine Arbeit jedoch noch nicht zu Ende. Im Interesse einer anhaltend befriedigenden Führungsqualität obliegt es ihm, die Arbeit des Gesamtverwaltungsrates und seiner Mitglieder durch periodische Selbstevaluation – in der Regel einmal pro Jahr – zu beurteilen. Dabei versteht es sich von selbst, dass auch der VR-Präsident und der CEO in die Evaluation einzubeziehen sind. Die Praxis der Selbstbeurteilung des Verwaltungsrates ist in den angloamerikanischen Ländern schon längst zur Routine geworden. Sie zwingt den Verwaltungsrat, über sein Verhalten und die Ergebnisse seiner Arbeit nachzudenken und die daraus entstandenen Entscheide auf ihre Wirksamkeit und ihren Erfolg zu evaluieren. 97 % der S&P500-Firmen führten 2003 solche «Self-Assessments» durch.[178] Für die Schweiz fehlen Zahlen, jedoch dürfte diese Praxis noch keineswegs durchgehend realisiert sein.

Als Beurteilungskriterien der Selbstevaluation dienen nicht nur die messbaren sachlichen Daten, wie beispielsweise der finanzielle Unternehmungserfolg, sondern auch die Beobachtungen und Eindrücke der einzelnen Mitglieder des Verwaltungsrates über die Sitzungsführung und Diskussionskultur sowie die Echos bezüglich seiner Arbeit in den Äusserungen der Medien, der Aktionäre und weiterer sogenannter Stakeholder.

Eine Selbstbeurteilung, soll sie realistisch und korrekturwirksam sein, setzt bei den einzelnen VR-Mitgliedern Offenheit, Ehrlichkeit und Einsicht in die eigenen Fehler und Schwächen voraus. Dies verlangt charakterliche Integrität, menschliche Reife und den Willen zur Selbstkorrektur, also jene emotionalen und mentalen Eigenschaften, auf die auch bei der Kandidatensuche grosser Wert zu legen ist. Sind diese Voraussetzungen erfüllt, ist die Selbstbeurteilung einer Evaluation durch aussenstehende Dritte überlegen, weil diese in den Sitzungen ja nicht permanent dabei sein können und somit keine Einsicht in die oft wichtigen unterschwelligen Motivationsströme und Emotionen im Gremium haben.[179]

Zur Durchführung einer Selbstevaluation existieren heute bewährte Methoden, die alle auf der Beantwortung von Fragebogen beruhen. Die Auswertung der Antworten erfolgt durch den Nominierungsausschuss und führt zu anonymisierten Feststellungen, die eine Art Stärken-Schwächen-Profil des Verwaltungsrates ergeben. Dieser hat gestützt darauf in einer vertieften und versachlichten Diskussion, die am besten vom Vorsitzenden des Corporate-Governance-Ausschusses oder, wenn dieser nicht existiert, des Nominierungsausschusses geführt wird, diejenigen Punkte aufzuzeigen, die zu Änderungen und Verbesserungen der Arbeit des Gremiums Anlass geben.

---

178 McKinsey: Global Investor Opinion, Survey London 2003.

179 Rolf Dubs hat 1992 mit dem «Verfahren der teilnehmenden Beobachtung an 29 Sitzungen» als Aussenstehender sieben Verwaltungsräte analysiert. Dieser Bericht ist noch heute lesenswert und konklusiv.

Im Rahmen der Selbstevaluation hat sich der Nominierungsausschuss auch der heiklen Frage zu stellen, ob der Präsident und die einzelnen Mitglieder den Anforderungen genügen. Das Ungenügen eines Mitgliedes kann in seinen schwachen Leistungen oder in andern Gründen, wie beispielsweise unethischem Verhalten, bestehen. Tritt das leistungsschwache oder fehlbare Mitglied nicht aus eigenem Antrieb zurück, hat der Präsident die unangenehme Aufgabe, dem Mitglied den Rücktritt nahezulegen oder es darauf aufmerksam zu machen, dass es für eine Wiederwahl nicht mehr vorgeschlagen wird. Für die Aufrechterhaltung des gegenseitigen Vertrauens im Verwaltungsrat, eine unerlässliche Voraussetzung für gute Zusammenarbeit, ist es wichtig, dass die Gründe für das forcierte Ausscheiden eines Mitgliedes durch objektive und nachweisbare Tatsachen gestützt werden.

Der Swiss Code empfiehlt in Punkt 14, letzter Absatz, die jährliche Evaluation der VR-Arbeit: «Der Verwaltungsrat bespricht jährlich seine Leistung und jene seiner Mitglieder.» Unserer Ansicht nach weist diese Formulierung zu wenig explizit auf die Notwendigkeit von Korrekturen hin. Wir schlagen deshalb vor, diese Empfehlung wie folgt zu ergänzen: «Bei Ungenügen trifft er die notwendigen Korrekturmassnahmen.»

11.10 «Permanent Learning» – eine Notwendigkeit auch für den Verwaltungsrat

Schliesslich ist der Nominierungsausschuss in der Regel auch zuständig für die Einführung neuer VR-Mitglieder in die Geschäfte und die spezifischen Eigenheiten der Unternehmung und der Branche. Zusammen mit dem Präsidenten und dem CEO erarbeitet er das Programm für entsprechende Einführungskurse. Dass darüber hinaus Monate und oft Jahre notwendig sind, bis das neue Mitglied sich in der Firma genügend auskennt, um effektive Arbeit leisten zu können, kommt dazu. Unerlässlich sind zudem periodische Weiterbildungskurse für den Gesamtverwaltungsrat – meist in der Form von firmeninternen Seminarien. Angesichts der Dynamik des wirtschaftlichen Geschehens im Rahmen der Globalisierung, der ständigen Weiterentwicklung der Corporate-Governance-Praxis, der Rechnungslegungsgrundsätze und der Vorschriften von Börse und Aktienrecht sind solche Kurse heute unerlässlich, um für die permanent steigenden Herausforderungen fachlich gewappnet zu sein. Dies ist auch einer der Gründe, warum wir für eine ausgeglichene Altersstruktur im Verwaltungsrat plädieren. Jüngere VR-Mitglieder repräsentieren die Chance, neue Erfahrung und neues Wissen im Gremium einzubringen – Ressourcen, die damit auch älteren Mitgliedern zugänglich gemacht werden.

Das Erfordernis der Weiterbildung sollte ähnlich wie die Frage der Selbstevaluation im Swiss Code nachhaltiger vertreten werden. Die heutige Fassung wird der Notwendigkeit einer permanenten Weiterbildung nur teilweise gerecht: «Der Verwaltungsrat sorgt, bei Bedarf, für eine aufgabenbezogene Weiterbildung» (Swiss Code Punkt 14). Der Bedarf ist heute erwiesen; eine Zurückhaltung in diesem Belang erscheint somit fehl am Platz. Ein Verwaltungsrat, der nicht über die neuesten Methoden, Instrumente und Erkenntnisse der Führung und des Risikomanagements auf dem Laufenden gehalten wird, kann seiner Aufgabe unter den heute herrschenden anspruchsvollen Bedingungen nicht gerecht werden.

12. Angemessene Entschädigung der Führungsorgane: eine Quadratur des Zirkels?

12.1 Die Eskalation der Spitzenentschädigungen[180]

Unternehmungen – vor allem börsenkotierte Gesellschaften – unterliegen heute nicht nur einer schärferen Kontrolle durch Gesetze, Börsenvorschriften und Kodizes zur Corporate Governance. Sie sind auch einer ständigen Beobachtung durch die Medien und damit einer breiten Öffentlichkeit ausgesetzt, die mit Argusaugen ihr geschäftliches Verhalten täglich verfolgen und beurteilen. Dazu kommt das seit Kurzem feststellbare Erwachen der Investoren, die allein oder unterstützt durch aktivistische, die Anliegen der Pensionskassen und Kleinaktionäre bündelnde Serviceorganisationen ihre neu gefundene Macht ausspielen und eine bessere Berücksichtigung ihrer Interessen verlangen; Transparenz und Performance stehen dabei im Vordergrund.[181] Schliesslich kommentieren auch die Gewerkschaften die Geschäftsabschlüsse und Lohnentwicklungen der grossen Gesellschaften, wobei das Verhältnis von Höchst- zu Tiefstlohn (Lohnschere) hier im Vordergrund steht und manchmal ethische Bedenken auslöst. Im Mittelpunkt dieser konzentrierten Aufmerksamkeit stehen die sogenannten Managerlöhne der Führungsspitzen der Unternehmungen. Sie stellen ein Kernproblem der Corporate Governance dar. Nichts hat den sichtbaren Schwund des Vertrauens in die Führung grosser multinationaler Unternehmungen und in die liberale Wirtschaftsordnung in der Öffentlichkeit mehr gefördert als die vielfach als unangemessen erachteten hohen Entschädigungen der Spitzenorgane – Verwaltungsräte und Manager –, die in den jährlichen Geschäftsberichten seit 2004 auch in der Schweiz offengelegt werden müssen und von den Finanzmedien ausgiebig kommentiert werden.

---

180 Wir verwenden die Begriffe Entschädigung, Vergütung, Remuneration, Gehalt, Lohn und Salär als Synonyme für die gesamten geldwerten Bezüge (Grundgehalt, erfolgsabhängige Bonifikationen, Optionen auf Aktien und Aktien, Pensionszuschüsse, Nebenleistungen) eines Mitgliedes des Verwaltungsrates oder der Geschäftsleitung. Wo immer sprachlich möglich, sprechen wir von Entschädigung als Hauptbegriff.

181 Die aktivistische Tätigkeit der Pensionskassen in Europa ist relativ neu. In den USA hatte bereits in den 1980er-Jahren der Trend zum Druck auf die grossen Publikumsgesellschaften eingesetzt, angeführt durch CalPERS, einem kalifornischen Grossverband von Pensionskassen des öffentlichen Bereiches.

Die Eskalation der Entschädigungen der Spitzenorgane, insbesondere der Vorsitzenden der Geschäftsleitungen (CEOs), hat schon anfangs der 1990er-Jahre eingesetzt und ist nicht etwa ein schweizerisches, sondern ein globales Phänomen. Seinen Ursprung hat es unzweifelhaft in den USA, wurde aber durch die fortschreitende Globalisierung rasch in die übrigen westlichen Industrieländer exportiert. Die isolierte Betrachtung der Dimension der Entschädigungen auf nationaler Ebene, wie es in den schweizerischen Medien üblich ist, führt jedoch nicht zu einer realistischen Beurteilung; was in der Schweiz als «übersetztes» Gehalt erscheint, ist im internationalen Kontext unter Umständen ein «übliches» Gehalt. Viele unserer börsenkotierten Gesellschaften gehören heute nämlich als «Global Players» zu den grössten Unternehmungen der Welt. Mit ihrem Umsatzwachstum und der Expansion ihrer Märkte haben immer häufiger auch ausländische Spitzenkräfte in den Führungsgremien Einzug gehalten. Nach neuesten Untersuchungen steht die Schweiz sogar an der Spitze bezüglich der Besetzung der Verwaltungsräte mit Mitgliedern ausländischer Nationalität; 30 % der Verwaltungsräte börsenkotierter Gesellschaften unseres Landes sind Ausländer.[182] Die Beurteilung der Angemessenheit der Spitzengehälter muss deshalb im Rahmen eines internationalen Standards stattfinden. Die Vision des «Global Village» ist hier bereits Realität. Daran hat sich die Schweiz noch nicht gewöhnt; die breite Öffentlichkeit denkt noch vorwiegend lokal, nicht zuletzt, weil unsere Wirtschaftsmedien dieser Betrachtungsweise Vorschub leisten; sie nehmen im Interesse ihrer Auflage Rücksicht auf die doch recht enge und national ausgerichtete Optik ihrer Leser.

Wenn wir also das Phänomen und die Dynamik der rasch steigenden Managerlöhne verstehen und beurteilen wollen, so muss ein internationaler Vergleichsmassstab angelegt werden. Dabei wird offensichtlich, dass die dominante Rolle von den USA gespielt wird. Dort begann in den 1990er-Jahren die Eskalation der CEO-Entschädigungen, wie die nachfolgende, übrigens in Studien viel verwendete Grafik[183] zeigt:

---

182 Research Economist Intelligence Unit, The Financial Times, March 1, 2006.
183 Institute for Policy Studies/United for a Fair Economy, 12th Annual CEO Compensation Survey, 2005.

Abbildung 17:

Gehaltsbezogene ökonomische Indikatoren in den USA 1990–2004 (inflationsbereinigt)

Source: Total executive compensation: Business Week annual compensation survey, 1991–2005. Includes: salary, bonus, restricted stock, payouts on other long-term incentives, and the value of options exercised. Note: 2004 total compensation figure calculated by the authors based on data in Business Week survey; S&P 500 Index: Economic Report of the President, 2005 Table B-96; 1997, 2000 Table B-93; average of daily closing index; Corporate Profits: BEA, NIPA, Table 6.16, with inventory valuation and capital consumption adjustments; Average worker pay: BLS, Employment, Hours, and Earnings from the Current Employment Statistics Survey, Table B-2; Adjustment for inflation: BLS, Average Annual CPI-U, all urban consumers, all items.

Deutlich sichtbar ist die im Vergleich zur Entwicklung von Gewinn, Börsenwert und Lohn eines Industriearbeiters überproportionale Zunahme der CEO-Entschädigungen. Im Jahre 2004 erreichten die durchschnittlichen Gesamtbezüge eines CEO der 367 führenden börsenkotierten amerikanischen Gesellschaften USD 11,8 Millionen, während der durchschnittliche Lohn eines Mitarbeiters (Worker) USD 27 378,– betrug. Daraus lässt sich errechnen, dass die CEOs das 301-Fache des Lohnes eines einfachen Arbeiters bezogen haben; im Jahr 2000 – kurz vor dem Platzen der «New Economy-Blase» – war es sogar das 525-Fache gewesen. Wir sprechen hier von Durchschnitten; in Einzelfällen sind es noch viel mehr. Es ist nicht von der Hand zu weisen, dass ursprünglich bei der Eskalation der US-Spitzengehälter auch die durch den «American Dream» geprägte gesellschaftliche Mentalität eine Rolle gespielt hat und noch spielt: «Who cares if the boss earns 300 times more than the average working

189

stiff, if the stiff knows he can become the boss?»[184] Heute aber nehmen auch amerikanische Kreise zunehmend Anstoss an solch übertrieben anmutenden Relationen, nicht zuletzt deshalb, weil die soziale Mobilität wegen Mängeln im Ausbildungssystem der USA abnehmende Tendenz zeigt. Kürzlich hat die U. S. Security and Exchange Commission (SEC) eine Verschärfung der Offenlegungsvorschriften bekannt gegeben. Demnach müssen jetzt die Gesamtbezüge der Manager angegeben werden, d. h. auch solche Teile wie Pensionseinzahlungen, die bisher verborgen blieben (sogenannte Stealth Compensations). Die neuen Vorschriften werden voraussichtlich 2007 in Kraft treten.[185]

Inzwischen geht die Eskalation der CEO-Gehälter in den USA in leicht verlangsamtem Rhythmus weiter. Neueste Zahlen zeigen, dass sie im Jahre 2005 im Mittel von 554 Gesellschaften – darunter die 500 Firmen des S&P-Indexes – um 11,3 % zugenommen haben; der «durchschnittliche» CEO verdiente das 430-Fache des «durchschnittlichen» amerikanischen Mitarbeiters (Worker).[186] Die Irritation vor allem der institutionellen Investoren hat zugenommen: Neun von zehn Investoren sagen, dass US-Gesellschaften Entschädigungsmodelle anwenden, welche die CEOs «dramatisch» überzahlen.

Die nachfolgende Grafik zeigt, dass das US-Phänomen eskalierender CEO-Entschädigungen nur mit einer kleinen Zeitverzögerung Ende der 1990er-Jahre auch auf Europa übergegriffen hat. Dass es so ausgeprägt in Grossbritannien aufgetreten ist, erscheint paradox angesichts der Pionierrolle, die dieses Land in der Förderung guter Corporate Governance gespielt hat.

Im Vergleich zu diesen Entwicklungen mag die Dimension des Phänomens in der Schweiz bescheidener erscheinen, doch ist im Kontext der Globalisierung der Zusammenhang unübersehbar: Auch bei uns setzte in den 1990er-Jahren eine Eskalation der Entschädigungen an Führungsorgane ein. Der Kreis der Unternehmungen, die sehr hohe Spitzengehälter zahlen, umfasst im Prinzip einzelne der 25 Gesellschaften des Swiss Market Index (SMI) der Schweizer Börse (SWX) und der 26 Gesellschaften des Swiss Market Index Mid-Caps (SMIM). Stützen wir uns auf die seit zwei Jahren von den Medien publizierten Gehaltslisten der Spitzenorgane und treffen wir die arbiträre, aber wohl nicht weit von der öffentlichen Meinung entfernte Annahme, dass der «Normalbürger» die Grenze von CHF 1 Million für ein jährliches Spitzen-

184 Inequality and the American Dream, The Economist, June 17, 2006.

185 Bisher müssen Publikumsgesellschaften die Bezüge des CEO und der vier höchstbezahlten Mitglieder der Geschäftsleitung (Officers) offenlegen. In Zukunft sollen auch die Gehälter von bis zu drei Mitarbeitern ausgewiesen werden, sofern sie mehr verdienen als die fünf Geschäftsleitungsmitglieder.

186 Quelle: The Corporate Library, in: The International Herald Tribune, 20. April 2006.

Abbildung 18:

Lohnentwicklung (indiziert) von CEO und Angestellten in FTSE-100-Unternehmungen

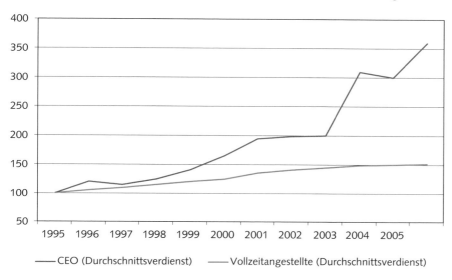

—— CEO (Durchschnittsverdienst)   —— Vollzeitangestellte (Durchschnittsverdienst)

Quelle: IDS, Directors' Pay Report 2005, Guardian / Grafik: Finanz und Wirtschaft, sb

gehalt noch gerade als akzeptabel betrachtet, so waren es im Jahre 2004 rund 200 Verwaltungsräte (meist Präsidenten) und Geschäftsleitungsmitglieder (meist CEOs), die über dieser Grenze liegen. Ziehen wir die Gehaltsgrenze bei CHF 2 Millionen, so sind es noch etwa 50 Personen, die mehr verdienten. Zum Vergleich: Die erwähnten SWX-Gesellschaften beschäftigen im In- und Ausland insgesamt über 1,2 Millionen Mitarbeitende. Das bedeutet, dass nur 0,17 Promille der Mitarbeitenden mehr als CHF 1 Million pro Jahr verdienten. Auch wenn die «Dunkelziffer» nicht publizierter Millionengehälter die Zahl dieser Vielverdiener verdoppeln oder verdreifachen sollte, so wäre dieser Aspekt keineswegs dramatisch.[187] Wir wollen damit das Problem nicht kleinreden; exzessive Löhne sind nie in Ordnung.

Alle diese Zahlen zeigen, dass die schweizerische Dimension des Phänomens, besonders im internationalen Kontext, nicht überschätzt werden darf.

---

187 Der Wirtschaftsberater Hans Kaufmann kommt zu ähnlichen Ergebnissen. Er hat ausgerechnet, dass im Vergleich zur Lohnsumme 2005 der 120 grössten Schweizer Konzerne die Gehälter und Boni der Spitzenleute (Verwaltungsrat und Konzernleitung) rund 1 % betragen. Im Vergleich zu Reingewinn und Dividendenausschüttungen machen die Spitzensaläre allerdings 2,5 bzw. 7,3 % aus (vgl. PRIVAT, Mai/Juni 2006).

Es gibt aber einzelne besonders hohe Entschädigungen, die Unmut und Anstoss erregen. Entschädigungen von einigen Millionen erscheinen im schweizerischen Vergleich ungewöhnlich hoch und sind vom Mann der Strasse schlicht nicht mehr nachvollziehbar. Sie sind es, die jeweils heftige Diskussionen über ihre Berechtigung auslösen und an die Grenzen der Fassbarkeit stossen. Sie werden schlechthin als unmoralisch und unethisch empfunden, weil sie ein enormes Vielfaches eines «Normalgehaltes» betragen können. Der durchschnittliche jährliche Bruttolohn eines Arbeitnehmers im privaten Sektor erreichte 2002 in der Schweiz den Wert von CHF 64 500.[188] Eine Entschädigung von CHF 5 Millionen bedeutet das 78-Fache, eine solche von CHF 20 Millionen – wie es drei bekannte Spitzenvertreter der Wirtschaft im Jahre 2005 bezogen haben – sogar das 326-Fache des «Normalsalärs», das 2005 nicht viel höher lag als 2002. Dass sich der normale Bürger und vor allem die Arbeitnehmerorganisationen daran stossen, ist nicht nur emotional, sondern auch sachlich verständlich.

Die Frage stellt sich nun, warum es zur dargestellten Eskalation der Spitzenentschädigungen gekommen ist. Aufgrund unserer Untersuchungen und Erfahrung gelangen wir zum Schluss, dass hier ein Fall von Multikausalität vorliegt; es gibt fünf Gründe, die kumulativ und sich gegenseitig verstärkend wirken:

■ Der Übergang zu Remunerationssystemen mit erfolgsabhängigen eskalierträchtigen Komponenten (Aktienoptionen-Effekt).
■ Die Offenlegung der Managerbezüge (Referenzgruppen-Syndrom).
■ Die Verhandlungsmacht der Manager beim Aushandeln ihrer eigenen Entschädigungen (Marktversagen und «Managerial Power»-Effekt).
■ Überschätzung der Managerleistung durch die Verwaltungsräte und ihre Entschädigungsausschüsse.
■ Ethisches Ungenügen der Verwaltungsratsgremien und mangelhafte Kontrolle durch diese Organe (institutionelles Versagen).

Die Aufstellung zeigt die Komplexität des Problems. Exzessive Managerentschädigungen sind wegen der Mehrzahl ihrer Gründe schwierig zu bekämpfen. Wir werden die fünf Komponenten einer detaillierten Betrachtung unterziehen. Sie wird zeigen, dass allein eine bessere institutionelle Kontrolle wirksame Lösungsmöglichkeiten bietet.

---

188 Quelle: Bundesamt für Statistik, veröffentlicht in: Die Volkswirtschaft, November 2005.

12.2 Der Vormarsch der variablen Entlöhnungssysteme für Manager

Zunächst müssen wir uns an die Agency-Theorie[189] erinnern, die besagt, dass zwischen den Eigentümern einer Unternehmung (Principals) und den mit der Geschäftsführung beauftragten Organen (Agents) Interessenkonflikte auftreten können (Auseinanderfallen von Eigentum und Kontrolle in Publikumsgesellschaften). Insbesondere besteht die Gefahr, dass sich die Verwaltungsräte und Manager auf Kosten der Eigner mit hohen Entschädigungen, die sie praktisch autonom beschliessen können, bereichern. Aufgrund dieser Agency-Theorie scheint es nun logisch, dass die Eigner versuchen, durch die Anbindung der Entschädigung der Manager an die Gewinnentwicklung der Unternehmung den potenziellen Interessenkonflikt zu mildern bzw. zu eliminieren. Die Interessen der Eigner, nämlich Maximierung des Shareholder Value, und der Manager, nämlich Maximierung ihrer Einkünfte, sollen so gleichgeschaltet werden. Diese Überlegung gab Anlass zur Empfehlung von erfolgsabhängigen Entschädigungssystemen, die insbesondere die Zuteilung von zukünftig ausübbaren Optionen auf Aktien vorsehen; vorausgesetzt wird dabei, dass der Aktienkurs dem Shareholder Value folgt. Die Anhänger dieses Denkansatzes begannen sich in den frühen 1990er-Jahren in den Unternehmungen durchzusetzen, und heute ist ein hoher variabler Anteil an der Managerentschädigung die Regel geworden. Der erfolgsabhängige Anteil kann dabei 50 bis 75 % betragen, oft zum grössten Teil aus Aktienoptionen bestehend. Die auf Gehaltsfragen spezialisierten Management Consultants entdeckten rasch, dass der Paradigmenwechsel in der Gehaltspolitik ihnen eine interessante neue Ertragsquelle erschloss, was der Verbreitung des neuen Systems zusätzlichen Auftrieb verlieh.

Obwohl es keineswegs erwiesen ist, dass Aktienoptionen, wie auch andere variable und erfolgsabhängige Gehaltskomponenten, als sogenannte Anreizsysteme zu besseren Managerleistungen führen – wir werden auf diese Frage noch zurückkommen –, erfreuen sich Aktienoptionen bei den Verwaltungsräten, welche die Managerlöhne festsetzen, und mehr noch bei den CEOs und ihren Management-Teams grosser Beliebtheit. Den Verwaltungsräten und ihren Entschädigungsausschüssen geben Aktienoptionen ein willkommenes Instrument in die Hand, um fähige Manager durch höhere Allokationen solcher Optionen von andern Gesellschaften wegzulocken und dann Jahr für Jahr «bei der Stange» zu halten, ohne dass dies bis vor Kurzem in der Rechnungslegung unmittelbar als Aufwand zum Ausdruck kam und daher den Aktionä-

---

189 Die Agency-Theorie wurde 1976 erstmals von Michael Jensen und William Meckling erörtert.

ren «verborgen» blieb. Weil Optionen sich erst bei Ausübung in eindeutig kalkulierbare Kosten verwandelten, wurde damit die Illusion genährt, dass sie die Gesellschaft «nichts» kosten. Erst mit den neuen internationalen Rechnungslegungsvorschriften, die eine sofortige Verbuchung der Optionen als Aufwand verlangen, ist dieser bisher «unsichtbare» Gehaltsanteil offengelegt worden. Noch beliebter als beim Verwaltungsrat sind Aktienoptionen bei den CEOs und ihren Management-Teams. Da sich der Wert von Aktienoptionen an den meist mehr oder weniger volatilen und kurzfristigen Änderungen unterworfenen Börsenkursen bemisst, eröffnen sie für die Manager spekulative Opportunities: Bei guter Börsenstimmung mit steigenden Kursen können die Manager bei richtigem Timing erhebliche, oft sogar enorme Gewinne realisieren. Wir betrachten aus dieser Überlegung heraus als den eigentlichen Grund für die Attraktivität der Aktienoption für Manager nicht den «Anreiz-Charakter» der Optionen für bessere Managerleistung, dessen Wirkung wir übrigens grundsätzlich bezweifeln, sondern die Aussicht auf spekulative Gewinne. Optionen sind letztlich eskalierfähige Gehaltsanteile mit spekulativem Charakter.

Böckli hat diesen Charakter der Aktienoptionen ausgezeichnet beschrieben, wenn er sagt, es handle sich dabei um einen «rein aleatorischen Vermögenswert mit Hebelwirkung», und bezüglich dieser Wirkung feststellt: «Bei gutem Kursverlauf kommt wegen der Hebelwirkung einer im Geld liegenden Option eine im Ausmass kaum zu rechtfertigende Vervielfachung der Vergütung heraus, bei unverschuldet flachem Kursverlauf oder einer Börsenbaisse eine Vergütung Null – ausgerechnet in Zeiten, die vom Verwaltungsratsmitglied (oder dem Geschäftsleitungsmitglied, d.V.) erhöhten Einsatz verlangt.»[190] Wir werden auf diese Eigenschaften von Aktienoptionen noch zurückkommen.

Gestützt einerseits durch die Überlegungen der Agency-Theorie und anderseits durch die eben beschriebene Attraktivität der Aktienoptionen hat sich in den letzten Jahren praktisch überall auf der Welt ein variables Gehaltssystem mit sogenannten erfolgsabhängigen Komponenten durchgesetzt. Vor dem Hintergrund dieser Entwicklung haben nun hauptsächlich zwei damit verbundene Umstände zu einer Eskalation der Managerentschädigungen beigetragen. Erstens wurde in vielen Fällen der Systemwechsel im Entschädigungssystem so vollzogen, dass der variable Anteil auf das bisherige Festsalär mehr oder weniger aufgepfropft wurde. Dies erklärt sich einerseits mit dem Widerstand der an fixe Gehälter gewöhnten Manager, aus Risikogründen ihr bisheriges sicheres Gehalt zu einem bedeutenden Teil aufzugeben.[191] Zweitens spielte die

---

190 Böckli Peter, Das Schweizer Aktienrecht, S. 1514.
191 Die Schwierigkeiten bei der Einführung eines erfolgsabhängigen Entlöhnungssystems hat der Verfasser in den 1990er-Jahren bei verschiedenen schweizerischen Publikumsgesellschaften selbst

(nicht zutreffende) Überlegung mit, dass sich der erfolgsabhängige Teil des Gehaltes durch die dadurch induzierte Erhöhung des Mehrwertes (Shareholder Value) selbst bezahlt mache. Dass dies aus verschiedenen Gründen nicht stimmen kann, geht schon aus dem Vergleich der Managerlöhne mit der dazu unterproportionalen Entwicklung des Börsenwertes und der Reingewinne der amerikanischen Gesellschaften in den Jahren 1990 bis 2004 in unserer Grafik hervor. Es lässt sich zudem nachweisen, dass der variable Teil des Gehaltes in vielen Fällen auch dann ausbezahlt wird, wenn es die Gewinnentwicklung nicht rechtfertigt. So wurde vielfach durch den Verwaltungsrat die Ausübungsschwelle der Optionen wegen unbefriedigender Entwicklung der Börsenkurse einfach nachträglich herabgesetzt (sogenanntes Repricing).[192] Auch ist empirisch nie eindeutig bewiesen worden, dass die Hypothese, das Anreizsystem der variablen Entlöhnung führe unweigerlich zu höheren Gewinnen und entsprechenden Börsenkursen, in der wirtschaftlichen Realität zutrifft.

12.3 Die Motivation des Managers im Fokus

Höchstleistungen werden vom Menschen dann erbracht, wenn er für ein von ihm autonom gewähltes Ziel – in der Gesellschaft, in der Wirtschaft, in der Politik, im Sport – stark motiviert ist und seine spezifischen Charakteristiken – Intelligenz, Erfahrung, Neigung, psychische und physische Kraft, Talent – mit der Zielsetzung kompatibel sind. Setzen wir die persönlichen und spezifischen Voraussetzungen für eine Managementlaufbahn voraus, so hängt das Erreichen hoher Leistungen von der Stärke der Motivation ab. Durch was sind Manager motiviert?

---

erlebt. Die Herabsetzung des Grundgehaltes im Austausch mit erfolgsabhängigen Komponenten erwies sich dabei als Hindernis. Viele Verwaltungsräte gingen dabei den Weg des geringsten Widerstandes und gaben Forderungen der Manager nach.

192 Die Rückdatierung der Aktienoption auf einen Termin mit einem niedrigeren Aktienkurs sichert dem Optionsinhaber einen höheren Gewinn. Werden die dadurch entstehenden höheren Personalkosten nicht verbucht, so wird der Gewinn der Unternehmung zu hoch ausgewiesen. Nach den Untersuchungen der amerikanischen Börsenbehörde SEC (Securities and Exchange Commission) haben viele Firmen so gehandelt; im sogenannten Optionsskandal sind über 100 Firmen involviert. Die Rückdatierung der Optionen, eine unsaubere Geschäftspraxis, ist an sich nicht illegal, wird aber bei Nichtverbuchung des zusätzlichen Aufwandes wegen der Überbewertung des Gewinns nach Ansicht der SEC zum Verbrechen, weil sie den geltenden Buchführungsregeln U. S. GAAP widersprechen. Welche Ausmasse das «Backdating» und die daraus folgende Überbewertung des Reingewinnes erreichten, zeigt der Fall des Chipherstellers Broadcom; diese Firma will nachträglich über USD 750 Millionen als zusätzlichen Aufwand für die seit dem Jahr 2000 wegen «Backdating of Options» nicht verbuchten Personalkosten ihrer Erfolgsrechnung belasten (vgl. The Economist, Dates from Hell, July 22nd-28th 2006).

Wir können drei hauptsächliche Motivationsgründe für eine Managerkarriere unterscheiden: die Aufgabe an sich (Challenge, Mission), Macht (über Menschen und Sachen), Geld (hohe Entschädigung). Allzu sehr ist man heute geneigt, als wichtigste Motivationsquellen Entschädigung und Macht zu betrachten. Dabei sind Geld und Macht im Kontext der Unternehmungsführung ein verwandtes Motivationspaar; mehr Macht, verkörpert durch eine höhere, hierarchische Stellung, gibt üblicherweise auch Anspruch auf höhere Entschädigung und umgekehrt. Die Agency-Theorie, die auf dem potenziellen Interessenkonflikt zwischen den Aktionären und den Managern (in der Form von Verwaltungsrat und Geschäftsleitung) beruht, fokussiert in besonderem Masse die monetäre Seite des Problems und führte, wie wir gesehen haben, zur weltweiten Proliferation eines Entschädigungssystems, das Optionen auf Aktien als hauptsächliche erfolgsabhängige Komponente empfiehlt. Heute folgen die meisten grossen börsenkotierten Gesellschaften in der Gestaltung ihrer Managementkompensation diesem Modell, wobei der erfolgsabhängige variable Anteil an der Gesamtremuneration oft überwiegt.

Gewiss sind Geld und auch Macht wichtige Motivationselemente als Leistungsansporn für einen Manager. Sie werden vom Forscherteam Bruno S. Frey und Margit Osterloh als «extrinsische» Motivationselemente bezeichnet, die «instrumentell auf Aktivitäten gerichtet sind, die nicht um ihrer selbst willen geschätzt werden, sondern wegen der zu erzielenden Belohnung.»[193] Davon zu unterscheiden ist die «intrinsische» Motivation, die auf Aktivitäten ausgerichtet ist, die «um ihrer selbst willen ausgeführt werden», im Sinn einer autonom gewählten Aufgabe. Hier stehen das Interesse, die Herausforderung und die Freude an der Aufgabe im Vordergrund. Es handelt sich dabei um Selbstmotivation, wie sie ersichtlich ist im Verhalten eines Managers, der seine Aufgabe als Berufung und Mission begreift, um eine Unternehmung zum Erfolg zu führen. Ein solcher Manager wird den Elementen Entschädigung und Macht das Interesse an der Aufgabe und den darin enthaltenen persönlichen Herausforderungen mindestens ebenbürtig gegenüberstellen oder meist sogar vorziehen. Frey/Osterloh deuten an, dass das Angebot einer Entschädigung, wenn sie als Leistungsanreiz besonders stark ausgestaltet ist, sogar einen negativen Einfluss auf die Leistung des Managers ausüben kann, weil sie seine intrinsische Motivation beeinträchtigt oder sogar verdrängt. Intrinsische Motivation ist eine weit bessere Voraussetzung für Führungserfolg als extrinsische Elemente, weil hier zu den sachlichen Triebkräften starke emotionale Anreize dazukommen,

---

193 Osterloh Margit, Frey Bruno S., Corporate Governance: Eine Prinzipal-Agenten-Beziehung, Team-Produktion oder ein Soziales Dilemma? Januar 2005.

die in Charakter und Persönlichkeit begründet sind und deshalb mehr Nachhaltigkeit im Verfolgen der Aufgabe versprechen. Bei der Besetzung von Geschäftsleitungspositionen ist dieser Aspekt besonders wichtig, und bei der Selektion ist darauf zu achten, ob die Kandidaten über diese wichtigste aller Motivationsquellen verfügen. Übrigens veranlasst uns die von Osterloh/Frey erarbeitete Motivationslehre zum Hinweis auf den vermehrt von globalen Unternehmungen verwendeten Ausdruck «Passion» (Leidenschaft, Hingabe) in ihren Logos; so spricht beispielsweise Holcim von «Strength, Performance, Passion» und die Deutsche Bank von «A Passion to Perform». Darin kommt die Erkenntnis zum Ausdruck, dass Erfolg emotionale und intrinsische Leistungsanreize bei den Mitarbeitern und Kadern voraussetzt.

Unsere Überlegungen zeigen, dass es unzulässig ist, in grober Vereinfachung Geld und Macht als dominante Motivationselemente der Manager zu betrachten. Sie sind nicht einfach amoralische «Abzocker» und «Ausbeuter», wie dies in den Medien und von einzelnen Ethikern gelegentlich dargestellt wird, obwohl es naiv wäre, die Existenz solcher Einzelfälle zu negieren. Vielmehr ist die intrinsische Motivation, im Sinn der Hingabe an die Aufgabe und als professionelle Herausforderung, in der Regel eine der wichtigsten Anreize zur Übernahme einer Spitzenposition in einer Unternehmung. Auch aus der Sicht der Motivationsforschung erscheint es zweifelhaft, ob das Modell hoher erfolgsabhängiger und variabler Einkommensteile wirklich die beste Lösung ist.[194]

Die Zweifel am variablen Entschädigungsmodell werden verstärkt durch die Feststellung, dass der Zusammenhang zwischen erfolgsabhängiger Entschädigung und Performance der Unternehmung empirisch keineswegs einwandfrei erwiesen ist.[195] In der Tat lässt sich nachweisen, dass unter dem Regime vornehmlich fixer Entschädigungen, wie sie bei uns in der Schweiz bis in die 1990er-Jahre üblich waren, die Manager nicht weniger motiviert waren und die Unternehmungen nicht schlechter geführt worden sind als heute. Als Manager und CEO wusste man damals, dass man sein Bestes geben, die Instrumente der Führung nach allen Regeln der Kunst einsetzen und die Budgets erfüllen müsse, mit dem Ziel, Shareholder Value – mit dem einfachen Begriff «Reingewinn», damals noch anders definiert als heute – zugunsten der Unternehmung und der Aktionäre zu generieren. Kaum ein verantwortlich

---

194 Vgl. Frey Bruno S./Osterloh Margit, Pay for Performance – immer empfehlenswert?, in: Zeitschrift für Führung und Organisation (zfo), 1999, und Yes, Managers should be paid like Bureaucrats, in: Journal of Management Inquiry, 2004.

195 Benz und Stutzer (a. a. O.) sagen dazu: «Die oft angeführte Erfolgsgeschichte der Anreizentlöhnung bei Managern in den USA ist mit den Forschungsresultaten zur Managerentlöhnung nicht vereinbar.»

denkender Manager hat sich bezüglich Leistungswillen und persönlichem Einsatz damals anders verhalten, als dies heute unter dem Regime der erfolgsabhängigen Entlöhnung der Fall ist. Die Versuchung, die finanziellen Resultate beispielsweise durch zweifelhafte Methoden der Buchführung und Ausnützen von Bewertungsspielräumen kurzfristig zu verbessern, war in weit geringerem Masse vorhanden. Die Sicherheit eines fixen, aber meist angemessen grosszügigen Gehaltes verpflichtete im Blick auf ungünstige Sekundäreinflüsse wie Konjunkturschwankungen, die unabhängig von einer starken Managementleistung die Resultate in erheblichem Masse negativ beeinflussen können, zu vollem Einsatz.

Schon damals galt als Prinzip guter Führung die Festsetzung von klaren Performance-Zielen, deren Erfüllung selbstverständliche Aufgabe und Pflicht des Managements war und nicht durch «Incentives» künstlich gestützt werden musste. Zudem wussten die Verwaltungsräte und Manager, die nichts mehr fürchten als einen Kontrollwechsel im Aktionariat ihrer Publikumsgesellschaft, dass ein hoher Aktienkurs der beste Schutz gegen einen Verlust ihrer Spitzenpositionen ist. Das war Motivation genug, ganz abgesehen davon, dass die Manager immer schon die Eigner im Nacken sitzen hatten, die zunehmend höhere Renditen forderten. Zeitpensum, psychischer und physischer Einsatz und Stress waren für einen CEO schon damals beträchtlich.

Wir werden diese Überlegungen später wieder aufnehmen, wenn wir die Nachteile und Gefahren eines auf Optionen ausgerichteten Entschädigungsmodells betrachten und die Chancen einer Trendumkehr zu einem eher fixen System abschätzen.

12.4 Das Referenzgruppen-Syndrom

Die Eskalation der Managerentschädigungen ist entscheidend und massiv gefördert worden durch die Offenlegungspflicht für börsenkotierte Gesellschaften. Diese erfolgte in den USA schon 1992 durch die SEC (Securities and Exchange Commission), in Grossbritannien im Jahr 2000 durch den «Combined Code» der LSE (London Stock Exchange), in Frankreich im Jahr 2001 durch das Handelsgesetz, in Deutschland im Jahr 2002 durch den teilweise verbindlichen DCGK (Deutscher Corporate-Governance-Kodex) und schliesslich ebenfalls seit 2002 auch in der Schweiz, zunächst durch eine SWX-Börsenvorschrift und ab 2007 auch auf aktienrechtlicher Grundlage.[196] Entgegen einigen

---

196 Bundesgesetz vom 7. Oktober 2005 über «Transparenz betreffend Vergütungen an Mitglieder des Verwaltungsrates und der Geschäftsleitung». Es bestimmt, dass die Entschädigungen der einzel-

unrealistischen Erwartungen hat die so geschaffene Vergleichsmöglichkeit logischerweise zu einer Anpassung nach oben geführt. Die amerikanische Erfahrung hat bereits ab 1992 bewiesen, dass Transparenz wohl die kritischen Stimmen in der Öffentlichkeit mobilisiert, allein jedoch nicht geeignet ist, die Gehaltsforderungen der Manager zu zügeln. Der damit möglich gewordene Vergleich mit den «Peers» hat im Gegenteil den Appetit der Manager angeregt, was psychologisch durchaus verständlich ist. Dass eine Offenlegung der Bezüge aber im Interesse der Transparenz für die Aktionäre, Investoren und Kapitalmärkte notwendig ist, wird dadurch nicht infrage gestellt. Die schweizerische Arbeitsgruppe «Corporate Governance» hat in ihrem Bericht zur Offenlegung der Entschädigungen an die Spitzenorgane einer börsenkotierten Gesellschaft im Jahr 2003 diese Notwendigkeit klar und überzeugend begründet. Die Argumente: Verwaltungsrat und Geschäftsleitung sind Beauftragte der Aktionäre, woraus sich folgerichtig eine Rechenschaftspflicht ergibt. Zweitens drängt sich die Offenlegung auf, weil der Verwaltungsrat heute selbst über seine Entschädigungen befindet, was unter dem Aspekt der Selbstkontrahierung «rechtlich und funktional kritisch ist».[197] Es wird angenommen, dass die Festsetzung der Entschädigungen nach dem Arm's-Length-Prinzip stattfindet, was aus Gründen der Interessenlage oft mehr als fraglich ist. Die blosse Offenlegung verhindert die Selbstkontrahierung zwar nicht, eröffnet jedoch den Aktionären bei offensichtlichen Exzessen die Möglichkeit, in der Generalversammlung Sanktionen zu beantragen, wie wir später noch zeigen werden.

Die These, dass die Offenlegung die Dynamik der steigenden Managerentschädigungen nach der Einführung von flexiblen Entlöhnungssystemen begünstigt hat, wird durch eine Studie des Institutes für Empirische Wirtschaftsforschung an der Universität Zürich im Ansatz bestätigt.[198] Die beiden Autoren sehen den Anstieg der amerikanischen Topsaläre als eine direkte Folge der im Jahr 1992 eingeführten Offenlegungspflicht und vermuten, dass die «verstärkte Transparenz paradoxerweise dazu geführt hat, dass ein sich selbst verstärkender Prozess der Referenzgruppenentlöhnung in Gang gesetzt wurde». Dieser Effekt der Offenlegung ist umso wirksamer, als er begleitet wird von einer weitgehenden Absenz eines funktionierenden Marktes für Manager, wie wir später zeigen werden. Übrigens ist darauf hinzuweisen, dass

---

nen Verwaltungsratsmitglieder, des Konzernchefs (bzw. die höchste Entschädigung der Geschäftsleitung) und die Gesamtentschädigung der Geschäftsleitung offengelegt werden müssen.

197 Böckli Peter, Huguenin Claire, Dessemontet François, Zwischenbericht der Arbeitsgruppe «Corporate Governance»: Offenlegung von Organentschädigungen und Organkrediten, 25.03.2003.

198 Benz Matthias/Stutzer Alois, Was erklärt die steigenden Managerlöhne?, in: Die Unternehmung, Schweizerische Zeitschrift für betriebswirtschaftliche Forschung und Praxis Nr. 57, 2003.

die Eskalation der Spitzengehälter auch in der Schweiz lange vor der gesetzlichen Pflicht zur Offenlegung eingetreten ist, angetrieben erstens durch die Entwicklung in den USA und gefördert von den Consultants in Gehaltsfragen, auf deren Rolle wir noch zurückkommen werden. Denn es gab auch bei uns schon vor der durch die SWX im Jahr 2002 dekretierten offiziellen Offenlegung der Entschädigungen eine «inoffizielle» Offenlegung. Unter den grossen börsenkotierten Firmen wurden seit Langem schon «unter der Hand» entsprechende Daten ausgetauscht. Böckli sagt zu Recht: «Die Theorie von der die Lohnspirale hemmenden Wirkung einer Geheimhaltung der Spitzenbezüge ist ein Märchen, das in bestimmten Kreisen innig geglaubt und gepflegt wird – aber es bleibt ein Märchen.»[199]

Wir betrachten den Referenzgruppenvergleich (Benchmarking), der durch die Offenlegung noch verstärkt worden ist, als einen der wichtigsten Gründe für die Eskalation der Spitzenentschädigungen. Zwar ist die Offenlegung, wie gesagt, als solche notwendig aus Gründen der Rechenschaftsablage gegenüber den Aktionären wie auch der Transparenz im Rahmen der Corporate Governance. Was sie aber zum Treiber der Spitzengehälter macht, sind zwei Folgen, die direkt und indirekt damit im Zusammenhang stehen: erstens die psychologische Wirkung des Vergleiches mit Referenzunternehmungen (Peer Group Review), die über Anspruchsdenken, Ehrgeiz und Neid die Lohnspirale anheizt, und zweitens die Wirkung der Empfehlungen der Beratungsfirmen in Gehaltsfragen, die aufgrund ihrer Interessenlage, Verwaltungsräte und Management als ihre Kunden zufrieden zu stellen, eher zu höheren Entschädigungen neigen. Schon längst ist es bei grossen Publikumsgesellschaften zur Usanz geworden, für heikle und kritikträchtige Entscheidungen, wie es eben auch Gehaltsfragen darstellen, den Rat sogenannter unabhängiger aussenstehender Spezialisten einzuholen. Dies weist übrigens auf die Richtigkeit unserer noch darzulegenden Vermutung hin, dass es einen transparenten Markt bzw. Marktpreis für Manager nicht gibt; das «Wettbewerbsgehalt» wird durch die Berater im Einvernehmen mit ihren Kunden – Verwaltungsräte und Geschäftsleitungen – künstlich geschaffen. So haben Firmen wie Towers Perrin, Watson Wyatt und Mercer, die alle global tätig sind, in den letzten zehn Jahren einen gewaltigen Aufschwung erlebt und dank ihres Einflusses – Towers Perrin beispielsweise berät nach eigenen Angaben etwa ein Drittel der 25 SMI-Firmen – entscheidend zum Anstieg der Spitzengehälter beigetragen. Die Rolle dieser Berater ist in letzter Zeit zunehmend in die Kritik geraten. Der Referenzgrup-

---

199 Böckli Peter, Revision des Aktien- und Rechnungslegungsrechts; eine kritische Übersicht, Referat am Europa-Institut der Universität Zürich, 22.03.06.

penvergleich verstärkt nämlich die Verhandlungsposition des Managements. Er zeigt die Medianentschädigung an und veranlasst dieses, vom Verwaltungsrat bzw. seinem Entschädigungsausschuss zu verlangen, dass seine Bezüge mindestens auf dieser Höhe, wenn nicht sogar darüber, festgesetzt werden. Zweitens kann durch die Auswahl der Referenzunternehmungen die Medianentschädigung unter Umständen nach oben verschoben werden. So moniert Pfiffner beispielsweise in einem Zeitungsartikel, dass sich die global tätige Grossbank UBS bei ihrer Entschädigungspolitik «zu stark an Amerika» orientiere. Er weist darauf hin, dass in der Referenzgruppe zu wenig europäische Banken vertreten seien, deren Entschädigungen in der Regel unter dem Niveau der US-Gesellschaften liegen.[200] Sicher ist, dass die Auswahl der Referenzunternehmungen durch die Spitzenorgane der auftraggebenden Unternehmung beeinflusst werden kann und auch wird. In diesem Kontext ist darauf hinzuweisen, dass im Gestrüpp der verschiedenen, meist komplexen Gehaltssysteme ein Entschädigungsausschuss leicht in Abhängigkeit von Beratern geraten kann. Hohe eigene Kompetenz ist deshalb für die Mitglieder des Ausschusses eine Notwendigkeit.

Der Glaube – denn nur um einen solchen handelt es sich –, dass man tüchtige Spitzenleute nur bekommen und halten kann, wenn man ihnen sehr hohe Gehälter zahlt und dabei mit den Spitzenverdienern anderer globaler Konzerne und Wettbewerber gleichzieht, hat sich heute fast überall durchgesetzt. Wie in den nächsten Abschnitten gezeigt werden wird, können weder der Markt noch die Leistung solche Gehälter rechtfertigen. Gleichwohl ist und bleibt der Hinweis auf die Lohnhöhe der Referenzgruppe das schlagkräftigste Argument für die Rechtfertigung exzessiver Managerentschädigungen. Die Behauptung, es brauche so hohe Gehälter, bleibt zwar eine Behauptung, aber sie ist (leider) schwer widerlegbar, weil sie erstens im Hinblick auf den immer wieder heraufbeschworenen «War for Talent» plausibel erscheint, und weil zweitens ein Verwaltungsrat sich gemeinhin davor scheut, in seiner Entschädigungspolitik davon abzuweichen und dadurch das Risiko einzugehen, Managementtalente zu verlieren. So bleibt der Gegenbeweis, der vielleicht doch zu erbringen wäre, in der Regel aus und die Behauptung wird zur Tatsache.[201] Aus dieser Situation heraus fragt man sich aber zu Recht: «Würde Mar-

---

200 Pfiffner Fritz, UBS orientiert sich zu stark an Amerika, NZZ am Sonntag, 26.03.06.

201 Dass es auch anders geht, bewies kürzlich der Verwaltungsrat der SBB. Der CEO, der einer Grossunternehmung mit 28 000 Mitarbeitenden und einem Umsatz von CHF 7 Milliarden vorsteht, bezieht eine jährliche Gesamtentschädigung von rund CHF 700 000 (publizierter Betrag), was im Vergleich zu den CEOs im SMI-Bereich relativ bescheiden ist. Bei seiner Ablösung per Ende 2006 hat man «ohne Schwierigkeiten» (Aussage des Verwaltungsratspräsidenten) einen extern rekrutierten Nachfolger gefunden, der mit diesem «bescheidenen» Gehalt einverstanden war. Dies

cel Ospel seinen Arbeitgeber tatsächlich wechseln, wenn sein Salär um ein Drittel oder gar um die Hälfte gekürzt würde?»[202] Geschützt durch den Panzer der Empfehlungen der beratenden Spezialisten und der relativen Kostenunempfindlichkeit der globalen Konzerne mit ihren zweistelligen Milliardenumsätzen gegenüber den «nur» Millionen betragenden Entschädigungen der Spitzenorgane kann man sich allzu leicht über alle Kritik der Investoren und der Öffentlichkeit hinwegsetzen. Wir sprechen deshalb hier von einem Referenzgruppensyndrom, das Vernunft und Augenmass oftmals ausblendet.

12.5 Managerentschädigungen sind keine Marktlöhne

Die Frage, ob es einen funktionierenden Markt für Managerdienstleistungen gebe und Managerentschädigungen folglich Marktlöhne seien, ist seit der geschilderten Eskalation dieser Entschädigungen und der dadurch ausgelösten öffentlichen Diskussion in vielen theoretischen und empirischen Studien untersucht worden. Wir hegen die Überzeugung, dass aufgrund der vorliegenden Indizien die Antwort eindeutig ausfällt: Managerentschädigungen sind keine Marktlöhne.

Nach unserer Auffassung und persönlicher Erfahrung gibt es zwei hauptsächliche Gründe, die zwangsläufig zu dieser Schlussfolgerung führen: erstens die fehlende Transparenz im Markt für Spitzenkader, und zweitens die besondere Stellung, welche die Position des CEO einer Publikumsgesellschaft im Streubesitz kennzeichnet und ihm monopolartige Einflussmöglichkeiten bei der Festsetzung seiner eigenen Bezüge wie auch der Gehälter seines Führungsteams verleiht. Die Agency-Theorie hat ihren Ursprung in dieser These.

Wir befassen uns zuerst mit den Eigenheiten des Marktes für Managementleistungen. Preise werden in einer liberalen Wirtschaftsordnung mit freiem Wettbewerb vom Markt bestimmt, der in der Regel Angebot und Nachfrage austariert. Wenn die Höhe von Gehältern für Spitzenmanager erklärt werden soll, so behaupten nun nicht wenige Executive Search Consultants, dass ein solcher preisbildender Markt auch für Manager existiere und die bezahlten Spitzengehälter «Marktlöhne» seien. Diese Behauptung trifft nicht zu. Der Markt für das Segment der Spitzenmanager ist nämlich aus Gründen mangelnder Transparenz und sektorieller Enge nicht eigentlich funktionsfähig. Der Wettbewerb wird einmal dadurch behindert, dass das Angebot weitgehend «unsichtbar» ist. Anderseits zeichnet sich die Nachfrage – d. h. die zu

---

dürfte illustrieren, wie sehr die «Notwendigkeit» sehr hoher Gehälter in vielen Fällen ein Irrglauben ist.

202 Neue Zürcher Zeitung Nr. 68/2006, Reflexe.

besetzenden Stellen – durch spezifische Anforderungen aus. Angebot und Nachfrage treffen sich nicht; es liegt Marktversagen vor. Die sich durch diese Sondersituation ergebenden, im Einzelfall spezifisch ausgehandelten Managergehälter sind kein Ergebnis eines Marktmechanismus, sondern widerspiegeln eine monopolähnliche Konstellation. Managerdienstleistungen sind kein homogenes Gut, und Manager sind nicht beliebig austauschbar. Dies ist allerdings nicht zu verwechseln mit Ersetzbarkeit; alle Manager sind, eventuell mit einer Zeitverzögerung, ersetzbar.

Die «Unsichtbarkeit» des Angebotes ergibt sich aus der besonderen Natur des Marktes: Nachgefragt werden Manager, die sich nicht nur über überdurchschnittliche und meist auch branchenspezifische Eigenschaften in personeller und professioneller Hinsicht ausweisen können, sondern darüber hinaus auch über einen erfolgreichen «Track Record» in ihrer bisherigen Karriere verfügen. Solche Kandidaten sind nicht nur aufgrund der hohen Anforderungen an sich knapp, sondern als Anbieter auf dem Markt zunächst gar nicht sichtbar. Sie befinden sich meist in ungekündigter Stellung und sind in der Regel nur in den obersten zwei Führungsetagen einer Unternehmung zu finden. Um sie als Anbietende zu aktivieren, müssen sie zuerst von den Nominierungsausschüssen der nachfragenden Unternehmungen bzw. von den dazu beauftragten Executive Search Consultants identifiziert und zu einem eventuellen Stellenwechsel motiviert werden. Zufolge ihrer «Leverage» als erfolgreiche ungekündigte und gesuchte Anbieter befinden sich diese «unsichtbaren» Kandidaten für eine CEO-Stelle in einer vorteilhaften Verhandlungsposition. Beiden Verhandlungspartnern ist klar, dass dieser Sachverhalt einen bedeutenden «Aufpreis» rechtfertigt. Diesen Aufpreis verlangen die Anbieter auch schon deshalb, weil sie sich gehaltsmässig verbessern wollen und zudem ihre bisherigen Erfolge und sichere Stellung zwar gegen eine neue Chance, aber doch auch gegen zukünftige Ungewissheit und zunächst verminderte «Job Security» einhandeln. Dazu kommt, dass heute jeder Spitzenmanager weiss, dass die «Lebensdauer» eines CEO erfahrungsgemäss recht kurz ist – sie dürfte mittlerweile bei fünf bis sechs Jahren liegen.[203] Infolgedessen werden nicht nur hohe Bonifikationen und Optionen auf Aktien als variable Gehaltsteile im Erfolgsfall, sondern auch Abgangsentschädigungen als Schutz vor vorzeitiger Entlassung

---

203 Eine Studie, welche die Fluktuation (Eintritte und Austritte) von CEOs in den 2500 weltweit grössten Publikumsgesellschaften untersucht, beziffert die Fluktuationsrate der Unternehmungsleiter im Jahr 2005 auf 15,3 %. Jeder sechste CEO verliert oder verlässt jedes Jahr seine Stelle. Die Rate ist in stetiger Zunahme begriffen; 1995 betrug sie bloss 9,0 % Vgl. Booz Allen Hamilton, CEO Succession 2005, Demoscope Research & Marketing, Mai 2006.

oder sogenannte «Golden Parachutes» bei Kontrollwechsel der Gesellschaft (Fusion, Übernahme) verlangt.

Was die in Amt und Würden stehenden erfolgreichen CEOs betrifft, die ihre Verträge periodisch erneuern müssen, so erscheinen diese ebenfalls nicht im Markt und ihre Entschädigungen werden zufolge des mangelhaften Spiels der Marktkräfte und zufolge der besonderen Verhandlungssituation, welche die gegenseitige Abhängigkeit von Verwaltungsrat und CEO charakterisiert, selten nach dem Arm's-Length-Prinzip festgelegt.[204] Die Entschädigungen nehmen erfahrungsgemäss im Laufe der Jahre kontinuierlich zu, und zwar nicht immer im Einklang mit dem Unternehmungserfolg. Dazu kommt, dass beim Verwaltungsrat unter Umständen auch die Überlegung mitspielen mag, dass mit der Ablösung des CEO kontroverse Auseinandersetzungen, Kosten, Umtriebe und nicht erwünschte Medienreaktionen verbunden sind. Trotz berechtigter Zweifel an der Leistung werden nicht selten CEO-Verträge erneuert, weil man diese Mühen scheut.

Nun könnte man behaupten, mit der Offenlegung der Verwaltungsrats- und Managerentschädigungen, wie sie durch Gesetz oder Börsenvorschriften in allen Staaten mit bedeutenden Finanzmärkten inzwischen eingeführt worden ist, sei die bisher fehlende Markttransparenz geschaffen worden. Dies ist jedoch ebenfalls ein Trugschluss, denn diese Daten reflektieren nicht Marktgehälter, sondern Entschädigungen, die aufgrund der erwähnten Besonderheiten der Verhandlungssituation zustande gekommen sind und damit in der Regel ein überhöhtes Niveau aufweisen. Nach dem Referenzgruppenkriterium werden sie allerdings immer wieder von den Verwaltungsräten, Managern und Consultants zum Vergleich herangezogen, womit ihre Überhöhung gewissermassen permanent gesichert wird. Was schlimmer ist: Die Offenlegung der Managergehälter nährt die Illusion, es gebe einen funktionierenden Markt für sie.

Neben der fehlenden Markttransparenz, die sich aus der Natur der gehandelten «Ware» ergibt, spielt bei der Gehaltsbildung noch ein weiteres Phänomen mit, das auch in anderen Bereichen der Corporate Governance grosse Probleme aufwirft: die Machtposition des CEO. Bebchuk und Fried befassen sich im Detail mit den Auswirkungen der «Managerial Power» auf die Festsetzung der Spitzengehälter.[205] Der CEO schöpft seine Macht und seinen Einfluss aus drei Quellen: Erstens geniesst er als vollamtlicher operativer Leiter einen

---

204 Der Fremdvergleichsgrundsatz bzw. das Arm's-Length-Prinzip kann wie folgt definiert werden: «A transaction in which the parties are dealing from equal bargaining positions; neither party is subject to the other's control or dominant influence, and the transaction is treated with fairness, integrity and legality.» (Dictionary of Small Business).

205 Bebchuk Lucian, Fried Jesse, Pay without Performance, Harvard University Press, 2004.

permanenten Wissensvorsprung gegenüber einem nur periodisch tagenden Verwaltungsrat, der deshalb mit Leichtigkeit in ein Abhängigkeitsverhältnis zu ihm geraten kann. Zweitens spielt er als wichtigster Partner des Verwaltungsrates eine nicht zu unterschätzende Rolle bei den Entscheidungen dieses Gremiums; so kann er bei der Wahl neuer oder der Wiederwahl bisheriger Mitglieder des Verwaltungsrates seinen Einfluss nicht selten geltend machen. Und drittens sind die Einflussmöglichkeiten der Aktionäre, ihn bei Versagen der Kontrolle durch den Verwaltungsrat direkt zu disziplinieren, relativ gering. Diese Besonderheit seiner Stellung gibt dem CEO grossen Spielraum, um eigene Ziele durchsetzen zu können, was er auch beim Aushandeln seiner eigenen Entschädigung effektiv nutzt. Seine monopolähnliche Verhandlungsposition erlaubt es ihm, eine «Rente» zu erzielen, d. h. eine Entschädigung, die über dem Niveau eines Marktlohnes oder einer «At Arm's Length» zustande gekommenen Lösung liegt (Rent-Seeking Effect).

Der Einfluss der «Managerial Power» (Bebchuk) auf die Festsetzung von Managergehältern wird durch zahlreiche empirische Studien bestätigt. Core et al.[206], Osterloh[207] und Benz et al.[208] weisen darauf hin, dass bei bestimmten Konstellationen in der Struktur des Verwaltungsrates und des Aktionariates der Einfluss des CEO auf die Festsetzung seiner Entschädigung gestärkt wird. Benz et al. können in ihrer empirischen Studie diese Zusammenhänge für die S&P500-Firmen in den Jahren 1992–1997 sogar statistisch untermauern. Signifikant höhere Managemententschädigungen und ein höherer Anteil an variabler Entlöhnung (meist in Form von Aktienoptionen) sind tendenziell insbesondere in folgenden Fällen zu erwarten:

- Struktur des Verwaltungsrates:
    - Wenn der CEO zugleich Präsident des Verwaltungsrates ist (Doppelmandat).
    - Wenn der CEO als Mitglied des Verwaltungsrates selber im Entschädigungsausschuss sitzt.
    - Wenn es dem Verwaltungsratspräsidenten an Führungsqualitäten oder an Persönlichkeit mangelt.
    - Je höher der Anteil der exekutiv tätigen Mitglieder im Verwaltungsrat ist.

---

206 Core J. E., Holthausen R. W., Larcker D. F., Corporate Governance, Chief Executive Officer Compensation and Firm Performance, Journal of Financial Economics 51, 1999.
207 Osterloh Margit, Noch wichtiger als Transparenz ist Kontrolle, NZZ Nr. 61, 2002.
208 Benz et al. (a. a. O.).

- ■ Je grösser der Verwaltungsrat ist.
- ■ Je mehr Verwaltungsratsmitglieder auch in andern Verwaltungsräten sitzen.
- ■ Struktur des Aktionariates:
  - ■ Absenz von Gross- oder Blockaktionären.[209]
  - ■ Je grösser der Streubesitz.
  - ■ Je geringer der Anteil der institutionellen Investoren (Pensionskassen, Versicherungen, Fonds).[210]

In all diesen Fällen wird die institutionelle Kontrolle des Managements durch den Verwaltungsrat und den Entschädigungsausschuss geschwächt. Als Richtlinie für gute Corporate Governance muss demnach gelten, dass die oben dargestellten Konstellationen zu vermeiden sind. Dies ist im Falle des Verwaltungsrates durch entsprechende Strukturierung möglich.

Bebchuk und Fried weisen in der erwähnten Studie nach, dass als Ausdruck der Verhandlungsmacht des CEO oft auch Entschädigungskomponenten verdeckt (camouflaged) vereinbart werden, um der Kritik der Aktionäre und der Öffentlichkeit aus dem Wege zu gehen; solche Komponenten sind beispielsweise später auszahlbare Einlagen in die Pensionskasse. Es sei hier an den Entschädigungsskandal bei ABB erinnert, wo zwei Spitzenmanager bei ihrem Abgang mit Pensionskasseneinlagen von weit über CHF 100 Millionen bedacht worden sind, eine Tatsache, die den Aktionären vorenthalten worden war. Auch Abgangsentschädigungen, die für den Fall einer «unverschuldeten» Entlassung oder im Fall eines Kontrollwechsels durch Übernahme oder Fusion vereinbart werden, sind typische Errungenschaften der Verhandlungsmacht der Manager. Seit Kurzem müssen solche «Golden Handshakes» als Abgangsentschädigungen und «Golden Parachutes» als Entschädigungen im Falle eines Ausscheidens als Folge eines Kontrollwechsels in den Geschäftsberichten in der Schweiz offengelegt werden.[211] Auch Optionen sind in der Praxis für die Aktionäre kostenmässig wenig transparent und unterliegen dem Verdacht der Verschleierung.

---

209 Bei einem kontrollierenden Grossaktionär könnte sich allerdings die Situation ergeben, dass er den CEO durch eine hohe Entschädigung an sich bindet, um seinen Einfluss auf operationelle Entscheide sicherzustellen (sog. Entrenchment-Effekt).

210 Hier allerdings muss darauf hingewiesen werden, dass nur «pressure resistant institutional investors» Kritik gegenüber überhöhten Managerlöhnen üben können. Versicherungsgesellschaften, die mit Publikumsgesellschaften Geschäfte machen, sind beispielsweise «pressure sensitive» und sehen davon ab, Kritik zu üben. Vgl. Parthiban et al., The Effect of Institutional Investors on the Level and Mix of CEO Compensation, The Academy of Management Journal Vol 41, 1998.

211 Insgesamt elf der 26 SMI-Gesellschaften kennen solche Vereinbarungen (Stand August 2004).

Die Neigung des Verwaltungsrates, sich gegenüber den Entschädigungsvorstellungen des CEO grosszügig oder nachsichtig zu verhalten, wird zudem dadurch gefördert, dass der Verwaltungsrat selbst auch zur Gruppe der Agents gehört und daran interessiert ist, sein Honorar zu maximieren. Man könnte hier von einer Art natürlicher Solidarität der beiden Organe sprechen, mit einer Tendenz zur Schwächung der Kontrollfunktion des Verwaltungsrates in Bezug auf die angemessene Höhe der Managerlöhne.

Diese Kontrollfunktion läuft auch besonders dann Gefahr, unterlaufen zu werden, wenn Mitglieder des Verwaltungsrates in zwei oder mehr Gesellschaften in den entsprechenden Entschädigungsausschüssen kreuzweise Einsitz nehmen. Dies kann einer exzessiven Nivellierung der Honorare und Gehälter nach oben Vorschub leisten. Der Vorentwurf zur Revision des Aktienrechtes von Dezember 2005 schlägt deshalb als Ergänzung des Art. 707 OR einen Absatz 3 vor, der wie folgt lauten soll: «Bei Gesellschaften, deren Aktien an der Börse kotiert sind, muss ausgeschlossen sein, dass Mitglieder des Verwaltungsrates, die zugleich Einsitz in den selben Verwaltungsräten anderer Gesellschaften haben, gegenseitig Einfluss auf die Festsetzung ihrer Vergütungen haben.» Die Formulierung ist allerdings unklar und müsste überarbeitet werden, damit sich das Verbot eindeutig auf die kreuzweise Einsitznahme in den Entschädigungsausschüssen der Gesellschaften bezieht.

12.6 Managementleistung versus Managemententschädigung

Nachdem wir festgestellt haben, dass die Entschädigungen der Spitzenkräfte der Wirtschaft wegen der Intransparenz und der Ineffizienz des Marktes sowie aufgrund der starken Position und der Einflussmöglichkeiten des CEO in der Regel keine Markt- bzw. Wettbewerbspreise sind, wenden wir uns nun der Frage zu, ob Managerlöhne sich als angemessenes Entgelt der Managerleistung konzipieren lassen. Eine leistungskonforme Entschädigung setzt voraus, dass erstens die ihr zugrunde liegende Leistung im Ergebnis messbar und bewertbar ist und zweitens ein Kausalzusammenhang zwischen der Managerleistung und dem Unternehmungserfolg einwandfrei nachgewiesen und den individuellen Leistungsträgern adäquat zugeordnet werden kann. Beide Kriterien sind mit offensichtlichen Problemen behaftet.

Ausgangspunkt der Leistungsmessung ist im Prinzip die finanzielle Performance der Unternehmung. Nach dem Shareholder-Value-Ansatz wird sie dargestellt durch den Mehrwert, der über die Verzinsung einer risikolosen Anlage hinaus auf dem investierten Eigenkapital erzielt wird. Jedem Unternehmer, erfahrenen Manager und sachkundigen Investor ist dabei klar, dass sich der

Erfolg einer Unternehmung zuverlässig nur langfristig beurteilen lässt, d. h. erst dann, wenn die Nachhaltigkeit der Gewinnentwicklung oder ihr Fehlen über eine längere Zeitperiode erhärtet wird. Die Performance kann auf zwei Arten erfasst und gemessen werden: an den periodischen Rechnungsabschlüssen der Gesellschaft oder an deren Börsenkursen. Was die Rechnungsabschlüsse anbelangt, so sind die erzielten Mehrwerte nicht nur das Ergebnis von Managementleistungen. Erstens gestalten exogene Faktoren wie Konjunkturlage, politische Ereignisse, Naturkatastrophen und innovativer technologischer Fortschritt je nach Branche und Zeitabschnitt das Unternehmungsresultat mit und erschweren die Abgrenzung zur effektiv erbrachten Managementleistung.[212] Zweitens muss darauf hingewiesen werden, dass die Regeln der periodischen Rechnungslegung nach GAAP oder IFRS trotz aller Akribie ausnutzbare Spielräume für Bewertungen offenlassen und deshalb zu Resultaten führen können, die durch Kurzfristüberlegungen des Managements geprägt sind, deren positive oder negative Wirkungen nur im Verlauf mehrjähriger Perioden geglättet werden. Schliesslich bleibt zu erwähnen, dass es Jahre dauern kann, bis ein Kurswechsel in der Strategie oder eine Ablösung an der Unternehmungsspitze sich konkret auswirkt und eine zuverlässige Beurteilung der Qualität der Führung möglich macht.

Was die Börsenkurse als Gradmesser des Unternehmungserfolges und Orientierungsmittel der Investoren, Analysten und Finanzmärkte betrifft, so folgen diese wohl in der Regel langfristig den Veränderungen des Unternehmungswertes, sind aber kurz- und auch mittelfristig keine sichere Beurteilungsbasis für die Entwicklung des Shareholder Value. Auch sie unterliegen Veränderungen im makroökonomischen Umfeld und den oftmals Monate oder sogar Jahre dauernden Perioden positiver oder negativer Börsenstimmungen («Bull»- bzw. «Bear»-Market), die oft einen «herdenpsychologischen» Hintergrund haben. Hoffnungen und Spekulationen der Börsenteilnehmer spielen hier eine grosse Rolle. So kann beispielsweise die Ablösung eines unbeliebten oder als unfähig erachteten CEO durch einen Hoffnungsträger zu einer jähen Aufwärtsbewegung des Kurses führen, ohne dass sich die Ertragslage wesentlich verändert hätte. Man charakterisiert solche Börsengewinne, die oft keinen Bestand haben, als «Windfall Gains».[213]

---

212 Eine kritische Betrachtung der Gewinndynamik der Schweizer Banken im Jahre 2005 kommt zum Schluss, dass die guten Resultate grösstenteils marktinduziert sind und sich nur partiell auf exzellente Strategie- oder Managementleistungen zurückführen lassen. Vgl. Held Peter P., Was Bankgewinne wachsen lässt: überschätzter Beitrag der Manager, NZZ 29.06.06.

213 Bei DaimlerChrysler ist der Börsenkurs nach der Nominierung von Dieter Zetsche als neuer CEO in Ablösung des unbeliebten, aber strategisch durchaus valablen Jürgen Schrempp im Februar 2006 vorübergehend stark angestiegen.

Wir stellen also fest, dass schon die Grundlage der Leistungsmessung Probleme aufwirft und Rückschlüsse auf die effektive Managementleistung infrage stellen kann. Schiltknecht hat die Schwierigkeiten der Messung des Shareholder Value und des Kausalzusammenhanges des erzielten Erfolges mit der Managementleistung ausführlich dargestellt.[214] Letztlich ist es vielfach eine Ermessensfrage, wie man den anteilsmässigen Einfluss der Führungsorgane auf den Unternehmungserfolg einschätzen soll. Nur in wenigen Fällen ist eine Zuordnung problemlos und eindeutig möglich. Bebchuk teilt im Übrigen die Meinung, dass die Eigenleistung der Konzernleitung wegen der zahlreichen externen Einwirkungen schwierig zu beurteilen ist.[215]

Ein zweiter wichtiger Problemkreis ergibt sich aus der Tatsache, dass die Unternehmungsführung nach unserer Auffassung ein kollektiver Akt ist, an dem sowohl die Geschäftsleitung als auch der Verwaltungsrat intensiv beteiligt sind. Dies sei nochmals dargestellt. Nach dem Aktienrecht und dem Swiss Code ist es Aufgabe des Verwaltungsrates, die Unternehmung zu leiten; er kann dabei die operative Führung an einen CEO bzw. eine Geschäftsleitung, bestehend aus Drittpersonen, delegieren. Die Oberleitung und Oberaufsicht als unübertragbare und unverzichtbare Aufgaben bleiben aber auch in diesem Falle integral bei ihm. Der VR trägt die volle und ungeteilte Verantwortung. Die Praxis zeigt immer wieder, dass aufgrund dieser Konstellation eine enge Zusammenarbeit zwischen Verwaltungsrat und Geschäftsleitung auf Vertrauensbasis für die Bewältigung der komplexen Probleme der Führung unerlässlich ist. Erfolgsrelevante strategische Entscheide werden im Verwaltungsrat getroffen; ihre operative Umsetzung erfolgt durch den CEO und wird vom Verwaltungsrat überwacht. Erfolg oder Misserfolg der Unternehmung ist somit das Ergebnis einer komplexen Teamleistung, und Teamverhalten ist, wie wir im Hinblick auf die Selektion der Führungspersonen bereits ausgeführt haben, neben Leadershipqualitäten des Verwaltungsratspräsidenten und des CEO eine der wichtigsten Voraussetzungen für den Erfolg. Der Anteil der einzelnen Protagonisten am erzielten Resultat ist dabei unterschiedlich, je nach Aufgabe, Verantwortung und zeitlichem Einsatz. So haben Verwaltungsratspräsident und CEO daran zweifellos einen besonders hohen Anteil, der in Ausmass und Ausgestaltung ihrer Vergütungen zum Ausdruck kommen muss. In einem fähigen Verwaltungsrat und einer tüchtigen Geschäftsleitung leisten die übrigen Mitglieder jedoch ebenfalls relevante Beiträge. Gleiche Überlegungen gelten für das Managementteam: Ist der innovative Erfolg einer Pharma-

214 Schiltknecht Kurt, Corporate Governance, Verlag NZZ 2004, S. 36 ff.
215 Bebchuk Lucian, Fried Jesse, a. a. O.

firma mit grosser «Pipeline» zukunftsträchtiger Produkte ein Leistungsausweis des CEO, des Forschungsleiters oder des Forscherteams? Oder gar einzelner Forscher? Fest steht nur, dass es sich um eine Teamleistung handelt.

Die Feststellung, dass dem Unternehmungserfolg regelmässig eine Teamleistung zugrunde liegt, ist deshalb von Bedeutung, weil die Tendenz nicht übersehen werden darf, die Managementleistung extern oder intern zu personifizieren und einem einzelnen Leistungsträger überproportional zuzuordnen, so meistens dem CEO. Ihm wird gemeinhin zugetraut, alle Fäden zu ziehen, wie ein Feldherr in der Schlacht, dem kraft seiner absoluten Befehlsgewalt alles und alle untergeordnet sind. Obwohl seine Macht, wie wir ausgeführt haben, beträchtlich ist, so ist dieses Bild trotzdem falsch und in der modernen Unternehmungsführung mit ihrer hohen Komplexität nicht realistisch. Es entspricht auch nicht der Konzeption der Corporate Governance, die ja «Checks and Balances» in der Führung und Kontrolle voraussetzt. Die Personifizierung des Managementerfolges oder auch Misserfolges entspricht aber dem Hang des gewöhnlichen Menschen, Erfolg oder Misserfolg einer einzelnen Person als dem «Helden» oder dem «Sündenbock» zuzuordnen. Gefördert wird diese Tendenz zur Personifizierung vor allem von den Finanz- und Wirtschaftsmedien, die immer wieder Konzernchefs zum Hauptthema ihrer Berichterstattung machen. Höhne und Russ-Mohl vom Europäischen Journalismus-Observatorium sagen dazu mit Recht folgendes: «Wenn Konzerne wie ABB, Novartis und DaimlerChrysler medial fast ausschliesslich über ihre jeweiligen Unternehmungsleiter wahrgenommen werden, wird damit zwangsläufig eine hochkomplexe Unternehmungswirklichkeit verzerrt. Und weil die Persönlichkeit an der Unternehmungsspitze immer stärker das öffentliche Bild vom Unternehmen prägt, ist das Kommunikationstalent zwangsläufig zum wichtigen Auswahlkriterium bei der Besetzung von Spitzenpositionen geworden – womöglich auf Kosten fachlicher Kompetenz.»[216] Gewiss wäre es falsch, diese an sich richtigen Feststellungen zu verallgemeinern. Aus der Darstellung der Motivationsquellen von Führungspersönlichkeiten der Wirtschaft wissen wir aber, dass die «Heldendarstellung» der Medien dem Bedürfnis der Manager nach Macht und Ansehen in der Öffentlichkeit entgegenkommt. Wie Schiltknecht darlegt, gibt es aus diesem Grund auch CEOs, die sich durch den Einsatz von eigenen PR-Beratern ein «tatkräftiges und erfolgreiches Image» zu geben versuchen.[217] Dies geschieht mit der Absicht, Macht und Einfluss zu sichern und zu mehren.

216 Höhne Andrea, Russ-Mohl Stephan, Desinformation als kollateraler Schaden, NZZ Nr. 305/2005.
217 Schiltknecht Kurt, a. a. O.

Die Personifizierung der Managementleistung, die auch unternehmungsintern oft gepflegt wird, kann den Beitrag der übrigen Players verdecken oder verzerren, was sich dann auch in der Entschädigungspraxis widerspiegelt. Es ist ein bekanntes Phänomen, dass die Leistung des Chefs gemeinhin überschätzt, jene der Teammitglieder unterschätzt wird. So kann der CEO in den meisten Fällen von der Wertschöpfung, die durch das Spitzenteam in einer Unternehmung erbracht wird, einen überproportionalen Teil für sich beanspruchen, was wohl kaum «gerecht» ist, aber von den Teamkollegen «geduldet» bzw. «akzeptiert» wird, nicht zuletzt, weil sie damit rechnen, dass auch ihre Gehälter früher oder später dadurch nach oben gezogen werden. Wir finden in dieser «Usurpierung» der Teamleistung durch den CEO eine weitere Ursache für überhöhte Managergehälter, die in ihrer Wirkung nicht zu unterschätzen ist.[218] In der Praxis ist es die Aufgabe des Entschädigungsausschusses, solche Einflüsse auszublenden und die Leistung der Führungspersönlichkeiten – in erster Linie des Verwaltungsratspräsidenten und des CEO – objektiv abzuschätzen und in der Vergütungsform und -höhe angemessen zum Ausdruck zu bringen.

Sehen wir von der Problematik der Fristigkeit und Abgrenzung und von den Schwierigkeiten bei der Zuweisung des unternehmerischen Erfolges an die Führung und die einzelnen Leistungsträger ab, so kann die Gesamtleistung in ihrer finanziellen Dimension sehr wohl Ansatzpunkte liefern für die Beurteilung der Angemessenheit der Gesamtentschädigung, die an die Führungsorgane geleistet wird. Die Gesamtsumme ergibt sich aus der Offenlegung der Entschädigungen an den Verwaltungsrat und an die Geschäftsleitung.[219] Setzen wir sie in Beziehung zum ausgewiesenen Konzerngewinn, so lässt sich beurteilen, welcher Prozentsatz vom Gewinn für die Gesamtentschädigung aufgewendet und der Verfügbarkeit der Aktionäre «entzogen» worden ist. Dass dieses Kriterium nur ein relativ primitives Hilfsmittel für eine zuverlässige Leistungsbeurteilung ist, muss jedoch zugestanden werden. Grösse, Branchenzugehörigkeit und Komplexität der Unternehmung spielen hier mit eine Rolle und müssen im Einzelfall bei der Beurteilung der Angemessenheit der

---

218 Ein klassisches Beispiel für eine irreführende Verknüpfung von Managementleistung und Wertschöpfung liefert ein kürzlich erschienener Aufsatz in der «Bilanz» mit dem Titel: Die Performance der Chefs. Dort wird die ganze Wertschöpfung der Unternehmung einseitig dem CEO zugerechnet, was die Teamleistung des Managements und exogene Ursachen der Gewinnentwicklung unberücksichtigt lässt. Ein solcher falscher Ansatz führt zu einer verzerrten Perzeption der unternehmerischen Erfolgsvoraussetzungen. Vgl. Bilanz Nr. 11/2006.

219 Vorausgesetzt wird, dass alle Entschädigungskomponenten, inklusive «verdeckte» Zuwendungen wie Zuschüsse an die Pensionskasse beim Austritt, erfasst werden, wie es heute auch im Prinzip gesetzlich verlangt wird.

Entschädigung berücksichtigt werden. Quervergleiche sind nur unter ähnlich konfigurierten Unternehmungen möglich. Dies ändert aber an der Nützlichkeit dieser Bezugszahl nichts: Über die Jahre ergibt sich daraus eine aufschlussreiche Zahlenreihe, welche die Entwicklung der Entschädigung der Führungsorgane absolut – in Geldeinheiten – wie auch relativ – in Beziehung zum erzielten Gewinn – wiedergibt und für die Aktionäre und die Öffentlichkeit Beurteilungskriterien für die Angemessenheit der Entschädigung liefert. Wir empfehlen deshalb, das Verhältnis der Gesamtentschädigung an Verwaltungsrat und Geschäftsleitung zum Konzerngewinn in der jährlichen Berichterstattung der Gesellschaft als permanent zu publizierende Kennzahl (Generelles Angemessenheitskriterium) einzubauen. Wir sind überzeugt davon, dass damit ein Beitrag zur Beurteilung und vielleicht auch zur Disziplinierung der Managerlöhne und Verwaltungsratshonorare durch die Aktionäre geleistet werden könnte.

12.7 Die Schlüsselrolle des Entschädigungsausschusses

Die Ausführungen über die Schwierigkeiten von Messung und Zuweisung der Managementleistung an die einzelnen Spitzenleute haben deutlich werden lassen, welche Problematik und Dynamik der Gehaltsfestsetzung innewohnt. Diese ist nach Aktienrecht, wie auch die Bestellung der Geschäftsleitung, eine der unübertragbaren und unentziehbaren Aufgaben des Verwaltungsrates. Statuten und Organisationsreglemente definieren in der Regel diese Aufgabe und ihre Durchführung näher. Bei den börsenkotierten Gesellschaften wird die Gehaltsfindung einem Entschädigungsausschuss (Remuneration Committee) zugeordnet, der entsprechende Vorschläge ausarbeitet und dem Verwaltungsrat zur Genehmigung unterbreitet.

Der Entschädigungsausschuss nimmt damit eine Schlüsselrolle ein in der Gestaltung der Entschädigungspolitik der Unternehmung wie auch bei der Festsetzung der individuellen Gehälter. Seine Arbeit hat eine hohe Relevanz für den Führungserfolg, denn untrennbar verbunden mit der Gehaltsfindung ist die Beurteilung der gezeigten Fähigkeiten und Leistungen der Spitzenleute. Unzulänglichkeiten müssen bei dieser Gelegenheit aufgedeckt und sanktioniert werden. Dies verlangt Objektivität und die Beachtung des «Arm's Length»-Prinzipes. Die Aufgabe ist deshalb besonders verantwortungsvoll, weil ihre Bewältigung sich nicht allein auf messbare Werte – soweit überhaupt vorhanden und zuordnungsbar – stützen kann, sondern auch auf Indizien, die einen weiten Ermessensspielraum offenlassen und dem Urteil der Mitglieder des Ausschusses überlassen bleiben. Sichtbare und abschätzbare Leistungen sind entsprechend zu honorieren, wobei immer auch arbiträre oder einseitige Elemente mitspielen. Diese sollten allerdings nicht überwiegen. Darüber hinaus enthält die Aufgabe des Entschädigungsausschusses auch eine soziale und ethische Komponente, weil es auch darum gehen muss, Angemessenheit und Verhältnismässigkeit der individuellen Entschädigungen zu wahren. Darüber später mehr.

Entsprechend dieser komplexen und schwierigen Aufgabe sind auch die Anforderungen an das Persönlichkeitsprofil der Mitglieder des Ausschusses sehr hoch. Sie müssen über ausgewiesene charakterliche Eignung – Integrität, Menschenkenntnis, Verantwortungsbewusstsein und Sozialverständnis – verfügen und insbesondere gegen «Peer Pressure» gefeit sein. Moralische Eigenschaften der Ausschussmitglieder sind mindestens ebenso hoch zu bewerten wie Fachkenntnisse und Erfahrung. Die Voraussetzung ihrer Unabhängigkeit gegenüber der Unternehmung und der Geschäftsleitung ist dabei eine Selbstverständlichkeit.[220] Diese Unabhängigkeit muss eine vollständige sein. Besonders weit gehen in dieser Beziehung die «Guidelines for Remuneration» der Association of British Insurers (ABI), ein wichtiger institutioneller Investor, die festhalten: «Shareholders consider it inappropriate for chairmen and independent directors to be in receipt of incentive awards geared to the share price or performance, as this could impair their ability to provide impartial oversight and advice.» Dem stimmen wir schon deshalb zu, weil wir Anreizsysteme in der Regel für problematisch halten.

Schliesslich gilt es darauf hinzuweisen, dass der Entschädigungsausschuss nicht mit dem Nominierungsausschuss zusammengelegt werden sollte, wie dies bei einzelnen grossen Gesellschaften der Fall ist. Eine solche Struktur weist darauf hin, dass man die beiden Aufgaben bezüglich Bedeutung, Umfang und Zeitbedarf unterschätzt. Die Mitglieder eines solchen Doppelausschusses, die meistens nebenamtlich tätig sind, werden dadurch überfordert. Böckli schildert die zeitaufwendige und verantwortungsvolle Arbeit des Entschädigungsausschusses wie folgt: «Es braucht schon eine grosse Anstrengung des Entschädigungsausschusses, um die Kausalzusammenhänge (zwischen Unternehmungserfolg und Entschädigung, d.V.) aufzudecken und die Systeme auf ihre Wirkungsweise zu analysieren und dann die konkreten Auswirkungen zu überprüfen.»[221]

Die Entschädigungspolitik der Unternehmung hat grosse Auswirkungen auf Reputation und Image der Firma, erweckt die kritische Aufmerksamkeit

---

220 Für die Definition der Unabhängigkeit vgl. Abschnitt 8.4.
221 Böckli Peter, Das Schweizer Aktienrecht, S. 1825.

der Aktionäre und beeinflusst die Motivation der Mitarbeitenden. Diese Aufgabe darf unter keinen Umständen vernachlässigt werden, ist sie doch ein Kernproblem der Corporate Governance. Hinzuweisen ist allerdings auf die Notwendigkeit, dass die beiden Ausschüsse sich zu periodischen Koordinationssitzungen treffen. Ihre Aufgaben überschneiden sich, was offenbar dazu beigetragen hat, dass gewisse Gesellschaften die beiden Ausschüsse zusammengelegt haben.

Die Vorschläge des Entschädigungsausschusses müssen, um wirksam zu werden, vom Verwaltungsrat, der die volle Verantwortung dafür trägt, genehmigt sein. Dieser muss zuvor die Überlegungen des Ausschusses nachvollziehen und, wenn nötig, durch eigene Argumente ergänzen können. Dazu ist eine eingehende Diskussion unerlässlich. Diese Diskussion wird heute vielfach nur formell und abgekürzt, in einigen Fällen überhaupt nicht geführt. Dies betrachten wir als einen schwerwiegenden Mangel. Denn dadurch wird die wichtige Bewusstseinsbildung beim Verwaltungsrat über die Angemessenheit der festzulegenden Entschädigungen und die zu erwartenden Auswirkungen der gewählten Gehaltspolitik nach innen – auf die eigenen Mitarbeitenden – und nach aussen – auf Aktionäre, Gewerkschaften und Öffentlichkeit – vernachlässigt oder sogar verunmöglicht. In der Tendenz bewirkt eine solche ungenügende Diskussion, dass unangemessene Entschädigungen durch das Sieb der kritischen Beurteilung durch den Verwaltungsrat fallen. Eine kürzliche schweizerische Studie stellt dazu fest: «Im Verwaltungsrat werden Vergütungsleistungen an das Management und an den Verwaltungsrat kaum thematisiert, vielmehr werden diese weitgehend ohne Diskussion beschlossen.»[222] Angesichts der Tatsache, dass Gehaltspolitik und angemessene Managemententschädigungen ein zentrales Thema guter Corporate Governance sind, erscheint uns diese offenbar in der Schweiz weitverbreitete Praxis unakzeptierbar. Punkt 25 des Swiss Code of Best Practice ist entsprechend zu ergänzen: «Die Vorschläge des Entschädigungsausschusses sind vom Verwaltungsrat vor der Genehmigung eingehend zu diskutieren und auf ihre Angemessenheit zu prüfen.»

---

222 Studie «Management Compensation in der Schweizer Praxis», KPMG und Institut für Accounting und Auditing der Universität St. Gallen, 2006.

12.8 Das variable Entschädigungsmodell auf dem Prüfstand

Zunächst werden sich Verwaltungsrat und Entschädigungsausschuss für ein Gehaltssystem entscheiden müssen. Zwei grundsätzliche Lösungen bieten sich hier an: das Modell einer fixen Entschädigung und dasjenige einer variablen, sogenannt «erfolgsabhängigen» Entlöhnung. In der Praxis wird heute in der Regel ein Mischsystem angewandt, das den Akzent auf variable Komponenten legt und zum Ziel hat, die Interessen der Principals und der Agents parallel zu schalten. Dieses Mischsystem besteht aus drei Komponenten: aus einem fixen Grundgehalt (Base Salary) und einem performanceabhängigen Jahresbonus (Annual Bonus), die beide zusammen den in bar auszahlbaren Teil der Entschädigung ausmachen (Total Cash Cost). Dazu kommt als dritte Komponente ein sogenannter «langfristiger Anreiz» (Long Term Incentive) in Form von Aktienoptionen, die von einem bestimmten zukünftigen Zeitpunkt an über mehrere Jahre ausübbar sind, oder von «gesperrten» Aktien (Restricted Shares), die nach einigen Jahren freigegeben werden. Wie wir gesehen haben, überwiegen im Mischsystem die variablen Gehaltsanteile bei Weitem. Während das fixe Grundgehalt 1997 je nach der betroffenen Hierarchie-Ebene noch durchschnittlich 76 bis 89 % erreichte, so sind es heute in bestimmten Fällen nicht mehr als 25 %; bei UBS machte das Basissalär der obersten Führungskräfte 2005 sogar nur 9 % der Gesamtkompensation aus.[223]

Ein derart stark auf performanceabhängige variable Komponenten, insbesondere Aktienoptionen, ausgerichtetes Entschädigungsmodell hat neben Vorteilen gewichtige Nachteile. Es mag, wie bereits angeführt, Loyalität und Bindung an die Firma stärken, Abwerbung von Spitzenkräften hemmen und extrinsische Motivation anregen. Die Nachteile sind aber unübersehbar. So haben wir ausführlich dargestellt, dass die Messung der Unternehmensperformance und deren Kausalzusammenhang mit der Managementleistung als Ganzes problematisch ist. Noch mehr trifft dies für die Zuordnung der Anteile der einzelnen Protagonisten an der Gesamtleistung zu. Übergewichtete CEO-Gehälter sind meistens die Folge, mit entsprechender eskalierender Ausstrahlung auf die andern Spitzenkräfte – Verwaltungsrat und übrige Mitglieder der Geschäftsleitung. Besonders nachteilig wirkt sich ein hoher Anteil von Aktienoptionen aus, deren Ausübung von Kurssteigerungen abhängen. Sie können die Manager zu schönenden Manipulationen der Rechnungsabschlüsse oder zu andern spontan kurssteigernden Vorkehrungen verleiten. Frey/Osterloh

---

223 Oechsler Walter, Managementvergütungssysteme, in: Handbuch des Bank- und Finanzwesens, Schäffer-Poeschel Verlag, Stuttgart 2001; Jahresbericht 2005 der UBS.

stellen dazu fest: «Corporate scandals, reflected in excessive management compensation and fraudulent accounts, cause considerable damage. Agency theory's insistence on linking the compensation of managers and directors as closely as possible to firm performance is a major reason for these scandals.»[224] Dazu kommen die von uns vorgebrachten Zweifel an ihrer Wirksamkeit als Leistungsanreiz; diese Wirksamkeit ist empirisch nie überzeugend nachgewiesen worden.

Auf die Hebelwirkung und den sich daraus ergebenden spekulativen Charakter von Aktienoptionen haben wir bereits hingewiesen. Sie sind ein wichtiger Grund für die Eskalation der Spitzengehälter. Dies kommt besonders krass zum Vorschein bei dem anlässlich der Generalversammlung der Credit Suisse 2006 vorgestellten Entschädigungssystem mit sogenannten PIP-Units (Performance Incentive Plan Units). Diese internen Verrechnungseinheiten, die den Grossteil der Entschädigung der obersten Kaderleute (rund 1000 Personen) ausmachen, können nach einer fünfjährigen Bemessungsperiode in CS-Namenaktien umgetauscht werden, wobei das Umtauschverhältnis massgebend von der Gewinn- und Kursentwicklung beeinflusst wird. Wenn sich diese beiden Bezugsgrössen deutlich genug verbessern, kann der anfängliche Bestand an PIP-Units über einen Multiplikator maximal verneunfacht werden. Rechnerisch würden für die sechs obersten Kader im besten, allerdings unwahrscheinlichen Fall Entschädigungen von CHF 100 Millionen resultieren. Ein extremes Beispiel, aber es zeigt die eskalierende Wirkung, die Aktienoptionen entfalten können, deutlich auf, weshalb wir es hier erwähnt haben.[225]

Watter und Maizar haben die Komplexität der variablen Entschädigung mit Aktien und Aktienoptionen und die vielfachen Fussangeln und Interessenkonflikte zwischen Aktionären und Führungsorganen, die sich daraus ergeben können, anschaulich, überzeugend und umfassend dargelegt und Lösungen vorgeschlagen, wie sie vermieden werden können.[226] Aus der Vielfalt der möglichen Konflikte müsste ein unvoreingenommener Leser aber eigentlich schliessen, dass Anreize in der Managerentschädigung grundsätzlich zu meiden seien, weil die Risiken der Manipulation der Unternehmungsergebnisse im Vergleich zu den Vorzügen zu gross ausfallen. Es lohnt sich auch, zur Optionsproblematik die Überlegungen von Schiltknecht über die Nachteile von Managementoptionen zu lesen. Insbesondere weist er auch darauf hin, dass die «grosszügige Gewährung von Managementoptionen» auch die Divi-

---

224 Frey/Osterloh, a. a. O.

225 Vgl. dazu: Angeprangerte Selbstbedienungsmentalität, NZZ Nr. 99 vom 29./30. April 2006.

226 Watter Rolf, Maizar Karim, Structure of executive compensation and conflicts of interest – legal constraints and practical recommendations under Swiss Law, Version 24.11.05, unveröffentlicht.

denden und Aktienrückkaufspolitik zum Nachteil der Aktionäre beeinflussen kann. Er stellt in dieser Beziehung fest: «Weil ein Verzicht auf die Ausschüttung der Gewinne an die Aktionäre den Aktienkurs und damit den Wert der Optionen erhöht, sind Manager mit einem umfangreichen Optionsportefeuille eher geneigt, auf Dividendenzahlungen zu verzichten, sie möglichst klein zu halten oder die Gewinne zum Rückkauf eigener Aktien zu verwenden.»[227]

Zu unseren Zweifeln an der Wirksamkeit und Gutartigkeit der variablen Entschädigungskomponenten gesellt sich eine weitere Problematik: ihre Kurzfristigkeit. Aktien und Aktienoptionen werden oft über drei bis fünf Jahre für den Verkauf freigegeben. Zu kurze Freigaben sind nicht geeignet, eine langfristige Vision der Spitzenkräfte im Interesse der Aktionäre zu fördern. Zukunftsträchtige, langfristig ausgelegte Strategien und Investitionsprojekte werden dadurch unter Umständen vom Management gemieden, weil sie kurzfristig finanziell belastend wirken können. Aktien und Aktienoptionen sollten deshalb nach unserer Meinung idealerweise über acht bis zehn Jahre gesperrt bleiben, um kurstreibende Manipulationen der Unternehmungsführung zu hemmen und sie zu nachhaltigem Langfristdenken anzuhalten. Man wird hier einwenden, dies sei unrealistisch und viel zu lang. Aber in Frankreich überlegt die Regierung ein Gesetz einzuführen, wonach Manager Aktienoptionen nicht ausüben oder einlösen dürfen, solange sie in den von ihnen geführten Unternehmungen tätig sind.[228]

Aktien und Aktienoptionen als Komponenten der Managemententschädigung bergen für Aktionäre einen weiteren gefährlichen Nachteil, der sich direkt negativ auf den Shareholder Value auswirkt: Den Verwässerungseffekt (Dilution Effect). Die Beschaffung der notwendigen Aktien geschieht in der Regel durch eine bedingte Kapitalerhöhung unter Ausschluss des Bezugsrechtes der bisherigen Aktionäre, wodurch ihre Vermögenssubstanz verwässert wird.[229] Dieser Verwässerungseffekt wird besonders sichtbar in der Tatsache, dass die Optionen meistens erst ausgeübt werden, wenn sie «im Geld» liegen, also weniger kosten als der zum Ausübungszeitpunkt geltende Börsenkurs. Institutionelle Aktionäre beobachten deshalb die Schaffung von bedingtem Aktienkapital seit geraumer Zeit zunehmend kritisch. Unter dem herrschenden Dogma der variablen Entschädigungspolitik sind sie zwar nicht direkt gegen die Ausgabe von Aktienoptionen, doch wollen sie den Verwässerungs-

227 Schiltknecht Kurt, Corporate Governance, Verlag NZZ 2004, S. 124 ff.
228 Vergütungsregeln für Frankreichs Chefs, NZZ Nr. 219, 21.09.06.
229 Mitarbeiteraktien können auch durch Rückkauf von eigenen Aktien an der Börse geschaffen werden, wodurch der Verwässerungseffekt vermieden wird, aber andere Nachteile entstehen (verminderte Liquidität, schlechtere Bilanzrelationen).

effekt in Grenzen halten. Dies kommt in den Richtlinien zum Ausdruck, die Aktionärsschutz-Organisationen und institutionelle Investoren herausgeben; so sagt beispielsweise die schon erwähnte Association of British Insurers spezifisch Folgendes: «Dilution is a matter of particular concern for investors. These Guidelines reaffirm the basic principle that overall dilution under all schemes should not exceed 10 % in any 10-year period.» Auch in der Schweiz zeigt sich Widerstand gegen eine allzu aggressive Entschädigungspolitik durch Kaderaktien und -optionen, so beispielsweise im Fall der UBS.[230] Nach Berechnungen der Stiftung ETHOS gehen jährlich 2,4 % des Aktienkapitals der UBS über Options- und Aktienprogramme an die Mitarbeitenden: «Damit sichern sie sich nur schon auf diesem Weg in den nächsten zehn Jahren ein Viertel der Gesellschaft. Das bedeutet eine beträchtliche Verwässerung des Aktienkapitals.»[231] Auch wenn diese Vermutung vielleicht übertrieben ist, weil die Mitarbeitenden auch Aktien wieder verkaufen, so mahnt sie doch zur Vorsicht. Die Frage der bedingten Kapitalerhöhung wird uns später noch beschäftigen.

Aus den dargelegten Gründen sind wir überzeugt davon, dass performanceabhängige variable Entschädigungen keine gute Lösungen sind. Solche Remunerationsmodelle sind für die Unternehmungen und ihre Aktionäre nicht optimal, weil sie zu Exzessen in der Gehaltspolitik führen, hohe Kosten verursachen und Anlass zu Finanzmanipulationen geben können. Wir fassen die Gründe nochmals zusammen, warum wir Modellen mit überwiegend fixen Komponenten das Primat einräumen:

■ Ein pflichtbewusster und motivierter Verwaltungsrat bzw. Manager setzt sich unabhängig von der Entschädigung in jeder Situation voll und ganz ein; er kann seine Arbeitsleistung nicht «dosieren», ohne vertrags-, pflicht- oder treubrüchig zu werden. Es ist aus diesem Grunde nicht einsichtig, warum er für das Erreichen vorgegebener realistischer und erreichbarer Ziele eine besondere Prämie bekommen sollte. Auch werden Entscheidungen auf Managementebene qualitativ nicht besser durch sogenannte Anreizsysteme; sie müssen in jedem Fall nach bestem Wissen und Gewissen sach- und zielgerecht im Interesse der Gesellschaft getroffen werden.
■ Hohe variable Remunerationsanteile schwächen intrinsische Motivation und stärken extrinsische Antriebe (Gier nach Geld), mit entsprechendem Risiko zu Fehlleistungen.

---

230 Vgl. dazu: Widerstand gegen die Kapitalerhöhung der UBS, in: Sonntagszeitung vom 02.04.06.
231 Biedermann Dominique, im Artikel: Belegschaft übernimmt UBS, Sonntagszeitung vom 26.03.06.

- Exogene Faktoren ausserhalb der Kontrolle des Managements beeinflussen das Resultat regelmässig positiv oder negativ, wenn auch von Jahr zu Jahr in unterschiedlichem Ausmass. Der Kausalzusammenhang zwischen Geschäftserfolg und Managementleistung wird dadurch verwischt.

- Der Unternehmungserfolg ist das Resultat einer kollektiven Teamleistung der Führungsorgane. Ihre Zuteilung an individuelle Leistungsträger ist schwierig bis unmöglich.

- Die positive Wirkung von Anreizsystemen in Form von Boni und Aktienoptionen auf die Managementleistung bzw. den Shareholder Value sind umstritten; empirische Untersuchungen bringen keinen eindeutigen Beweis dafür.

- Die Gefahr einer Manipulation des ausgewiesenen Unternehmungserfolges durch die Führungsorgane – insbesondere durch die Geschäftsleitung – wird durch die Gewährung hoher variabler Gehaltskomponenten erhöht.

Gestützt auf diese Überlegungen geben wir einem Entschädigungsmodell den Vorzug, das eskalationsavers, in seiner kostenmässigen Auswirkung berechenbar und für alle Beteiligten – Aktionäre wie Führungskräfte – verständlich und überblickbar ist. In einem solchen System sind neben Boni auch Aktien eine sinnvolle Komponente. Nicht die problematischen Anreizsysteme wie Aktienoptionen sind unseres Erachtens die Lösung, um den von der Agency-Theorie geforderten Interessenausgleich zwischen Principals und Agents herbeizuführen, sondern der Besitz von Aktien durch die Führungskräfte an sich. Dadurch wird der unternehmerische Instinkt der Spitzenkräfte angeregt, ihr unmittelbares und persönliches Interesse an der Schaffung von Shareholder Value verstärkt. Auch institutionelle Investoren sprechen sich für Aktien als Entschädigungskomponente aus, wie beispielsweise den Richtlinien der Ethos-Stiftung zur Entschädigungspolitik zu entnehmen ist: «Heute bevorzugen Investoren eher Aktienzuteilungen, da diese deutlich weniger spekulativ genutzt werden als Optionspläne, welche bei den Nutzniessern häufig eine kurzfristige, am schnellen Gewinn orientierte Haltung fördern.»[232] Zum gleichen Schluss kommen spezialisierte Unternehmungsberater, die unter Anwendung von Simulationsrechnungen die Auswirkungen von alternativen Vergütungsmodellen mit Aktien und Aktienoptionen untersucht und miteinander verglichen haben. Ihre Schlussfolgerungen: «Erstens ist ein Vorteil der Restricted Shares (d. h. langfristig gesperrte Aktien, d.V.), dass sie vom Manager meistens besser verstanden werden als Optionen. Zweitens können

---

232 Ethos-Stiftung: Richtlinien zur Ausübung der Stimmrechte, Genf, Januar 2006.

solche Pakete gegenüber den Aktionären einfacher kommuniziert werden. Drittens enthalten sie einen signifikanten Hebel für das Management, wenn es der Firma gut geht (Gewinnbeteiligungscharakter, d.V.). Viertens stellen sie, falls sich der Aktienkurs rückläufig entwickelt, gegenüber Optionen eine geringere Risikoposition dar und verleiten das Management weniger zu einer zu risikofreudigen Investitions- und Kommunikationsstrategie (und zur Manipulation der Resultate, d.V.).»[233]

Das von uns bevorzugte Entschädigungsmodell, das den Charakter einer Gewinnbeteiligung besitzt und die intrinsische Motivation unterstützt, aber nur langfristig wirksam sein soll, müsste gewissen Voraussetzungen entsprechen. Erstens sollte der Anteil der Aktienkomponente gross genug sein, um beim Manager ein Eignerinteresse zu begründen, aber klein genug, um die Neigung zur Manipulation des Geschäftsergebnisses und ein Überwiegen des extrinsischen Selbstinteresses zu minimieren. Der Fokus muss auf der fixen Entschädigung bleiben. Die Gesamtzahl der Aktien, die jährlich zur Verteilung an die einzelnen Führungskräfte gelangen sollen, kann dabei abhängig gemacht werden von der finanziellen Performance der Unternehmung. Massgebend ist damit generell nicht mehr der schwer schätzbare individuelle Beitrag zum Geschäftserfolg, sondern die Gesamtperformance der Unternehmung. Es handelt sich um eine Gewinnbeteiligung, und nicht um einen Leistungsanreiz. Die individuelle Zuteilung der Aktien folgt der Aufgabe und der Verantwortung des einzelnen Leistungsträgers. Das zweite Erfordernis bezieht sich auf die Sperrfrist der zugeteilten Aktien; diese sollte acht bis zehn Jahre betragen, um dem Gewinnbeteiligungscharakter und der angestrebten Lenkungswirkung der Aktienkomponente zu genügen.

12.9 Rückkehr zu fixen Managergehältern?
Chancen einer Trendumkehr

Gibt es eine Rückkehr zu fixen Managementgehältern? Zur Gänze wohl nicht. Erstens ist die erfolgsabhängige variable Entlöhnung bei Managern aus den schon erwähnten Gründen beliebt und hat sich in der Praxis trotz Zweifel an ihrer Wirksamkeit durchgesetzt. Zweitens wird aufgrund der Knappheit an fähigen Spitzenleuten kein Verwaltungsrat und kein Entschädigungsausschuss

---

233 Hostettler Stefan, Was Vergütungsmodelle wirklich wert sind, NZZ Nr. 102, 4. Mai 2006. Der Economist stellt in seiner Ausgabe vom 22. Juni 2006 «Taking stock of options» zudem fest: «Since share options have been treated as a cost in company accounts, they have become somewhat less popular. In their place is other equity-based compensation, such as grants of restricted stock, that creates incentives more in line with the interest of ordinary shareholders.»

bereit sein, auf diese für Manager attraktive Entlöhnungsmethode ganz zu verzichten. Bewährte und selbstbewusste Manager stellen hohe Ansprüche und wollen aus dem Erfolg Nutzen ziehen. Aktienoptionen sind ein Weg dazu. Trotz unserer eindeutig negativen Wertung eines Entschädigungsmodelles, das schwergewichtig variabel ausgestaltet ist, wollen wir eine gewisse Loyalitätswirkung grosszügiger Optionszuteilungen nicht bezweifeln; psychologisch wird dadurch der Anreiz vermindert, auf Abwerbungsversuche einzugehen. Dieser Vorteil verblasst gegenüber den möglichen negativen Wirkungen von Optionen.

Wir sind deshalb fest davon überzeugt, dass die Nachteile, die dem System anhaften, in Zukunft zu Veränderungen führen werden. Diese Nachteile machen sich im Zeitverlauf durch neue Entwicklungen immer stärker bemerkbar. So müssen nach den neuen Rechnungslegungsprinzipien (IFRS, US-GAAP) Vergütungen in Aktien und Optionen als Aufwand in der Erfolgsrechnung ausgewiesen werden. Dabei zeigt es sich, dass diese Gehaltsteile für die Gesellschaft und die Aktionäre nicht «gratis» sind, sondern Kosten verursachen, die weit höher liegen, als man bisher vermutet hat.[234] Lucian Bebchuk hat ausgerechnet, dass bei den 1500 grössten Publikumsgesellschaften der USA die an das Management ausgerichteten Vergütungen im Durchschnitt der Jahre 2001 bis 2003 insgesamt 9,8 % des ausgewiesenen Reingewinnes betragen haben.[235] Es ist vorauszusehen, dass die Aktionäre solch hohe Abstriche am Reingewinn in Zukunft nicht mehr widerspruchslos akzeptieren werden; ein überwiegender Teil dieser Entschädigungen besteht zudem aus Aktien und Optionen, was zu einer Verwässerung des Eigenkapitals führt. Es wird auch immer klarer erkennbar, dass die Performance der Unternehmung auf den Anreiz der variablen Managerentschädigung nicht im erwarteten Ausmass reagiert. Unkontrollierbare Faktoren wie Branchenentwicklungen, Konjunktur und andere Ursachen spielen hier ebenso wirksam mit.

Neben diesen «harten» Fakten gibt es auch «weiche» Gründe, die für eine Revision des Systems sprechen: Durch die Fokussierung des Managergehaltes auf die variablen Komponenten werden die extrinsischen Motivationselemente (Geld und Macht) eher gestärkt, die für die Managerleistung viel wichtigeren intrinsischen Elemente (Arbeitsfreude, Mission und Herausforderung) dagegen eher geschwächt, was sich unter anderem auch negativ auf das ethische Verhalten der Spitzenkräfte auswirken kann. Aus diesen Gründen ist zu vermuten, dass man in Zukunft von den hohen Prozentanteilen der variablen Komponen-

---

234 No compensation without cost, The Economist, 25 October 2005.
235 Measuring Costs of CEO Pay, Wall Street Journal, No. 243/2006.

ten der Managementgehälter wieder wegkommt, wobei insbesondere die heute meist exzessiv bemessenen Optionen zu reduzieren wären. Entsprechende Kritik macht sich in dieser Hinsicht sowohl in Amerika als auch in Europa immer häufiger bemerkbar.[236] Die Rückkehr zu einem «vernünftigeren» System, das der Proliferation der Optionen ein Ende setzen würde, dürfte allerdings noch erhebliche Zeit beanspruchen. Es ist ermutigend, dass beispielsweise Microsoft schon seit 2003 darauf verzichtet, Aktienoptionen zu gewähren und sich seitdem auf Aktienzuteilungen konzentriert.[237] Eine kürzliche Studie zeigt übrigens, dass im Jahr 2001 die S&P500-Firmen noch Optionen im Wert von USD 75 Milliarden ausgegeben haben, im Jahr 2004 aber nur USD 25 Milliarden – ein Zeichen dafür, dass Optionen in den USA an Popularität verlieren.[238]Aus den schon früher erwähnten Gründen – Attraktivität für die Manager selbst und Kampfinstrument des Verwaltungsrates im «War for Talent» – werden Optionen aber wohl nie vollständig verschwinden.

12.10 Kriterien individueller Entschädigung

Nach diesen grundsätzlichen Ausführungen zum Entschädigungsmodell wenden wir uns nun der Frage zu, nach welchen Kriterien die Höhe der individuellen Entschädigungen für Verwaltungsrat und Geschäftsleitung bestimmt werden soll. Massgebend sind dabei nach unserer Auffassung drei Gesichtspunkte: Aufgabe in der Unternehmung, Leadershipqualität und Zeitpensum.[239]

Die Aufgabe wird gekennzeichnet durch Kompetenzen und Verantwortung und die entsprechende Positionierung in der Hierarchie der Unternehmung. Der Verwaltungsratspräsident und der Vorsitzende der Geschäftsleitung (CEO) besetzen hier die Spitzenpositionen. Ihr tatsächlicher und

236 In den USA dürfte das scharfe Vorgehen der Securities & Exchange Commission gegen Firmen, die durch «Backdating» von Optionen ohne Verbuchung der so entstandenen Mehrkosten Gewinne zu hoch ausgewiesen haben, dazu beitragen, dass Optionen zurückhaltender ausgegeben werden.

237 Auch in der Schweiz gibt es börsenkotierte Gesellschaften, die nicht nur auf Optionen, sondern auch auf Aktienzuteilungen verzichten und den (bescheidenen) variablen Anteil an der Entschädigung auf Gratifikationen beschränken (vgl. Jahresbericht 2005 der Dätwyler Holding). Kompetenz und Einsatz des Managements scheinen dadurch keineswegs zu leiden.

238 Vgl. The Economist, June 3rd–9th, 2006, Nuclear Options, S. 60–63.

239 Vgl. auch Böckli Peter, Das Schweizer Aktienrecht, S. 1512. Böckli geht bei der Entschädigungsbemessung im Gegensatz zu uns von konventionellen Elementen aus: persönliche Leistung (Arbeit innerhalb und ausserhalb der Sitzungen, Zeitaufwand, Verfügbarkeit, geistiger Input); Stellung in der Unternehmungshierarchie; Risiko; Opportunitätskosten, d. h. den entgangenen Nutzen oder Verdienst, den die betreffende Person anderweitig erzielt hätte, hätte sie nicht diese Aufgaben übernommen.

potenzieller Einfluss und ihre Machtbefugnisse gemäss Aktienrecht, Organisationsreglement und Praxis sind enorm und generieren eine entsprechend grosse Verantwortung, die sie Risiken persönlicher und vermögensmässiger Art aussetzt. Diese Verantwortung und diese Risiken sind in den letzten Jahren mit dem Ausbau der gesetzlichen Regelungen und anderer Vorschriften zur Vermeidung von Machtmissbrauch und Finanzmanipulation sowie zur Festigung der Treuepflicht kontinuierlich gestiegen. Sie können im Eintretensfall unter Umständen eine Karriere vorzeitig beenden oder sogar endgültig vernichten. Dieses Damoklesschwert schwebt heute auch über den Köpfen der besten und verantwortungsvollsten Exponenten der Spitzenkader. Bei der heutigen Komplexität der Führungsverantwortung ist niemand dagegen gefeit, dass ihm Fehler unterlaufen. Es kann deshalb nicht bezweifelt werden, dass die Entschädigung eines Verwaltungsrats- oder Geschäftsleitungsmitgliedes auch diese Risiken angemessen reflektieren muss. Für die obersten zwei erwähnten Positionen werden deshalb regelmässig Spitzengehälter bezahlt. Was unter «angemessen» zu verstehen ist, werden wir später erläutern. Es handelt sich dabei um das Kernproblem in der Entschädigungspraxis.

Das zweite – und nach unserer Auffassung entscheidende – Kriterium für hohe Entschädigungen sind die Leadershipfähigkeiten. Leadership bedeutet dabei nicht nur Entschlusskraft, Integrität und Vorbildfunktion. Diese Eigenschaften werden ohnehin vorausgesetzt. Vielmehr bedeutet sie darüber hinaus die Fähigkeit, Menschen im Hinblick auf ein gemeinsames Ziel hin zu Höchstleistungen zu motivieren. Dazu gehören Visionen im Sinn vorausschauenden Erkennens von Entwicklungstendenzen sowie eine überdurchschnittliche Kommunikationsfähigkeit. Warren Bennis, der das Phänomen der «Leadership» im Rahmen der Gruppendynamik wohl am gründlichsten untersucht hat, unterscheidet zwischen Manager und Leader. Er charakterisiert den Unterschied zwischen den beiden Führungstypen wie folgt: «Managers are people who do things right, while leaders are people who do the right thing» und «The manager asks how and when, the leader asks what and why.»[240] Die wertvollste, gesuchteste und ebenso seltene Leadershipqualität ist die Fähigkeit, mit sicherem Instinkt die richtigen Leute anzuheuern und zu einem erfolgreichen Team zusammenzuschweissen. Wenn Bennis auch glaubt, dass Leadership durch entsprechendes Management Development lernbar ist, so ist die geschilderte Topfähigkeit nach unserer Auffassung eine relativ seltene Gabe. Manager, die diese Gabe, die grosse Menschenkenntnis voraussetzt,

---

240 Bennis Warren, Leaders: The Strategy of Taking Charge, 1985. Er untersucht darin die Karrieren von 90 erfolgreichen amerikanischen Leadern aller Richtungen.

besitzen, sind besonders gesucht und werden auch entsprechend hoch bezahlt, weil sie die besten Erfolgsvoraussetzungen für die Unternehmung schaffen. Persönlichkeit und Charisma einer Person mögen darauf hinweisen, dass die gesuchte seltene Eigenschaft vorhanden ist; aber erst sein Track Record in der Zukunft erbringt den Beweis dafür. Ein Caveat ist hier angebracht: Charisma ist nicht immer von echten Leadershipqualitäten begleitet.

Das Zeitpensum ist das dritte Kriterium, das es bei der Festsetzung der Entschädigung zu berücksichtigen gilt. Die Geschäftsleitung als professionelle Vollzeitaufgabe beansprucht ihre Mitglieder zu 100 %. Dies trifft insbesondere für den CEO einer grossen global tätigen Publikumsgesellschaft zu. Sie lässt ihm in der Regel wenig oder überhaupt keine Zeit für ein Privatleben. Dies ist der Grund, warum viele an sich erfolgreiche und begabte Manager darauf verzichten, eine Topkarriere anzustreben. In einem Interview hat der Präsident einer Schweizer Grossbankengruppe kürzlich den harten Tageslauf eines Topmanagers anschaulich geschildert: «Das können sich viele Leute gar nicht vorstellen, was so ein Job abverlangt. 24 Stunden sieben Tage das ganze Jahr über verfügbar sein, nachts klingelt nach 10 Minuten Schlaf das Telefon. Dann geht man um 6 aus dem Haus, arbeitet bis 7 Uhr am Abend durch, nimmt den Jet und fliegt über Zeitzonen hinweg, muss am nächsten Tag wieder frisch und leistungsfähig antreten und womöglich am gleichen Tag zurück in die eigene Zeitzone. Hinzu kommen eine extrem fordernde Kundschaft, eine extrem fordernde Konkurrenz, eine extrem fordernde Mitarbeiterschaft. Wenn Sie das jahrlang tun, kann Sie das abnützen. Ihre Leistungsfähigkeit stösst an Grenzen, nicht nur psychisch, auch physisch.»[241] Wir können aus eigener Erfahrung diese Darstellung nur bestätigen. Dieser weitgehende Verzicht auf ein Privatleben, diese permanente Exposure gegenüber den unerbittlichen Anforderungen des Berufes, die auf die Dauer auch die Gesundheit[242] und den Zusammenhalt in der Familie gefährden kann, muss in der Höhe der Entschädigung ihre Rechtfertigung finden.

Die Position des Verwaltungsratspräsidenten einer global tätigen Publikumsgesellschaft ist nicht minder anspruchsvoll. Wir haben seine Aufgabe an anderer Stelle eingehend dargestellt. Er muss in ganz besonderem Masse über Führungsqualitäten verfügen, ein Meister der Koordination und der Kom-

---

241 Interview mit Marcel Ospel, Die Weltwoche, Ausgabe 30/05.

242 Permanente Überlastung psychischer und auch physischer Art (Reisen, Schlafmangel) durch den Managerberuf kann nicht nur zu organischen Erkrankungen und Events (z. B. Herzinfarkt) führen, sondern auch zu Erschöpfungsdepressionen, bekannt unter der Bezeichnung Burnout, und zu anschliessendem Karrierebruch. Hohe Belastbarkeit ist eine unerlässliche Voraussetzung des Managerberufes.

munikation sein und eine hohe zeitliche Verfügbarkeit aufweisen. Sein Pensum entspricht in der Regel mindestens einem Halbzeitjob, in vielen Fällen aber auch einem Vollzeitjob.

Was die Mitglieder des Verwaltungsrates anbetrifft, so wäre es verfehlt, sich der Vorstellung hinzugeben, es handle sich um eine angenehme Teilzeitbeschäftigung. Wir haben darauf hingewiesen, dass mit der Professionalisierung der Verwaltungsratsarbeit auch die Verantwortung und das Zeitpensum eines gewöhnlichen Verwaltungsrates stark angestiegen sind, mit entsprechenden Pflichten und Risiken. Der zeitliche Einsatz kann beträchtlich sein, wenn ein Mitglied, was heute die Regel ist, auch noch einem der Ausschüsse angehört oder ihn sogar persönlich präsidiert. So kann der Vorsitz des Prüfungsausschusses, der besonders zeitaufwendig ist, 25 bis 35 % eines Vollzeitpensums erreichen. Die Position eines Verwaltungsratsmitgliedes mit mehreren Mandaten von grossen Publikumsgesellschaften nimmt immer mehr die Eigenschaft eines Berufes an. Es ist einleuchtend, dass dieser Umstand in der Honorierung berücksichtigt werden muss.

Zusätzlich zu den personenspezifischen Kriterien (Aufgabe, Leadershipqualität und Zeitpensum) müssen auch die gesellschaftsspezifischen Kriterien, nämlich Grösse und Komplexität der Unternehmung, in der Höhe der Remuneration Ausdruck finden. So ist der Roche-Konzern grösser und komplexer als beispielsweise die Ems Chemie, und der Holcim-Konzern grösser und komplexer als beispielsweise der SIKA-Konzern. Die Auswirkungen von Führungserfolgen oder Führungsfehlern sind entsprechend grösser, die Verantwortung höher. Dies wird sich in der Höhe der Entschädigungen der Führungsorgane widerspiegeln müssen. Dabei ist aber nicht zu vergessen, dass die Führungsorganisation mit zunehmender Grösse in einem effizient und kostenbewusst geführten Konzern nicht proportional zum Wachstum zunimmt. Es ist deshalb nicht akzeptabel, dass die Remuneration der Spitzenkader dem Wachstum ungehindert folgt. Das könnte ein Beweis für schlechte Führung sein. Die Aufwendungen für den Führungsapparat einer Unternehmung sind nämlich grösstenteils Fixkosten und profitieren deshalb vom betriebswirtschaftlichen Gesetz der Kostendegression. Vollends abzulehnen ist die oft gehörte Meinung, dass es bei hohen Milliardenumsätzen von Konzernen «nicht darauf ankomme, was das Management verdient». Diese Optik ist weder vom Gesichtspunkt des Aktionärs noch von der betriebswirtschaftlichen Logik her gerechtfertigt. Es ist jedoch nicht ausgeschlossen, dass solche Überlegungen in den Köpfen der Verwaltungsräte unterschwellig eine Rolle spielen und sie dazu verleiten, in der Festsetzung der Entschädigungen das Augenmass zu verlieren. Hier hoffen wir auf mehr Einsicht.

225

12.11 Verhältnismässigkeit als Massstab für Spitzengehälter

Wir haben festgestellt, dass die Managementleistung im Rahmen der komplexen Führung einer globalen Unternehmung eine Teamleistung ist, was die anteilsmässige Zuordnung des korporativen Erfolges an die einzelnen Mitglieder der Spitzenorgane – Verwaltungsrat und Geschäftsleitung – erschwert oder gar verunmöglicht. Wir haben weiter festgestellt, dass der Erfolg von externen, von der Unternehmungsführung nicht oder nur bedingt beeinflussbaren Vorgängen mitgestaltet wird. Und schliesslich ist auch dargestellt worden, dass die Spitzengehälter keine Wettbewerbs- oder Marktpreise sind. Alle diese Merkmale stehen im Gegensatz beispielsweise zu den Spitzensportlern, deren Leistungen individuell sichtbar und auch messbar sind und deren Entschädigungen durch die Nachfrage – Sportorganisationen und Sponsoren – eindeutig festgelegt werden. Die hohen Einkommen solcher Spezialisten werden so durch den Markt legitimiert. Hier zählt in fast allen Fällen der Einzelne, nicht das Team. Die Sichtbarkeit der Einzelleistung ist auch einer der Gründe, warum die sehr hohen Entschädigungen der Spitzensportler, die zweistellige Millionenbeträge erreichen können, vom Publikum akzeptiert werden und kaum zu öffentlicher Kritik oder Unwillen Anlass geben.

Bei den Entschädigungen der Spitzenorgane der Unternehmung fehlen jedoch individuelle Sichtbarkeit und Messbarkeit der Leistung und klare Bewertungsregeln. Die Beurteilung der Leistung ist weitgehend eine Ermessensfrage, die nicht nur durch rationale Überlegungen entschieden wird. Zudem ist der Referenzgruppenvergleich durch die Existenz eines überhöhten Niveaus, das durch das Eigeninteresse der Spitzenorgane gesteuert wird, keine objektive Grundlage. All dies eröffnet dem Verwaltungsrat und seinem Entschädigungsausschuss einen enorm grossen Spielraum. Es ist denn auch bezeichnend, dass beispielsweise die CEOs einiger der grössten globalen Publikumsgesellschaften der Welt – Novartis, Deutsche Bank und Nestlé – bei direkter Befragung in medialen Interviews keine glaubwürdige Rechtfertigung für ihre extrem hohen Entschädigungen in zweistelliger Millionenhöhe liefern können. Der eine sagt: «Ich ertrage einfach die öffentliche Kritik» und «Ich habe mir meinen Lohn redlich verdient», der andere rettet sich in den kontroversen Raum der «Chancengleichheit», offenbar in der Meinung, dass ja der Aufstieg und solche Gehälter jedem offenstehen, und der Dritte antwortet auf die Frage, er gelte als «gierig und machtgeil»: «Ehrlich, das kümmert mich überhaupt nicht» und «Mit Kritik muss man leben».[243] Alle drei sind hochintelligente, leistungsstarke, erfolgreiche und integre Unternehmungsführer. Auf die Kernfrage, warum sie so viel verdienen, wollen oder können sie aber keine befriedigende Antwort geben.

Dieser Tatbestand ist im Lichte unserer Erkenntnisse durchaus verständlich: Spitzengehälter werden eben nicht durch objektive und wertmässig nachvollziehbare Prozesse gesteuert. Damit sind im Prinzip Managemententschädigungen möglich, die vom Normalbürger bzw. der Öffentlichkeit als exzessiv empfunden werden. Dieses Empfinden hat zunächst nichts zu tun mit der ökonomischen Dimension des Problems – was für die Unternehmung bezahlbar ist und notwendig erscheint, wird auch bezahlt –, sondern entspringt dem ethisch-moralischen Aspekt: Solche Gehälter – als Arbeitseinkommen – erscheinen als «ungerecht». Es gibt aber weder in der liberalen Wirtschaftsordnung noch in irgendeinem andern Ordnungssystem «gerechte» Löhne. Gerechtigkeit ist keine ökonomische Kategorie, sondern eine solche der Moralphilosophie. Nach Plato ist das Erfordernis der Gerechtigkeit erfüllt, wenn jedermann so behandelt wird, «wie es ihm zusteht». Nach Aristoteles ist Gerechtigkeit ein Massstab für die «Angemessenheit eines menschlichen Verhaltens». Der zentrale Begriff ist die «Angemessenheit»; er hat auch in der Ökonomie einen Stellenwert: In einem gesellschaftlichen System, das auf Freiheit, sozialer Gerechtigkeit und Demokratie beruht, kann wirtschaftliche Unangemessenheit zu gesellschaftlichen Schäden führen. Dies ist ethisch nicht akzeptabel.

In unserem Zusammenhang bedeutet die Beachtung der Angemessenheit, dass die Entschädigungen der Spitzenorgane der Unternehmung auf ihre Verhältnismässigkeit geprüft werden müssen. Begrifflich können wir uns dabei auf die juristische Bedeutung der Verhältnismässigkeit stützen, die sich allerdings auf das Staatsrecht bezieht. Verhältnismässigkeit bedeutet dort, dass die Eingriffe des Staates in die Grundrechte der Bürger im Hinblick auf den Zweck (z. B. Schutz vor kriminellen Handlungen) erforderlich und in ihrer Wirkung (z. B. Einschränkung der allgemeinen Handlungsfreiheit) angemessen sind; man spricht in diesem Zusammenhang auch vom «Übermassverbot». Dieses Prinzip der Verhältnismässigkeit ist unseres Erachtens auch auf den Ermessensspielraum in der Festsetzung der Entschädigungen der Spitzenorgane einer Unternehmung anzuwenden. Es ist offensichtlich unverhältnismässig, wenn die «Gehaltsschere», d. h. der Abstand des Managergehaltes zum Durchschnittsgehalt eines gewöhnlichen Arbeitnehmers – in der Schweiz heute rund CHF 65 000 – sich so weit öffnet, dass sie ein dreistelliges Vielfaches erreicht. Angesichts der zahlreichen Faktoren, welche die Managementleistung beeinflussen und bestimmen, ist es nicht einsichtig, warum die Arbeitskraft und Arbeitsleistung eines Top-Managers 100- bis 300-mal mehr

---

243 TV-Interview anlässlich des Davos World Forums 2006 (Daniel Vasella, Josef Ackermann); Interview Weltwoche Nr. 3/2006 (Peter Brabeck).

wert sein sollen als die Arbeitskraft und Leistung eines Normal-Mitarbeiters. Spitzengehälter von beispielsweise 20 Millionen erscheinen unter diesem Gesichtspunkt als unverhältnismässig, denn sie nähren den Eindruck, dass die Arbeitsleistung eines Normal-Mitarbeiters «unterbewertet» und diejenige eines Managers «überbewertet» ist, was nicht nur unfair erscheint, sondern auch sozial und ökonomisch Anstoss erregt.

Der Verdacht auf Unverhältnismässigkeit ist auch dann gegeben, wenn die Entschädigungen der Manager über eine Reihe von Jahren stärker ansteigen als die durchschnittlichen Löhne der Mitarbeitenden in der Unternehmung. Dies ist für Produktivität und Arbeitsklima insofern relevant, als dadurch die Motivation der Mitarbeitenden geschwächt und das Gerechtigkeitsgefühl – eine ethische Dimension – verletzt werden kann. Wir sollten uns immer wieder daran erinnern, dass die Unternehmung ein lebender Organismus ist, bestehend aus Menschen mit Emotionen, die alle zum Unternehmungserfolg ihren Beitrag leisten müssen. Die Gegenüberstellung der Lohnentwicklungen der beiden Sektoren – Führende und Mitarbeitende – als Monitor der Verhältnismässigkeit bekommt damit ihren Sinn.

Die Verhältnismässigkeit kann noch in anderer Hinsicht und noch deutlicher verletzt werden: wenn nämlich die Entwicklung der Entschädigungen und die Entwicklung des Geschäftserfolges – dargestellt durch finanzielle Daten – massiv auseinanderklaffen. Dadurch entsteht ein sichtbares Missverhältnis zwischen Leistung und Gegenleistung. Dies ist ein Tatbestand, der vor allem in den USA häufig zu beobachten ist; so haben beispielsweise viele Verwaltungsräte in Perioden sinkender Kurse den Ausübungspreis der ausgegebenen Aktienoptionen nach unten angepasst (sogenanntes Repricing), um angeblich ihre Manager «bei der Stange halten» zu können. Es wird damit eine «Leistung» belohnt, die gar nicht existiert. Bei diesen Praktiken spielt jeweilen die «Managerial Power» eine entscheidende Rolle.

Offensichtlich fehlende Verhältnismässigkeit in der Entschädigungspraxis kann in zweifacher Hinsicht negative Wirkungen auslösen. Erstens führen exzessive Entschädigungen, die in einem Missverhältnis zur Leistung stehen, zu einer vermögensmässigen Beeinträchtigung der Aktionäre; sie schmälern den Reingewinn ungebührlich und verwässern zudem bei Ausgabe von Aktien und Aktienoptionen die anteilige Vermögenssubstanz und den Shareholder Value der Primärberechtigten.

Zweitens führen unangemessen hohe Entschädigungen zu ordnungspolitisch und sozial schädlichen Auswirkungen. Die Legitimität des liberalen Systems – Grundlage unserer unternehmerischen Freiheit – wird infrage gestellt. Ein Missbrauch dieser Freiheit, und als solcher werden exzessive Gehälter üblicherweise interpretiert, ist gefährlich. Er untergräbt den Glauben in die Rechtmässigkeit der herrschenden Ordnung und birgt die Gefahr ideologischer Auseinandersetzungen in sich. Gewerkschaften und Linksparteien stützen ihre Kritik nicht selten auf solches Versagen der liberalen Ordnung. Zudem wird durch eine zu starke Öffnung der «Lohnschere» das soziale Klima direkt beeinträchtigt, Unzufriedenheit und Neid erzeugt und die Sozialpartnerschaft belastet. Dies kann als Auslöser staatlicher Interventionen wirken. Insbesondere wird aber auch die heute von den grossen Unternehmungen vertretene Politik der Corporate Social Responsibility unglaubwürdig.

Nur eine Stärkung des ethischen und sozialen Verantwortungsbewusstseins bei jenen Organen, welche die Spitzengehälter bestimmen, kann hier Remedur schaffen. In erster Linie sind es Verwaltungsrat und Management, die hier angesprochen werden müssen. Wirtschaft und Unternehmungen verteidigen an dieser Front die Legitimität der unternehmerischen Freiheit in einem offenen marktwirtschaftlichen Ordnungssystem, dessen Ziel die Schaffung von Wohlstand ist. Freiheit ohne ethische und soziale Rücksichtnahme ist jedoch nicht legitim.

Der Ermessensspielraum bei der Frage, was als «angemessen» zu gelten hat, ist allerdings hoch: Der Normalbürger wird schon das 20- bis 30-Fache des Durchschnittsgehaltes – entsprechend einem Managergehalt von CHF 1 bis 2 Millionen – als übermässig empfinden. Der Verwaltungsrat einer grossen international tätigen Publikumsgesellschaft legt im Gegensatz dazu globale Massstäbe an und findet das 100-Fache – entsprechend einem Managergehalt von CHF 6 bis 7 Millionen – wohl noch als akzeptabel. Die Überlegung, dass hier vielleicht übertrieben wird, hat aus seiner Optik betrachtet wenig Platz. Wer also setzt Grenzen? Der Beantwortung dieser Frage ist der nächste Abschnitt gewidmet.

12.12 Stärkung der institutionellen Kontrolle der Spitzengehälter: eine zwingende Massnahme

Wir haben in unseren bisherigen Ausführungen nachzuweisen versucht, dass die Eskalation der Spitzengehälter multiple Ursachen hat, die kumulative Wirkung entfalten: das Übermass der variablen Komponenten im heute herrschenden «optionslastigen» Remunerationssystem; der Referenzgruppeneffekt der Offenlegung der Gehälter; die Abwesenheit eines funktionierenden Marktes für Managergehälter und die «Managerial Power» der CEOs. Wenn sich diese Effekte praktisch ungehindert auswirken konnten und teilweise zu exzessiven Spitzenentschädigungen geführt haben und noch führen, so hat dies nur einen Grund: das Versagen der institutionellen Kontrolle. Wer nimmt diese Kontrolle wahr?

Die Festsetzung der Entschädigungen der Spitzenorgane ist eine der Aufgaben des Verwaltungsrates. Unternehmerisch und moralisch trägt er für sein Handeln in diesem Bereich die volle Verantwortung und ist dazu auch gesetzlich bisher fast uneingeschränkt legitimiert. Zugleich ist er aber auch für die Überwachung und Kontrolle zuständig, was die Verantwortung für die Angemessenheit der Entschädigungen einschliesst. Dieses System enthält bedeutende institutionelle Schwächen.

Die Tatsache, dass der Verwaltungsrat seine eigene Entschädigung selbst bestimmen und auch die Managerlöhne festsetzen kann, ohne dass diese Handlungen einer direkten und expliziten Kontrolle durch ein übergeordnetes Organ unterliegen, widerspricht dem Prinzip der Gewaltentrennung. Wir haben hier, wie bereits ausgeführt, somit den Fall eines In-Sich-Geschäftes. Diese Situation wird, obwohl rechtlich problematisch, geduldet, weil man annimmt, dass sie «At Arm's Length» erfolgt, als ob es zwischen zwei unabhängigen Kontrahenten stattfände. Nun wissen wir aber, dass diese Annahme in der Regel eine Fiktion ist, denn wir haben es hier mit Menschen zu tun, und als solche unterliegen sie der Versuchung, ihr Eigeninteresse durchzusetzen. Dazu kommt, wie wir gesehen haben, die «Managerial Power» des CEO, der in Gehaltsfragen fast immer ein gewichtiges Wort mitredet. Die gegenseitige Abhängigkeit und emotionale Beziehung, die sich aus einer engen Teamarbeit ergibt, kann den Verwaltungsrat veranlassen, gegenüber dem CEO in Gehaltsfragen auch im eigenen Interesse grosszügig zu sein und seinen durch keine wirksame Kontrolle gezügelten Spielraum nach oben maximal auszunutzen. Wir haben gezeigt, dass forschende Ökonomen, die das Phänomen der CEO-Entschädigungen empirisch untersucht haben, zu eben diesem Befund gelangt sind.[244] Zu diesen Überlegungen gesellt sich die Tatsache, dass der Verwaltungsrat über Gehaltsfragen trotz grosser Handlungsfreiheit doch nicht im «luftleeren Raum» befinden kann. Er steht unter dem Druck des Referenzgruppeneffektes, muss zudem Rücksicht nehmen auf das schon bestehende, seine freie Entscheidung einengende Gehaltssystem, und vielleicht hat er sich zudem an grosse Zahlen gewöhnt, die als «heimliche Verführer» auf seine Psyche einwirken und einen Verlust der Proportionen und des Augenmasses begünstigen.

Was ist zu tun? Der einzige Weg, der hier Erfolg verspricht, ist eine Stärkung der institutionellen Kontrolle. Dazu gibt es grundsätzlich drei Ansätze:

---

244 Wir verweisen nochmals insbesondere auf die Arbeiten von Schiltknecht Kurt, Bebchuk Lucian sowie Frey Bruno S. und Osterloh Margit, a. a. O.

ethisch motivierte Einsicht und Verbesserung der Selbstkontrolle beim Verwaltungsrat und dem Entschädigungsausschuss selbst; Anwendung gesetzlicher Vorschriften im Zusammenhang mit der Sorgfalts- und Treupflicht; und schliesslich die Intervention der Generalversammlung als einzigem Gremium, das die Entschädigungen der Spitzenorgane der Unternehmung in letzter Instanz legitimieren kann. An eine normative gesetzliche Begrenzung ist nicht zu denken. Gehälter zu reglementieren ist in einer liberalen Wirtschaftsordnung nicht Sache des Staates.

Die drei Ansätze seien nacheinander einer Betrachtung unterzogen. In erster Linie geht es um eine Stärkung der Selbstkontrolle. Dies heisst, dass beim Verwaltungsrat die Bewusstseinsbildung über die negativen Auswirkungen exzessiver Gehälter zu fördern ist. Er muss nachhaltiger begreifen, dass die Festsetzung der Entschädigungen nicht nur ein unternehmerischer, administrativer und ökonomischer Vorgang ist, sondern auch eine wichtige soziale und ethisch-moralische Dimension aufweist, deren Nichtbeachtung die Reputation der Unternehmung und der ganzen Wirtschaft in Mitleidenschaft ziehen sowie die Motivation der eigenen Mitarbeitenden beeinträchtigen kann. Das setzt voraus, dass er eine über die Belange der eigenen Interessen hinausgehende Verantwortung empfindet. Eine eingehende Diskussion und kritische Beurteilung der vorgeschlagenen Gehälter durch den Gesamtverwaltungsrat ist dazu, wie wir an anderer Stelle ausgeführt haben, unerlässlich.

Die Frage der Bemessung der Entschädigungen für die Spitzenorgane ist Teil der Corporate Governance. Die Bewusstseinsbildung für die auch sozial und ethisch-moralisch wichtigen Aspekte müsste eigentlich in den entsprechenden Kodizes ihren Niederschlag finden. Der Swiss Code versucht dies in Artikel 26, wo von «markt- und leistungsgerechten Gesamtentschädigungen» gesprochen und damit auf die Notwendigkeit einer verantwortungsvollen Praxis hingewiesen wird. Nun wissen wir aber aus unseren Überlegungen, dass die Begriffe Markt, Leistung und Gerechtigkeit zwar Hinweise auf zu berücksichtigende Gesichtspunkte liefern, aber in der Dimension Messbarkeit zu wünschen übrig lassen. Echte Marktpreise für die Managerleistung existieren nicht, und als Kollektivleistung ist diese auch nicht individuell «gerecht» ermittelbar. Auch der Deutsche Kodex, der detaillierte Anweisungen bezüglich der Festsetzung der Vergütungen für Aufsichtsrat und Vorstand gibt, kann das Problem nicht lösen, spricht aber immerhin von der notwendigen «Angemessenheit der Vergütung». In beiden Fällen bleibt den zuständigen Gesellschaftsorganen grundsätzlich ein Spielraum, der seine Grenzen lediglich im Ökonomischen findet. Das entspricht zwar, wie wir wissen, der Natur der Sache sowie den Spielregeln unserer liberalen Wirtschaftsordnung und kann deshalb nicht eigentlich kritisiert werden. Trotzdem scheint es uns, dass in den Kodizes nachhaltiger auf die soziale und ethisch-moralische Dimension hingewiesen werden sollte. Die unternehmerische Freiheit kommt an der Beachtung ethischer Prinzipien nicht vorbei. Eine entsprechende Formulierung könnte lauten: «Der Entschädigungsausschuss berücksichtigt in seiner Arbeit auch die sozialen und ethisch-moralischen Aspekte der Entschädigungspolitik und achtet im Rahmen der unternehmerischen Freiheit auf Angemessenheit und Verhältnismässigkeit in der Festsetzung der Entschädigungen der Spitzenorgane.» Wir machen uns keine Illusionen über die effektiven Auswirkungen eines solchen Zusatzes im Swiss Code, doch könnte damit zumindest ein Beitrag zur Bewusstseinsbildung über die soziale Verantwortung der Führungsorgane in diesem Belange geleistet werden.

Was die gesetzlichen Einwirkungsmöglichkeiten angeht, so werden die Sorgfalts- und die Treuepflicht in Zukunft vermehrte Bedeutung für die Verantwortung des Verwaltungsrates und der Geschäftsleitung erhalten. Sie ist in Art. 717 OR geregelt und etabliert einen kategorischen Vorrang des Gesellschaftsinteresses gegenüber den persönlichen Interessen der einzelnen Mitglieder der Spitzenorgane – Verwaltungsrat und Geschäftsleitung. Dies heisst im Klartext nichts anderes, als dass auch Entschädigungen der Spitzenorgane gegen die Treuepflicht gegenüber der Unternehmung (und wirtschaftlich implizite auch gegenüber den Eignern der Unternehmung) verstossen können, wenn ein Missverhältnis zwischen Managementleistung und Managemententschädigung besteht. Allerdings ist der Nachweis mangelnder Verhältnismässigkeit, auch wenn sie in Zukunft gesetzlich nicht mehr «offensichtlich» sein muss, im Einzelfall schwer zu erbringen; sie unterliegt richterlicher Beurteilung, über die eine signifikante Praxis bis heute fehlt. Immerhin zeigt der Mannesmann-Prozess in Deutschland, der auf dem legalen Kriterium der «Untreue» ausgetragen wurde, dass die Treuepflicht in Sachen Spitzenentschädigungen und insbesondere fragwürdiger Bonifikationen zunehmend eine Rolle spielt. Es ist vorauszusehen, dass der problematische Ausgang dieses Prozesses auch in der Schweiz zu intensiven Diskussionen juristischer und unternehmungspolitischer Art Anlass geben wird.

Als eine Verstärkung der gesetzlichen Sorgfalts- und Treuepflicht kann auch die im Rahmen des Vorentwurfs zu einer Revision des Aktienrechtes vorgesehene Verbesserung des Klagerechtes auf Rückerstattung ungerechtfertigter Leistungen gelten.[245] Danach können mögliche Beklagte neben den Mitglie-

---

245 Vorentwurf zur Revision des Aktien- und Rechnungslegungsrechts im Obligationenrecht vom 2.12.2005, Art. 678 VE-OR.

dern des Verwaltungsrates auch die Mitglieder der Geschäftsleitung sein. Sie sind zur Rückerstattung empfangener Leistungen verpflichtet, wenn «diese in einem Missverhältnis zu der von ihnen erbrachten Gegenleistung stehen». Der gesetzliche Begriff des Missverhältnisses schliesst ein, dass zwischen Leistung und Gegenleistung eine «beträchtliche Ungleichheit» bestehen muss.

Wir sind der Meinung, dass die geschilderten gesetzlichen Vorschriften, wie in der Vergangenheit, so auch weiterhin keine grossen Wirkungen entfalten werden, weil es schwierig bis unmöglich ist, angesichts des grossen Ermessensspielraums und der im globalen Kontext zahlreichen Präzedenzfälle sehr hoher Bezüge, die nicht eingeklagt werden, ein «beträchtliches Ungleichgewicht» im Einzelfall effektiv nachzuweisen. Wir messen diesen Vorschriften im Rahmen der Entschädigungspolitik deshalb eher den Stellenwert eines «Schusses vor den Bug» zu. Sie werden den Verwaltungsrat vielleicht veranlassen, seine Entschädigungspolitik eingehender zu überdenken, auf ein Repricing von Optionen zu verzichten und Ad-hoc-Bonifikationen zu vermeiden, im Übrigen aber wohl kaum geeignet sein, die Entwicklung der Spitzengehälter in grossen Unternehmungen wirksam zu bremsen.

Alle unsere Überlegungen führen zum Schluss, dass eine wirksame Kontrolle der Entschädigungspraxis der grossen Publikumsgesellschaften in letzter Instanz nur durch die Aktionäre selbst via Generalversammlung ausgeübt werden kann. Da Aktionäre die Primärberechtigten am generierten Shareholder Value sind, gehört ihnen auch das letzte Entscheidungsrecht über die Organentschädigungen. Keine andere Autorität und kein anderes Organ kann die Grenzen der Entschädigungspolitik wirksam und abschliessend legitimieren. Die Ethik scheitert an der Macht des Faktischen und entbehrt praktizierbarer Regeln. Das Gesetz kommt, wenn überhaupt, nur in ganz klaren und krassen Fällen zur Anwendung. Und der Spielraum des Verwaltungsrates ist aufgrund der unternehmerischen Handlungsfreiheit und aufgrund seiner eigenen Interessenlage so gross, dass ein Missbrauch in Einzelfällen nicht ausgeschlossen werden kann. Die Eigner der Unternehmung sind im Gegensatz dazu nicht nur die Primärberechtigten am Shareholder Value, sondern ökonomisch auch die Primärgeschädigten, wenn exzessive Gehälter bezahlt werden. Es sind somit Lösungen anzustreben, die es erlauben, anlässlich der Generalversammlung die Frage der Organentschädigungen aufzunehmen und zu entscheiden. Im Mittelpunkt unserer Überlegungen stehen Publikumsgesellschaften im Streubesitz. Bei solchen Unternehmungen ist die Durchsetzung eines expliziten Aktionärsanliegens, das die Politik bezüglich Strategie, Finanzierung oder eben Entschädigung des Verwaltungsrates kritisiert und eine Änderung bewirken soll, aufgrund der «rationalen Apathie» besonders schwierig. Trotzdem führt kein Weg an der Generalversammlung vorbei, wenn wir das Problem exzessiver Gehälter in den Griff bekommen wollen.

Wir unterscheiden nachstehend folgende direkte und indirekte Möglichkeiten der Einflussnahme der Generalversammlung auf die Entschädigungspolitik des Verwaltungsrates:

- Genehmigung oder Ablehnung von bedingten Kapitalerhöhungen unter Ausschluss des Zeichnungsrechtes der Aktionäre, u. a. zur Verwendung der so geschaffenen Aktien als eigenkapitalbezogene Komponenten in der Entschädigungspolitik des Verwaltungsrates.
- Abwahl (oder Nicht-Wiederwahl) von Mitgliedern des Verwaltungsrates in Zusammenhang mit aktionärsseitig vorgebrachter Kritik an der verfolgten Entschädigungspolitik.
- Verweigerung der Entlastung als Warnung an den Verwaltungsrat im Zusammenhang mit einer unangemessenen Entschädigungspolitik.
- Genehmigung der Entschädigungspolitik des Verwaltungsrates im Rahmen eines fakultativen oder obligatorischen Traktandums an der Generalversammlung.

Zunächst betrachten wir die Einflussmöglichkeiten der Aktionäre im Falle einer «bedingten Kapitalerhöhung», zu deren Annahme in der Generalversammlung stets eine qualifizierte Mehrheit der anwesenden Stimmen notwendig ist. Bedingte Kapitalerhöhungen dienen ausschliesslich dazu, die notwendigen Aktien für Wandel- oder Optionsanleihen oder aber für Mitarbeiterbeteiligungen, insbesondere Aktienoptionen für Spitzenkader, zu schaffen, wobei das Bezugsrecht der bisherigen Aktionäre ausgeschlossen wird. Damit verbunden ist die «Verwässerung» des Kapitals, des Gewinnanteils und der Stimmrechte der bisherigen Aktionäre. Die Konditionen für die Zuteilung von Aktien und Aktienoptionen an die Kader ist dabei voll dem Verwaltungsrat und seinem Entschädigungsausschuss vorbehalten und gehört nicht zu den Kompetenzen der Generalversammlung. Es ergibt sich daraus die paradoxe Situation, dass die Aktionäre durch die Bewilligung von bedingtem Kapital die Voraussetzung für eine mögliche Eskalation der Aktien- und Optionszuteilungen an die Spitzenorgane selber schaffen; sie haben keine Möglichkeit, einen späteren übermässigen «Gebrauch» der so bereitgestellten zusätzlichen Aktien durch den Verwaltungsrat zu verhindern. Eine Ablehnung des Antrages auf bedingte Kapitalerhöhung durch die Aktionäre müsste immer dann erfolgen, wenn sich ein Verdacht oder die Gewissheit ergibt, dass der Verwaltungsrat damit eine als unangemessen geltende Entschädigungspolitik verfolgt, oder wenn der Verwaltungsrat unklare und unbefriedigende Auskunft darüber gibt, wie er die geschaffenen Aktien in seiner Entschädigungspolitik einzusetzen gedenkt und welche Massnahmen zur Begrenzung von Verwässerungseffekten getroffen werden. Dass eine Ablehnung bisher selten oder nie erfolgt ist, lässt sich teils auf die Unwissenheit der Aktionäre über die Existenz und die Konsequenzen aggressiver Aktien- und Optionspläne, teils auf die bekannte «rationale Apathie» der Minderheitsaktionäre und teils auf die Reluktanz zurückführen, Misstrauen gegenüber dem Verwaltungsrat einer vielleicht offensichtlich erfolgreichen Gesellschaft auszudrücken.

Eine zweite Möglichkeit der Einwirkung der Aktionäre besteht in der Abwahl oder Ablehnung der Wiederwahl von Verwaltungsratsmitgliedern. Besteht im Aktionariat in genügendem Masse Unmut über die Entschädigungspolitik des Verwaltungsrates, so kann die Abwahl einzelner Mitglieder oder des gesamten Verwaltungsrates ins Auge gefasst werden. Rechtliche und praktische Überlegungen machten diese Möglichkeit allerdings bis heute zu einer wenig geeigneten Waffe. Erstens ist die Traktandierungshürde zu nehmen, die bisher bei grossen Publikumsgesellschaften im Streubesitz fast unüberwindlich hoch lag. Der Vorentwurf zur Revision des Aktienrechtes vom 2. Dezember 2005 sieht nun allerdings eine wesentliche Herabsetzung der Schwellenwerte für die Einberufung einer Generalversammlung und die Traktandierung von Geschäften vor, sodass diese Rechte auch für Gruppierungen von Kleinaktionären zukünftig leichter ausgeübt werden könnten.[246] Zweitens ist die Abwahl von Verwaltungsratsmitgliedern eine schwerwiegende Sanktion, die im Kontext der bisher gezeigten Führungskompetenz des Verwaltungsrates gewichtet werden muss und dann vielleicht wegen einer als exzessiv empfundenen Entschädigungspolitik allein nicht gerechtfertigt ist. Drittens stellt sich die Frage, wer überhaupt abgewählt werden soll – letztlich verantwortlich für die Entschädigungspolitik ist ja der Gesamtverwaltungsrat. Werden nur einzelne Mitglieder abgewählt – z.B. ein Mitglied des Entschädigungsausschusses –, so kann dies arbiträr und unfair sein, weil ja eigentlich die Inkompetenz des gesamten Verwaltungsrates auf dem Prüfstand steht, der die kritisierte Entschädigungspolitik sanktioniert hat. Wir betrachten aus diesen Gründen eine Abwahl, begründet allein mit einer als exzessiv empfundenen Entschädigungspolitik, als unwahrscheinlich. Das Fehlen solcher Fälle in der bisherigen Praxis beweist die Untauglichkeit dieses Mittels, um übertriebene Spitzenlöhne unter Kontrolle zu bringen. Wie an anderer Stelle dargelegt,

---

246 Die von der Vernehmlassung vorgeschlagenen Schwellenwerte werden von den Experten des Aktienrechtes und von Economiesuisse allerdings als zu niedrig betrachtet.

betrachten wir auch eine obligatorische jährliche Wiederwahl des Verwaltungsrates, wie sie in der Vernehmlassung zur Revision des Aktienrechts vorgeschlagen wird, nicht als ein geeignetes Mittel zur Dämpfung von übertriebenen Spitzengehältern; dieses Instrument allein wird kaum Wirkung zeigen, weil die Hemmschwelle bei den Aktionären zur Abwahl bloss aus Gründen exzessiver Löhne, ausser in Extremfällen, zu hoch liegt.

Eine Variante zur Abwahl von Verwaltungsratsmitgliedern aus Gründen einer vom Aktionariat kritisierten Entschädigungspolitik erwähnt Karl Hofstetter. Sein Vorschlag lautet, der Generalversammlung im Rahmen einer statutarischen Bestimmung die Möglichkeit zu geben, aus den Reihen des Verwaltungsrates die Mitglieder des Entschädigungsausschusses zu bestimmen.[247] Obwohl wir diese Variante als innovativen Ansatz begrüssen, betrachten wir sie nicht als zielführend. Erstens würde eine solche Lösung bei den Gesellschaften wohl kaum auf grosse Resonanz stossen und eher die Ausnahme als die Regel bilden, weil sie die Macht von Verwaltungsrat und Geschäftsleitung in einer als wichtig erachteten Frage beschneidet. Zweitens ist sie nicht geeignet, um einen direkten Einfluss des Aktionariates auf die Entschädigungspolitik des Verwaltungsrates auszuüben. Und drittens ist die Generalversammlung wohl kaum in der Lage, zum Voraus die für ein Mitglied des Entschädigungsausschusses notwendigen Eigenschaften fachlicher und mehr noch charakterlicher Art kompetent zu beurteilen. Eher noch könnten wir uns vorstellen, dass institutionelle Aktionäre im informellen Dialog mit den Gesellschaften im Vorfeld der Generalversammlungen einen Einfluss auf die interne Wahl der Mitglieder des Entschädigungsausschusses ausüben. Dies kann schon heute der Fall sein und bedarf keiner Statutenbestimmungen.

Eher geeignet für eine Sanktion des Verwaltungsrates bezüglich der Entschädigungspolitik erscheint uns die Verweigerung der Entlastung anlässlich der Generalversammlung. Begleitet von einer offenen Aktionärsdiskussion über die beanstandete Politik, kann sie zumindest psychologisch Wirkung erzeugen. Sie stellt eine Warnung und zugleich eine Aufforderung an den Verwaltungsrat dar, seine Politik zu ändern, und zwingt ihn jedenfalls zu einer Stellungnahme. Darüber hinaus geht ihre Wirkung nicht, ausser dass sie den Verwaltungsrat verletzlich macht für eine Aktionärsklage, beispielsweise auf Rückerstattung ungerechtfertigter Leistungen, worunter auch exzessive Gehaltsbezüge fallen dürften. Ein Blick in die Vergangenheit zeigt, dass von dieser schon heute vorhandenen Möglichkeit einer Sanktion des Verwaltungs-

---

247 Hofstetter Karl, Moderne Spielregeln für die Aktionärsdemokratie, Artikel in NZZ Nr. 99, 29./30. April 2006.

rates durch Entzug des Aktionärsvertrauens kaum Gebrauch gemacht wird. Die bekannte Passivität der Publikumsaktionäre, die schwierige Überwindung der psychologischen Schwelle, im Vorfeld der Generalversammlung eine Diskussion zu entfachen und für eine Ablehnung der Entlastung Aktionärsstimmen zu mobilisieren, ist wohl auch hier dafür verantwortlich. Es ist allerdings denkbar, dass mit zunehmender Erstarkung der Schutz- und Service-Organisationen für Kleinaktionäre sowie der Bündelung der Interessen der institutionellen Investoren diese Modalität an Bedeutung gewinnt.

Wir müssen also feststellen, dass unter dem heute geltenden Recht die Aktionäre keine wirksame Waffe gegen eine unangemessene Entschädigungspolitik besitzen und der Anreiz, auf dieser Basis Initiative zu entfalten, aus den genannten Gründen zu schwach ist. So kommen wir zum unausweichlichen Schluss, dass eine effektive Stärkung der institutionellen Kontrolle im Bereich der Spitzenentschädigungen nur dann gewährleistet ist, wenn die Genehmigung der Entschädigungspolitik zu einem Geschäft der Generalversammlung gemacht wird. Die Voraussetzungen dafür, nämlich eine genügend detaillierte Information der Aktionäre vor der Generalversammlung über die Grundzüge der Entschädigungspolitik des Verwaltungsrates, sind durch die von den Börsenvorschriften geforderte Transparenz (Offenlegung der Entschädigungspolitik) und die obligationenrechtlichen Vorschriften über die Offenlegung der Spitzengehälter geschaffen worden.

Im Ausland ist die Frage, die Entschädigungspolitk der Kompetenz der Generalversammlung zuzuweisen, schon früh aufgenommen und teilweise gesetzlich geregelt worden, wobei hier wiederum der angloamerikanische Raum, wie bei der Corporate Governance, mit Lösungen hervorsticht. So verlangen die Kotierungsvorschriften in den USA und in Grossbritannien, dass eigenkapitalbezogene Entschädigungspläne («Equity-based compensation plans» und «Stock option plans») durch die Generalversammlung zu genehmigen sind, weil dadurch die wohlerworbenen Rechte der bisherigen Aktionäre durch Verwässerung (Dilution) bedroht sind. In Grossbritannien ist zudem im Rahmen des Combined Code im Jahre 2002 die obligatorische Vorlage der Entschädigungspolitik an der Generalversammlung eingeführt worden. Aufgrund des Rechenschaftsberichtes des Verwaltungsrates wird über Konzept und Prinzipien der Entschädigungspolitik im Bereich der Spitzenorgane abgestimmt. Diese Abstimmung hat indessen nur konsultativen Charakter und verpflichtet den Verwaltungsrat rechtlich nicht. Der Effekt der Abstimmung ist vielmehr psychologischer Natur: Eine Zustimmung gibt dem Verwaltungsrat Rückhalt, eine Ablehnung durch die Aktionäre entzieht ihm Vertrauen und Glaubwürdigkeit und zwingt ihn dazu, seine Entschädigungs-

237

politik zu überprüfen und gegebenenfalls zu ändern. Ignoriert er ein ablehnendes Verdikt der Generalversammlung, setzt er sich dem Risiko aus, bei nächster Gelegenheit abgewählt oder nicht mehr wiedergewählt zu werden. Diese Art von Konsultativabstimmung existiert auch in Australien. Weiter geht das Gesetz in den Niederlanden und in Schweden; auch dort wird der Generalversammlung die Kompetenz zur Genehmigung der Entschädigungspolitik des Verwaltungsrates zugewiesen, wobei das Ergebnis aber bindenden Charakter hat.

Wir sind überzeugt davon, dass solche Lösungen auch für die Schweiz notwendig sind. Zunächst geht es um die rechtliche Vorfrage, ob die Festsetzung der Spitzenentschädigungen, die implizite zu den «unentziehbaren und unübertragbaren Aufgaben» des Verwaltungsrates nach Art. 716a (1) OR gehört und Teil seiner Geschäftsführungskompetenz ist, auf die Generalversammlung übertragen werden kann. Diese Frage wurde von Watter/Maizar eingehend analysiert. Ihre Studie kommt zum Schluss, dass die Generalversammlung über Entschädigungspakete einzelner Mitglieder des Verwaltungsrates oder der Geschäftsleitung zwar eindeutig nicht bestimmen könne, aber kaum Zweifel darüber bestünden, dass sie kompetent sei, über die Prinzipien der Entschädigungspolitik zu entscheiden.[248] Dieser Unterscheidung ist schon aus praktischen Gründen beizupflichten; die Generalversammlung der Aktionäre verfügt nicht über die notwendigen Einsichten, Detailinformationen und Spezialkenntnisse, um kompetent über Entschädigungen an Einzelpersonen der Führung entscheiden zu können. Sie ist kein Leitungsorgan. Die Auffassung Watter/Maizar deckt sich mit derjenigen des Expertenberichts zur Teilrevision des Aktienrechtes, wonach es sich bei der Abstimmung über die Entschädigungsprinzipien nicht um einen Kompetenzentzug des Verwaltungsrates handelt, sondern vielmehr im Sinne einer heute fehlenden institutionalisierten Kontrolle die Generalversammlung in die Lage versetzt werden soll, zu der Entschädigungspolitik im Grundsatz wirkungsvoll Stellung nehmen zu können.[249] Dies erscheint uns zulässig, und die folgenden Ausführungen fussen auf dieser Überzeugung.[250]

---

248 Watter Rolf, Maizar Karim, a. a. O. S.37 ff.

249 Vgl. dazu auch: Meyer Shamali, Paritätsprinzip: Sollen die Eigentümer wirklich nicht das letzte Wort haben?, Universität Zürich, 2004.

250 Ein Initiativkomitee um den Kleinunternehmer Thomas Minder hat im Oktober 2006 eine Volksinitiative «gegen die Abzockerei» lanciert. Diese Initiative zielt in die richtige Richtung. Sie geht aber deshalb zu weit, weil sie die Kompetenzen des Verwaltungsrates in auch rechtlich unzulässiger Weise beschneidet, indem sie verlangt, dass die Generalversammlung das Entschädigungspaket des Managements bestimmt. Ziel muss es sein, an der Generalversammlung über das Gehaltssystem abzustimmen, das der Verwaltungsrat ihr vorlegt. Durch das Begehren, eine rein aktienrechtliche

Die Zuständigkeit der Generalversammlung in dieser Materie kann auf zwei Arten realisiert werden:

- Erstens über die Statuten: Diese können bestimmen, dass der Generalversammlung die Kompetenz übertragen wird, zur Entschädigungspolitik des Verwaltungsrates Stellung zu nehmen.
- Zweitens direkt durch das Gesetz, indem die Entschädigungspolitik den Aktionären als obligatorisches Traktandum der Generalversammlung zur Willensäusserung unterbreitet wird.

Zunächst zur ersten Modalität: Die Konzeptidee, durch Mehrheitsbeschluss der Aktionäre die Aufnahme einer Bestimmung in den Statuten zu ermöglichen, welche die Beschlussfassung über Grundsätze der Entschädigungspolitik und Optionspläne der Spitzenkader in die Kompetenz der Generalversammlung verweist, stammt aus dem Bericht der Expertenkommission für die Teilrevision des Aktienrechtes vom Jahr 2004.[251] Sie wird von der Vernehmlassungsvorlage des Bundesrates zur Revision des Aktienrechtes vom 2. Dezember 2005 als ausformulierter Vorschlag übernommen.[252] Zweifellos stellt sie einen Schritt in die richtige Richtung dar, genügt jedoch in keiner Weise. Es ist nämlich vorauszusehen, dass der fakultative Charakter dieser Modalität ihre Ausbreitung hemmen würde. Die Aufnahme einer solchen Statutenbestimmung würde zwar von den Verwaltungsräten nicht offen bekämpft, aber doch auch nicht freudig begrüsst, weil sie deren Kompetenzen beschneiden würde. Angesichts der Tatsache, dass die Aktionäre es schon bei den heute bestehenden Interventionsmöglichkeiten an Initiativen zur Sanktionierung übermässiger Entschädigungspraktiken fehlen lassen, ist abzusehen, dass nicht viel geschehen würde. Übrigens ist es nach Watter/Maizar schon unter dem heute geltenden Recht möglich, in den Statuten eine entsprechende Bestimmung einzufügen.[253] Das hat bis jetzt keine Schule gemacht.

Damit steht fest: Eine wirkliche Stärkung der institutionellen Kontrolle der Entschädigungspolitik des Verwaltungsrates ist nur dann gewährleistet,

Frage durch einen Verfassungszusatz zu regeln, verstösst die Initiative zudem gegen den Grundgehalt unserer freiheitlichen Ordnungspolitik. Ihre populistische Absicht ist evident.

251 Expertenbericht der Arbeitsgruppe «Corporate Governance» zur Teilrevision des Aktienrechtes, Schulthess 2004, S. 131 ff.

252 Art. 627 OR soll wie folgt ergänzt werden: «Zu ihrer Verbindlichkeit bedürfen der Aufnahme in die Statuten Bestimmungen über: 4. Zuständigkeiten der Generalversammlung betreffend die Festlegung der Bezüge der Mitglieder des Verwaltungsrates, der Geschäftsleitung und ihnen nahe stehender Personen sowie betreffend die Ausrichtung von Mitarbeiteroptionen.»

253 Watter Rolf, Maizar Karim, a. a. O.

wenn ein entsprechendes Traktandum für die Generalversammlung als obligatorisch erklärt wird. Abzustimmen wäre über die Entschädigungspolitik und das Entschädigungssystem, d. h. über die Fragen, wie die Entschädigungen bestimmt werden und aus welchen Teilen sie sich zusammensetzen, wie hoch die fixen und variablen Anteile sind und welche Kosten daraus entstehen. Der Verwaltungsrat hätte der Generalversammlung einen entsprechenden Bericht zu unterbreiten. Zu erwägen wäre auch, der Generalversammlung die Kompetenz über die globale Entschädigung des Verwaltungsrates zu geben, nachdem es sich dabei heute um ein In-sich-Geschäft handelt, das durch keine Kontrolle legitimiert wird. Für eine solche obligatorische Stellungnahme der Aktionäre sind zwei Modalitäten möglich: Entweder wird dieses Traktandum einer konsultativen oder einer verbindlichen Abstimmung unterstellt. Weil wir den Standpunkt vertreten, dass dem Prinzip der Selbstregulierung stets wieder eine Chance gegeben werden soll, und weil wir aus rechtlichen und praktischen Gründen einem Kompetenzentzug der Zuständigkeit des Verwaltungsrates für die Entschädigungspolitik eher ablehnend gegenüberstehen, sind wir der Meinung, dass der Alternative einer konsultativen Abstimmung (aber einem obligatorischen Generalversammlungstraktandum) der Vorzug gegeben werden sollte. Der Combined Code Grossbritanniens ist für uns in dieser Beziehung beispielhaft.

Durch die von uns vorgeschlagene Modalität eines obligatorischen Traktandums an der Generalversammlung wird den Regeln der Gewaltentrennung im Bereich der Spitzenentschädigungen Genüge getan und die Gehaltspolitik der Kontrolle des Aktionariates unterstellt. Dabei darf allerdings nicht übersehen werden, dass implizit durch die Generalversammlung auch Gehälter legitimiert werden können, die in den Augen der Öffentlichkeit als übersetzt gelten. Denn als Organ der Aktionäre, die als Primärberechtigte am Shareholder Value und als Primärgeschädigte bei unangemessenen Entschädigungen indirekt betroffen sind, ist sie die letzte und damit massgebende Instanz. Erklärt sich die Generalversammlung durch ein positives Votum explizit und mehrheitlich einverstanden mit der Entschädigungspolitik des Verwaltungsrates, so hat dies die Kraft einer auch gegen aussen wirksamen Legitimation. Kritik muss dann am Willen der Aktionäre abprallen. Dass diese Willensäusserung nicht durch Partikulärinteressen und (noch bestehende) gesetzliche Unzulänglichkeiten verzerrt werden darf, haben wir bereits dargestellt. Zudem vertrauen wir darauf, dass die Aktionäre bei ihrer Beurteilung der Salärpolitik auch gesellschaftliche und ethische Überlegungen zum Tragen bringen. Die Aktienmehrheit der grossen Publikumsgesellschaften liegt heute in der Regel, wie wir wissen, in den Händen von institutionellen Anlegern; diese sind aus verschiedenen Gründen am langfristigen Erfolg der Unternehmungen und damit an einer guten Corporate Governance interessiert, die sich bemüht, unternehmerische und sozial-ethische Reputation hochzuhalten und gesellschaftliche Schäden zu vermeiden.

12.13 Schlussfolgerungen

Exzesse in der Entschädigungspolitik kommen auch in der Schweiz immer wieder vor. Zwei einschränkende Bemerkungen gilt es hier zu beachten: Erstens kann als Vergleichsmassstab der Angemessenheit nicht die schweizerische Arena allein gelten; globale Unternehmungen – und davon hat die Schweiz doch einige – verlangen eine globale Perspektive auch in der Beurteilung der Entschädigungspolitik. Und zweitens sind die Fälle sehr hoher, aufsehenerregender Entschädigungen in der Schweiz in ihrer Anzahl doch eher bescheiden und beschränken sich in der Regel auf die SMI- oder SMIM-Gesellschaften, insbesondere die Banken. Das Problem sollte also nicht überbewertet werden.

Aber das Problem existiert. Es wird auch weiterhin Aktionäre, Verwaltungsräte, Politiker, Medien und Öffentlichkeit beschäftigen, ethische Bedenken auslösen und den Frieden zwischen den Sozialpartnern stören. Dies ist gut so: Unser liberales Wirtschaftssystem verlangt solche Auseinandersetzungen, soll es den Entwicklungen der Zivilgesellschaft folgen, gesellschaftliche Bedenken zur Diskussion stellen und soziale Spannungen entschärfen. Der Ruf nach einer Problemlösung dürfte aber in Zukunft an Stärke noch zunehmen. Wir teilen die Hoffnung von Christoph Blocher nicht, wonach mit der Realisierung der Teilrevision des Aktienrechts, so wie sie jetzt vorgeschlagen ist, die «unseligen Diskussionen über die Managerlöhne ein Ende nehmen».[254] Es braucht dazu noch weitere Korrekturen. Wir haben Lösungen skizziert, die geeignet sind, den heute noch ungebremsten Trend nach oben zu zügeln. Die kritische Diskussion, die nicht nur in der Schweiz, sondern auch im Kernland der Gehaltsexzesse, in den USA, heute im Gange ist, lässt Hoffnung aufkommen. Notwendig ist aber, dass sich die Primärberechtigten und Primärgeschädigten, nämlich die Aktionäre selbst, vermehrt gegen Exzesse wehren. Nur diese Kraft ist legitimiert, hier Grenzen zu setzen.

Da das Problem multiple Ursachen hat, verlangt eine Lösung aber auch multiple Massnahmen. Im Sinn einer Zusammenfassung seien sie nachstehend nochmals kurz aufgezählt:

---

254 Blocher Christoph, Rede am 36. ISC-Management-Symposium der Universität St. Gallen, 2006.

- Bei der Selektion der Mitglieder des Entschädigungsausschusses durch die Verwaltungsräte ist eine sehr viel grössere Sorgfalt und Professionalität notwendig. Charakterliche Eignung, Unbestechlichkeit und Unabhängigkeit sind hier wichtiger als blosses Fachwissen, Erfahrung und Karriere.
- Die Bewusstseinsbildung bei den Verwaltungsräten hinsichtlich der ethischen und sozialen Dimension der Gehaltsfrage ist zu fördern. Verhältnismässigkeit als normativer Wertmassstab muss vermehrt beachtet und bei der Gehaltsfindung berücksichtigt werden. Gehälter müssen vor ihrer Festsetzung durch den Gesamtverwaltungsrat eingehend und kritisch diskutiert werden. Gehaltsexzesse schädigen unser liberales Wirtschaftsmodell, beeinträchtigen die Motivation der Mitarbeitenden und die Sozialpartnerschaft und machen die autonomen Anstrengungen der Unternehmungen für Corporate Social Responsibility unglaubwürdig.
- Das heute bei grossen börsenkotierten Gesellschaften übliche Entschädigungsmodell mit extrem hohem variablen Anteil fördert Exzesse. Die Wirkung von Anreizsystemen durch sogenannte performanceabhängige Gehaltskomponenten, vor allem in Form von spekulativen Aktienoptionen, ist keineswegs erwiesen. Vermehrt sollte deshalb zu einem Modell mit hohem fixen Anteil, kombiniert mit einer echten Gewinnbeteiligung, die in langfristig gesperrten Aktien bestehen kann, zurückgekehrt werden.
- Der Dialog von Aktionärsvertretern mit den Führungsorganen im Vorfeld der Generalversammlungen ist nicht nur allgemein erwünscht, sondern ganz besonders in Fragen der Entschädigungspolitik. Dadurch wird gegenseitiges Verständnis gefördert und werden vielleicht auch rechtzeitig Korrekturen an einer übertriebenen Entschädigungspolitik ermöglicht. Die institutionellen Investoren haben hier eine wichtige Rolle zu spielen.
- Die Einführung einer institutionellen Kontrolle der Entschädigungspolitik des Verwaltungsrates durch die Generalversammlung ist unausweichlich. Sie ist die einzige Instanz, die eine Gehaltspolitik auch mit sehr hohen Gehältern des Managements nach innen und aussen legitimieren kann. Zu überlegen ist auch, ob der Generalversammlung die Kompetenz übertragen werden soll, über die globale Entschädigung des Verwaltungsrates zu entscheiden und damit das zweifelhafte und anstössige In-sich-Geschäft zu beenden. Der Willensäusserung der Aktionäre im Rahmen dieser obligatorischen Traktanden der Generalversammlung wäre der Charakter einer Konsultativabstimmung zu geben.

Wir sind überzeugt davon, dass durch die vorgeschlagenen Massnahmen viel von dem heute vorhandenen «Gift» aus der Diskussion um die Topsaläre entfernt werden könnte. Sollte die Praxis zeigen, dass diese Massnahmen zu einer Mässigung in der Gehaltspolitik nicht genügen, wäre eine Verschärfung nicht zu umgehen. Dann müsste der Abstimmung über die Gehaltspolitik für den Verwaltungsrat verbindlicher Charakter verliehen werden.

13. Sicherung der Qualität der finanziellen Berichterstattung und Risikoüberwachung

13.1 Der Prüfungsausschuss als unentbehrliches Fachgremium

Von den drei heute üblichen Ausschüssen des Verwaltungsrates ist der Prüfungsausschuss der älteste und auch der bekannteste. Dies ist leicht erklärbar. Schon früh stellte man fest, dass es dem Verwaltungsrat in grossen Unternehmungen an zwei wichtigen Ressourcen fehlen kann, die zur Überwachung und Steuerung der finanziellen Belange unverzichtbar sind: Fachkenntnisse im Rechnungs- und Finanzwesen sowie genügend Zeit zur Analyse und Diskussion der in einem Konzern komplizierten Rechnungslegung und Rechnungsabschlüsse. Diese Erkenntnis begann sich, wie so vieles im Bereich der Corporate Governance, zuerst in den USA abzuzeichnen. Bereits im Jahre 1977 wurde die Einrichtung eines Audit Committees von der New York Stock Exchange (NYSE) als «Listing Requirement» obligatorisch erklärt. Von der amerikanischen Business Community zunächst mit Skepsis aufgenommen – es war in dieser frühen Zeit für sie ein unüblicher Eingriff in ihre Gestaltungsfreiheit –, so bestätigte die «Treadway Commission» zehn Jahre später, dass der Prüfungsausschuss zu einem anerkannten Bestandteil der Corporate Governance geworden ist. In ihrem Bericht stellt sie 1987 fest: «Audit Committees play a crucial role in ensuring the integrity of US corporate financial reporting.»[255] Durch das amerikanische «Blue Ribbon Committee» wurden 1999 spezifische Grundsätze für die personellen Voraussetzungen, die detaillierten Aufgaben und die Arbeitsweise des Prüfungsausschusses erarbeitet.[256] Eine neue und folgenreiche Entwicklung löste der Enron-Skandal im Jahre 2000 aus. Er veranlasste den Gesetzgeber und die Regulierungsbehörden in den USA zu weitreichenden Massnahmen im Bereich der Überwachung und Vermeidung der finanziellen Unternehmungsrisiken, die 2002 im Sarbanes-Oxley Act – kurz SOX genannt – und in erweiterten Kotierungsrichtlinien der NYSE ihren Niederschlag gefunden haben. Darauf wird zurückzukommen sein.

---

255 Die «National Commission on Fraudulent Financial Reporting» (bekannt unter dem Namen «Treadway Commission») wurde in den USA 1985 gegründet und befasst sich u. a. mit Fragen der internen Kontrolle. Auf ihre Initiative hin entstand das «Committee of Sponsoring Organizations» (COSO), das Grundprinzipien für ein internes Kontrollsystem ausarbeiten liess, die jetzt unter dem Namen COSO bekannt sind.

256 Das «Blue Ribbon Committee» arbeitete zuhanden der SEC Empfehlungen betreffend der Arbeit des Audit Committee aus.

In der Schweiz ist ein Prüfungsausschuss auch für Publikumsgesellschaften bis heute kein gesetzliches Erfordernis. Doch die hohen Anforderungen bezüglich der Finanzkontrolle und Überwachung der Rechnungslegung, die den Gesamtverwaltungsrat fachlich und bezüglich des zeitlichen Aufwands überfordern können, machen es faktisch zu einer Notwendigkeit, über ein solches Spezialgremium zu verfügen. Dazu kommt der formelle Zwang, den der 2002 eingeführte Swiss Code als modernes «Soft Law» für gute Corporate Governance ausübt: Er empfiehlt kategorisch die Schaffung eines Prüfungsausschusses und gibt dazu Anhaltspunkte über dessen Zusammensetzung, Aufgaben und Arbeitsweise. Die neuen Offenlegungsvorschriften und die verschärfte Überwachung der Rechnungslegung durch die Börsenaufsicht wirken in die gleiche Richtung. Wie stark sich unter diesem konzentrischen Druck Prüfungsausschüsse in der Schweiz trotz Fehlen gesetzlicher Grundlagen durchgesetzt haben, geht aus einer kürzlichen Studie der Universität St. Gallen hervor, die zusammen mit der Revisionsfirma Ernst & Young erstellt wurde: Demnach verfügen heute 62 % der kotierten Schweizer Firmen (167 von insgesamt 270 Gesellschaften) über ein Audit Committee.[257] Es sind vor allem mittlere und kleinere Firmen, die noch nicht nachgezogen haben. Die Studie unterstreicht auch den Nutzen, welche die Führungsorgane dem Prüfungsausschuss zumessen: «Firmen mit einem Audit Committee haben in den letzten Jahren eher ein Standard-Testat[258] der externen Revision erhalten und sind seltener Gegenstand einer Untersuchung der Schweizer Börse SWX geworden als Firmen ohne einen solchen Ausschuss. Dies gilt umso mehr, je unabhängiger die Mitglieder des Audit Committee und je besser ihre ausgewiesenen Kenntnisse und Erfahrungen in Finanz- und Rechnungslegungsfragen sind.» Daraus lässt sich auch ableiten, dass die Anliegen der Aktionäre besser berücksichtigt werden, wenn ein Prüfungsausschuss besteht. Angesichts der hohen Bedeutung der Risikosicherheit für die Investoren wäre es zu rechtfertigen, einen Prüfungsausschuss im Rahmen des Kotierungsreglementes der SWX für obligatorisch zu erklären.

Wir charakterisieren den Prüfungsausschuss in erste Linie als Fachgremium. Die Rechnungslegung der Publikumsgesellschaften ist durch die stetige Weiterentwicklung und Verfeinerung der internationalen Regeln immer umfangreicher und komplexer geworden, getrieben einerseits durch die Konvergenzbemühungen der Steuerungsausschüsse der beiden international aner-

---

257 Audit & Advisory News, Publikation der Ernst & Young, Januar 2006.
258 Ein Standard-Testat ist ein Revisionsbericht, der keine negativen oder qualitätsmindernden Hinweise enthält.

kannten Rechnungslegungsvorschriften US GAAP und IFRS[259] und anderseits durch das Ziel, Fehlbewertungen keinen Raum zu lassen, Schlupflöcher für mögliche Manipulation von Zahlen zu schliessen und das Risiko von Bilanzfälschungen zu reduzieren. Damit ist die Rechnungslegung im Laufe der Zeit zu einer Art «Wissenschaft» geworden, die nur wenige vollständig verstehen. Sie verlangt von den Mitgliedern des Prüfungsausschusses einen besonders hohen Grad an Fachwissen und Facherfahrung. Amateure sind hier weder erwünscht noch geeignet. Professionalität ist erste Voraussetzung für effiziente und effektive Erfüllung ihrer Mission, die nicht zuletzt auch darin besteht, die Komplexität der Zahlen aufzulösen und für den Benutzer, die Aktionäre, Analysten und Finanzmarktstellen, lesbarer und verständlicher zu machen.[260] Fachkompetenz ist für den Prüfungsausschuss auch für seine Autorität gegenüber dem exekutiven Management ein «Must». Wie soll er sich beim CFO und CEO durchsetzen können, wenn die Rechnungslegungsvorschriften für ihn ein «Buch mit sieben Siegeln» bleiben?

Zur Charakteristik des Prüfungsausschusses gehört auch, dass er eher vergangenheits- und gegenwartsorientiert handelt. Es darf nicht vergessen werden, dass im Gegensatz dazu der Verwaltungsrat selbst zukunftsorientiert agieren muss. Seine Hauptaufgabe ist und bleibt die Strategie, die langfristig nach vorne schauen muss.

13.2 Eskalierende Aufgaben

Im Gegensatz zu den andern beiden Ausschüssen, die zuhanden des Gesamtverwaltungsrates im Bereich Ernennungen und Entschädigungen Führungsentscheide vorbereiten, ist der Prüfungsausschuss ein Kontroll- und Überwachungsorgan. Er informiert sich, untersucht, prüft und stellt fest.[261] Er

---

259 Für kotierte Gesellschaften ist heute weltweit entweder das in den USA praktizierte US GAAP (U. S. Generally Accepted Accounting Principles) oder das in der übrigen Welt bevorzugte IFRS (International Financial Reporting Standards, früher IAS) vorgeschrieben. Die Konvergenz der beiden Systeme ist bereits weit fortgeschritten und der Zeitpunkt einer Verschmelzung dürfte nicht mehr fern sein. Das schweizerische Regelwerk, Swiss GAAP FER, ist für Gesellschaften des Haupttableaus der SWX nicht mehr zugelassen und wird wohl mit der Zeit weiter an Bedeutung verlieren.

260 Vgl. dazu auch Rufer Fritz, Die Rechnungslegung im Bann des angelsächsischen Formalismus, NZZ Nr. 162, 15./16.07.06.

261 Nach Böckli (Schweizer Aktienrecht, 2004, S. 1554) «prüft» der Prüfungsausschuss nicht, er mischt sich auch nicht «in die Belange der internen Revision» ein. Diese Meinung teilen wir – aus betriebswirtschaftlicher Sicht – nicht. Die internationalen Auswirkungen des Sarbanes-Oxley Act und der neuen Listing Requirements der NYSE, so beispielsweise das neue Revisionsrecht der Schweiz, haben die Einschätzung dieser Frage geändert. Es ist Sache des Verwaltungsrates, auf-

ist ein Instrument der «Oberaufsicht», wie sie Art. 716a OR als unentziehbare und unübertragbare Kompetenz des Verwaltungsrates festlegt. Auf die knappste Formel gebracht besteht die Hauptaufgabe des Prüfungsausschusses darin, dafür zu sorgen, dass die Qualität des externen Finanzreportings stimmt. Drei Aufgaben machen den Kern seiner Mission aus. Sie werden im Swiss Code treffend zusammengefasst: «Der Prüfungsausschuss bildet sich ein eigenständiges Urteil über die externe Revision, das interne Kontrollsystem und den Jahresabschluss.»[262] Inhalt und Tragweite dieser Aufgaben werden nachstehend charakterisiert:

Der Prüfungsausschuss agiert als Bindeglied zwischen Verwaltungsrat und externer Revision. Aus seiner Überwachungsfunktion im Auftrag des Verwaltungsrates ist abzuleiten, dass er sich ein Urteil zu bilden hat über die Effizienz und Effektivität der Arbeit der externen Revision und deren einwandfreies Zusammenwirken mit der internen Revision und der Geschäftsleitung.

Gewichtiger ist unserer Auffassung nach seine Verantwortung für die materielle Richtigkeit des Konzernabschlusses. Er wird damit gegenüber den Aktionären zum Garant für die Qualität des Abschlusses im Sinne der «True and Fair View». Er hat sich also davon zu überzeugen, dass der zu veröffentlichende Rechnungsabschluss, bestehend aus konsolidierter Erfolgsrechnung, Bilanz, Geldflussrechnung, Veränderungsnachweis des Eigenkapitals und Erläuterungsanhang, aufgrund der internationalen Rechnungsstandards als «fair and true» gelten kann, also periodengerecht die tatsächliche Ertrags- und Vermögenslage nach sogenannten Fortführungswerten (im Sinn der Unternehmung als «Going Concern») wiedergibt, nachdem alle erkennbaren und vorausschaubaren Risiken in der Bewertung der Aktiven und Passiven berücksichtigt worden sind. Die Bedeutung der materiellen Richtigkeit des Konzernabschlusses ist enorm: Gestützt darauf berechnen sich der buchmässige Eigenkapitalwert pro Aktie sowie der Reingewinn der Aktie, beides wichtige, wenn auch nicht ausschliessliche Kriterien zur Beurteilung der «Gesundheit» einer Unternehmung, mit starker Ausstrahlung auf Höhe und Verlauf des Börsenkurses. Der Aktionär muss sich darauf verlassen können, dass diese Schlüsselwerte stimmen.[263] Seine Handlungsoptionen – Kaufen, Halten oder Verkaufen der Aktien – werden dadurch mitbestimmt.

---

grund seiner Organisationskompetenz der von Böckli befürchteten «Vermischung der Verantwortungsgrenzen gegenüber der Geschäftsleitung einerseits und den Revisoren andererseits» vorzubeugen.

262 SCBP 2002, Ziffer 24.

263 Im Gegensatz zum Konzernabschluss unterliegt der Holdingabschluss als Einzelabschluss ausschliesslich dem schweizerischen Rechnungslegungsrecht. Dieses lässt Unterbewertungen zu, so

Zu den Kernaufgaben des Prüfungsausschusses gehört drittens die Überwachung des Risikomanagements und der Compliance, beides wichtige Aufgaben des exekutiven Managements. Er hat sich davon zu überzeugen, dass ein internes Kontrollsystem (IKS), das die Identifikation und Kontrolle von operationellen und finanziellen Risiken erlaubt, existiert und wirksam funktioniert. Diese Aufgabe wurde – ausser bei den Banken – lange Zeit eher vernachlässigt, ist aber mit der globalisierungsbedingten Erhöhung der Risiken zunehmend wichtiger geworden. Vollends in den Mittelpunkt gerückt ist sie mit dem kürzlich revidierten Revisionsrecht, welches das IKS als Prüfgegenstand der externen Revision etabliert. Der neue Art. 663b OR verlangt zudem vom Verwaltungsrat ausdrücklich, im Anhang zum Rechnungsabschluss Angaben über die Durchführung einer Risikobeurteilung zu machen. Damit entsteht erhebliche neue und zusätzliche Arbeit und Verantwortung für den Prüfungsausschuss. Die überragende Bedeutung, die gutes Risk-Management für den Aktionär und insbesondere für den institutionellen Anleger hat, geht aus einer kürzlichen Studie der Revisionsfirma Ernst & Young hervor. 61 % der 137 befragten Grossinvestoren geben an, dass sie dann keine Anlage tätigen, wenn sie das Risk-Management einer Gesellschaft als ungenügend betrachten.[264]

Macht und Einfluss des Prüfungsausschusses sind in den letzten Jahren an Gewicht deutlich zugelegt. Das gleiche gilt für die externe Revision. Beide haben gegenüber der Geschäftsleitung an Durchsetzungskraft gewonnen und deren Ermessensspielraum im Bereich der Rechnungslegung und der Finanzen im Interesse der «True and Fair View» eingeengt. Ausgelöst wurde diese Veränderung durch neue Gesetze und Verordnungen im Bereich der Corporate Governance und Börsen, zunächst in den USA und anschliessend auch in der Schweiz.

13.3 Sarbanes-Oxley Act: eine neue Ära in der Finanz- und Risikoüberwachung

Unter dem Eindruck der vertrauensschädigenden Finanzskandale bei Enron und WorldCom hat der amerikanische Kongress Mitte 2002 im Schnellverfahren den Sarbanes-Oxley Act erlassen, mit dem Ziel einer Verbesserung der «Audit Effectiveness» und Wiederherstellung der Glaubwürdigkeit im Bereich der Rechnungslegung und der Abschlüsse von kotierten Gesellschaften. Mit dem gleichen Ziel erliess zeitgleich die New York Stock Exchange

---

dass aus dem Einzelabschluss nicht auf den Unternehmungswert nach «True and Fair View» geschlossen werden kann. Er ist aber ohnehin für die Investoren und Finanzmärkte nicht relevant.
264 Investors at Risk, Umfragebericht Ernst & Young 2006.

(NYSE) revidierte und erweiterte «Listing Standards». Wegen der grossen internationalen Ausstrahlung dieser beiden strengen Regelwerke – sie wurden in einer ersten Reaktion von der US-Wirtschaft als regulatorischer Overkill kritisiert – auf die Corporate Governance und die Revisionsbranche soll näher darauf eingegangen werden. Es sind insbesondere die folgenden Neuerungen, die den Kern der beiden Verordnungen ausmachen:

■ Die Anforderungen an die Unabhängigkeit und die Fachqualitäten der Mitglieder des Prüfungsausschusses werden erheblich verschärft. Er muss künftighin über ein Minimum von drei Mitgliedern verfügen. Diese müssen ausnahmslos «financially literate», d. h. im Rechnungs- und Finanzwesen erfahren sein. Mindestens ein Mitglied muss ein Finanzexperte sein (Diplom als Wirtschaftsprüfer, ehemaliger CFO oder ähnlich).

■ Der Prüfungsausschuss erhält eigene Entscheidungskompetenzen: Er ist allein zuständig für die Ernennung und Abberufung des externen Revisors und entscheidet über die Vergebung zusätzlicher Beratungsdienstleistungen an diesen. Er ist auch allein verantwortlich für die Überwachung (Oversight of the Work) des externen Revisors und für die Festsetzung von dessen Honorar (Compensation).

■ Das interne Kontrollsystem (IKS) als Instrument der Risikoidentifikation, des Risikomanagements und der Risikoüberwachung wird in seiner Bedeutung aufgewertet. Die in Section 404 des SOX zu diesem Zweck geforderten Massnahmen führten bei fast allen Gesellschaften zu einer kostspieligen und zeitaufwendigen Neukonzeption des IKS unter Beizug von externen Spezialisten – meist die international tätigen Revisionsfirmen –, wobei die Anwendung des sogenannten COSO-Konzeptes vorgeschrieben wird.[265] Der Prüfungsausschuss ist bei diesen IKS-«Sanierungsarbeiten» stark gefordert. Er bedient sich zur Bewältigung dieser neuen Aufgabe vermehrt der Internen Revision, dem obligatorisch vorgeschriebenen und ihm direkt unterstellten Kontrollinstrument. Das IKS muss alljährlich auf seine Wirksamkeit hin überprüft werden. Dabei geht es um die Identifikation von Mängeln und Schwachstellen (Significant Deficiency) und schwerwiegenden, wesentlichen Schwächen (Material Weakness). Als wesentlich gilt eine Schwachstelle, welche die «True and Fair View» in erheblichem Mass verfälschen könnte.

■ Der Prüfungsausschuss ist für die Einrichtung eines «Whistleblower»-Systems zuständig, das es den Mitarbeitenden auf allen Hierarchiestufen

---

265 Vgl. dazu Fussnote 255.

erlaubt, ethische Missstände in der Firma, wie beispielsweise Korruption, Veruntreuung (Fraud) oder ungerechte Behandlung zu melden. Bereits gibt es spezialisierte Dienstleistungsfirmen, die unter Geheimhaltung der Identität des «Verpfeifers» die Hinweise entgegennehmen und anonym an den Compliance Officer und den Prüfungsausschuss weiterleiten. Die bisherige Erfahrung zeigt, dass dieses System gut funktioniert und insbesondere auch zum Abbau von Spannungen im Personalbereich beiträgt.

■ Schliesslich werden die Revisionsfirmen, insbesondere die weltweit tätigen «Big Four»[266], der Kontrolle einer beruflichen Aufsichtsbehörde unterstellt, dem Public Company Accounting Oversight Board (PCAOB), deren Mitglieder vom SEC ernannt werden. Auch hier wurden die Vorschriften bezüglich Unabhängigkeit und Berufsqualifikation der Revisionsfirmen und ihrer Revisoren verschärft. So darf der externe Revisor neben der Abschlussprüfung ausser der Steuerberatung keine weiteren Dienstleistungen für Kunden erbringen, die mit seiner Mission unvereinbar sind, wie z. B. Strategieberatung. Der leitende Revisor muss alle fünf Jahre ersetzt werden, um der Kollusionsgefahr von Revisor und Kunde vorzubeugen.

13.4 Die Schweiz zieht nach: neue Pflichten im Bereich der Revision und Rechnungslegung

Die Diskussionen in den USA über eine strengere Regulierung der Aufsichtspflicht des Verwaltungsrates im Bereich Rechnungslegung und Finanzen haben nach dem Enron-Skandal auch die Exponenten der Schweizer Wirtschaft und die Börse zu einer rascheren Gangart veranlasst. Fast gleichzeitig mit der Inkraftsetzung des SOX wurden Mitte 2002 der Swiss Code als schweizerische Pionierleistung eines Selbstregulierungswerkes der Wirtschaft sowie die Richtlinie betreffend Informationen zur Corporate Governance (RLCC) der Börse SWX in Kraft gesetzt. In den Abschnitten «Internes Kontrollsystem, Umgang mit Risiken und Compliance» sowie «Prüfungsausschuss» umschreibt der Swiss Code klar und verständlich die Aufgaben dieses Ausschus-

---

266 Nach dem Untergang von Arthur Andersen, die an den Haftungsfolgen des Enron-Skandals zerbrach, gibt es heute noch vier weltweit tätige Revisionsgesellschaften (Reihenfolge nach Umsatz 2005): PricewaterhouseCoopers, Deloitte, Ernst & Young, KPMG. Eine weitere Revisionsfirma, BDO, die bisher vor allem lokal tätig und auf KMU spezialisiert ist, expandiert in raschem Tempo international, verfügt heute über 27 500 Mitarbeitende und wird sich bald als fünfte Kraft zu den «Big Four» gesellen. Im Gegensatz zu diesen ist sie eindeutig in Europa verwurzelt.

ses. Zweifellos hat diese Empfehlung die Einrichtung von Prüfungsausschüssen bei den grossen Publikumsgesellschaften beschleunigt.

Mit der von SOX geschaffenen amerikanischen Aufsichtsbehörde für Revisionsgesellschaften ist die Schweiz in Zugzwang geraten. Denn eine Reihe von Schweizer Gesellschaften sind doppelt kotiert: sowohl an der SWX als auch den US-Börsen. Damit unterliegen solche Gesellschaften bezüglich ihrer Revisionspflicht und den Anforderungen an den externen Revisor auch der amerikanischen Gesetzgebung, die so exterritoriale Wirkung entfaltet. Dieser Umstand wie auch die Notwendigkeit einer besseren Regelung und Kontrolle des Revisionswesens im Rahmen der Corporate Governance haben den Schweizer Gesetzgeber veranlasst, das Revisionsrecht neu zu gestalten. Es wird damit gerechnet, dass dieses 2007 in Kraft treten wird. Offensichtlich diente dabei der SOX in verschiedener Hinsicht als Richtlinie. Daraus ergeben sich wichtige Veränderungen, die der Arbeit des Verwaltungsrates und seines Prüfungsausschusses, wie in den USA, nun auch in der Schweiz eine erweiterte Dimension verleihen werden.

- Ähnlich der amerikanischen unabhängigen Revisionsaufsichtsbehörde (PCAOB) wird auch in der Schweiz eine solche staatliche Institution geschaffen. Ihre Kernaufgabe ist die Überwachung der Unabhängigkeit und professionellen Qualität der Revisionsfirmen und deren Mitarbeitern. Weiter soll sie mit den ausländischen Aufsichtsbehörden kooperieren, so insbesondere mit den USA und der EU.
- Der Prüfungsauftrag des externen Revisors wird erweitert. Künftig wird er im Prüfungsbericht zuhanden der Generalversammlung bestätigen müssen, dass ein internes Kontrollsystem (IKS) tatsächlich existiert. Zusätzlich zu dieser rein formellen Bestätigung muss er zuhanden des Verwaltungsrates in einem internen Bericht seine Beurteilung der Zweckmässigkeit und Wirksamkeit des IKS beurteilen. Er muss sich deshalb über die blosse Feststellung der Existenz eines IKS hinaus ein Bild über dessen Funktionsfähigkeit machen können.[267] Durch diese Disposition werden die Risikoidentifikation und das Risikomanagement implizit zu einer wichtigen Überwachungsaufgabe des Verwaltungsrates und mithin des Prüfungsausschusses. Damit diese Aufgabe erfüllt werden kann, muss das System einwandfrei dokumentiert sein.

---

267 Die Botschaft zum neuen Revisionsrecht behauptet zwar, die Prüfung des internen Kontrollsystems sei «keine neue Prüfaufgabe der Revisionsstelle», werde nun aber erstmals ausdrücklich im Gesetz erwähnt. Das erscheint uns eher als ein «Herunterspielen» der doch weitreichenden Wirkung der neuen Bestimmung.

- Die Anforderungen an die Qualifikation der Revisoren, die Publikumsgesellschaften prüfen, wird erhöht. Zudem muss der leitende Revisor wegen Kollusionsgefahr nach sieben Jahren ausgewechselt werden. Hier folgt die Schweiz nicht den USA, sondern der für die EU gültigen Regel. Entscheidend war dabei, dass die zeitraubende Einarbeitung und das Sammeln von Erfahrung wichtige Elemente für die Effektivität der Revisionsarbeit sind, die eine Ausdehnung der Zeitdauer für den Wechsel rechtfertigt. Nach einer «Cooling Period» von drei Jahren kann der leitende Revisor wiederum beim selben Kunden tätig werden.

Der Einbezug des IKS in den Prüfungsbereich der externen Revision wird zu zusätzlichen administrativen Kosten führen. Bestehende IKS-Systeme müssen überprüft und gegebenenfalls im Sinn eines Re-Engineerings angepasst werden. Nach unserer Auffassung wird sich dieser Aufwand in den meisten Fällen lohnen, weil damit die Gelegenheit verbunden ist, das Risikoprofil zu überprüfen, das Risikopotenzial neu abzuschätzen und das Risikomanagement entsprechend ganzheitlicher auszurichten. Es entspricht einer Tatsache, dass auch heute noch in vielen Gesellschaften die Risikoanalyse und damit auch der notwendige Schutz des Geschäftsvermögens eher stiefmütterlich behandelt werden. Die oft fehlende Dokumentation über das interne Kontrollsystem ist dafür symptomatisch.[268]

Schliesslich möchten wir noch darauf hinweisen, dass das Rechnungslegungsrecht im Rahmen der bevorstehenden Revision des Obligationenrechts umfassend modernisiert und internationalen Regeln im Hinblick auf eine «True and Fair View» angepasst werden wird. Die Regelwerke IFRS, US GAAP und Swiss GAAP FER werden damit für börsenkotierte Unternehmungen auch gesetzlich obligatorisch. Die Neuregelung soll im Übrigen steuerneutral erfolgen; am sogenannten Massgeblichkeitsprinzip wird deshalb festgehalten.

13.5 Weitreichende Konsequenzen der Neuerungen

Die Erweiterung der Überwachungspflichten des Verwaltungsrates im Bereich des Risikomanagements und der Compliance und die Veränderungen im Revisionsrecht haben weitreichende Konsequenzen für die Organe der Gesellschaft und insbesondere für den Prüfungsausschuss. Die bisher in den USA gemachten Erfahrungen lassen vermuten, dass vom neuen Revisionsrecht

---

268 Es wird damit gerechnet, dass das neue Revisionsrecht im Verlauf des Jahres 2007 in Kraft gesetzt werden wird.

ähnliche Konsequenzen in milderer Form auch in der Schweiz zu erwarten sind.

Erstens gewinnt die Revisionsbranche erheblich an Einfluss und Durchsetzungsvermögen. Der Machtzuwachs der externen Revision gegenüber den Führungsorganen der Unternehmung ist offensichtlich.[269] War es vor einigen Jahren noch möglich, bei unterschiedlichen Auffassungen zwischen Verwaltungsrat oder Management und externem Revisor etwa bei Bewertungsfragen eine einvernehmliche Kompromisslösung zu finden, so ist dies heute weit schwieriger geworden. Diese Konsequenz ist grundsätzlich zu begrüssen, weil solche Kompromisse die «True and Fair View» als Prüfungsziel infrage stellen können. Die in den USA seit der Einführung des SOX gemachten Erfahrungen deuten darauf hin, dass die gesteigerten Anforderungen an die fachliche Kompetenz und die verschärfte Haftung, die sich für die Führungsorgane der Gesellschaften wie auch für die Wirtschaftsprüfer daraus ergeben haben, Wirkung zeigen: Es wird gründlicher und gewissenhafter gearbeitet, aber auch vorsichtiger. Das hat zu tun damit, dass für Fehltritte der Führungsorgane und der Abschlussprüfer von SOX drakonische Strafmassnahmen angedroht werden. Der Risikoappetit der Unternehmungsführung ist dadurch etwas gezügelt worden. Dies hat sowohl positive als auch negative Auswirkungen. Positiv ist zu werten, dass ein verstärktes Risikobewusstsein die Führungsorgane davon abhalten kann, gewagte Projekte und Operationen auszulösen, deren Erfolgschancen mittelmässig bis schlecht oder unsicher sind. Eine höhere Stabilität und Nachhaltigkeit der Geschäftsentwicklung wird die Folge sein, was vor allem von den eher langfristig orientierten institutionellen Investoren geschätzt werden dürfte. Negativ ist zu werten, dass vielleicht auch einige innovative Projekte unterbleiben und unternehmerischer Wagemut, nicht selten Ursache zukünftiger Erfolge, nicht oder erst verzögert zum Zuge kommt. Wie man die möglichen Folgen auch immer einschätzt, so ist doch feststellbar, dass die Qualität der finanziellen Führung und der Rechnungsabschlüsse in den USA seit der Einführung von SOX erkennbar zugenommen hat. Ähnliche Erfahrungen sind auch in der Schweiz zu erwarten, wobei darauf hinzuweisen ist, dass Bilanzmanipulationen bei uns bisher relativ selten aufgetreten sind.

Zweitens haben Bedeutung und Einfluss des Prüfungsausschusses an Gewicht gewonnen. Man kann füglich auch hier von einem Machtzuwachs sprechen. Der Gestaltungsfreiraum des Managements, der schon seit der Einführung der internationalen Standards der Rechnungslegung enger geworden

---

269 Dies entspricht auch den Absichten des Gesetzgebers. In der Botschaft zur Gesetzesänderung heisst es: «Die Organstellung der Revisionsstelle wurde verstärkt, um ihr das Gewicht zu verleihen, das sie braucht, um sich den anderen Gesellschaftsorganen gegenüber durchzusetzen.»

ist, wird im Bereich des Geschäftsabschlusses weiter eingeschränkt, die Autorität des Verwaltungsrats bzw. seines Prüfungsausschusses damit gestärkt. Der SOX hat das Audit Committee, dem – im Gegensatz zur Schweiz – nun auch eigene Entscheidungskompetenzen zustehen, in den USA zu einer Art «Parallel-Verwaltungsrat» werden lassen, mit entsprechender Durchsetzungskraft gegenüber Geschäftsleitung und auch Verwaltungsrat. Dies ist im Hinblick auf erhöhte Qualität und Transparenz der Rechnungslegung eindeutig im Aktionärsinteresse. Die Neuerungen in der Schweiz dürften auch hier weniger weitgehende, aber ähnliche Auswirkungen zeitigen. Sie werden zweifellos im Swiss Code zu einer stärkeren Betonung der Risikoüberwachung und der Bedeutung des Kontrollumfeldes sowie zur Empfehlung führen, ein Whistleblowing-System einzurichten.

Eine dritte Konsequenz betrifft die Selektion und Qualifikation der Mitglieder des Prüfungsausschusses. Die Voraussetzung der «Financial Literacy» schränkt den Kreis der Mitglieder des Verwaltungsrates, die für diesen Ausschuss in Betracht kommen, beträchtlich ein. Neben ihrer Fachkenntnis muss auch ihre Unabhängigkeit im strengen Sinn[270] und, so fügen wir hinzu, ihre charakterliche Eignung und Integrität erwiesen sein. Besonders schwierig ist es geworden, einen geeigneten Vorsitzenden zu finden. Nach SOX kommt dafür nur ein Fachexperte – Wirtschaftsprüfer, ehemaliger CFO oder ähnlich erfahrene Personen – infrage. Unter dem Regime des neuen Revisionsrechts dürfte dies in Zukunft tendenziell auch für die Schweiz eine Voraussetzung werden. Angesichts der Eskalation der Aufgaben hat auch der Anspruch an den Zeitbedarf für den Prüfungsausschuss, besonders aber für dessen Vorsitzenden, enorm zugenommen. Ohne Übertreibung kann festgestellt werden, dass nur ein professionelles Verwaltungsratsmitglied in der Lage ist, den fachlichen und zeitlichen Anforderungen an den Vorsitz des Prüfungsausschusses einer grossen Publikumsgesellschaft zu genügen. Jakob Bär, ein Wirtschaftsprüfer, der zu einem hauptberuflich tätigen Verwaltungsrat mutierte, stellt dazu fest: «Der AC-Vorsitz eines regulierten, in den USA aktiven und global tätigen Unternehmens entspricht nach meiner Erfahrung im Normalfall einer Auslastung von 25 bis 35 %. Dieser Zeitaufwand ergibt sich zum einen aus der Summe der AC-Sitzungen und deren Vorbereitung. Hinzu kommen regelmässige Treffen mit den wichtigsten Schnittstellen wie zum Beispiel interner und externer Revision sowie die Teilnahme an Sitzungen bei wesentlichen Beteiligungen im Ausland.»[271] Aufgrund einer Umfrage bei 134 Mitgliedern von Prüfungsausschüs-

---

270 Zur Frage der Unabhängigkeit siehe Kapitel 8.4.
271 Bär Jakob, KPMG Audit Committee News, Ausgabe 12/2005.

sen kotierter und nicht kotierter Gesellschaften im Jahr 2005 stellt eine Revisionsfirma fest, dass «für Vorbereitung, Sitzungen und Weiterbildung im Normalfall 70 bis 100 Stunden pro Mandat zusätzlich zum Zeitaufwand für die ordentliche VR-Tätigkeit anfallen».[272] Dieser Zeitaufwand scheint uns an der unteren Grenze zu liegen. Er wird in Zukunft erheblich zunehmen.

Eine vierte Konsequenz ist die Eskalation der Prüfungskosten, die sich aus der Erweiterung und Vertiefung der Revisionspflicht ergibt. Hier liegen Erfahrungen mit SOX vor. Massiv zugenommen haben die Honorarkosten für die Wirtschaftsprüfung, die Kosten einer SOX-kompatiblen internen Revision und nicht zuletzt die Prämien der Haftpflichtversicherung für Verwaltungsrat und Management (sogenannte D&O-Versicherung). Die im ersten Jahr nach Inkraftsetzung des Gesetzes in den amerikanischen Publikumsgesellschaften notwendig gewordenen umfassenden Arbeiten zur Einrichtung zusätzlicher Kontrollinstrumente im Rechnungswesen und zur Behebung von Kontrollmängeln führten in einigen Fällen zu einer Verdoppelung der bisherigen Abschlusskosten. Inzwischen hat sich der Zusatzaufwand normalisiert und pendelt sich im Vergleich zur Vor-SOX-Ära – je nach Grösse und Risikoprofil der betroffenen Gesellschaft – bei jährlichen Mehrkosten von 25 bis 50 % ein. Auch in der Schweiz werden die Abschlusskosten zweifellos ansteigen, wenn auch in geringerem Masse, sofern die betreffenden Gesellschaften nicht in den USA kotiert sind. Ein Kostentreiber wird insbesondere die Überprüfung des internen Kontrollsystems sein, das durch das neue Revisionsrecht in den Mittelpunkt gerückt wird.

Die Frage stellt sich, ob der so verursachte administrative Zusatzaufwand sich lohnt. Die Diskussion dieser Frage ist in den USA heute noch in vollem Gange. Heftige Kritik wird vor allem an den Auflagen der Section 404, einem Kernbereich des SOX, geübt. Die sich daraus ergebenden Kosten werden insbesondere für kleine Publikumsgesellschaften als unverhältnismässig und prohibitiv empfunden. So ist es denkbar, dass einzelne Auflagen des SOX für bestimmte Unternehmungsgruppen je nach Grösse und Risikoprofil gemildert werden. Als Regelwerk für die finanzielle Verantwortung von Verwaltungsrat, Prüfungsausschuss, Geschäftsleitung und Revision wird SOX aber wohl bleiben. Das Rad lässt sich nicht mehr ganz zurückdrehen. Man wird sich daran gewöhnen: Lerneffekte, Routine und Systemvereinfachungen werden die Kosten mit der Zeit wieder senken. Die Kassandrarufe, viele Gesellschaften würden sich wegen SOX von der Börse verabschieden, sind jedenfalls verhallt.

---

272 Audit Committees in der Praxis, Publikation des Audit Committee Institute, KPMG Schweiz, 2006.

Kaum noch jemand spricht ernsthaft von Dekotierung. Nicht auszuschliessen ist allerdings, dass manche Neukotierung an den US-Börsen unterbleiben wird; London, Singapur und andere Finanzplätze haben wegen SOX an Attraktivität gewonnen[273]. Wir sind aufgrund der vorliegenden Erfahrungen geneigt, die Frage der Nützlichkeit von SOX trotz jährlichen Mehrkosten aus Aktionärssicht eher zu bejahen. Die Risikominderung ist offensichtlich, die Zuverlässigkeit der Abschlusszahlen wird verbessert und das Vertrauen der Anleger in die Unternehmungsführung und in das Wirtschaftssystem als Ganzes nimmt wieder zu. Die «True and Fair View» als massgebliches finanzielles Kriterium wird gestärkt, was den Aktionären nur recht sein kann.

13.6 Das Netzwerk des Prüfungsausschusses: der Dialog als Arbeitsmethode

Wie kein anderes Organ ist der Prüfungsausschuss zur Bewältigung seiner Aufgaben auf die Unterstützung interner und externer Stellen angewiesen. Durch die Neuerungen im Revisionswesen hat die Notwendigkeit einer engen professionellen Zusammenarbeit erheblich zugenommen. Seine Arbeit ist in hohem Masse fachtechnisch ausgerichtet und seine Mission, die Rechnungslegung, das interne Kontrollsystem, das Risikomanagement und die Compliance im Auftrag des Verwaltungsrates zu überwachen und zu überprüfen, verlangt den Zugriff auf zahlreiche Informationen. Will er dieser Mission gerecht werden, ist er auf einen ständigen und zeitweilig intensiven Dialog und Meinungsaustausch mit den folgenden fünf Stellen angewiesen:

- mit dem Chief Financial Officer (CFO)
- mit dem Chief Compliance Officer (CCO)
- mit der Internen Revision (IR)
- mit der Externen Revision (Konzernprüfer und Revisionsstelle für den Einzelabschluss)
- mit dem Chief Executive Officer (CEO)

Der Dialog mit allen fünf Stellen ist notwendig. Von ihnen erhält der Prüfungsausschuss relevante Teilinformationen, die er zu einem Gesamtbild der Finanz- und Risikolage zusammenfügen muss. Es sei hier der Vergleich mit einem Puzzle herangezogen: Ohne das Hinzufügen jedes einzelnen Teiles

---

273 Dass SOX dem amerikanischen Aktienmarkt massiv geschadet hat, geht daraus hervor, dass der Prozentanteil der amerikanischen Börsen an den weltweiten IPOs von 50 % im Jahr 2000 auf 5 % im Jahr 2006 abgenommen hat (Herald Tribune 5. Januar 2007).

bleibt das Gesamtbild lückenhaft. Es fehlt der Überblick. Unentdeckte Risiken und fehlerhafte Bewertungen wie auch kriminelle Handlungen sind dann nicht mehr auszuschliessen.

Die Notwendigkeit eines Dialogs mit dem Chief Financial Officer liegt auf der Hand. Ihm unterstehen Controlling und Treasury. Er ist für alle finanziellen Belange der Unternehmung zuständig, nimmt eine zentrale Stellung im Rahmen des Risikomanagements ein und ist zusammen mit dem CEO für die Erstellung der Konzernrechnung und für die ihr zugrunde liegenden Bewertungen verantwortlich. Er ist damit als Auskunftsperson der wichtigste interne Ansprech- und Diskussionspartner des Prüfungsausschusses. Seine Aufgabe ist es, dem Ausschuss den Rechnungsabschluss detailliert zu erläutern und die Bewertungen zu erklären und zu rechtfertigen. Er unterliegt auch einer periodischen Beurteilung seiner Kompetenz und Leadership-Qualitäten durch den Prüfungsausschuss.

Der Chief Compliance Officer (CCO), heute eine übliche Fachstelle in einer grossen Publikumsgesellschaft, ist verantwortlich für die Durchsetzung und Kontrolle der Einhaltung von Gesetzen, Statuten, Reglementen, Weisungen und ethischen Normen, die bei der Ausübung der Geschäftstätigkeit zu beachten sind.[274] Ihm ist auch die Administration des «Code of Ethics» oder «Code of Conduct» anvertraut, der heute in den USA obligatorisch und auch in der Schweiz im Rahmen der Corporate Governance üblich ist. Zudem betreut er die «Whistleblower»-Angelegenheiten. Der CCO, meistens ein Jurist und oft der Sekretär des Verwaltungsrates und interne Rechtsberater der Gesellschaft (Counsel), ist deshalb ein wichtiger Ansprechpartner des Prüfungsausschusses, dessen Aufgabe die Überwachung der Compliance einschliesst.

Die interne Revision ist das dem Prüfungsausschuss zur Verfügung stehende unternehmungseigene Überwachungsorgan, das von diesem zur Überprüfung der Organisation im finanziellen Bereich, des Internen Kontrollsystems und, damit zusammenhängend, der Wirksamkeit des Risikomanagements eingesetzt wird. Die interne Revision kann die ihr zugedachte, vom operativen Management getrennte Funktion als unabhängige Kontrollinstanz nur dann einwandfrei erfüllen, wenn sie direkt dem Prüfungsausschuss, dessen Vorsitzenden oder – im Falle einer Doppelspitze – dem Präsidenten des Verwaltungsrates unterstellt ist. Sie bedarf einer fachlich hoch qualifizierten Leitung, die offen und transparent agiert und kommuniziert und so das Ver-

---

274 Monika Roth sagt dazu: «Compliance ist kein Rechtskonzept, schliesst aber die Einhaltung des Rechts mit ein und geht darüber hinaus. Neue soziale und informelle Normen gestalten und prägen sie mit.» Roth Monika, To do the right things right. Compliance als Weiterentwicklung und Fortführung des Qualitätsmanagements, Zürich 2002.

trauen des CEO und der Geschäftsleitung erwirbt. Wir stellen aber fest, dass in der Praxis die interne Revision vielfach dem CEO oder dem CFO untersteht, was organisatorisch nicht korrekt ist, weil es der Gewaltentrennung widerspricht. Eine enge Zusammenarbeit mit der obersten Geschäftsleitung ist allerdings ein Erfordernis für gegenseitiges Vertrauen und für produktive und erfolgreiche Tätigkeit. In diesem Sinn hat sich die interne Revision in die Unternehmungsorganisation voll zu integrieren und darf dort keinesfalls ein Fremdkörper sein. Wir haben festgestellt, dass Geschäftsleitungen der internen Revision oft skeptisch oder geringschätzig gegenüberstehen, sie personell nur ungenügend oder mit professionell schwachen und «billigen» Leuten dotieren, meist in der Meinung, ihre eigene Controlling-Organisation genüge zur Abdeckung der Risiken.

Aufgrund unserer Erfahrungen können wir eine solche Auffassung nicht teilen. Derartige Geringschätzung schädigt zudem die Motivation der internen Revision, die so gewissermassen ihrer «Heimat» beraubt und zu einem «Schattendasein» verurteilt wird. Es muss sich deshalb die Überzeugung durchsetzen, dass nur hervorragende Revisoren mit entsprechender Qualifikation in der Lage sind, den Herausforderungen der internen Revision zu genügen. Es geht hier um die stetige Verbesserung des internen Kontrollsystems und des Risikomanagements, eine Aufgabe, für die sie dank ihres gezielten Fokus einen besonders grossen Beitrag leisten kann. In den USA haben die verschärften Anforderungen an das interne Kontrollsystem durch die SOX zu einer Aufwertung der internen Revision geführt, die dort für Publikumsgesellschaften obligatorisch erklärt wurde. Wir halten es deshalb für richtig, dass der Swiss Code in Ziff. 19 die Einrichtung einer internen Revision empfiehlt. Besteht sie nicht, ist es Sache des Verwaltungsrates und seines Prüfungsausschusses, die Geschäftsleitung von der Notwendigkeit dieser organisatorischen Massnahme zu überzeugen und eine adäquate interne Revision einzurichten.

Entscheidend für die Arbeit des Prüfungsausschusses und dessen Meinungsbildung in Fragen des Rechnungswesens ist eine enge Zusammenarbeit mit der externen Revision, deren Team üblicherweise vom «Leitenden Revisor» angeführt wird und deren Professionalität und Unabhängigkeit nach dem neuen schweizerischen Revisionsrecht hohen beruflichen Anforderungen gerecht werden muss. Sie gilt neben der Generalversammlung, von der sie gewählt wird, und dem Verwaltungsrat als drittes Organ der Gesellschaft. Sie ist allerdings kein Führungsorgan und trifft auch keine Entscheide. Ihre Kernfunktion ist die Prüfung der Buchführung und des Rechnungsabschlusses, weshalb ihre gesetzliche Funktionsbezeichnung auch «Konzernprüfer» (bezüglich der Konzernrechnung) und «Revisionsstelle» (bezüglich der Rechnung der Konzernholding als Einzelabschluss) lautet. Auf die Besonderheiten des Verhältnisses zwischen Prüfungsausschuss und externer Revision kommen wir im nächsten Kapitel zurück.

Es hat sich in den letzten Jahren herausgestellt, dass unseriöse Praktiken in der Rechnungslegung, insbesondere Versuche zur Manipulation und Schönung von finanziellen Ergebnissen, vor allem in jenen Unternehmungen selten sind, deren oberstes Management sich sichtbar für die Mitarbeitenden aller Stufen mit einwandfreiem ethisch-moralischen Verhalten identifiziert. Die Vorbildfunktion des Managements in diesem Bereich kann nicht genug unterstrichen werden. Ausdruck dafür ist nicht nur das Vorhandensein eines «Code of Ethics» oder «Code of Conduct», sondern auch das aktive Bemühen, die darin festgehaltenen ethischen Grundsätze konzernweit zu erklären und verständlich zu machen, insbesondere durch Aufklärungs- und Schulungsanlässe. Entscheidend ist aber das Verhalten des CEO selbst, der sich in seinen internen und externen Auftritten und Reden überzeugend und glaubwürdig für Ehrlichkeit, Integrität und Transparenz einsetzt. Man spricht in dieser Beziehung vom «Tone at the Top». Der Prüfungsausschuss hat sich davon zu überzeugen, dass dieser Ton stimmt und bei den Mitarbeitenden Widerhall findet. Diese Aufgabe ist wesentlicher Teil seiner Oberaufsicht über das Risikomanagement. Das COSO-Committee der Treadway Commission stellt dazu fest: «The effectiveness of enterprise risk management cannot rise above the integrity and ethical values of the people who create, administer and monitor entity activities at the top.»[275] Verwaltungsrat und Topmanagement sind hier in der Pflicht.

An den Sitzungen des Prüfungsausschusses sollten jeweils die interne und externe Revision neben den Mitgliedern der Geschäftsleitung anwesend sein. Die «Verzahnung» des Dialogs setzt dies voraus Es ist dabei üblich, dass in einem zweiten Teil der Sitzung die Geschäftsleitungsmitglieder und die interne Revision den Raum verlassen, damit ein direktes vertrauliches Gespräch zwischen dem Prüfungsausschuss und der externen Revision stattfinden kann. In der Regel geht es dabei um eine Bewertung der Professionalität und Glaubwürdigkeit der Geschäftsleitung im Finanzbereich und die Aufdeckung eventueller Unstimmigkeiten in der Zusammenarbeit der beteiligten Stellen. Auch dies ist Teil der Risikoidentifikation und -beurteilung durch den Ausschuss, denn Unstimmigkeiten deuten auf Risiko.

---

275 Lindborg Henry, Tone at the Top: Value-Added Auditing for Leadership, website SCM LLC, 2006.

13.7 Die externe Revision als unabhängiger Partner des Prüfungsausschusses

Der Prüfungsausschuss hat den gesetzlich verankerten Auftrag, sich über die Qualität der Arbeit der externen Revision und über deren Zusammenarbeit mit Geschäftsleitung und interner Revision ein Urteil zu bilden. Doch die Beziehung zwischen den beiden Gremien hat sich als Konsequenz der ständig steigenden Komplexität der Rechnungslegung, der Erweiterung der Aufgaben der Revision und der Verschärfung der Anforderungen an die Risikoüberwachung in ihrer Natur stark gewandelt: So ist die Revision heute nicht mehr nur ein vom Prüfungsausschuss überwachtes Gesellschaftsorgan, sondern gleichzeitig auch ein unbestechlicher Partner in der Bewältigung von dessen Aufgabe. Fachtechnisch braucht der Prüfungsausschuss die Unterstützung durch die Revision. Sie ist von einem «notwendigen Übel» – früher wollte man sich beim Rechnungsabschluss nicht dreinreden lassen – zum «notwendigen Partner»geworden. Ein intensiver Dialog zwischen den beiden Gremien ist die Folge. Umso wichtiger ist die Professionalität und Unabhängigkeit der externen Revision. Die neuen gesetzlichen Regelungen im Revisionswesen finden auch hier ihre Rechtfertigung.

Die Thematik des Dialogs mit dem Prüfungsausschuss ist vorgezeichnet durch den Prüfungsauftrag der externen Revision, der folgende Berichte und Bestätigungen verlangt:

- Bericht an die Generalversammlung mit der Feststellung, dass der Konzernabschluss dem Gesetz und den internationalen Rechnungslegungsstandards (IFRS oder US GAAP) entspricht sowie ein den tatsächlichen Verhältnissen entsprechendes Bild der Vermögens-, Ertrags- und Finanzlage (im Sinn der «True and Fair View») vermittelt. Ist dies der Fall, wird die Rechnung zur Genehmigung empfohlen.[276]
- Bericht an die Generalversammlung mit der Feststellung, dass Buchführung und Jahresabschluss der Holding sowie der Antrag über die Verwendung des Bilanzgewinnes Gesetz und Statuten entspricht. Ist dies der Fall, wird die Rechnung zur Genehmigung empfohlen.
- Bestätigung an die Generalversammlung, dass ein Internes Kontrollsystem (IKS) existiert.

---

276 Dieser Inhalt des Berichts entspricht dem sogenannten Standard-Testat. Wenn eine Einschränkung, ein Hinweis oder ein anderer Zusatz zum Standard-Inhalt hinzugefügt werden, so bedeutet dies eine Qualitätsminderung des geprüften Abschlusses, der bis zur Empfehlung der Revision an die Generalversammlung zur Nichtgenehmigung der Rechnung führen kann.

■ Erläuterungsbericht an den Verwaltungsrat über die Rechnungsabschlüsse mit Hinweis auf wahrgenommene Stärken und Schwächen. Künftig wird dieser durch einen Bericht über die Funktionsfähigkeit und Wirksamkeit des IKS ergänzt.

■ «Management Letter» an die Geschäftsleitung mit Angaben über Schwachstellen in der Rechnungslegung und mit allfälligen Vorschlägen für ihre Verbesserung. Dieser Bericht ist, ergänzt mit der Stellungnahme der Geschäftsleitung, auch dem Verwaltungsrat zu unterbreiten.

Aus diesen Pflichten der externen Revision ergeben sich die spezifischen Gesprächsthemen der externen Revision mit dem Prüfungsausschuss:

■ Eingehende mündliche Diskussion über die Rechnungslegung bezüglich Organisation, Systematik und Qualität. Im Vordergrund stehen dabei Bewertungsfragen. Aufgedeckte oder vermutete Bewertungsmängel müssen daraufhin untersucht werden, ob sie «material», d. h. «wesentlich» sind und damit die «True and Fair View» deutlich verwässern könnten. Weitere wichtige Themen sind Rückstellungen und Abschreibungen, deren Berechtigung nach den internationalen Regeln zu hinterfragen sind, korrekte «Revenue Recognition», um eine künstliche Aufblähung des Umsatzes zu vermeiden, und insbesondere «Impairment»-Prüfungen, die feststellen sollen, ob der Goodwill, der in gewissen Unternehmungen mit starker M&A-Aktivität einen besonders hohen Anteil an den Aktiven erreichen kann, nicht überbewertet ist.

■ Meinungsaustausch über die Zweckmässigkeit und Wirksamkeit des IKS, der Risikoerkennung und des Risikomanagements. Dieser Dialog dürfte in Zukunft einen höheren Stellenwert erhalten. Folgende Risiken gilt es zu beurteilen: strategische Risiken, die im Rahmen des Gesamtverwaltungsrates zu besprechen sind, sowie operationelle und finanzielle Risiken, bei deren Besprechung die interne Revision anwesend sein sollte. Die «Mitigation of Risk» als Ziel des IKS ist mit Aufwand verbunden. Hier ergeben sich Grenzen, die durch einen Kosten-Nutzen-Vergleich abzuklären sind.

■ Notwendig ist auch die periodische fachliche Orientierung des Prüfungsausschusses durch die externe Revision über Neuerungen in den internationalen Rechnungsstandards. Dies ist heute eine anerkannte Aufgabe der Revision und Thematik von Sondersitzungen zur Weiterbildung des Prüfungsausschusses.

Die Rolle der externen Revision wird von der Öffentlichkeit oft missverstanden. Sie sieht häufig in einem «sauberen» Revisionsbericht, der keine negativen Aussagen enthält, ein Gütesiegel nicht nur für den Jahresabschluss, sondern auch für die geprüfte Unternehmung als solche. Doch die Aufgabe der Revision kann es nicht sein, der Unternehmung Wettbewerbsfähigkeit oder die Überlebensfähigkeit zu attestieren. Ihr Prüfungsgegenstand ist nicht die Geschäftsführung oder die Strategie der Unternehmung, sondern lediglich die Ordnungsmässigkeit der Rechnungslegung und der Abschlüsse. Diese selbst sind in ihrer materiellen Dimension Aufgabe und ungeteilte Verantwortung des Verwaltungsrates. Aus dieser offensichtlichen Verwechslung der Verantwortlichkeiten ergibt sich ein Phänomen, das die Revisionsbranche als «Expectation Gap» (Erwartungslücke) bezeichnet. Schon vor Jahren ist sie dazu übergegangen, die tatsächliche, auch gesetzlich gewollte Bedeutung des Revisionsberichtes zu unterstreichen, indem sie in ihrem Testat den Satz aufgenommen hat: «Für die Jahresrechnung ist der Verwaltungsrat verantwortlich, während unsere Aufgabe darin besteht, diese zu prüfen und zu beurteilen.» Ein Revisionsbericht, der keine negativen Bemerkungen enthält, ist mithin keine Garantie für die Gesundheit einer Unternehmung und schützt auch nicht vor Krisen. Die Aktionäre tun deshalb gut daran, die Abschlusszahlen und den Lagebericht gründlich zu studieren und sich eine eigene Meinung zu bilden. Ihre Garanten für die materielle Richtigkeit der finanziellen Berichterstattung sind letztlich der Verwaltungsrat und sein Prüfungsausschuss. Ausserhalb dieser Frage der Verantwortlichkeit nährt allerdings ein «sauberer» Revisionsbericht beim Aktionär die Vermutung, dass die Gesellschaft finanziell gut geführt ist.

14. Transparenz als Voraussetzung handlungsfähiger Aktionäre

14.1 Information – ein Grundrecht der Aktionäre

Die Aktionäre als Principals und kollektive Eigentümer von börsenkotierten Unternehmungen haben ein eminentes Interesse daran, über Geschäftslage und Geschäftsaussichten möglichst permanent im Bilde zu sein. Es handelt sich hierbei um ein Grundrecht, das nach unserer Auffassung ebenso wichtig ist wie die Vermögens- und Stimmrechte. Der seinerzeitige Expertenbericht zur Teilrevision des Aktienrechts aus dem Jahre 2004 bestätigt denn auch diese Meinung, wenn er festhält, dass «eine wirksame Ausübung der Aktionärsrechte davon abhängt, dass dem Aktionär eine hinreichende und rechtzeitige Information geboten wird. Nur ein informierter Aktionär ist auch ein handlungsfähiger Aktionär».[277]

Diese an sich banale Erkenntnis hat in den letzten Jahren enorm an Bedeutung zugenommen. Man kann hier von einem Paradigmenwechsel sprechen, ausgelöst durch die Transparenzansprüche einer guten Corporate Governance und die gewachsenen Bedürfnisse der modernen Informationsgesellschaft. Das US-Recht wie auch das neue Europarecht im Kapitalmarktbereich sind heute von der «Disclosure Philosophy» geprägt, die dem Anleger eine optimale Informationslage sichern und die Möglichkeit einräumen will, rationale Anlageentscheide zu treffen.[278] Hinzu kommt der Wandel im Aktionariat der Publikumsgesellschaften, das heute von den institutionellen Investoren dominiert wird. Deren Informationsbedürfnis ist wegen des Gewichtes ihrer Investition und den finanziellen Folgen einer Fehleinschätzung des Entwicklungspotenzials ihrer Anlageobjekte weit grösser als dasjenige der Kleinaktionäre. Aus all diesen Gründen wird von den Publikumsgesellschaften eine aktive Informationspolitik erwartet. Eine früher nie für möglich gehaltene Offenlegung von bisher als hochsensitiv erachteten Daten sind in den letzten paar Jahren durch Gesetz und Börsenvorschriften eingeführt worden. Hingewiesen sei in diesem Zusammenhang auf die im Jahre 2002 eingeführte «Richtlinie betreffend Informationen zur Corporate Governance» (RLCG) der SWX sowie das Bundesgesetz vom 7. Oktober 2005 über «Transparenz betref-

---

277 Expertenbericht der Arbeitsgruppe «Corporate Governance» zur Teilrevision des Aktienrechts, Schulthess Verlag 2004, S. 76.

278 Vgl. dazu: Zetsche Dirk, Aktionärsinformationen in der börsenkotierten Aktiengesellschaft, Heinrich-Heine-Universität, Diss. Düsseldorf 2004.

fend Vergütungen an Mitglieder des Verwaltungsrates und der Geschäftsleitung»[279]. Diese bahnbrechenden Neuerungen, die für die Aktionärsinformation von grosser Relevanz sind, wurden gegen einigen Widerstand der Wirtschaft durchgesetzt, nicht zuletzt dank erheblichem Druck der Öffentlichkeit und der Politik sowie gefördert vom Vorbild der USA, die bezüglich Corporate Governance weiterhin den Ton angeben.

Der Schwerpunkt der Aktionärsinformation liegt allerdings nach geltendem Recht weiterhin bei der Generalversammlung, in deren Vorfeld den Aktionären der Geschäftsbericht zugestellt wird. Dieser ist wegen den im Laufe der letzten Jahre eingeführten verschärften Transparenzvorschriften der Börse und des Gesetzgebers zur geradezu gigantischen Dokumentation angeschwollen. So umfasst beispielsweise die Jahresberichterstattung der UBS für 2005 einen Jahresbericht von 52 Seiten, einen Finanzbericht von 246 Seiten und ein Handbuch von 162 Seiten, das Vergleichsdaten mit den Vorjahreszahlen und eine Beschreibung der verfolgten Ziele, Strategien und Politiken umfasst. Ein anderes Beispiel ist Holcim. Ihr Geschäftsbericht 2005 umfasst 160 Seiten. Er gehört nach unserer Auffassung bezüglich Substanz, Systematik und Übersichtlichkeit zu den besten Berichten schweizerischer Grosskonzerne. Trotz seines Umfanges enthält er keine überflüssigen Daten und Zahlen. Diese beiden Beispiele sind vorbildlich und Informationsquellen par excellence. Es wird aber nur den institutionellen Aktionären, die über einen eigenen qualifizierten Analystenstab verfügen, möglich sein, diese umfassenden Informationen gründlich zu verarbeiten und zu interpretieren. Der «Durchschnittsaktionär» – wir bezeichnen damit einen Anleger, der in Finanzfragen nicht besonders ausgebildet ist – bedarf dazu externer Hilfen. Es sind die Wirtschaftsmedien, die Analystenberichte der Banken und der Aktionärsschutzorganisationen, die es ihm gestatten, sich im Hinblick auf die Traktanden der Generalversammlung eine informierte Meinung zu bilden und so seinen Stimmentscheid vorzubereiten. Eine Kritik an dieser Informationsflut ist fehl am Platz: Die Aktionäre wollten und wollen es so. Trotzdem sind wir der Meinung, dass nun zwar kein Optimum, aber ein Maximum erreicht ist.

Dem Bedürfnis des «Durchschnittsaktionärs» kommt aber eine Institution entgegen, die es ihm trotz der Überfülle der Informationen im Geschäftsbericht erlaubt, sich rasch einen Überblick über Geschäftslage und Aussichten seiner Gesellschaft zu verschaffen: der sogenannte Lagebericht (früher Jahresbericht genannt), der als Kernelement des umfassenderen Geschäftsberichtes

---

279 Dieses weitergehende Bundesgesetz (Art. 663b bis und Art. 663c Abs. 3 OR) ersetzt die entsprechenden Bestimmungen der RLCG der Börse SWX.

gesetzlich vorgeschrieben wird. Er ist im Zusammenhang mit dem Rechnungsabschluss zu sehen und bildet einen Teil des Anhangs, indem er die Zahlen verbal erläutert. Der Lagebericht «muss insbesondere Aussagen zur Bestellungs- und Auftragslage, über die Forschungs- und Entwicklungtätigkeit, den Stand und die Entwicklung wichtiger Sparten, ausserordentliche Ereignisse sowie die Zukunftsaussichten enthalten».[280]

Es ist bezeichnend, dass das Konzept des Lageberichtes, als Erläuterung und Zusatz zu den Jahresabschlusszahlen, aus den USA, dem Ursprungsland der Corporate Governance, stammt. 1980 schrieb die amerikanische Börsenaufsichtsbehörde SEC erstmals die Erstattung eines Lageberichts als Ergänzung zu den Abschlusszahlen vor, dort «Management Discussion and Analysis» (MD&A) genannt. Auch Grossbritannien hat im Jahr 2005 dieses Konzept übernommen und verlangt eine «Operating and Financial Review» (OFR) in der Jahresberichterstattung. In Deutschland hat der Standardisierungsrat kürzlich die Norm DRS 15 herausgegeben; sie enthält Grundsätze zur Lageberichterstattung im Konzern und gibt Hinweise darauf, wie die gesetzlich verlangte Analyse der Geschäftstätigkeit und Lage des Konzerns zu gestalten sei. Schliesslich befasst sich auch die Kommission, welche die Rechnungslegungsgrundsätze IFRS festlegt und weiterentwickelt, mit dem Inhalt des «Management Commentary» (MC), wie dort der Lagebericht genannt wird. Dieser soll auf drei Ziele ausgerichtet sein: Ergänzung und Erläuterung des Jahresabschlusses, Unternehmungsanalyse aus der Sicht des Managements und Zukunftsorientierung. Sechs Kriterien sollen dabei eine angemessene Berichterstattung gewährleisten: Verständlichkeit, Nachvollziehbarkeit, Relevanz, Ausgewogenheit, Verlässlichkeit und Vergleichbarkeit.

Das gesetzlich verankerte Erfordernis einer spezifischen Lageberichterstattung durch die Unternehmungsführung als Anhang zum Jahresabschluss betrachten wir als eine geeignete Methode, um auch dem Durchschnittsaktionär, der sich im Dickicht eines umfangreichen Geschäftsberichtes verfängt, den Durchblick auf das Wesentliche zu gestatten. Da er prospektive, in die Zukunft gerichtete Aussagen enthalten muss, dient er dem Aktionär auch bei der längerfristigen Beurteilung seiner Investition.

Bestehen trotz des umfangreichen Geschäftsberichtes noch Unklarheiten, so kann der Aktionär anlässlich der Generalversammlung mündlich um Aufklärung bitten. In der Praxis stösst dieses mündliche Informationsrecht aber an natürliche Grenzen: Die Scheu, sich mit vielleicht banalen, vielleicht allzu

---

280 Vorentwurf zur Revision des Aktienrechtes, S. 109 des Begleitberichtes, und Art. 961b Abs. 2 des VE.

komplizierten Fragen der Aufmerksamkeit eines grossen Publikums auszusetzen sowie die Zeitlimite pro Frage, die der Präsident der Generalversammlung verfügen kann, verhindern meist eine aufschlussreiche und die Anwesenden interessierende Diskussion.

Zusätzlich zur jährlichen umfassenden Information durch Geschäftsbericht und Generalversammlung müssen börsenkotierte Firmen einen (nicht geprüften) Halbjahresbericht mit einem kurzen Lagebericht veröffentlichen. Die Möglichkeit des Nachfragens ist dabei nicht gegeben. Auch hier sind es wiederum die Kommentare von institutionellen Investoren, Analysten und Wirtschaftsmedien, die dem Durchschnittsaktionär zusätzliche Informationen liefern können. Der Zugang dieser Spezialisten und Finanzmarktplayers zu Medienveranstaltungen, Road Shows und Telefonkonferenzen der berichterstattenden Publikumsgesellschaften geben diesen einen erweiterten Einblick in die Geschäftslage.

Schliesslich publizieren die grossen und meist global tätigen Gesellschaften Quartalsberichte, deren Zweckmässigkeit und Notwendigkeit jedoch umstritten ist. Mit dieser Problematik beschäftigt sich der nächste Abschnitt.

14.2 Die Kontroverse um die Quartalsberichterstattung

Wir haben festgehalten, dass nach unserer Auffassung nicht eine generelle, sondern eine regelmässige, periodengerechte und systematische Berichterstattung, welche die Aktionäre zwischenzeitlich permanent über die Unternehmungsentwicklung auf dem Laufenden hält, zu den Aktionärsgrundrechten gehört. Dieser Meinung ist auch der Swiss Code, wenn er im Abschnitt 8 sagt: «Der Verwaltungsrat orientiert die Aktionäre auch während des Geschäftsjahres über die Entwicklung der Gesellschaft», ohne allerdings zu präzisieren, mit welchen Mitteln dies geschehen soll. Und dieser Standpunkt prägt auch unsere Meinung bezüglich Zweckmässigkeit und Notwendigkeit der Quartalsberichterstattung. Durch die obligatorische Halbjahresberichterstattung und die Ad-hoc-Publizität, die bei sogenannten «kursrelevanten» Ereignissen Platz greift, werden Quartalsberichte keineswegs überflüssig gemacht. Auch das vorgesehene permanente Auskunftsrecht der Aktionäre, auf das wir noch eingehen werden, würde sie nicht ersetzen, handelt es sich doch in diesem Fall um punktuelle Fragen, deren Antwort erst anlässlich der Generalversammlung allen Aktionären zugänglich ist.

Bis ein gewöhnlicher Aktionär von der Unternehmung mit regelmässigen und systematischen Informationen über den Geschäftsgang versorgt wird, verstreichen heute sechs Monate. Diesen Zeitraum erachten wir für einen interessierten Anleger, der durch ein solches Informationsvakuum in seiner Einschätzung der Unternehmungsentwicklung und damit auch in der Ausübung seiner Handlungsoptionen behindert wird, als zu lang, ja sogar als unzumutbar. Für die Finanzmärkte, deren gutes Funktionieren von aktuellen und regelmässigen Informationen abhängt, erscheinen Quartalsberichte als unverzichtbar. Deshalb sind diese in den USA wie auch in Deutschland für Firmen des Börsen-Hauptsegmentes obligatorisch.

Gegen vollständige Quartalsberichte mit Gewinnausweis werden hauptsächlich drei Einwände gemacht: Sie seien eine zu grosse zeitliche und administrative Belastung für die Führungsorgane der Unternehmung; zweitens wird behauptet, sie würden der Kurzfristigkeit im Denken und Handeln dieser Organe wie auch bei gewissen Anlegertypen Vorschub leisten und deshalb der Nachhaltigkeit der Geschäftsentwicklung schaden; und schliesslich, sie seien aufgrund ihres kurzen Berichtzeitraums und der oft vorhandenen Saisonalität im Umsatz nicht aussagefähig und führten deshalb zu falschen Schlussfolgerungen. Diese drei Argumente wollen wir nachstehend näher betrachten.

Die Relevanz des ersten Einwandes ist abhängig von Umfang und Inhalt des geforderten Quartalberichtes. Wir sind der Meinung, dass die Publikation eines vollständigen konsolidierten Abschlusses, wie er für den Halbjahresbericht verlangt wird, nicht unbedingt notwendig ist. Stattdessen kann sich dieser durchaus auf wenige richtungsweisende Daten und einen qualitativen Zwischenbericht über die Geschäftsentwicklung und die weiteren Aussichten beschränken. An Zahlenmaterial sollte ein Quartalsbericht im Minimum den Umsatz und den Auftragsbestand enthalten. Dies gestattet dem Aktionär im Rückgriff auf die Zahlen des gleichen Vorjahresquartals, sich eine Meinung zu bilden über die Entwicklungsrichtung der Geschäfte. Ein solcher Quartalsbericht ist wenig aufwendig, weil sich Verwaltungsrat und Management in ihren mindestens einmal pro Quartal stattfindenden Sitzungen ohnehin eingehend mit der fortlaufenden Entwicklung der Unternehmung und den Quartalsresultaten im Detail auseinandersetzen müssen und damit über den notwendigen Input für den Zwischenbericht verfügen. Viele globale Unternehmungen, die in der Regel über ein straffes Rechnungslegungssystem und effizientes MIS verfügen, veröffentlichen daher auch ohne gesetzliche Verpflichtung vollständige Quartalsabschlüsse (sogenannte «interimistische» Abschlüsse, die späteren Korrekturen unterliegen). Dies belegt, dass eine Quartalsberichterstattung in der erwähnten reduzierten Form keine besonderen Anforderungen an die Ressourcen der Führungsorgane stellt.

Gewichtiger als das Aufwandargument ist der Einwand, dass durch Quartalsberichte das kurzfristige Denken im Management – und auch bei gewissen

Anlegerkategorien – gefördert werde, was zu einer bewussten oder unbewussten Vernachlässigung langfristiger Unternehmungsziele und nachhaltiger Entwicklungen Anlass geben könne. Damit verbunden, heisst es, sei auch die Gefahr der Gewinnmanipulierung durch das Management. Diese Argumente sind auf den ersten Blick einleuchtend, einer näheren Überprüfung halten sie aber nicht stand. Was das Risiko von Gewinnmanipulierungen anbetrifft, so lässt sich dies durch eine geeignete Entschädigungspolitik vermeiden. In diesem Zusammenhang haben wir immer wieder für die Langfristigkeit von eigenkapitalbezogenen Entlöhnungssystemen und eher für Aktien anstelle von Aktienoptionen plädiert. Dadurch wird die Versuchung zur Manipulation minimiert. Und was kurzfristiges Denken im Management anbetrifft, so sollte man Einsicht und Kompetenz einer verantwortungsvollen Führungsequipe, die zudem das Regelwerk der Corporate Governance kennt, nicht unterschätzen. Die Optimierung der Entscheide im Hinblick auf den langfristigen Unternehmungserfolg ist fester Bestandteil der heutigen Managementphilosophie. Nur wenn der Verwaltungsrat seine Pflicht zur klaren Strategievorgabe an das Management und seine Überwachungsaufgabe vernachlässigt, kann sich Kurzfristdenken breitmachen. Mit Recht sagte Axel Nawrath der Deutschen Börse bei der Kommentierung des Obligatoriums für die Quartalsberichterstattung: «Kurzfristigkeit in der Unternehmungsstrategie lässt sich nicht durch die Häufigkeit der Berichterstattung entschuldigen. Sie ist vielmehr ein Fehler des Managements. Anleger können die Bedeutung von Quartalsberichten durchaus richtig einschätzen.»[281]

Das dritte Argument gegen die Quartalsberichterstattung bezieht sich auf seine angeblich mangelnde Aussagefähigkeit. Man betrachtet wegen der oft auftretenden saisonalen Schwankungen und andern Sondereinflüssen in der Umsatz- und Gewinnentwicklung die Zeitspanne von drei Monaten als zu kurz, um valable Schlüsse über die herrschende Geschäftslage und die Aussichten zu ziehen. Bezogen auf das erste Quartal mag dieser Einwand noch als plausibel erscheinen. Im dritten Quartal des Geschäftsjahres verliert er jedoch bereits an Überzeugungskraft. Und er fällt vollends dahin, wenn auf die Publikation von Gewinnzahlen verzichtet wird und der Hauptakzent auf dem verbalen qualitativen Bericht liegt. Ergänzend kann sich der Anleger auf die Kommentierung durch die Medien und die Analysten stützen. Im Übrigen gelten hier auch die Überlegungen, die wir bezüglich des Argumentes «kurzfristiges Denken» angeführt haben.

---

281 Nawrath Axel, Transparenz auf europäischer Ebene, Top-Story der Deutschen Börse, 15.04.04.

Ein Caveat müssen wir allerdings anbringen. Es hat sich in den USA bei den Publikumsgesellschaften seit den 1990er-Jahren, als der US-Kongress eine Haftung für Aussagen zum künftigen Geschäftsgang ausschloss, eingebürgert, sogenannte «Street Guidances» zur zukünftigen Entwicklung der «Earnings per Share» (Reingewinn pro Aktie) herauszugeben. Solche prospektive Gewinnschätzungen können – erfolgen sie vierteljährlich – bei den Anlegern und beim Management tatsächlich eine Fokussierung auf die Kurzfristentwicklung zur Folge haben. Viele Gesellschaften in den USA verzichten deshalb auf eine Quartalspublikation solcher Zahlen, so unter anderem Berkshire Hathaway, Citigroup und Google, wobei sie aber weiterhin Quartalsberichte veröffentlichen. Nach einer Studie von McKinsey geben gegenwärtig 48 % der erfassten US-Publikumsgesellschaften vierteljährlich «Earnings Guidance»-Zahlen bekannt. Es seien vor allem Analysten und institutionelle Investoren, die solche Zahlen wünschten.[282] Wir lehnen die Bekanntgabe von Prognosezahlen durch die Gesellschaften ab, weil sie das Management dazu verleiten oder sogar praktisch verpflichten, die so geweckten Erwartungen der Aktionäre selbst unter Inkaufnahme längerfristiger Nachteile zu erfüllen.

Mit dem Problem der Quartalsberichterstattung und der Gefahr von Fehlschlüssen aufgrund ihrer Kurzfristigkeit hat sich auch die Betriebswirtschaftslehre beschäftigt. So wurde etwa vorgeschlagen, den Quartalsausweis «rollierend» zu gestalten, indem jeweilen die Zahlen der drei Vorquartale mit dem Berichtsquartal kombiniert und daraus ein rollendes «Geschäftsjahr» konstruiert wird. Die Ergänzung der Quartalszahlen durch solche rollierenden Geschäftsjahre wäre tatsächlich «ein wesentlicher Schritt hin zur Verbesserung der Prognosefähigkeit der Zwischenberichterstattung».[283] Ob sich diese Methode in der Praxis durchsetzt, ist allerdings zu bezweifeln. Sie ruft nach verbalen Ergänzungen, die kompliziert und langatmig ausfallen und weitere unbeantwortbare Fragen aufwerfen könnten.

Es gibt keine wirklich stichhaltigen Argumente gegen eine Quartalsberichterstattung. Sie müsste von der Börse und vom Swiss Code zumindest in der geschilderten «milden» Form eines vornehmlich verbalen und qualitativ ausgerichteten Berichtes empfohlen werden.[284] Für grosse und echte Publi-

---

282 McKinsey Quarterly, Januar 2006, Survey of CFOs, CEOs and Board Members.

283 Pfaff Dieter und Peters Gerd, Streit über die quartalsweise Berichterstattung, unterjährige rollierende Jahresberichte als Rezept, NZZ Nr. 289, 10./11.12.05.

284 Auch die EU hat sich mit dem Problem der Zwischenberichterstattung beschäftigt. Quartalsberichte werden nicht gesetzlich vorgeschrieben. Aber die Unternehmungen werden verpflichtet, zusätzlich zum Jahres- und Halbjahresbericht für die erste und die zweite Hälfte des Geschäftsjahres sogenannte Berichte der Geschäftsführung zu veröffentlichen. Diese Berichte sollen nur quali-

kumsgesellschaften erachten wir den vollständigen quartalsmässigen Rechnungsabschluss als Publizitätserfordernis als unerlässlich. Solche Gesellschaften haben die Voraussetzungen und die organisatorischen Mittel zu ihrer Erstellung. Quartalsberichte rechtfertigen sich nicht nur aus der Sicht des Informationsrechts der Aktionäre, sondern sind notwendig zum guten Funktionieren der Finanzmärkte und zur Bildung fairer Börsenkurse.

14.3 Ein permanentes Auskunftsrecht für die Aktionäre?

Wir betrachten das vom Vorentwurf zur Aktienrechtsrevision vorgeschlagene permanente schriftliche Auskunftsrecht der Aktionäre als einen mutigen und innovativen Vorstoss des Bundesrates, der von den Investoren begrüsst, von den Wirtschaftsverbänden aber mehrheitlich abgelehnt wird. Die Begründung im Vorentwurf für diese neue Modalität lautet, dass damit die Aktionärsrechte bezüglich Einleitung einer Sonderuntersuchung und Klage auf Rückerstattung ungerechtfertigter Leistungen, die heute «kaum je in Anspruch genommen werden», erleichtert und – besonders wichtig – die «Transparenz verbessert» werden soll. Wir selbst sehen darin eine durch den Wandel in den Transparenzansprüchen und im Aktionariat gerechtfertigte Erweiterung des Informationsrechtes der Aktionäre, das ihnen bei der Einschätzung und Ausübung ihrer Handlungsoptionen vermehrten Spielraum einräumt. Dies geht eindeutig in Richtung einer Verbesserung der Aktionärsdemokratie, die unter der einseitigen Fokussierung auf die heutige Form der Generalversammlung empfindlich leidet. Ganz sicher ist die Massnahme auch ein Anreiz zur vermehrten Interessennahme durch die indolenzanfälligen kleinen und mittleren Aktionäre.

Die Wirtschaftsverbände und die meisten Wirtschaftsführer lehnen das vorgeschlagene Auskunftsrecht jedoch ab, weil sie der Meinung sind, es entstehe dadurch ein unverhältnismässig hoher administrativer Aufwand und weil sie einen Missbrauch durch «querulatorische» Aktionäre befürchten. Es mag auch mitspielen, dass die Unternehmungsführungen eine durch die Auskunftspflicht bewirkte Einschränkung ihrer legitimen Entscheidungsautonomie fürchten, weil heikle Entscheidungen, die im Aktionariat oder in der Öffentlichkeit zu Kontroversen führen könnten, besonders sorgfältig begründet werden müssten. Wir betrachten diese Gegenargumente nicht für stichhal-

tative Angaben zur Unternehmungsentwicklung enthalten. Dies entspricht unserer Idee der Quartalsberichterstattung in ihrer einfacheren Form.

tig genug, um den Vorschlag des Bundesrates abzulehnen. Gewiss würde die Auskunftspflicht des Verwaltungsrates einen zusätzlichen administrativen Aufwand verursachen, der bei einer grossen Publikumsgesellschaft vielleicht einen zusätzlichen qualifizierten Vollzeit-Mitarbeitenden erforderlich machen könnte. Zugunsten einer vermehrten und verbesserten Pflege der Aktionärsbeziehungen wäre dies aber nützlich und durchaus verkraftbar. Vermutlich würden vor allem kleine und mittlere Aktionäre und Aktionärsgruppen vom neuen Recht Gebrauch machen, weil den institutionellen Investoren im Rahmen ihrer «Voice»-Strategie andere und ergiebigere Informationskanäle zur Verfügung stehen. Aber auch diese gewieften Aktionäre würden sich im Falle von Mergers & Acquisitions die Gelegenheit wohl nicht entgehen lassen, spezifische Fragen an den Verwaltungsrat zu stellen. Was «querulatorische» Fragen anbetrifft, so sind auch diese nicht auszuschliessen. Hier kann aber der Verwaltungsrat die Erteilung einer Antwort ablehnen, wie auch im Falle der Gefährdung von Geschäftsgeheimnissen oder andern sogenannten «vorrangigen» Interessen der Gesellschaft. Ausdrücklich wird auch festgehalten, dass nur Auskunft zu geben ist, wenn dies für die Ausübung der Aktionärsrechte erforderlich ist. Gewiss wird es in diesem Zusammenhang zu gerichtlichen Auseinandersetzungen über die Rechtmässigkeit der Auskunftsverweigerung kommen. Es ist dann Sache der Gerichtspraxis, hier rasch Klarheit zu schaffen und Richtlinien zu entwickeln.

Trotz all dieser Bedenken bleiben wir positiv, weil letztlich das Aktionärsinteresse überwiegt: Die Aktionäre sind die «Primärberechtigten» und «Letztentscheidenden» in der Aktiengesellschaft. Wir sind auch deshalb positiv, weil das gewachsene Informations- und Transparenzbedürfnis nicht zu übersehen ist und das Auskunftsrecht eine Chance bietet, um die Aktionärsdemokratie zu stärken. Es darf nicht übersehen werden, dass die Auskunftspflicht es dem Verwaltungsrat erlaubt, den anfragenden Aktionär aufzuklären und so Spannungen abzubauen, die vielleicht später zu Konflikten und Kontroversen führen würden. In diesem Sinn ist die Auskunftspflicht ein Instrument zur Pflege der Aktionärsbeziehungen und dient der Glaubwürdigkeit einer Unternehmung, was sich auf deren Börsenwert tendenziell günstig auswirkt. Eine Variante zum Vorentwurf gilt es dennoch anzuregen: Anstatt der schriftlichen Auflage der erteilten Antworten anlässlich der Generalversammlung geben wir einer andern Modalität den Vorzug: Bekanntmachung im Internet im Zeitpunkt der Zustellung des Stimmmaterials an die Aktionäre.

Die Auffassung von Böckli, dass ein Recht der Aktionäre auf schriftliche Auskunft nur in der Zeit vor der Einberufung der ordentlichen Generalversammlung – er spricht von einem «Zeitfenster der Monate drei und zwei vor dem Termin» – sinnvoll wäre, teilen wir nicht.[285] Es geht bei diesem Auskunftsrecht nicht nur um die Vorbereitung von Aktionärsanträgen an die Generalversammlung. Durch die Quartals- und Halbjahresberichterstattung können nämlich durchaus Fragen ausgelöst werden, die für die Handlungsoptionen der Aktionäre relevant sind. Angesichts der unvermeidbaren «Wissenslücke» zwischen dem Aktionariat und den Führungsorganen der Gesellschaft würde das vorgeschlagene ständige Auskunftsrecht der Aktionäre somit eine partielle Korrekturmöglichkeit bringen, die Sinn macht und ihnen deshalb nicht vorenthalten werden sollte. Die Grenzen der Auskunftspflicht der Verwaltung sind im Vorfeld klar festgelegt.

---

285 Böckli Peter, Zum Vorentwurf für eine Revision des Aktien- und Rechnungslegungsrechts, in GesKR 1/2006, S. 21.

Literaturverzeichnis

Ammann Manuel, Leuenberger Markus, von Wyss Rico, Eigenschaften von Verwaltungsräten und Unternehmensperformance, Schweizerische Zeitschrift für Volkswirtschaft
und Statistik, 2005, Vol. 141 (1) 1–22

Amtliches Bulletin des Nationalrates vom 1. Oktober 1985

Artho Sigrid, Hinter geschlossenen Verwaltungsrats-Türen, NZZ Nr. 233/2005

Bain Neville and Band David, Winning Ways Through Corporate Governance, London,
McMillan Press, 2006

Bär Jakob, KPMG Audit Committee News, Ausgabe 12/2005

Bär Raymond, NZZ Nr. 74, 31.03.05

Bebchuk Lucian, Fried Jesse, Pay without Performance, Harvard University Press, 2004

Begleitbericht zum Vorentwurf zur Revision des Aktien- und Rechnungslegungsrechts im
Obligationenrecht, 2. Dezember 2005

Benner Oliver und Braun Dirk, Internationale Corporate-Governance-Systeme im Vergleich, Rheinisch-Westfälische Technische Hochschule Aachen, 2003

Bennis Warren, Leaders: The Strategy of Taking Charge, 1985

Benz Matthias/Stutzer Alois, Was erklärt die steigenden Managerlöhne?, in: Die Unternehmung, Nr. 57 2003

Berle Adolf A., Means Gardiner C., The Modern Corporation and Private Property, New
York, McMillan 1932

Biedermann Dominique, Belegschaft übernimmt UBS, Sonntagszeitung, 26.03.06

Blocher Christoph, Rede am 36. St. Gallen ISC Symposium, Universität St. Gallen, 2006

Böckli Peter, Revisionsfelder im Aktienrecht und Corporate Governance, Zeitschrift des
Bernischen Juristenvereins, Band 138–2002, Heft 11

Böckli Peter, Revision des Aktien- und Rechnungslegungsrechts: eine kritische Übersicht,
Zürcher Aktienrechtstagung, 22.03.06

Böckli Peter, Zum Vorentwurf für eine Revision des Aktien- und Rechnungslegungsrechts,
in: GesKR 1/2006, S. 21

Böckli Peter, Schweizer Aktienrecht, 3. Auflage, Schulthess Verlag, Zürich, 2004

Böckli Peter/Huguenin Claire, Dessemontet François, Expertenbericht der Arbeitsgruppe
«Corporate Governance» zur Teilrevision des Aktienrechtes, Schulthess, 2004

Boemle Max, Entschädigungen an den Verwaltungsrat im Fokus, FuW Nr. 17/2004

Booz Allen Hamilton, CEO Succession 2005, Demoscope Research & Marketing, Mai 2006

Borner Silvio, Schädliche Moral, Weltwoche Nr. 7/2005

Broger Christian, Gute Unternehmensführung wird belohnt, NZZ Nr. 247/2006

Bruggmann Michael, Die Erfahrung älterer Mitarbeiter als Ressource, Deutscher Universitätsverlag, Wiesbaden 2000

Buomberger Peter, Weltweite Selbstregulierung von Firmen?, NZZ No. 142, 22.06.04

Burgmans Anthony, Honesty cannot be learned, Prism 2/2004, Arthur D. Little

Cadbury Report, 1992

Cadbury Adrian, Corporate Governance and Chairmanship, a Personal View, Oxford University Press, 2002

Coleman S. James, Grundlagen der Sozialtheorie, Band I: Handlungen und Handlungssysteme, R. Oldenbourg Verlag München Wien 1995

Cocca Teodoro D./Volkart Rudolf, Equity Ownership in Switzerland 2004, Swiss Banking Institute, Versus Verlag 2004

Contact, Personalzeitschrift Holcim, Dezember 2004

Core J.E., Holthausen R.W., Larcker D.F. Corporate Governance, CEO Compensation and Firm Performance, Journal of Financial Economics, Nr. 51, 1999

Daub Claus-Heinrich, Sozialintegrative Funktionen nachhaltiger Unternehmen, in: Soziale Arbeit, Edition gesowip, Basel 2004

Daub Claus-Heinrich et al., Geschäftsberichterstattung Schweizer Unternehmen, 2005, Edition gesowip, Basel 2005

Delhees, Karl H., Der Revisor als Konfliktmanager, Zürich, 1982

Deutscher Corporate-Governance-Kodex (in der Fassung vom 2. Juni 2005)

Döbeli Sabine, Nachhaltige Anlagen im Urteil von Pensionskassen, Umfrage der Prevista Anlagestiftung, 2004

Dobbs Richard, Managing Value and Performance, in: McKinsey Quarterly, 2005 Special Edition

Dörig Hans-Ulrich, Lust auf Zukunft statt Vogel-Strauss-Politik, NZZ Nr. 134, 2005

Dubs Rolf: Verwaltungsratssitzungen – Analyse, Beurteilung, Verbesserungen, in: Die Unternehmung, Heft 2, 1993

Economiesuisse, Swiss Code of Best Practice, 2002

Economiesuisse, Wirtschaftspolitik in der Schweiz, 2006

Economiesuisse, Eingabe an den Bundesrat zum Vorentwurf Aktienrechtsrevision

The Economist, Inequality and the American Dream, June 17, 2006

The Economist, No compensation without cost, October 25, 2005

The Economist, Nuclear Options, June 3, 2006

Ernst Edgar, Gassen Joachim, Pellens Bernhard, Verhalten und Präferenzen deutscher Aktionäre, Deutsches Aktieninstitut, Januar 2005

Ernst & Young, Audit & Advisory News, Januar 2006

Ernst & Young, Global Transfer Pricing Surveys, 2005

Ernst & Young, Investors at Risk, Umfragebericht 2006

Ethos-Stiftung: Richtlinien zur Ausübung der Stimmrechte, Genf, Januar 2006

EU-Kommission (2002), Promoting a European Framework for Corporate Social Responsibility, Brüssel 2003

Felton R.F., A new era in corporate governance, McKinsey Quarterly No. 2, New York, 2004

Ferguson Niall, Sinking Globalization, Foreign Affairs, March/April 2005

Fontana Mario, ZfU Seminar, «Der Verwaltungspräsident», 2006

Forstmoser Peter, Interview in NZZ, 06.01.05

Forstmoser Peter, Gewinnmaximierung oder soziale Verantwortung, in: Summa – Dieter Simon zum 70. Geburtstag, 2005

Frank Robert, What Price the High Moral Ground? Ethical Dilemmas in Competitive Environments, Princeton University, 2005

Frey Bruno S./Osterloh Margit: Pay for Performance – immer empfehlenswert?, in: Zeitschrift für Führung und Organisation (zfo), 1999

Frey Bruno S./Osterloh Margit: Yes, Managers should be paid like Bureaucrats, Journal of Management Inquiry, 2004

Fukuyama Francis, Konfuzius und Marktwirtschaft: Der Konflikt der Kulturen, Kindler Verlag, 1995

Funke U. und Schuler H., Eignungsdiagnostik in Forschung und Praxis, Bonn 2002

Furrer Nathalie, Nachhaltige Performance, FuW Invest, April 2005

Glaus, Bruno U., Unternehmensüberwachung durch schweizerische Verwaltungsräte, Diss. St. Gallen Nr. 1163, 1990

Grünbichler Andreas und Oertmann Peter, Working Paper, Universität St. Gallen

Grüninger Stephan, Vertrauensmanagement: Kooperation, Moral und Governance, Metropolis Verlag, Marburg 2001

Hamilton Stewart, Micklethwait Alicia: Greed and Corporate Failure, The Lessons from Recent Disasters, Palgrave MacMillan, 2006

Handschin Lucas, Eine neue «Haftung» des Verwaltungsrates? NZZ Nr. 303/201

Hank Rainer, Das Ende der Gleichheit, Fischer Verlag Frankfurt, 2000

Hartmann Philipp, Corporate Governance in Deutschland und den USA, Universität der Bundeswehr, München, 2002

Heidrick & Struggles International Inc., Corporate Governance in Europe: What's the Outlook?, 2005

Held Peter P., Was Bankgewinne wachsen lässt. Überschätzter Beitrag der Manager, NZZ 29.06.06

Hilb Martin, Integrierte Corporate Governance, Springer Verlag 2005

Hilb Martin, Corporate Governance, Rudolf Haufe Verlag, München 2004

Hofstetter Karl, Begleitbericht zum Swiss Code of Best Practice for Corporate Governance, Economiesuisse 2002

Hofstetter Karl, Moderne Spielregeln für die Aktionärsdemokratie, NZZ Nr. 99, 29./30.04.06

Höhne Andrea, Russ-Mohl Stephan, Desinformation als kollateraler Schaden, NZZ Nr. 305/2005

Hostettler Stefan, Was Vergütungssysteme wirklich wert sind, NZZ No. 102/2006

Holcim AG, Broschüre: Corporate Social Responsibility, Our licence to operate

Hungerbühler Ivo W., Der Verwaltungsratspräsident, Schulthess 2003

Institute for Policy Studies/United for a Fair Economy, 12th Annual CEO Compensation Survey, 2005

Jay Antony, Organization Man, London, Jonathan Cape, 1972, S. 99

Jörg Petra, Loderer Claudia, Roth Lukas, Shareholder Value Maximization: What managers say and what they do, Universität Bern, Institut für Finanzmanagement, 2003

Kaplan Robert S./Norton David, The Balanced Scorecard – The Measures that Drive Performance, Harvard Business Review Jan./Febr. 1992

Kaufmann Hans, PRIVAT Nummer Mai/Juni 2006

Kirsch Guy/Mackscheidt Klaus, Arbeiten bis 90, warum eigentlich nicht?, in FAZ Nr. 122, 27.05.06

Knight Gianella & Partner, Neuntes VR-Rating 2006 durch Demoscope

KPMG, Audit Committees in der Praxis, Bericht KPMG Schweiz, 2006

Krneta Georg, Praxiskommentar Verwaltungsrat, Stämpfli Verlag, Bern 2001

Kunz Peter, Corporate-Governance-Tendenz von Selbstregulierung zur Regulierung, in: Festschrift für Peter Böckli, Schulthess Verlag, 2006

Lauvergeon Anne, Financial Times, 06.10.06

Leisinger Klaus M., Was ist Corporate Social Responsibility in Zeiten der Globalisierung?, Referat, Ernst-Schmidheiny-Stiftung, November 2003

Leisinger Klaus M., Ethik im Management, Orell Füssli Verlag, 2004

Lindborg Henry, Tone at the Top: Value-Added Auditing for Leadership, website SCM LLC, 2006

McKinsey: Global Investor Opinion, Survey, London 2003

McKinsey Quarterly, Januar 2006, Survey of CFOs, CEOs and Board Members

Meadows Donella et al., The Limits to Growth, Signet Book, 1972

Meyer Shamali, Paritätsprinzip: Sollen die Eigentümer wirklich nicht das letzte Wort haben?, Universität Zürich 2004

Nawrath Axel, Transparenz auf europäischer Ebene, Top-Story der Deutschen Börse, 15.04.04

Oechsler Walter, Managementvergütungssysteme, in: Handbuch des Bank- und Finanzwesens, Schäffer-Poeschel Verlag, Stuttgart 2001

Ospel Marcel, Interview in: Die Weltwoche, Ausgabe 30/05

Osterloh Margit, Noch wichtiger als Transparenz ist Kontrolle, in: NZZ, 14.3.2002

Osterloh Margit, Frey Bruno S., Corporate Governance: Eine Principal-Agenten-Beziehung, Teamproduktion oder ein Soziales Dilemma? Januar 2005

Parthiban et al., The Effect of Institutional Investors on the Level and Mix of CEO Compensation, The Academy of Management Journal, Vol 41, 1998

Pfaff Dieter, Peters Gerd, Streit über die quartalsweise Berichterstattung, unterjährige rollierende Jahresberichte als Rezept, NZZ Nr. 289/2005

Pfiffner Fritz, UBS orientiert sich zu stark an Amerika, NZZ am Sonntag, 26.03.06

Probst Gilbert, Raisch Sebastian, Organizational Crisis: The Logic of Failure, Academy of Management Executive, 2005, Vol. 19, No. 1

Rappaport Alfred, Creating Shareholder Value, New York and London, 1986

Ricardo David, Principles of Political Economy and Taxation, London, 1817

Rick Katharina B., Corporate Governance and Balanced Scorecard, Masterthesis Universität St. Gallen, 2002

Roth Monika, To do the right things right. Compliance als Weiterentwicklung und Fortführung des Qualitätsmanagements, Zürich 2002

RPM International Inc., Proxy Statement 2004

Rufer Fritz, Die Rechnungslegung im Bann des angelsächsischen Formalismus, NZZ Nr. 162/2006

Ruffner Markus, Vom Shareholder Value zur Corporate Governance, in: Corporate Development, Köln 1999

Ruffner Markus, Die ökonomischen Grundlagen eines Rechts der Publikumsgesellschaft, Schulthess Verlag, 2000

Ruh Hans/Leisinger Klaus, Ethik im Management, Orell Füssli Verlag, 2004

Samuelson Paul A., Zitat aus: Freihandel hinterfragt, FuW, Nr. 72/2004

Schaad M., Phantomen im Aktienmarkt auf der Spur, FuW, Nr. 57/2004

Schiltknecht Kurt, Corporate Governance, Verlag NZZ, Zürich, 2004

Schmidheiny Stephan, Kurswechsel – Globale unternehmerische Perspektiven für Entwicklung und Umwelt, Artemis & Winkler, München 1992

Schnyder Anton K., Corporate Governance und internationales Wirtschaftsrecht, in: Festschrift für Peter Böckli, Schulthess Verlag 2006

Schweizer Arbeitgeberverband, Broschüre zur Beschäftigung älterer Erwerbstätiger, 2006

Sinn Hans-Werner, Ist Deutschland noch zu retten? Econ-Verlag, München 2003

Smith Adam, The Wealth of Nations, London 1838

Spencer Stuart, Point of view, Ausgabe Frühling 2005

Spillmann Till, Institutionelle Investoren im Recht der (echten) Publikumsgesellschaften, Schulthess 2004

Stiftung Ethos: Einst belächelt, heute einflussreiche Kraft, NZZ am Sonntag, 18.04.2004

Sustainable Performance Group, Geschäftsbericht 2004, März 2005

Swiss Banking Institute, Equity Ownership in Switzerland, Versus Verlag 2005

Swiss Code of Best Practice, Economiesuisse, 2002

UBS Research Focus, Perspektiven 2005, Januar 2005

Volkart Rudolf, Corporate Governance und Managementverhalten, Referat, Ernst-Schmidheiny-Stiftung, November 2003

Von der Crone, Hans C., Bericht zu einer Teilrevision des Aktienrechts, Teil 4: Stimmrechtsvertretung/Dispoaktien

Vischer F., Würdigung der Reform, in: Der Schweizer Treuhänder, Nr. 11, 1991

The Wall Street Journal Europe, Woman MBA excel in Strategy, 21.09.05

The Wall Street Journal, Measuring Costs and CEO Pay, Nr. 243, 2006

Watter Rolf, Maizar Karim, Structure of executive compensation and conflicts of interest – legal constraints and practical recommendations under Swiss Law, Version 24.11.05, unveröffentlicht

Watter Rolf/Spillmann Till, Corporate Social Responsibility – Leitplanken für den Verwaltungsrat Schweizerischer Aktiengesellschaften, in GesKR Gesellschafts- und Kapitalmarktrecht Nr. 213, Dike Verlag Zürich/St. Gallen 2006

Weber René, Systemstabilität mit weltweiten Standards?, NZZ Nr. 253, 2004

Weder di Mauro Beatrice (Universität Mainz D), Wirtschaftsmagazin Bilanz Nr. 14, 2005

Witt P., Corporate-Governance-Systeme im Wettbewerb, Wiesbaden 2003

Wunderer Felix Rolf, Der Verwaltungsrats-Präsident, Schulthess Polygraphischer Verlag Zürich, 1995

Zadek Simon, The Five Steps of Corporate Responsibilities, Harvard Business Review, Januar 2005

Zetsche Dirk, Aktionärsinformationen in der börsenkotierten Aktiengesellschaft, Heinrich-Heine-Universität, Diss. Düsseldorf 2004

Zürn Michael, Regieren jenseits des Nationalstaates. Globalisierung und Denationalisierung als Chance, Suhrkamp, Frankfurt 2005

Doppelspitze oder Personalunion?

	SMI-Gesellschaft	Führung	Streubesitz AK	Aktienart
1	ABB	DS	91 %	EA
2	Adecco	DS	70 %	EA
3	Bâloise	DS	100 %	EA
4	Ciba SC	**PU**	100 %	EA
5	Clariant	DS	100 %	EA
6	CS Group	DS	100 %	EA
7	Givaudan	DS	88 %	EA
8	Holcim	DS	78 %	EA
9	Julius Bär	DS	85 %	EA
10	Kudelski	**PU**	78 %	**SA***
11	Lonza	DS	80 %	EA
12	Nestlé	**PU**	100 %	EA
13	Nobel Biocare	PS	100 %	EA
14	Novartis	**PU**	94 %	EA
15	Richemont	DS	91 %	**SA***
16	Roche	**PU**	83 %	**SA***
17	Serono	DS	**39 %**	**SA***
18	SGS	DS	53 %	EA
19	Swatch	DS**	70 %	**SA***
20	Swiss Life	DS	90 %	EA
21	Swiss Re	DS	100 %	EA
22	Swisscom	DS	34 %	EA*
23	Syngenta	DS	100 %	EA
24	Synthes	**PU**	**45 %**	EA*
25	UBS	DS	100 %	EA
26	Zurich Financial	DS	100 %	EA

Zeichenerklärung:

DS = Doppelspitze   EA = Einheitsaktien

PU = Personalunion   SA = Stimmrechtsaktien

*   Gross- oder Mehrheitsaktionär

**   Swatch wird von Vater (Präsident) und Sohn (CEO) geführt

Quelle: Aktienführer Schweiz 2005/2006, Verlag Finanz und Wirtschaft.

Biografie Max D. Amstutz

Persönliche Daten

- Geboren am 19. Januar 1929 in Spiez, Bürger von Engelberg OW
- Primar- und Sekundarschulen in Mürren, Interlaken und Meiringen BE
- Gymnasium Burgdorf und Universität Bern
- 1953 Abschluss als Dr.rer.pol.

Berufliche Laufbahn

- 1953/54 Forschungsinstitut für Fremdenverkehr an der Universität Bern, Gutachten und Publikationen als Touristik-Experte
- 1954–1959 Direktionssekretär, Personalchef und später kaufmännischer Leiter (Vizedirektor) der C.J. Bucher AG, Luzern (Druckerei und Verlag, heute Ringier-Gruppe)
- 1959–1999 Karriere bei «Holderbank» Financière Glarus AG (heute Holcim)
  - 1959–1964 Geschäftsführender Direktor der Companhia de Cimento Ipanema, São Paulo, Brasilien
  - 1964 Assistent des Präsidenten des Verwaltungsrates, Céligny GE
  - 1967 Direktor
  - 1969/70 Mitwirkung bei der Umwandlung der «Holderbank» Financière Glarus AG von einer Finanzgesellschaft in eine Konzernholding, Erarbeitung der Konzepte der Konzernorganisation und Konzernstrategie
  - 1970–1994 Delegierter des Verwaltungsrates, verantwortlich für die operative Führung und mitverantwortlich für die strategische Führung des Konzerns. Aufbau und Ausbau der Konzerngruppen Lateinamerika, Frankreich und Spanien
    - 1994 Rücktritt als exekutiver Leiter und bis 1999 Mitglied des Verwaltungsrates
- 1986–1999 Vizepräsident des Verwaltungsrates der algroup (Alusuisse-Lonza AG), Zürich, 1999 interimistisch Präsident
- 1991–2000 Mitglied des Verwaltungsrates, ab 1992 Vizepräsident und ab 1994 Präsident der Von Roll Holding AG, Gerlafingen
- 1998–2003 Präsident des Verwaltungsrates der SGS – Société Générale de Surveillance, Genf

- 1993–2005 Mitglied des Verwaltungsrates und Präsident des Audit Committee der Precious Woods Ltd., Zürich
- Seit 1994 Mitglied des Verwaltungsrates der Finter Bank Zürich, 2001–2003 interimistisch Präsident
- Seit 1995 Mitglied des Verwaltungsrates und des Audit Committee der RPM International Inc., Cleveland, Ohio, USA (bis Januar 2007)
- Präsident des Advisory Committee der Graduate School of Business Administration Zürich (GSBA)
- Präsident des Stiftungsrates der Stiftung «EDUCATION, Schweizerische Stiftung für die Förderung junger Menschen in Lateinamerika» und der von Holcim gesponserten «Stiftung Max D. Amstutz zur Förderung talentierter Nachwuchskräfte in Lateinamerika»